ヴィータ・テクニカ
生命と技術の哲学

檜垣立哉

青土社

ヴィータ・テクニカ　生命と技術の哲学

目次

Ein Burgerin

Vita technica

ヴィータ・テクニカ
生命と技術の哲学

fig. 3.
C
C
B

第一章

ヴィータ・テクニカの哲学へ

ヴィータ・テクニカと二一世紀の哲学

ヴィータ・テクニカという表題は、いうまでもなく「生命」と「技術」という二つの言葉から構成されている。「生命」と「技術」、この二つの概念が、二一世紀のわれわれをとりまく諸問題に深く連関していることは自明だろう。しかし、この二つの概念をダイレクトにむすびつけることは何を意味するのか。

これについて、この書物の立場から、まずは説明することにしよう。

二一世紀が生命の時代であるということは、もはや誰も疑うことのない事実である。まずもって、生命科学を巡る科学技術が、「生物としての人間」に対して数多くの議論を提起しているということがある。この点では、八〇年代後半からの、臓器移植を巡る脳死の主題化、九〇年代に喧伝された遺伝子操作や免疫系を巡るあらたな知識、今世紀になってからの脳科学への過剰な着目やｉＰＳ細胞を巡る生命工学の進展など、論点は枚挙にいとまがない。これらの生命科学的な諸問題が、人間とは何かという「概念規定」にとって、かなりきわどい知見を示していることもいうまでもない。

こうしたあらたな知見を目の前にすれば、少し前の倫理学が、「生命倫理」なる分野を急ぎつくりあげ、旧来の人間的な価値概念を根源的に批判することなく、最終的には「現場」へのお墨つきを与えるだけの役割しか果たしえなかったことなど、戯画以外の何ものともおもえない。このような生命の世紀に、たかだか一九世紀的な近代において形成されただけの「人間」概念を維持する必要など本当にあるのだろうか。一体何がその根拠なのか。

もちろんそこで、「倫理」なるものを叩くことが重要なわけではない。「哲学」もまた、とりわけ生命を巡る哲学的思考が、こうした事態に追いつきえなかったことも、紛れもない事実である。以下でも少し触れるが、生命科学の描くあらたな人間像に対応しようとするさまざまな試みは存在していた。世紀の折り目における、オートポイエーシス的思考や、生態系的な議論を背景とした各種の議論は、確かにこうした事態に、根源から思考を提供しようと企てるものであった。しかし、そこでも「生命」という主題について、明確に今世紀的な姿は描けていない。そして、そうした生命や身体であるわれわれの自己や主体性について、伝統哲学にも応答しそれを刷新することも可能な、現在的な言葉はほぼまったく与えられていない。

では、そこでの議論の焦点はどこにあるのか。生命哲学を描きなおすとするならば、われわれは何に光を当てればよいのか。

重要なポイントは、生命とは物質＝質料的（matériel）なものであり、そうであるかぎりにおいて、われわれは、自己の生命的質料性をさまざまに操作する可能性に充ち溢れているということである。それは何も、高度な科学技術のことだけを述べているのではない。むしろ二〇世紀の身体論の基本的成果をひきつぐかたちで、われわれはまさに、まずもって物質＝質料的な身体であり、そのかぎりにおいて進化や環境の産物であるという事実を真正面から考えるべきなのである。

生命に関する議論は、従来は、多かれ少なかれ生気論的な発想に支えられ、そのライン上で、物質的な科学との連携が想定されてきた。また、生命や環境という言葉が発せられるときにも、そこに何らかの精神的な実体性と、その拡がりというイメージが描かれがちであった。だが、いわゆる生気論的な概念は、どう考えても一九世紀の遺物にほかならない。生命哲学が背景にもたざるをえなかった、こうした生気論的なイメージは、物質＝質料性において精確に定位されなおされなければならない。そこでは、主体と身体との関係も、個体と全体とのつながりも、まったくあらたに規定されなおされなければならないはずである。それはダイレクトに政治や倫理の問題でもある。生成する生命システムのなかに存在しながら、そこで自己であるということ。そもそも齟齬であることを含む一連の議論が展開されるべきである。

ヴィータとテクニカとのあいだ

少し向きを変えてみる。ヴィータとしての生命やその質料性が、自己という存在者にとっておおきな意味をもつことは確かであるとする。しかしそうすると、環境に無意識に支配され、進化の末裔であるだけの身体をもつ自己にとって、そうした自己自身とは「受動的」に与えられるものでしかないのではないか。つまり、質料性として示される生命が自己であるならば、自己を動くものと規定しても、そこでは圧倒的な受動性が支配的であり、自己がコントロールしうる範囲はきわめて限定されてしまうのではないか。ところが人間は、ある種のテクノロジーを行使することができる。それゆえ、こうしたテクノロジーをそなえることで、自己は圧倒的な受動性を与える自然に対し、いかほどか「能動的」な、すなわち「自発的」な行為を差し挟むことが可能である。むしろ能動性とは、こうした受動的な背景と、身体化された装置を想定しなければ、そもそも規定しえない概念ではないか。

ここでのテクノロジー、あるいはテクネーという表現は、これものちに論点化するように、フーコーが最後期に展開した「自己のテクノロジー」の議論におり重なっている。自己がテクネーをもつのではなく、自己とはそもそもテクネーであるという議論は、フーコーの生権力的な発想がいき着くひとつの帰結のようにおもわれるが、そこでの実践性を指向する発想は、上述した生命や環境という問題圏と関わりのないものではない。それどころか、生命の思考とテクノロジーとをつなぎあわせることは、物質＝質料としてのわれわれの生を規定し、具体的で広域的なテーマに言及する際にも、根幹的なものであるといえる。

生命的／環境的／進化的に規定された、あるいはその側面から描かれた生は、自己の身体においても、自己の環境においても、その内部でおりなされる他者との諸関係もあわせ、根本的に「自己にとりおさえられないもの」を含んでいる。自己とは自己が何であるかを、原理的に一定の範囲内でしか知りえない（身体を考えてみれば、その働きも欲望も、ほとんどが自己には知りえない）。たかだか一〇〇年程度でしかない自己の生存そのものを越えた生やその先の倫理を語ることも、本質的には不可能なはずである。近代科学が、「予測」という妄執にとり憑かれ、空間をすべて斉一性の原則にしたがって把捉しようとした事情は、フーコーが描く「リスク」的な思考や、そこでの「確率論」的な発想に、その最終的な終着点があり、同時にそれ自身が解体される場面をみるはずである。

そこでテクノロジーは、根本的に「賭け」の要素をもたざるをえない。テクノロジーとは、その数学的／工学的な計算のイメージにもかかわらず、つねに確率性においてしか自身を正当化しうるものではないのである。対象がたんに理念的な存在者であれば、その範囲内において精度を増していくことも可能かもしれない。しかしテクノロジーが生命や自然を対象にして、テクノロジーを生みだした人間とはまったく異なったスケールで実在する事情を把握するには、原理的にリスク的な計算に依存するしかありえない。「社会」においてさえそうであるのに、「自然」に対してはさらにそうであるとしかいいえない。

生命が物質＝質料性であるという事実が前面に提示されるこの世紀において、テクネーである自己とは何か、それが自然や生命に対して何ごとかを振る舞うとはどういうことかという問いが切りだされてくる。テクノロジーをもった人間は、生命であることの圧倒的な受動性を、テクノロジーの能動性によって、つまり物質的装置の操作を媒介とした働きかけによって変容させなければならない。しかしそこでテクノロジーは、それが何に対して、どのような働きかけをなしているのかを、絶対に明確にはできないのである。それは自然と生命と環境の無限性に触れてしまうのだから。

ヴィータ・テクニカという主題は、こうした受動性と能動性との狭間を描こうとするものである。人間は、技術的な生としてのヴィータ・テクニカを送らざるをえない。しかそのときテクノロジーは、どこまで届くのかさえ理解不能な自然のなかに、しかも物質性でしかありえない自然のなかにはいりこんでいく。そうした受動性のなかで浮かびあがる能動性である自己という、基本的な事態を定位するのが、本書のひとつの目的である。

こうした視角は、生命倫理にも環境問題にも遺伝子操作論にも、あるいはジェンダー論にも民族の生物性が関与するグローバル社会における政治性にも、いずれに対しても有効な思考図式を提示しうる原論的なものであると考える。それどころか、技術と生というこの二つの連関を踏まえなければ、誰もがこの現状に対し、後ろ向きの、かつての「人間」のイマージュをひきずった、折衷的な倫理や議論を示すだけにしかならない。それはもうやめにした方がいい。

ヴィータ・テクニカの構想と倫理

このように描かれるヴィータ・テクニカの議論の主題は、まずは生命と自己、身体と言語、労働と生命、そして生権力論や生政治学という、現状の哲学の諸領域を循環するものになるだろう。そこでは、発想の基本として、一方ではフーコーやアガンベンやネグリの思考が参照されるし、他方では複雑系的生命論、アフォーダンス的な生態環境論、構築主義的なジェンダー論にも言及される。もちろん技術論の文脈でいうならば、ギリシア以来綿々とひきつづくテクネー論の系譜を無視することはできない。こうした議論の背景に、生命機械論を推し進めたドゥルーズ(むしろドゥルーズ＝ガタリ)の姿をかいまみることも容易だろう。こうした諸学の位置測定は、もちろんヴィータ・テクニカの試みが一定程度の成果をおさめるならば、そのひとつの論点たりうるものである。

しかし、ここで描きだしたいことは、質料的な生命であり、物質としての歴史性をもって生まれた「この自己」を強調することである。つまり、どうとらえようとも生物進化上の一位相であり、つぎの位相への連携点でしかありえず、個別的なものであるとしてもそのほとんどが群生的な無意識性の産物でありながら、テクネーにおいていかほどかは自然に(自然の自己の身体に)能動的な働きかけをなす「この自己」の姿を明確化することである。それは、生物学的な進化ゲーム論にせよ、構造化された無意識にせよ、統計的対象としての群衆的政治性にせよ、二〇世紀の数多くの人間科学から露呈される人間の姿に即応している。

われわれは「何ものでもない」生命機械なのである。まずこのことを徹底的に肯定しなければならない。しかし「何ものでもない」この自己が、いかに「この自己」でありうるのか、それを問い詰めなければならない。そこで、自然史的なスケールに及ぶ膨大な受動性のなかに浮かびあがる能動性のみきわめと、そこでの能動性の意義の明示化が不可欠になってくる。これは哲学の問いであると同時に、深く倫理の問いでもある。

ヴィータ・テクニカは肯定性の哲学である。自己とは自然の身体であること、自然の生であること、自然に死に腐り滅びゆく存在であること、これらを一切嫌悪の対象にはしない。むしろ自然の生であることに意識的な自由の領域を対置させ、「近代的主体」なるものを捏造し、人間的自由を喧伝しつつその自由に自縛される不自由な時代そのものを嫌悪する。近代批判をベースにしながら、倫理的政治的な水準では近代的主体性を安易に追認するだけのあらゆる運動の形態に、内側からの鋭い棘を突きつけていく。われわれは徹頭徹尾生命機械である。しかしわれわれは生命機械としての自己自身を、テクネーにおいて改変する契機をそなえた機械である。自己とはそうしたテクネーのことである。これは自然の世界とそこで生きる自己や他者たちそのものをすべて肯定し愛するという、深く倫理的な問いにつながっていくべきものである。

フーコーのトリアーデ

まずは問題を整理するために、フーコーが『言葉と物』で描きだしているトリアーデをとりあげてみよう。そしてそこで、生命と言語の位相が、二〇世紀の思想において、一種の不均衡な扱いをうけていた事態をとらえなおしてみよう。

フーコーが『言葉と物』で述べているように、近代そのものが成立し、その思考の基盤が明示される場面では、三つの領域の実在が不可欠であった。それは、言語と労働と生命にほかならない。カントが提示した近代的な「人間」においては、その超越論的な位相と経験的な位相とが独自の二重性を形成し、「人間」には超越論的な把捉可能性と経験論的な把捉可能性とのあいだで宙づりの位置が与えられるのだが、そうした「人間」を形成するさまざまなエレメントとは、つまるところ、言語（とりわけ狂気によるその剥きだしの位相の発見）と、労働（労働し交易する力である身体）と、生命（そうした身体そのものを生みだす力）の実在である。

かの有名な「人間の消滅」を巡る、この書物の末尾を飾るフレーズは、何も近代的な「人間」が一定の期間のあいだ明確なものとして存立し、しかるのちに二〇世紀的な変動が発生して消滅していくという、クロノロジックな事態を述べているのではない。二〇世紀を代表する諸学が、とりわけ数学的形式化、心理学・社会学・記号論に三分類される上述の領域の「表象」化（つまりは「人間科学」のモデル化）、そしてそれをつらぬく歴史性や、精神分析や人類学による無意識性の探究によって特徴づけられるとしても、そこで「解体」される「人間」の不安定性は、いわば「人間」の形成にはじめからおりこまれている。そして「人間科学」もまた、二〇世紀の特権的な学という地位を保ちえたならば、そこで発生してくるのは、言語・労働・生命というトリアーデにしたがってそもそも枠組みがつくられた事態の「自己表象的」な変容でしかない。繰り返すが、人間的主体性としての「超越論的主体性」など、本当に形成されきったことはおそらく一度もない。それは形成されたと想定されるときに、それ自身が解体されつづけるものでしかありえない。

しかし「人間科学」へとおり返される、こうした人間の三つの要素を考えてみれば、そこでの比重のかかり方は、けっして均質的なものではない。

いうまでもなく、二〇世紀の思想を縁どってきた標語は「言語論的転回」である。

言語による思考の徹底化は、英米系の分析哲学的伝統のなかでも、大陸系の現象学や構造主義においても、いずれも中心的な主題でありつづけた。英米系の思考では、基本的に形而上学の解体の夢が言語に託されつづけてきた。大陸系の思考は、記号論の枠組みを参照軸としつづけた構造主義であれ、解釈学的な枠組みから存在論にいたった現象学であれ、そのほとんどすべてにおいて、言語によって人間の実体的な統一性を脅かすという姿勢がきわだっていた。それは形而上学的思考にも、反形而上学的思考にも、共通する事情であった。

その影響は、二〇世紀後半のさまざまな思想にも明確にみいだせる。

たとえば二〇世紀後半に、政治的な次元との強い関連のもとに語られだされた「歴史物語論」は、語りえないものの語りという「サバルタン的な歴史」、さらには語ることそのものが隠蔽する歴史そのものを探りあてる方向へと展開されたが、そこではやはり言語（とその外部）こそが中心的な役割を担いつづけてきた。社会学が構築主義的な観点を採用し、カルチュラル・スタディーズの風潮と相まって隆盛を誇るときにも、さまざまな事象の「言説」による「誕生」が描かれつづけた。そこでは、そうした構図により、自明だと想定される事象を歴史的に相対化して批判するという戦略がきわめて顕著である。構築主義的なジェンダー論が、まさにそうしたラインと軌を一にすることは、改めて述べるまでもない。のちに詳述するが、そのことごとくが、デリダ的な「記号」による脱構築的発想の政治化的な局面と連関するものであるし、その背後には、やはり「シニフィアン」的な記号の発想を強くひきうけたラカンの姿が控えている。「言語論的転回」は、二〇世紀が終焉した今もなお、猛威をふるいつづけているのである。

だが、これに対して、労働と生命はどうなっているのか。

労働については、二〇世紀的な贈与や交換にまつわる議論が途絶えたことはない。しかしそれもまた、とりわけ価値の問題とむすびつけられる場面では、言語とパラレルなものとして押さえられがちであった。労働を巡る議論がリスクの計算と管理の技法を中心としたグローバルな金融資本主義に対応するかたちで変容し、そこであらたに政治的なリベラリズムが焦点化されつつある現在において、労働という分野は、はじめて言語パラダイムから脱却する可能性をもつのかもしれない。

さらに生命である。生命の論じられ方は、トリアーデをなす三領域のなかでもとりわけ奇妙なものであった。むしろそれ自身、どこに位置づけたらいいのかよくわからないものとして描かれつづけてきたとさえいえる。

生命については、フーコーの『言葉と物』では、分類学的な発想から生物学の形成にいたるラインが描かれ、また『臨床医学の誕生』ではビシャの分散する生というアイデアに高い評価が与えられている。フーコー自身はほとんど言及しないとはいえ、ベルクソンに代表される生の哲学が、生命がそなえた潜勢力や繁殖力の意義を二〇世紀前半にひきたてた意味は、けっして軽いものではない。

にもかかわらず、二〇世紀的な思考において、あるいは一時期のフーコーにとって、生命は、思考において前景化されるものではなかった。『言葉と物』の「人間科学」において、生命の実在をひきつぐのは、フロイトモデルの「心理学」にすぎないのである。(1) それが神経モデルを軸として、速やかに言語的なものに回収されることは明らかである。

それは何故なのか。このことは、生命のテーマ化が問題にせざるをえない質料性が、二〇世紀的思想にとって、きわめて扱い難いテーマであったことに起因するのではないか。

フーコーの転回

フーコーに拘泥する必要はないが、この点で、フーコー自身の思考の軌跡を再考することにも意味がある。フーコーは、『臨床医学の誕生』などの初期の著作から一貫して、身体と生命、病と死、それらの認識格子というテーマに多大な関心を払っていた。しかしそれでも、六〇年代までのフーコーの議論の焦点はあくまでも「言説」にあった。それはまさに、社会構築主義的発想の支えのひとつと考えられてもいた。七〇年代初頭のコレージュ・ド・フランス就任講義においてさえ、言説とその排除こそが、フーコーにとっての中心的な問題であったことがうかがえる。

しかし、考えるべきはこの先にある。七〇年代の『監視と処罰』においてフーコーは、刑罰のなかで華々しく傷をうける身体と、それを反転させるような、パノプティコン・システムのなかで精密に働きが計算される（機能的で暗黙な）身体をとりだしていく。そこではもちろん、言説的な区分と平行的な、空間配置的な権力が問題視されているといえる。だが同時にそこで、身体が根ざしている生へのあらたな視線が発生してもいるのである。

フーコーが、七〇年代中期以降、『性の歴史』をテーマにしながら、主体を構成する権力から、自己自身のコントロールへと視線を転換する過程で、生命という発想が突然のように主題化されたことは、やはり着目すべきである。これ以降フーコーは、「生権力」、あるいは「生政治学」という術語によって、生命の実在性とそのシステム性を考慮にいれながら、多様な問題へと切りこんでいく。

そこでの生命は、もちろん言説の編成によって認識化される側面を免れうるものではない。『性の歴史I　知への意志』では、その傾向はまだ顕著である。しかし生命それ自身は、言語に回収されきる領域ではありえない。もちろん、だからといって生命が実体視されるわけでもない。生命と言説とのパラドックス的な関連は、それ自身おおきな問題であるだろう。むしろここで留意すべきことは、フーコーが、明らかに「言説による排除」を軸とした知の認識論的な規範性から、「生命とその力＝権力」の「産出」を中心においた生命的な「権力＝力」の遍在性へと、探究の視線を転回させていることである。それは、二〇世紀の後半に露呈された大転換と、図らずとも重なりあっている。

晩年のコレージュ・ド・フランスの講義録が出版されるにしたがって、生権力や牧人司祭権力の議論を経て、「自己への配慮」へと向かうフーコーの試みのなかで、「統治性」（gouvernementalité）という主題が一貫して浮かびあがってくるのがわかる。それとともに、そこでは環境や他者へ関わる主体の姿もまた露呈されてくる。自己への配慮という最後期のテーマが、実践的な自己の自己自身への関わりをみいだすものであるかぎり、それは真理の認識（正しい自己の認識）をテロスとするものではない。それはむしろ、身体と環境へのおり返しである自己実践という行為自身を焦点化させるものにほかならない。これらの論点は、いっそう明確に、主体そのものの基盤としての質料性をそなえた身体、そうした身体と質料的水準でクロスする生命や環境、これらの議論をひきたててくるものである。場面はおおきく転回したのである。

生命の主題化と思考の応答

フーコーが病に倒れた八〇年代以降、いわばフーコー自身のあずかり知らないところで、生命科学はおおきな進展を遂げていた。それはあたかも、「言説」から「生命」へという仕方で、フーコー自身のトリアーデの内部配置に、強烈な磁場の移動が発生したかのようである。

八〇年代以降、われわれは遺伝子ゲノム解析、免疫学、脳神経科学の爆発的な成果に現実的にたちあっている。そしてそれにともなう人間についての知見の変化や、それを軸としたあらたな倫理上の規範問題の成立という、人類史的な規模ともいえる事態に向かいあっている。こうした生命科学の進展は、むろん生命科学としてとらえるかぎりでは、近代後期に描かれたアイデアの、実証的な水準での精緻化にすぎないだろう。とはいえ、それがわれわれに突きつけてくる問題は、はるかに広範囲なものである。

一面ではそれは、生命－身体に関するわれわれの基本的な視座そのものを転覆させる力を秘めている。ゲノムの解析は、細胞にたたみこまれた生命的歴史としての自然史的古層を解明し、細胞自身がそれぞれ自律した系でありながら、場所的環境的な相互関係のロジックにしたがって個体が形成されることをみさせてくれる。脳は、その無機質的なシナプスの連鎖であることにおいて、思考する生物であるわれわれの原的なイマージュを与えてくれる。免疫システムは、一見すると身体表面にとらえられがちな自己という存在の「限定」に関わる働きが、われわれの日常的把握とは別の位相で自律的に発生していることを示唆している。さまざまな免疫疾患が（アレルギーであれＨＩＶであれ）、この時代を特徴づける病であることも忘れてはならない。

ここで着目されるべきなのは、内部環境（ＤＮＡ）も外部環境（環境の質料性）も含むかたちで、まさに境界（遺伝子や免疫や脳）として自己生成していく「生物」の「自己」というあり方である。ｉＰＳ細胞を巡る最近のバイオテクノロジーの知見は、さらにわれわれの細胞それ自身が、時間の逆転可能性を含みこみ、未分化状態からの多様な生成が可能になるポテンシャルを失っていないという事実を明示している。それは生命体が、まさに自己生成的な生物機械としてこそ「自己」であるという側面を晒してしまう。

しかし、旧来の主体の概念に固執し、それを疑うことなく語られる思考や倫理は、こうした生物科学が示してくるヴィジョンに対して、明確な立場をとりえない。生命の哲学の方が、生命テクノロジーの現状にはるかに遅れをとっている。もちろん遅れることが問題なのではない。性急に倫理的な解答をだそうとする試みが危険であることは重々承知している。思考はいつも周回遅れで到来するのが適切だろう。だがそこで、テクノロジーが明示する事態を、たんに思考の外へと排除する力学が発動されるならば、それはたんなる反動であるにすぎない。

この種の議論が、テクノロジーを巡る、とりわけ倫理的な問題系において顕在化された経緯があるのは周知のことである、脳死にまつわる臓器移植の問題が、生と死にまつわる規範性に疑義を突きつけたことは常識化されている。DNAの議論は、さらに遺伝子への介入可能性についての（未来の時間や存在者への「責任」につながる）問いをひきだしてしまう。あるいは最近喧伝される、脳神経倫理を考えてみてもよい。そうしたテクノロジーの議論の細部に、個別の哲学者が応答することは、確かに無理である。しかしこれらが包括的に、近代的な人間と、「言語」に依拠するその解体‐再構築的なラインとは、まったく別の問題設定を要請していることは明らかではないか。生命の前景化は、生命そのものが徹頭徹尾物質＝質料的であることの意味も含め、テクノロジーによるその操作という問題系に突きあたらざるをえない。それは、まさにフーコーが描いた「人間の消滅」を実現するかのように、人間的な思考の限界や、従来の境界性の崩壊と刷新を要求するものにほかならない。テクノロジーとは、質料的な無意識において生きるわれわれの生が、自己自身に働きかける（まさに自己配慮的な）範型ともいうべき事例なのである。

様々な意匠――オートポイエーシス・アフォーダンス・複雑系

ところで、生命の前景化を巡るこうした状況を、哲学や思考がまったく放置してきたわけではない。

九〇年代のオートポイエーシスの発想は、神経系や細胞のモデルを発端とし、社会システム論的装置とも深くむすびつきながら、生命的秩序の自己生成という問題系に光を与えてきた。生態心理学的な知見は、アフォーダンスというあらたな「意匠」をまといながら、環境と主体の関係を規定しなおそうとしている。複雑系の議論が、物理学的なカオスというハードサイエンスの領域に端を発しながらも、決定論的な枠組みから現出する非決定性をとらえ、この世界の原則的な多様性と時間的進化のあり方に明晰な視界を開いていることもみのがしえない。これらの諸学が、それぞれ生命的なもの／環境的なもの／進化的な自己生成を、言語装置や主観性といった問題圏域とは別様の方向からとらえていることは明白である。それらは、生命の潜在性と多様性という現実や、あるいはそれを支えるシステムの原理的な解明に、相当の貢献をなしている。

こうした諸学は、伝統的な哲学とのむすびつきを欠いているわけでもない。オートポイエーシスの発想と、ドイツ観念論的な自然哲学との近さは目につくものである。アフォーダンスは、実験的・実証的な認知心理学を基盤としながらも、同時に現象学と強いむすびつきを保ってきた。複雑系が、物理学の科学哲学から、その生物学的な進展をみいだすラインのうえに置かれていることも確かである。これらの議論は、一面では正当な哲学史的コンテクストにおいて描かれていた自然主義的な時間や進化、システムや多様性の議論を、状況に応じて組みたてなおそうと試みるものである。

とはいえ、生物学的な知見のとりあつかいも含め、これらの発想が、いかなる射程や深度において、「哲学」をカヴァーしうるのかについて疑問なしとはいえない。オートポイエーシスの発想が、同型的なものの輪切り構造に陥る傾向を避けえないこと、つまりさまざまな階層をシステム的な自己生成のロジックで把握しながらも、そこでの階層間の差異を明確にすることなく、生命細胞／言語社会／心的システムにいたるまで、一気にむすびつけてしまう構造的な欠陥をもっていることは否めない。少なくとも生態的システムと社会的システム、そして「自己」という特異な領域の内容をなす心的システムとのあいだには、（言語の問題を介在した）重大な齟齬が実在し、そうした齟齬そのものが階層間の力動因になっているはずではないか。しかし、神経系の自己生成モデルを軸とし、「外部」との出入りがない状態で設定されるオートポイエーシスの構成では、必要な「超越」をはめこむことが不可欠な議論の領域が、どうしても単一化されてしまう（あるいは単一なものの相同的な複合化で処理されてしまう）(2)。

またアフォーダンスが、心的装置や身体性の主観「内部的」な想定を徹底的に解体し、環境のなかにある心／主体というキーコンセプトを軸に、生態系的な場面に思考を強力に展開していくことは充分に評価できる。それは、環境の存在論や、その自然史的／進化史的に重層化されたプロセスを、明確に思考にとりいれる意義をもつのだから。しかし、たとえばその水準での環境と主体との議論ならば、日本には相当重層的な歴史的蓄積があり、それが環境と政治秩序の問題性や、個体と種の議論にはじめから深くつながっていたことを看過するわけにはいかない(3)。英米系出自のアフォーダンスは、そうした事象へと議論をむすびつけていくラインがあまりに希薄で、いかにも平板な環境一元論的（プラグマティズムの亜種的な）色彩を帯びやすいことは事実である。それは、認知科学などの成果をとりいれつつ、身体的な行為論を精緻化することに成功してはいるのだが、その哲学的基盤は、案外古風であり、射程もいまだ探究される余地を残している。

複雑系についても同様の問題を指摘することができる。観測されたカオスの複雑性や、気象学的・天文学的・宇宙論的に描かれる、揺らぎから導出される多様な秩序形成の明示化は確かに相当魅力的である。しかし、そこで解明されるべきポイントは、カオスの議論が、観測者問題や、内部観測の問題系に特有の関わりをもつことからも理解できるように、システムを観測する主体を、カオスの議論においてどうとらえるのかという、認識論・存在論的脈略こそにある。こうした「視点」と「主体」の問題を欠いては、そもそも生命という問題系に辿り着くことは困難ではないか。カオスの議論のただなかで、生命と主体性という議論を、伝統哲学を踏まえながらもそこからの距離を測定するかたちで提起すべきではないか。

繰り返すが、これらの諸学は、生態系／生命論的な主題の意義を前景化したという点で、非常に重要である。これらが、生命の世紀としての二一世紀に向かう蝶番のような場面で、現代的思考のモードであったことも象徴的である。しかしながらそれが含意する哲学的な射程については、なお深く検討すべき内容に事欠かない。

ヴィータ・テクニカの思考がどこに向かうのかは、こうした考察を経て描かれなければならない。

まずは、むしろ上述の思考の傾向性を明示する作業も含めて、こうした思考の流れを「生態学的転回」としてまとめてみたい。それはいうまでもなく、「言語論的転回」を軸に描かれてきた二〇世紀思想と、その末裔のような政治諸思想にとって、質料＝物質的視点から、数多くの疑念を突きつけるものになる。

第二章

生態学的転回《エコロジカル・ターン》について

1　自然の非本質主義について

ヴィータ・テクニカの身体／環境

ヴィータ・テクニカは「生命」と「技術」の哲学である。生命が、その物質＝質料性において固有の秩序をもち、そこであくまでも自然史的な受動性において成立する自らを、自然に介入しうる装置＝機械として能動的にとらえていく、そうした存在様式を描きだす試みである。

この場合、物質＝質料的な存在者とは、まずは身体のことであるだろう。身体とは、自然史的な時間的連鎖と空間的環境性のなかにある自己が、自己自身へとおり返す当の質料性そのものにほかならないからだ。そこでの自然史や環境性とは、自己の内部情報や形成物質、さらには風土性、また人間の技術を媒介とした情報までをも含んだ、きわめて広範囲に及ぶ概念のはずである。

するると誰もがこう考えるかもしれない。このような身体性への着目とは、そもそも二〇世紀哲学の基本的なラインだったのではないか。あるいは、二〇世紀後半に、おもに環境破壊の問題などと連関して、生態系的な主題は、さんざん多角的に検討されてきたのではないか。そうであれば、いまさら改めて質料性への回帰を主張する必要などないのではないか。

確かに、メルロ＝ポンティ等の現象学以降の哲学が、身体に特権的な位置を与え、それを巡る議論が、さまざまに展開されていることはいうまでもない。「環境」を巡る主題系も、ハイデガー的な現象学が、もとよりユクスキュル的な環境世界論をひとつの下敷きにしていること、それが土着性や風土性の思考にむすびついていることを考えれば、あまりに論じ尽くされた方向であるようにみえる。

しかし上述の議論だけでは充分ではない。あるいはこれらの議論が、なかば無意識的にせよ欠損させ、論じていないポイントをひきたてることが必要なのである。[1]

そうした論点は、何をおいても、「質料性」と「意味」のつながりに関わるものである。

上述の現象学的な探究は、まさに「意味を付与する身体」や「意味がそこで与えられる」環境こそに視線を向けていた。それは確かに、たんに観念的に規定されるだけであった「意味」の領域を、「行為」の水準へとひき戻してはいる。そしてそうした事態は「行為」と関わるかぎり、必ず身体や環境という主題を内包する仕組みになっている。だが、そこで問われる質料性は、やはり「意味」が生じる場としてしか規定されない。しかしそれでは行為と意味との関係が、明確にとらえられているとはいえないのではないか。「意味」が（言語の行為を含む）行為性としてみいだされても、それがたんに「意味」にのみ収束していくならば、それ自身が含む質料性が何の役割を演じているのか、不分明なままではないか。

これに対して、身体や環境性においてきわだたせられるべき本来の事態とは、それが「無意味」であることにまずは向けられるべきではないか。質料性そのものが担っている、意味の「なさ」こそが、その位置においてきちんととらえられるべきではないか。

もちろんここで重要なのは、まずはという言辞が示す役割である。それは、「意味」に対する「無意味」であることから考えても、「意味」と相即的・相関的な関係にあることは明白である。身体や環境の質料性は、端的に意味作用がもつ「素材」として、それ自身は「無意味」なものであるといえる。

ところが、ことはそれだけにはとどまらない。生命の質料性は、生命に内属するものとしては、言語の意味作用に抗し、そこに回収されない何かを秘めているからである。生命については、個体的にも系統的にも、質料性の水準での生成がまずあって、それが言葉をもった自己意識になるということがある。意味作用を遂行するだけでは、生命は成立しない。意味作用の外側としてとらえられる、質料性のシステムが、意味作用としては「無意味」に働いてしまうことが、生命にとって不可欠であることを考えるべきである。

そうした視角からいえば、意味と無意味とは、根本的にパラドックス的関係にあるといえる。それは、言語に回収されず、言語に抗した秩序をもち、そうしながら同時に言語をもって生きる生命を支えている。しかしそこで「支える」ということは何を示しているのか。生命が、言語に回収されない質料を、不可欠のものとして保持しているというのはどういうことなのか。

質料性と生命性

このことは、質料性が「産みだす物質」であることに深く連関しているようにおもわれる。生命における質料性の本性は、まずはそれが「産むもの」という自己形成の力をそなえていることにある。素材としての質料は、たんに動かない物質なのではない。それ自身が行為し、自己で自己を形成してしまう物質である。それは、まずもって細胞であり卵であり生殖質であり、まさに身体－環境システムを自ずから形成する物質である。

　しかしこうした自己形成の力は、それ自身としては「意味がない」。とはいえこの位相でみいだされるものは、たんなる「意味」の「欠落」ではない。そうした自己産出する生命の質料性を、どうとらえたらよいのだろうか。

　ヴィータ・テクニカの哲学は、あまりに手垢がついたものであるとはいえ（逆にその手垢のつき具合を再利用して）、それを「いのち」と呼んでおきたい。少し考えてみればわかるが、「いのち」があること自身は、それとしてはまったく「無意味」である。「いのち」には、ただ生きているという以外の内容がない。そして細胞や卵の役割は、あたりまえながら、まずはそれが生殖し増殖しつづけ、「いのち」をつなげつづけること以外にはない。ところが「いのち」がそなえているこうした産出性を前提にしないと、「意味」が発生することはできない。「いのち」をもつ生命であるということは、われわれが生命システムのなかの質料性であると同時に、そのすべてが生殖性に依拠していることをも示している。

　「いのち」が「無意味」であるとしか述べられないように、生殖もまたそれ自身としていえば、いっさいが「無意味」でしかありえない。そうした「いのち」や「生殖性」を、「意味」の方向から規定し批判して、何かをいったつもりになるのは誤りである。そこには何の言語的・文化的「意味」ももともとないのだから。言語的・文化的「意味」は、ただ産まれている、ただ産むという「無意味」を支えとしてしか、そもそも存立できないものであるのだから（この点は、言語による社会構築主義をどうとらえるかという論点につながるが、それについてはのちにいろいろなかたちで触れる)。

言葉は生物が生きていることを前提としている。生殖しつづけることを前提としている。言葉を語り生殖する生物が何もいなくなったら、言葉も社会システムもなくなる。しかし言葉がなくなっても、生きているものは存在する。言葉と生命の両者は、対称的な関係のもとにはありえない。このことは、必ずしもクロノロジカルな時間秩序を指しているわけでもない。それはむしろ存在論的な原則に近い(この点は、つぎのビオスとゾーエを検討する部分で論じる)。いのちがあることは言葉や社会を支えるものであるのに、それ自身は言葉や社会システムにとって「何の意味もない」。そのことがきちんと確認されるべきである。

ヴィータ・テクニカが明るみにだすべき質料性は、こうした「無意味」のことである。それが「生きている」ことそのものである。それが言葉で何かを語ることの基底をなしている。「いのち」の「無意味」は、言語を前提とした社会を支えつつ、「無意味」であるものとして拮抗する。それは言語=社会とパラドックス関係にしかありえないのである。生命システムの社会論は、このパラドックス関係を押さえないかぎり、描きだすことは不可能である(生命システムを土台としたあらゆる情報論や社会システム論は、この領域に届いていない)。

転回の転回　責任から無責任へ

すでに述べたように、二〇世紀の思想は、言語という装置を強調し、その分析を推し進めることによって、思考のあり方を変革しようとした。それは、確かにある種の形而上学的な隘路を抜けださせる成果を示してはいる。さらにこうした言語論的転回は、二〇世紀後半においても、その枠組みを政治哲学化させながら、構築主義的な社会学やそれに影響をうけたジェンダー論、ポスト・コロニアルやサバルタン的な発想に、議論の骨格を提供してもいる。

だがそこで、二〇世紀後半から前景化されてくる生物学的な事態は、どのようにとらえればよいのか。そうして提示される「生態学的転回」(エコロジカル・ターン)は、言語による転回を、もう一段階転回させるものであるとはいえないか。

「生態学的転回」が、生物科学の抜本的な進展によって示されてきた、生命と環境の自己組織化的な知によってみいだされる概念であることは間違いがない。ではそれは、どのような意味での「転回」なのか。「言語論的転回」にさらなる「転回」を仕掛けることによって、われわれはどこにいたるというのか。それは、上述の「無意味」さを、どうひきうけるのか。

踏まえるべきは、「言語論的転回」が、一面では主体性を解体しつつも、同時に「意味」の空虚な場所としての主体を強固に保持する姿勢をもち、さらにそれが不可避的であるということである。意味そのものの非物質性がその拠点と集約点を、物質的な支えのないかぎりでみいださざるをえないことが、これに連関しているだろう。デリダにおいて、意識的な現前の主体が解体されたとしても、その裏面のように「責任」の主体がきわだっていくのは何故なのかを考えるべきである。デリダでは、後期の「正義」論への「転回」が語られがちだが、この二つの事態は、実際には、同じことの両面ではないか(その意味で、九〇年代にしきりに喧伝されたように、デリダは、はじめから政治的倫理的な哲学者であったというとらえ方はまったく正しいのだろう)。

ところが、「責任」の主体や「正義」の主体とは、「現前」の主体に対して、何を組み替えるものなのか。意識的な同一性をそなえた自己性に先だつ他性、他者に呼びかけられる自己、それをきわだたせるのはよい。しかし、自己同一性に先だって、他者から呼びかけられる自己を論じたところで、そこで自己をシニフィアンの空虚な場所として規定してしまうかぎり、それはつねに、準−超越論的という意味において、まさに超越論的主体性の影のような存在でしかありえないのではないか。

これに対して、「生態学的転回」が押したてるのは、まさに主体が分散するあり方である。いいかえればそれは、まさに生の受動的側面とむすびついた、主体の「無責任」性なのである。主体の「分散」というとおりのいいフレーズは、われわれの生が生であるかぎり、根本的に「無責任」であること、生命を肯定するかぎり、そうした無責任さは率直に肯定されざるをえないこと、これを前提にしなければならないはずである。それが生の「無意味」の重要な一側面をなしている。

質料性に関わる個別的な秩序性を表現するときに、言語が介在してしまうことは明らかである。しかし物質＝質料性それ自身は、シニフィアン・システムによって把握されうるものではない。それは意味であることから排除されるか、あるいはまさに無意味として、みえないとされてしまう。それゆえ、意味から排除されるこの領域は、主体的なものから一切排除されるといえる。

とはいえこの領域が、生態系の組織力として、あるいは生命の生殖力として、一定のあり方と、別の主体化への傾向をそなえていることは疑いえない。主体であるものも、いかに脱主体化した分散した様態であれ、そこに根ざす以外にはない。それはまさに、意識の主体はおろか、その裏面であるような

「責任」の「主体」からも、まったく排除された無責任性によってきわだたせられるべき事象ではないか（こうした議論は、デリダ的な責任の主体が、そもそもきわめてユダヤ－キリスト教的な宗教性を背景にもっていること、それに対して、「生態学的転回」は、実際には資本主義とグローバル化を側面支援してしまうユダヤ－キリスト教的スタンスから、そもそも逸脱する自然の生を扱うべきであること、これらの議論につながっていくが、いわゆる一神教と多神教との対立を巡るこうしたテーマは、これもまたのちに機会があれば論じることにしたい）。

別の側面からも補足しておこう。エコロジカルな領域における主体性は、自己と他者に関するテクノロジーを媒介とした、自然への働きかけによってみいだされてくる。ところが自然への働きかけは、無限の空間性と時間性に関与してしまう。それゆえ、われわれの自発的な行為とは、まさに宇宙空間に石を投げ、その効果を待ちつづけるような、決定的な「賭け」としての性格をどこかでもたないわけにはいかない。そうした偶然的領域でみいだされる主体は、責任の主体ではありえない。責任の主体は、デリダの言説にもかかわらず、つねにリスクを計算し配慮する主体である（それはリスク社会学のテーゼにダイレクトにむすびつく）。ところが賭博の主体は、あくまでも「無責任」の主体であるはずである（フーコーの生政治学のポイントのひとつはそこにある）。それは計算ができないことの裏側の（しかしあくまでもリスクを勘案してしまう）主体ではなく、計算しえないことをそのまま肯定する主体である。生成の主体がこれ以外の何でありえようか。

こうした視点の転回は、フーコーの七〇年代以降の「転回」におり重なっている。しかしフーコー自身は、そこに生態系的な主題を巧くおりこめてはいない。フーコーは最後まで言説にこだわりをもちつづけていた。しかし最後期に、まさに自己の実践というテクネー論に到達したフーコーは、独自の仕方でエコロジカルなものに接近しているといえる。

さらにこのことは、ガタリが述べるエコロジー的発想が、生態系の議論を、反シニフィアン装置（ガタリが精神分析への対立項としてひきだす、分裂分析における「機械」ととらえるもの）にむすびつけることにもつながるだろう。それは、言語中心主義とも、非言語中心主義とも異なった仕方で、質料＝物質性や空間性を「内在性」のネットワーク領域としてみいだしていく。彼自身が描いているように、それはひとつの自然哲学の展開であるだろう。そしてそこで示される、多様性において分散した主体の姿が、ヴィータ・テクニカの主題である「無責任性」の、ひとつの原像をなすだろう。

自然本質主義批判

さて、これまで述べてきたことを整理し、それに向けられるありうべき批判にあらかじめ応え、しかし同時にそうした批判がひき起こす内発的な問題性を検討しておこう。

二一世紀の思考が、「言語論的転回」から「生態学的転回」への道を辿ることは、現在的な生命科学の進展や、それが含む事態の先鋭性からみても、不可避であるとおもわれる。それは、「言語論的転回」が看過させてしまう質料性のロジックや、その生産性について、別様の視線を向けさせるからである。

しかし同時に、こうした「生態学的転回」をそのままで論じたてると、そのロジックに脆弱な部分が含まれることは否めない。生態系的な諸思考が、哲学としてどのような意義をもつのか、さらに明確にされなければならない。

まず検討されるべきことは、言語と、生態学的な領域の連関とは、どのようなものかということである。これは、応じ方によってさまざまな議論や批判を喚起するだろう。

そのひとつは、こうした「生態学的転回」とは、結局は「自然本質主義」への先祖返りにすぎないのではないか、という批判であるだろう。「生態学的転回」など、自然の生成をそのまま承認し、社会的であるべき欲望や差別性をすべて自然的な所与として肯定し、生物学的決定論を無批判にうけいれ、まったく反動的な政治的倫理的帰結にいたる、それだけのものではないのか。

この種の批判のもっとも洗練されたロジックを提示するのは、デリダの述べる脱構築や、それをひきうけた社会学的構築主義の諸議論であるとおもわれる。それは「言語論的転回」の側からの、「生態学的転回」への再批判でもありうる。

デリダを例に挙げて考えてみる。

デリダの提起する脱構築は、彼の述べるところの「現前の形而上学」への批判に基づいている。デリダによれば、「現前」への無前提的な信頼こそが、西洋形而上学なるものの基軸を形成してきた。現前の形而上学とは、単純にいいかえれば、(現象学的な伝統のなかで論じられてきた)時間の自己触発構造において、自己の自己への現前という審級が、真理を語る絶対的な基盤になってしまうことを指している。しかしデリダは、現前そのものは、それが何であるかを理解するときには、すでに記号の媒介を経ている点を強調する。それゆえ現前とは、それ自身他者性や歴史性への回付を含意し、その点ですでに政治的倫理的位相にむすびついているとされる。自己触発としての現前は、現前としてのあり方をもつのに先だって、すでに他者性や歴史性への迂回を経ているというのである。

ところがデリダによると、さまざまな現代思想は、こうした現前の形而上学がもつ、自己触発のあり方を無批判にひきうけてしまっている。後期の著作である『触覚』や『法の力』では、一連の現代思想批判がなされているが、そこではメルロ＝ポンティ、ドゥルーズ＝ガタリ、あるいはベンヤミン等に対して、いささか形式的で教条的ともみえる批判が縷々展開されていく。ではそこで、デリダは何を問題にしているのか。

こうした議論で争点になっているのは、何をおいても、「自然的本質主義批判」ではないか。自然の「直接性」をそのまま認める哲学的言説が、議論の標的になっているのではないか。

デリダによれば、自然の「直接性」がとりだされるのは、まさに「現前」においてでしかない。ところがそうした現前は、つねに時間的なズレを含むので、言語を媒介としてしか把捉しえないはずである。しかし自然的本質主義は、こうした言語によるズレのおりこみと、そこですでに他者性や歴史性が差し挟まれていることを踏まえない。自然の本質主義は、そうしたそもそもありえない「現前」を担保にし、自己の根拠を設定しているとされてしまう。そこでは、触覚に依拠したメルロ＝ポンティの議論も、現前の過剰な横溢を語るドゥルーズ＝ガタリやベンヤミンの記述も（さらには、生殖としての生にいたってしまうレヴィナスさえもが）自然主義批判をひきうけない素朴な思考として断罪される[2]。

ジェンダーにおける事例

デリダでは、きわめて形而上学的な議論が展開されているようにおもえるが、こうした自然本質主義批判は、最初から強く政治的倫理的なバイアスを被っている。自然主義批判をもっとも的確にひきつぐのは、民族性やジェンダーの「生物学的決定論」を強烈に忌避し、それに対して徹底的な抗戦や攪乱を企てる、ポスト・コロニアルや社会構築主義的ジェンダー論である。明示的であれ非明示的であれ、そこではデリダ的な脱構築が、さまざまなかたちで適用されている。

具体的に考えるために、ここでは構築主義的ジェンダー論をとりあげてみたい。フェミニズムの議論は、性（や性的欲望）の社会的歴史的な構築性と、実在する身体との連接点について、あるいは先に言及した、生殖としての生命がリンクする政治性に関して、きわめて先鋭的で多角的な思考を示す領域であるからだ。生命システム論が、ジェンダー論的な政治的批判の成果をひきうけないわけにはいかない。

社会構築主義的なジェンダー論の極北を提示するのは、ジュディス・バトラーである。構築主義者であるバトラーは、社会的に構築されたジェンダーが、生物的な基盤に依拠しているとはまったく考えない。歴史的・社会的に構築されたジェンダーこそが、生物学的な性を考える際にも、枢要的な役割を演じているとさえ述べる。こうしたバトラーの発想は、フーコーの生権力論の思考をかなりとりこんでもいる。彼女は、第一期のフェミニストたちが、男性／女性の境界線を前提として女性に同等の権利を求めたことも、第二期のフェミニストたちが、男性＝ロゴサントリック／女性＝非ロゴサントリックという対比を打ちだし、女性性の顕揚において男性性の包括を試みたことも、ともに（その歴史的意義は高く評価しつつも）うけいれない。バトラーは、男性／女性という境界線設定そのものを疑い、まさに境界事例（クィア・同性愛・生物学的な両性具有）の位相をひきあげ、境界線そのものがそこでさまざまな揺れとともに構築されていくこと、そのかぎりでそれが可変的であることを論じていく。それは、境界線のつねなる攪乱という戦術に集約されていく（まさに『ジェンダー・トラブル』という書名が示すように、境界線にトラブルを起こしつづけることが、そこでは理論的にも実践的にもおおきな課題となる）。

だが、バトラーの議論を支えているのが、デリダときわめて類似した、言語の過大視であることは間違いがない。これはバトラーの思考の背景に、典型的なヘーゲル＝ラカン主義的な傾向が存在していることや、とりわけ『ジェンダー・トラブル』が、オースティンの言語行為論にいささか素朴な仕方で依拠していることからもみてとれる。そうである以上、それがいかに行為的なもの（バトラー的にいえば「パフォーマンス」や「エージェンシー」概念）をきわだたせるとはいえ、一面ではどこまでいっても認識論的な分類と、その境界の曖昧さにこだわり、分類の自然性を批判しつづけるものになってしまう。

ジェンダー的な差異が歴史的に構築されたものであり、そこに言語的な装置が深く連関していることは疑いようもない事実である。だがそこで構築という相対性を議論に導入することで何がみいだされるのか、それは本当に、本質主義批判として機能しているのか、むしろこのことが検討されるべきだろう。(3)

さらにそこで、それ自身「無意味」として描かれる質料性の領域はどうなるのか。バトラーが『物質＝問題としての身体』で質料性に言及せざるをえなくなるとき――『ジェンダー・トラブル』以降、こうした質料性の主題化をバトラーがせざるをえなかったことの意義はきわめておおきい――、そこでは第二期フェミニストがもちあげていた生殖する身体の「母性」性が、はっきりと忌避されることはよく理解できるが、しかしそこでも、どう考えたところで、生殖してしまう生物学的事実性そのものは、社会構築そのものが覆い尽くせない外部として実在するのではないか。それを何らかの仕方で肯定しなければ、社会構築自身がそもそも成立しないことを明確に位置づけるべきではないか。ジェンダーに即してこうした問いをたててみることは、ヴィータ・テクニカの問題系としてきわめて重要である。

本質主義批判は何を批判しているのか

では、デリダ＝バトラー的な議論が、「自然本質主義批判」とまとめられるならば、それは一体何を批判しているのか。あるいはそうした批判はそもそも（それが政治的倫理的言説として効果をもつことは承知するが）哲学的にどれほどの範囲に及ぶものなのか。

そこでまず強調されるべきことは、生命的な領域での質料性が、一種の進化ゲーム論や環境規定論によって影響されているとしても、それ自身は、「本質主義」として機能することはないのではないかということである。むしろ生物学的な知見からとりだされてくるのは、生物的な実在は可変的なものであり、状況に応じてその本性を容易に変更してしまうことの方である。そして「人間」もまた自然的身体をもっているかぎり、その自然的な身体の規定が（あるいはそこでの行為を支える欲望や情動が）、「本質的に普遍的」であるわけではないということである。これは生命と時間という主題を真正面から考えてみれば、当然の帰結であるだろう。

生物学的な世界とは、まさに時間において進化する世界にほかならない。進化する世界は、もちろん自らを変化させる力を、境界を移動させる力を、自己を多様化する力をそなえている。そうであるならば、そこでの自然決定論など、生態学的秩序はとっくに放棄しているのではないか。いやまったく逆に、人間的身体の「動物性」を問うことは、そこでの生物形質の多様性を明らかにすることによって、バトラー的な「攪乱」にきわめて強く資するものではないか。
社会構築主義的な本質主義批判は、進化ゲーム論的な議論の内部においても、ほぼ同様に発生しているのである。自然の本質主義など、実際にはどこにも実在していない可能性すらある。しかも生物の可変性を突きつければ、それは政治的「攪乱」の基盤でさえあるかもしれないのである。

他方そうとはいえ、「自然本質主義批判」はどこかで正当性を帯びているようにも感じられてしまう。それは何故なのだろうか。

そこで看過できないのは、変化に関与するタイムスパンである。進化によって、生物学的な戦略ゲームがさまざまに変容し、環境性や場所性において、生物が多様に変化するとしても、それには相当の長い時間が要求される。霊長類の末裔であり、ある程度には性の分化がなされた「人間」の大人は、魚やバッタのように容易に性を転換することはできない。それはやはり事実である（それに介入しうるのがテクノロジーであるが、それはここでは措く）。

それに対し、言語を変化させること、社会体制を組み替えることは、われわれの生の範囲において可視的でもあり、それに主体が何かの意志や決定力を及ぼしたとおもえる部分が確かにある（社会変革に参加した、正義の実現に参与した……）。だがそうではあっても、いかに可変的であれ、一個人の発意や特定の集団の意志によって、簡単に変化が発生しうるわけではない。そこでは、まさにバトラーがパフォーマティヴと述べたような、戦略的な言語実践が不可欠であるが、それが巧くいくかいかないかは、状況に依存したものでしかない。

そう考えれば、実はこの両者は、まずはそこに本質的な差異をみてとるべき領域ではなく、まさに時間的な程度の差異においてむすびつけられるべきものではないか。当然この差異は、齟齬やパラドックス関係の源泉としてとらえなければならない。だが、社会構築主義がみいだす事態と、自然進化ゲームが提示する事情とは、こうした視角から整理されるべきではないか。

　ここでデリダの現前主義批判や、社会構築主義の本質主義批判が、何であったのかを検討しなおすべきである。本質主義批判とは、言語が構築する審級と、自然史的な進化の審級とを、隙間なくつなげてしまうロジックへの批判のことではないか。この両者がパラレルであり、連続することは確かであるとしても、その平行性の間隙と齟齬は的確にみいだされなければならない。この二つの審級を、平板につなぎあわせ、自然を何かの根拠と考えてしまうことが、本質主義批判が暴きだしている当のものではないか。

非本質主義的な生態性システム

　そうであるならば、生態学的転回がひきたてようとする自然の秩序は、これらの本質主義批判とは何の関係もない。それは生命の質料＝物質性を、意味作用を果たす生物にとって不可欠なものと規定し、それを看過する脱構築主義や社会構築主義の方が、むしろ言語への過剰依存において観念論をひきずっているのではないかと考える。だがそこでの自然主義批判そのものは、むしろ積極的にひきつがれるべき事柄であるとさえいえるのである。身体の質料＝物質性は、（ガタリの述べる分子革命そのものに該当するように）細胞機械・生殖機械・進化機械・生態系機械へと分解してしまえば、本質などどこにもないかぎりでの自然を指し示すものではないか。バトラーが攪乱を論じ、バトラー独自の仕方で質料＝物質性をとりあげなおすときに、むしろフーコーが批判されていくが、そこでバトラーは、フーコー後期になされた生態学的転回の意義を評価し損ねているのではないか(4)。

もちろん同時に、自然本質主義批判が論難する事態を避けるためにも、言語によって構築される現実と、生態系的自然における現実との、連関と差異、つながりと齟齬が明確に規定されなければならない。それが「生態学的転回」自身の課題であることは明らかである。

この両者は、一面ではタイムスパンの問題である。つまり、存在論的に述べれば、自然的存在者が関与する時間性と、意識的言語的存在者が関与する時間性との、その質的な差異をどう把捉するのかという問題である。そしてそうした時間の関与の質が、「意味」と「無意味」という問題系に、齟齬として反映されるのはどのようにしてなのかが問われている。

ここでアガンベンが論じているビオスとゾーエの議論の再検討が必要になるだろう。ベンヤミンやフーコーを下敷きにしたアガンベンの議論は、すべてを生命的な連続性のなかでむすびつけると同時に、そこでビオスとゾーエの二つの位相の決定的な齟齬とズレ、パラドックスと軋轢を前景化するものである。それゆえそうした考察は、ヴィータ・テクニカの思考を展開する際に、おおきな指針になるに違いない。

2　ビオスとゾーエ

ビオスとゾーエ再考

前節では、デリダの現前の形而上学批判とバトラーの構築主義を論じた。それらがともに、自然の「本質主義」を批判対象となし、そうした批判が、言語という位相の、実在の把握における根幹性に依拠していることが検討された。そのうえで、これらの批判に政治的倫理的な一定の成果を認めながらも、そこで言語によって構築される領域の範囲が過大視されていること、さらにそのような言語的構築の外部に設定される、質料＝物質性のあり方をとらえなおすことの不可欠さを述べた。

質料性の領域は、意味にとって端的に「無意味」である。しかし構築主義者バトラーが、質料性を問題視せざるをえないように、生命と身体とに関与する議論にとって、「無意味」な物質とはそもそも何かという問いがたてられ、それ自身がもつ自然史的に自律的な役割が検討されなおされることは避けがたい。バトラーが、一面ではフーコーの『性の歴史』をうけつぎながら、ジェンダーとセクシュアリティの議論を繰り広げるかぎり、文化と自然、言語と生命、社会的構築性と生物的戦略性とが交錯し、それらが相互関係を及ぼしている曖昧で境界的な領域に踏みこまざるをえないことは明白である。それは生態学的転回を考えるときの、ひとつの焦点でもありうるだろう。

言語と生命という、こうした二つの事象の交錯をとらえるならば、どのような軸が想定されうるだろうか。

まずここで参照したいのは、生権力論を独自に展開しているアガンベンの発想である。とりわけそこでのビオスとゾーエの議論である。

イタリアの美学者であったアガンベンは、ベンヤミン研究を中心にしながらも、フーコーやドゥルーズ＝ガタリを経由しつつ、政治的なものの思考へといたっている。ドイツのフランクフルト学派とフランス・ポストモダン思想との接合、あるいはそこでの美学的領域と政治哲学との交錯や、さらには生命論的な思考の重層化は、容易なようでいて、実際には誰にもなしえなかったことである。(5) それがアガンベンにおいて可能になったのは、ベンヤミンの発想がそなえている自然史的な拡がりと、フーコーやドゥルーズ＝ガタリが提示する生命＝環境性に向かうバイアスとが、アガンベンという場において共鳴現象を生じさせたことによるともいえるだろう。自然史的な観点を導入することは、言語的な人為性＝意識性の領域に関連して、その圏域の意義を重視しながらも、それらを包括する総体へと押し広げる試みを可能にするからである。

ビオスとゾーエという二区分は、こうした事情を前提として、論じたてられるべきである。

そこでは、まずはすべてが生命であり、すべてが自然的な身体である。

それはこういうことである。自己という主体にとって、自然的な身体とは、それに対してどうにかできる部分があるとはいえ、それ自身は、自然からの純粋な贈与という事態を考慮することなしには把握できない。身体において、主体はある範囲内で能動的にたち振る舞うことが可能であるが、その基底をなす自然史的な身体は、さしあたりはまったくの受動性においてみいだされるよりほかはない。ビオスとは、前者の、人間的に意味づけられた、あるいは意味づけられうる生のことである。それは言語的な活動が、法的、制度的、社会的な装置を作りあげ、人間としての価値をもった生を営む場面そのものにむすびつく。

それに対してゾーエとは、「剥きだしの生」という言葉が付与されるように、自然の質料性としての生そのものであり、進化的に与えられる自然の身体と、さしあたりはおり重なっていく。それは一面では、人間的な価値づけにとって「無意味」な身体（うち捨てられた身体、排除された生）として記述されるが、同時にまた生物学的な行為の自律性において把捉されるべきものでもある（後者はもちろん、人間的な意味づけの減退に比例するかたちできわだってくるだろう。あるいは生命的な能動性は、主体が選択の余地なく参与してしまう行為の能動性という逆説によって記述されうる）。

ビオスとゾーエのこの区分を、言語とそれが包摂しえない外部という仕方で単純に処理しなかったことが、アガンベンの視角をきわだたせている。「剥きだしの生」であるゾーエは、確かに意味づけられない外部であるが、実際にそれは、意味の境界領域において、その不気味な質料性の力と、生命的な組織力を提示し、ビオスの生に影響力を行使しつづけていく。

ビオスに対するゾーエの二重性

とはいえ、ビオスに対するゾーエのあり方を考えるならば、それは先にあげた(人間的価値＝ビオスの価値からみてとられるかぎりの)二重性を帯びたものとしてしかとらえられないはずである。

それは、まずはもちろん、ビオスにとって「無意味」でしかない身体である。あるいは剥きだしの無能な身体として、身体自身の階層性においてもきわめてマージナルな位相、言葉では表現しえない部分に押しこめられる身体である。アガンベンがそれを、アウシュヴィッツにおける、人間的尊厳がまったく剥奪された肉の塊として描いたことは、一面ではよく理解できる。だがそれは、たんに戦争の場面に関わるものではない。アガンベンがほかにとりあげている例が、脳死体として生者の意味を剥奪された身体、国家的な意味づけを抹消された難民の身体であることを考えても、それは明らかである。意味の世界からそもそも排除され、またそれ自身意味作用をなさない身体こそが、そこで徹底してきわだたせられていく。それは現象的には「社会」の周縁にみられるが、「社会」なるものを前提としたものでは「ない」。

しかしそれと同時に、剥きだしの生そのものは、生ける質料としての固有の生産性をそなえていることも考慮しなければならない。それは、意味から排除されると同時に、語るものを再び形成する質料性でもある。われわれの細胞に含まれる無数のＤＮＡはゾーエである。それは何の意味ももたない。抜け落ちた髪のなかの、はがれ落ちた皮膚のなかのＤＮＡは意味をもたない。しかしこうしたゾーエは、ビオスの生が営まれることの根底にある。後期フーコーにとって重要な概念である、力＝権力の「産出」

性が背景にそなえているのは、いかなる遺棄された身体であれ、それが生きていること自身が、当の生産性において「社会」なるものの前提条件になる、そうしたゾーエの姿にほかならない。

ビオスとゾーエの逆説的関係がここで浮き彫りになる。ゾーエはビオスから排除され、そこから徹底的に距離を保ちつつも、パラドックスのようにビオスを生産し可能にする。そのパラドックス関係が、ここでの議論の鍵なのである。

証言・自己・恥ずかしさ

そうしたビオスとゾーエとの拮抗は、アガンベンが印象的に描きだす、アウシュヴィッツを巡る「証言」の問題によく反映されている。「証言」は、それ自身として「言葉」である。しかし「証言すること」は、「言葉」だけでは処理できない問題を（すなわちゾーエを）含みこんでしまう。

アウシュヴィッツの証言は、アガンベンが引用するプリーモ・レーヴィやパウル・ツェランを考察することからも容易にひきだせるように、それ自身が両義性に充ちている。彼らは確かにアウシュヴィッツの被害者であり、証言をおこなう正当な権利がある。しかし真に証言すべき者は、アガンベンが「ムスリム」として描く、言葉さえ失われた者たちであり、あるいは端的に殺された「言葉なき」者たちではないか。そうであるならば、彼らは生き残って言葉を語っている時点で、証言者であることをすでに裏切っている。

これは単純に倫理的な問題を述べているのではない。証言者であることは、そもそも現実を裏切って生きつづけることにおいてしか可能になりえないのである（プリーモ・レーヴィもパウル・ツェランも、戦争の記憶が遠くなったはるか後に、自らいのちを絶っている。このことについてわれわれはさまざまな感慨や感想を抱くし、それ自身が倫理的な問題なのか存在論的な問題なのか、ここではとても検討しえないが、それが倫理的な問題では「ない」側面をひきたてることが、アガンベンの論脈に即しては必要なのである）。

こうした証言のパラドックスは、生命が言葉なきゾーエの世界を生きつつも、そこで生命自身について何かを述べようとすれば、ビオスである「言葉」に依拠せざるをえないこととパラレルである。「剥きだしの生」であり、ゾーエ的な「いのち」を生きるものは、われわれの「身体」である。だが、それを語るためには、そもそも言葉がない。それを語るための場所もない。アガンベンは、この言葉なき状態を、そして場所なき状態を、アウシュヴィッツという戦争状態が生じさせた状況にみているが、そこで重要なのは特定の戦争における特定の事例なのではない。問われるべきは、それが露呈させる、生を語る言葉のなさであり、言葉によって定位される場所のなさである。それが、生一般における事実であるということである。

繰り返し述べるが、これはたとえばアウシュヴィッツやヒロシマという歴史的な「災禍」を軽視する主張ではない(6)。むしろベンヤミンが歴史を語る際に、あるいは法的秩序の根源を思考する場面で、この世界の終わりとしかおもえない「神的暴力」が顕現させる壊滅的なイマージュを提示し、法的なものの徹底した「非場所」を描くことが、こうした記述にはおり重なっている。アウシュヴィッツやヒロシマが、そうした非場所としての場所、出来事の一切の不在である出来事として、特権性を付与されうることは確かである。しかし同時に、この状況は、ベンヤミン的な歴史性の成立を考えるときに、そしてアガンベン的な言葉と生の交錯の記述を検討するならば、むしろ生けるもの「すべて」の状況に伏在していることには留意しなければならない。剥きだしの身体は、身体が自らを語ることの背面にへばりついている。

デリダは、ベンヤミンの神的暴力を、そのあまりに壊滅的なヴィジョンと、ナチズムを想起させる内容から、いささか忌避的に論じてしまう(『法の力』)。しかし、アガンベンは、そうしたデリダの姿勢を許容しない。[7]デリダはあまりに言葉の世界に生きすぎている。言葉によってつくられる場所を認めすぎている。生命において、主体にはもともと場所など「ない」こと、生命である主体はもちろん時間枠のなかで消えていくこと、醜悪な戦争がなくとも、ある時間軸ですべては(すべての民族もすべての文化も)壊滅していくこと、こんなことは生の事実として当たり前のことではないか。生はそんなことを当然のごとくおりこんで生きているのではないのか。ベンヤミンの述べる神的な壊滅的暴力、あるいはそれが示す浄化的な力によって顕示される生の姿は、社会的な秩序が存在することの根底に想定されている。アガンベンが問題にするのは、そうした生を前提とした主体の位相である。

このことはアガンベンが、主体性を構成する自己触発(Selbstaffektion)に固有の情動を、端的に「恥ずかしさ」と記述することにも連関している。[8]自己が自己であることは、すでにして恥じらいである。何故であるのか。

それは、自己が自己であると言明した途端、生命としてある自己をすでに裏切ってしまうからである。ゾーエとして場所がないはずのところに、自己は言葉でもって場所をつくってしまっている。それは証言者が、証言すべきものの代理人という資格など本来はとてももちようがないにもかかわらず、それでも代理人としての証言者であらざるをえない羞恥心を抱えこむことと同一の構造をなしている。自己を自己であると言明することは、身体である生にとって、代理しえない生の言明として、恥ずかしさの情動性においてこそ開示されるのである。

自己触発が、「恥ずかしさ」の情動性において開示されるかぎり、それ自身は言語的なものではまったくない。しかし自己触発が自己という形式をとるためには、自己とは何であるかを語らなければならない。「恥」というのは、語りえないことについて、それでも語らなければならないという、ぎりぎりの生と言語の境界を示すものであるといえる。

このことをみてとるためには、「恥ずかしさ」が、極端に「人間的」な情動であること、つまりは「主体性」に強くまつわる情動であることを想像してみればよい。情動とは、そもそも身体に即応した、いわば一切の能動性が差し挟めないパッション＝受苦である。それゆえわれわれは、生態系的に近似した体躯構造をもつさまざまな動物に、驚きや怒り、あるいは親子愛のような情動を、ほとんどダイレクトに感じることができる。しかし恥ずかしさは、動物的なものや、動物と人間の関係においてはみいだされない。それは人間のなかで、人間／動物であることの交錯やズレが、揺れのように現出してしまうかぎりでとりだされる、まさに「主体的」な「情動」なのである。

ゾーエからビオスへ、ビオスからゾーエへ

まとめよう。ビオスとゾーエは、生命としての主体がもつ、特有のパラドックス関係において、その

重なりとズレにおいてとらえられるべきである。それは生命と言語、環境と主体との複合性をとりだすための、基本的な装置であるべきである。身体的な質料性とは、現前に依拠しきった何かではなく、身体が自然の無限性と非場所性に晒された「言葉にできないもの」にそもそも触れており、そうでありながら剥きだしの自然史性と、その根源的な暴力性とを前提に、「言葉」の生を支えていること、これが明確にされるべきである。

こうしたビオスとゾーエは、もちろん単純な意味での時間的な前後関係において把捉されるべきではない。自然史的な水準をとらえるゾーエは、私が受動的にたちいたらざるをえないものだから、単純にビオスに先行すると想定されるかもしれない。しかし、認識論的な知の問題と同様に、われわれは必ずビオスを生きて語ることからしか、ゾーエとしての身体をみいだしえないのである。

これにはとりわけ、身体の生殖性というテーマが連関するようにおもわれる。われわれは生殖によって産まれ、死んでいく身体であるかぎり、確かに生を縁どる場面はゾーエである。ゾーエが脳死体、遺棄された身体、無能力な身体として表象される以上、われわれの生の「両端」に位置すると描かれがちな、生誕時や死亡時の身体がそこで想定されるのはやむをえない。

とはいえ、自己の身体が「能動的」に「生殖」に関わるのは、つまり生殖するゾーエであることが「自己意識」にダイレクトに介入するのは、逆にビオスに囲いこまれた一時期のことでしかないという事実も着目されるべきである。ビオスとゾーエはこの意味で、むしろモザイク状に絡みあっているのではないか。

木村敏は、統合失調症の発症が基本的に思春期に限定されるのは、この時期に、生殖する存在者であるという動物的な事態が、人間的なビオスに無理矢理介入してくるからではないかと述べてくれたことがある。性行為経験や出産経験は、それがどの程度にまで（いうまでもなく相当程度にまで）文化的装置に覆われ、それにまみれていようとも、生そのものを産出し、その核心においてビオスにとっての「無意味さ」を含意するがゆえに、ゾーエに属するものにほかならない。それらが人間にとって、固有な「恥ずかしさ」の情動に深く関連していることも同時に踏まえるべきである。こうした意味で、ゾーエとビオスとは、時間的な前後関係というよりも、身体の生のなかに分散して位置づけられているともいえる。

さらに、パラドックスを考えることによって、生命である自らを必然的に裏切る言語のあり方とは何かという主題にも論及されるべきだろう。このことは、ビオスとゾーエの絡みあいがけっして一方向的ではなく、双方向のヴェクトル交錯のなかでしかとらえられないことを明示する。そこでは「嘘」や「虚言」という事象が、前述の「自己触発」の情動性を「恥」として示しうることとおり重なるようにみいだされるのではないか。

こうした考察は、あらゆる事象が言語ゲームに浸されているがゆえに、言語を分析すれば身体が理解できるという単純きわまりない帰結にはまったく向かわない。むしろ言語はすべて、発声器官にせよ形態にせよ、それ自身の構造性にせよ、生態学的な制約の枠組みの内部でしか実在しえない。にもかかわらず言語は、生態学的な自己の出自に対して、自身において自身のあることを明るみにだす。それは内部であるべきものを外部に（これが拡張されて、「私的領域」であるものを「公的領域」に）晒しだす装置である。ただここで誤解すべきでないのは、生命的な領域が「内部」であって、言葉のつくられる事象が「外部」ではないということである。むしろ言葉が身体を語ることにおいて「内部」と「外部」が形成され、

「いのち」があたかも内部であるかのように境界づけられることを考慮するべきである。生命には何の場所もありえないのに、そこでそれは、内部という場所をもっているかのようにみいだされてしまうのである。

虚言の生命論的言語ゲーム

これは前述の、「自己触発」がそなえる「恥ずかしさ」の議論とも重なりあう。生命的なゾーエがそれ自身としてあるときに、それが「恥ずかしい」ことはありえない。「恥ずかしさ」とは、自身を「隠す」ことと、つねにむすびついた主題であるからだ。「隠す」ことは、外部の視線がみるべきではない内部が設定されることと同時的に成立するものである。「自己触発」は、「触発」の「内部」を形成しつつ、「外部」から「内部」への視線を可能にするがゆえに、それ自身が「恥ずかしい」という情動を生みだすのである。内が形成されるがゆえに、それを「晒す」のが「恥」になる。

自己を語るということは、「場所のない」空間に「内部」を形成し、その「内部」を晒すということである。「触発」が「内部」を形成するが、「触発」は、自然的には（つまりゾーエ的には）「どこにでもありどこにもない」（partout et nulle part）。主体は、この「どこにでもありどこにもない」ような「俯瞰」の「無限空間」において、主体としての位相と、それゆえ外部からの視線を生みだしてしまう。だがそれゆえ、それはいずれにせよ虚偽の事態である。

アウシュヴィッツやヒロシマは「どこにでもありどこにもない」。アウシュヴィッツやヒロシマの出来事が徹底的な「災禍」であるのは、それが人間的経験の極限として、それを語ることがつねに「虚偽」になるからである。繰り返すが、それはわれわれが自己の生を語ることと、ほとんど同じ事態である。

ヴィータ・テクニカの哲学は、こうした生を語ることに対するテクネー的な介在はいかなるものでありうるか、つまりそれに対して、一種の能動性をもって対応するのはいかに可能かを考える必要性に迫られたものである。そこで考慮されるべきは、必然的に虚言であらざるをえない生命論的な言語行為の可能性ではないか。いいかえれば逆説的に、われわれの自己の語りは虚言でしかない事実を逆手にとってみることではないか。このような裏返しの行為によってしか、言語と自己という問題に、意図的にはいりこんではいけないのではないか。

この問いは、ゾーエからのビオス＝言語／法のたちあげを考える本論のなかで枠をさいて論じたいので、ここではアイデアだけを無責任に書きつけておく。自己言及的なパラドックスにも似た、それ自身の悪用ともいえるこうした「能動性」の可能性は、たとえば、自分の考えと自分の行為とを意図的に矛盾させる言説を遂行することとして示しうるかもしれない（フェミニズムを罵倒するフェミニスト、日の丸君が代を賞賛する左翼、相手の裏をかき自分が裏をかかれる愛の騙しあい）。そして、これらの事例が奇妙にも、身体の快楽とダイレクトに、つまりは意味を媒介しないかたちでむすびついていることにも若干の注意を促しておきたい（ファシズム的な扇動語、情動をかきたてる罵倒語、性愛的な愛撫にアナロジカルな愛の囁き）。扇情的で情動的な言葉とは、ゾーエとしての身体に働きかけてしまうものだが、それは私の意図にほとんど依存せずに（あるいはつねにズレながら）発動されることを特性にするのである（「労働」を扱った次節のテーマに連関するが、こうした「言葉」と「情動」との関わりあいという事情が、今世紀的な「情動労働」の主役をなしていることにも、あらかじめ留意しておきたい)。

テクニカとゾーエ

これをうけてここから先に、生における技術という問題が前景化してくる。ヴィータ・テクニカの主要なテーマは、われわれを自然のなかでの存在者として規定するとき、そもそもわれわれには何ができるのかを思考することにあった。このテーマには、自然そのものへのテクノロジー的な対応(そのかぎりでの能動的な働きかけ)がきわめて深く関与している。

技術＝テクネーの問いが、アリストテレスからハイデガーにいたるまで、西洋哲学の根幹を規定してきたものであることは疑いがない。それらの批判的な検討と、現在につながるテクネー論の系譜は、独自にみなおされるべきテーマ群である。自然に介入するテクノロジーへの問いは、生命としての身体や自然環境に直接に関わるものであるし、なおかつそうしたテーマがとりあげられる際には、ナイーヴで情緒的な反応が世間に蔓延しているという、問いただされるべき現状もある。

だがこのコンテクストからとらえたときに、とりあえず念頭に置くべきは、やはりフーコー最後期の「自己のテクノロジー」の思考である。それは、「自己」や「人間」がテクノロジーを、「自己」に対立した自然に向けて発動するというのではなく、むしろそうした「自己」そのものを、自然を基盤としたテクノロジーの作成対象ととらえるという発想である。このことは、前述の「自己触発」を巡る議論を、ひとつの方向から解体し、また展開するものでもあるだろう。テクネーという文脈は、ビオスとゾーエの問題系を理解したうえで、こうした方向からこそ論じ詰められるべきだというのが、ヴィータ・テクニカの議論の、テクニカの部分にこめられた意義なのである。

この問題は、まさにビオスとゾーエのあいだに、つまり人為的な歴史と自然史のあいだに設定されるかぎりでの、能動性の発動に関わるものである。フーコーが述べる、自己のテクネーとしての実践とは、生権力論や生政治学の諸テーマが明らかにした、身体性と環境性とを巡る自然史的な受動性の圧倒的な肯定と、しかしそこで主体の能動的行為がどう描かれるのかを問うものであるのだから。それは、ゾーエを基盤としながら、逆説的なビオスとして、自己の生を産出していく「行為的実践」である。こうした事態が、「自己の真理」の「発見」を目指す図式では描かれえないことを、フーコーは講義録で明確に述べている。[9] それは、「発見」すべき、あるいは「到達」すべき自己を想定するものではない。自己とは自然的に生成する存在者であって、自己であることは自然の基盤のうえで自己をつくりつづけることであるのだから、それはテロスも真理もみいだしえない、自然における自己のポイエシスにほかならない。自己のテクネーとは、圧倒的な自然として与えられる「自己の自己性」を統御し、それをなんとか自己の形式に押さえこんでいく装置にほかならないのである。

同じことをビオスとゾーエの観点からまとめよう。ゾーエとしての生命は実在するが、言語的な表現において、つねにビオスを逃れるパラドックス性をそなえてしまう。生ける身体の諸相でありつつも、ゾーエの生はビオスの生と、齟齬をもってしか関われない。しかしゾーエの生は、どのような生物学的な水準の議論を考えても環境に即応して変化するものであり、それ自身として本質主義的なものではありえない。だがそうではあれ、ゾーエの生に行為や影響を及ぼすことは、どのように可能なのだろうか。

あるいはそうした行為においてこそ、ビオスとしての生は、まさにビオスの主体でありうるのではないか。こう考えると、ゾーエという質料性の領域を統御し、統御のなかで主体を形成するのは、端的にテクネーによる以外にはないはずである。

偶然と機械

しかしもちろん、ゾーエを操作するビオスは、その行為性において、何の根拠ももちえない。自己の身体に対する自己の働きかけは、まさにダイエットや性的節制の事例を想定してみればわかりやすい。[10] それは巧くいくこともあれば、まったく巧くいかないこともある。ある程度の範囲内で操作可能なことは確かだが、それ自身がコントロールをはるかに越えることもある。身体は自然から贈与されるものなので、これ以上を問うわけにはいかない境域がある。

ビオスに対するゾーエは、つねに不確定さに充ち溢れているのである。言語の水準でいえば、それは自己への裏切りをふんだんに含んでしまっている。とはいえテクネーは確かに物質にダイレクトに働きかけながら、ある程度の成功をみいださせるものである。そうであればテクネーとは、ゾーエの「無意味」という内実を、ある種の「失敗」や、「賭け」という概念性をおりこませつつ、そのなかで浮かびあがる自己をみいださせる仕組みなのではないか。生命的な言語行為論の可能性が、「嘘」や「虚言」を前提とし、パラドックス的な言明においてみいだされるべき言語行為としてとらえられたこととパラレルに、ここでテクネーとは「失敗すること」が避けえない、そのような装置としてとりだされるべきではないか。だからテクネーは、自然に対する「賭け」という概念を精緻化することによってこそ、その本質において把捉されうるのではないか。

ここでドゥルーズ＝ガタリの機械概念を想起するべきだろう。ドゥルーズ＝ガタリの描く機械は、必ず巧く作動しなくなることをおりこんでいる。アクシデントが出来事の本質なのである。

もちろん技術という言葉からまずおもい浮かべるのは精密な機械であり、ひたすら反復する装置性であるだろう。しかしそうした機械は、物質システムのなかでは例外的であるとはいえないか。

ドゥルーズ＝ガタリが機械概念を利用するときに想定しているのは、とりあえずは欲望機械としての無意識であり、おもにガタリ側から導入された、その破断をおりこんだ働きであった。しかしそうした機械が、「器官なき身体」をその停止状態として定めているように、この無意識が、身体性の位相そのものにむすびついていることは明らかである（吃音や、脚が絡まってまったく動けなくなること）。他方でフーコーが、自己のテクノロジーを描く際に対象とするのは、まさに環境のなかで自己変化する、生物機械としての身体性にほかならない。それは生物的な水準でも、自己の複製エラーを必然的に含意しつつ、自己を変容させる装置である。こうした変容においてこそ、生としての身体が具体的に時間を生きることが可能になる。身体性を扱うフーコーは、「失敗」としての開かれをそなえながら、それを一定の範囲内でコントロールしうるものとして、ゾーエからの能動性の形成をとらえようとしているのではないか。それがゾーエを背景とするビオスの主体を構成するのではないか。

繰り返し述べておくが、それはリスク計算の主体ではない。リスク計算の主体は、ビオスの枠組みのなかでしか位置づけをえない。だからリスクの主体には、「恥ずかしさ」の契機が欠落している（そこできわだつのはむしろ「怯え」の情動である)。それに対して「賭け」の主体は、自己を語ることの「虚偽」性、自己が必然的に含む「失敗」と「欠落」、そうした自己破断を必然性としておりこんでいるのである。「賭博の主体」は「恥じらい」をもち、失敗に対する「諦め」をもつ、「慎ましやか」な存在者である。

フーコーは後期の講義録で、主体概念を、まさに統計的な（人口論的な）視点から描きなおしていく[11]。統計的な密度において分散する環境性・生態学性への「超越論的主体性」の解体は、一見してリスク社会学的な主題にきわめて近接しているもののようにみえる。しかしそこでは、確率的な分散を、剥きだしのゾーエが肯定すること、そしてそのビオスによる把捉不可能性の了解こそが、何よりも重要なのである。

質料的なものの、「無意味さ」ゆえの「操作不能性」をおりこみながら、そこで「操作」の範囲を限定すること、これが求められていく。テクノロジーの問い一般が置かれるのも、この文脈においてである。だから、テクノロジーの議論がバックボーンとすべきなのは「賭博」の概念である。あるいは「偶然性」の概念である。生命倫理や環境倫理が、無限で把捉不可能な自然を相手にしてしまう以上、それは当然のことである。このことを踏まえない生命倫理や環境倫理は、生命や環境の存在の重みをあまりに低くみつもりすぎているようにみえる。生命科学自身の進展を前に、それが早晩失効することは自明ではないか。それと同時に、生命科学の進展は、まさにわれわれの行為の「賭博性」をきわだたせ、「偶然性」のもつ生への価値を高めるものとなるだろう。

3　エコ・バイオ・キャピタルへ

生態学的転回と労働

ところで、フーコーが人間の成立に不可欠なものとして掲げていた、生命と言語に加えたもうひとつの要素、すなわち「労働」はどうなるのか。それはやはり、ビオスとゾーエを巡る問題の狭間に、上述のテクネーと深く関わる仕方で、独自の位置を与えられるものではないか。そのことは、生態学的転回という事態とどのようにむすびつくのか。あるいはそれを問うことは、生態学から政治哲学を形成するための、根本的な可能性につながっていくとはいえないか。

もちろん「労働」においてテーマ化されるべきは、一面では「贈与」や「交換」という主題であり、そこでの価値的な意味での「等価性」やその「正当性」の形成、そして（とりわけヴィータ・テクニカの問題からいえば）、そうした「等価性」を担保する「テクネー」としての「貨幣」の成立である。

ドゥルーズ＝ガタリからもとりだされるように、「労働」概念には、つねに資本主義的なグローバル性が、人類学的に辿りうるはるか古層から照らしだされるかたちでみいだされうる。あるいは「正当」

な労働価値や「正当」な交換を、主体の「労働量」によって設定しようと試みた近代的な（ビオスの枠内に限定されただけともいえる）規定を越えた、ゾーエの理不尽な贈与の議論に、つまりは剥きだしの資源としての生や、その力の利用をおりこんだ議論に、どこかでむすびついてしまう。

第一に、価値とは、どのように考えてもまったく実体的なものではない。それは自然的な根拠をもちはしないし、ある枠組みを設定したあとでしか、労働量として計測しうるものではない。とはいえ、価値を思考しようとすれば、どうしたところでその根源に、まさに自然的な身体と、自然からの測定不可能な贈与を想定しないわけにはいかない。太陽光エネルギーがなければ農産物はできず、生物はすべて死滅する。鉱物資源エネルギーがなければ、あらゆる人為的システムはストップする。身体に与えられた肉体的あるいは能力的な力量がなければ、すべての労働はおこなうことさえできない。資本の形成と、その等価交換は、身体を媒介とした自然、身体の質料性、自然のエネルギー性を、その絶対的な担保としてそなえているはずである。その意味で「労働」も、ビオスとゾーエとをつなぎつつ発生する、テクネーの一側面にほかならないのではないか。生態学的転回の最後の論点は、ここにみいだされるべきではないか。

第二に、生命資源や環境の自然贈与性がそなえている、根本的な「不平等性」や「不均質性」をバックボーンとしつつも、人間には「価値の等価交換」がどこかで操作可能になり、貨幣や社会制度に代表されるシステムが形成されることが総体的にとらえられるべきである。さらにいえば、こうしてみいだされる高度な社会的秩序は、言語的な位相を不可欠なものとする法的な体制や、それと強くむすびついた近代的主体＝超越論的主体性の基本前提でさえあるだろう。

とはいえ、価値の等価交換の発生の議論においても、さしあたりは資本としての労働の身体をどうとらえ、それが自己と身体や、自己と他者に連関するビオスのシステムにどうはいりこむかに視線を定位しなければならない。そこで、明らかに等価性を前提としないシステムから（自己と自然とはまったく対称性をもたないし、自己と他者に関わる自然の贈与と人間的な物品流通とは、当初において何ら等価性を規定しえない）、人間的価値の含意する等価性（とそのテクノロジーである貨幣）が成立する事情が、ビオスとゾーエのパラドックス関係を軸にしてとりだされるべきである。贈与論や贈与交換論が、自然と自己という論脈そのものにはいりこむべきである。自己は価値的に等価交換化される生の対象そのものでもあり、そのかぎりで反自然的なゾーエでありうるのである（バイオ・キャピタルという発想はここからとりだされる）。

第三に、ここでも後期資本主義の労働概念が、近代的な工場労働という「等価性」に強く連関したテーマ（労働時間としての計測設定が容易に適応される）から、情動労働や身体資源を巡るものへと移行していること、つまり剥きだしの身体の労働力やその配分が、「労働問題」の前景に現われていることを念頭に置くべきである。

看護や介護、教育やカウンセリングも含む「情動労働」（それらは「愛の労働」という要素をどこかでそなえている）においてみいだされる労働の概念は、他者の評価を基本とするがゆえに、そこでは近代的な思考が前提にする、ビオスの枠組みに収まる「労働量」の「正当な計量評価」は失効している。それは、趣味嗜好や、愛着そのものが価値として優越する、後期資本主義にきわだってくる労働評価領域にほかならない。また資源の問いも、グローバルな貧困問題のなかで、「生存」の根拠としてのエネルギーが、労働の等価交換を逸脱したかたちで配分されるべきだというベーシック・インカムの議論も含め、「正当な労働」に関与しない自然贈与のテーマ系を露呈させている（こうした社会的な動きが、能力あるものへの配分を最優先するネオリベラリズムとは逆向きの運動として示されることは、よく了解できる）。ここでは、かつてしきりに喧伝された労働力の「搾取」というアイデアとは、まったく異なった論じ方が要求されるだろう。

総じてこれらは、ビオス的な等価性の世界の設定を問いなおし、その剥きだしの贈与の原像を明らかにしてしまうものである。情動労働においては、こちらの労働量などはたいして問題にならない。それは、評価の向こう側（愛の対象）の圏域に原理的にはいりこめないものであるかぎり、本質的に「賭け」の要素をそなえている。そこでは何よりも、労働のテクネーであるテクニック／駆けひきこそが問題になるともいえる。しかしそうした労働もまた、いかほどかの等価性のなかにひきこまれていく。労働そのものは、このような意味で、どこまでいってもビオスとゾーエの中間域をつなぐ循環性のなかに設定されるものではないか。そしてそこで、自己は自己自身の自然的身体資源を交換の対象とするという、バイオ・キャピタル的なテーマが、テクニカの議論の一部分としてとりあげられるべきではないか。

価値とビオスとゾーエ

フーコーの議論は、経済に関しても、一八世紀における古典主義時代から「人間」の時代への大転回を扱っているにすぎない。それはいってみれば、近代の枠組みにおいて労働と労働時間を思考する、マルクス的な「資本」の思想を相対化してみせるものにすぎないのである。もちろん近代的な労働観のなかに、そこでの固有の存在様式における労働の身体性の考察が含まれないことはありえない。しかし、マルクスの労働時間の議論にしたところで、結局はそうした労働の価値が、どのように表象されるのが正当か、その根拠を規定するだけのものである。そしてそれゆえに、それはビオスの枠組みのなかでの贈与と交換の議論に収まってしまう。

もちろんそれが一定の意義をもつことはよく理解できる。マルクスが「労働時間」を思考する際にモデルとしたのは、工場的労働システムの資本主義であり、それはフーコーの文脈でいえば、まさに「訓育される身体」を基本に置いた、資本の奪いあいと管理の装置であったのだから。[12] しかし、このような状況において労働の交換価値の正当性をいくら述べたところで、それはある種の無根拠性につきあたらざるをえない。交換は、初発の段階で、誰のものでもありえない贈与を前提としているからだ。それは人間的なものではないのである。

バタイユが「限定経済」と対比させて設定する「普遍経済」が、こうした主題に届いていることは、フーコーの議論と連関させて検討されるべきである。資本の問題が資源の問題を基底としているかぎり、生けるわれわれは、そもそもわれわれ自身が資源であることを念頭に置かなければならない。自然からの「非人間的な」贈与がなければビオス的な労働は不可能である。そのかぎりで、「生態系的な贈与」が主題化されるべきである。同時にそこでの問題は、そうした生態系に能動的に（まさに一種の労働として）関わり返すテクネーを思考することから探られるべきである。

バタイユの議論が、一面では「至高性」を包括する、徹底的な「超越」へと向かう側面（まさにデリダが「留保なきヘーゲル主義」と名指しているもの）と、[13] その裏面をなす「低劣な唯物論」という、圧倒的な内在への志向との両面から成立していることは、ビオスとゾーエという論脈においても重要である。しかしそうしたバタイユ固有の論脈の検討は措くとしても、[14]彼が提起する「普遍経済」のさまざまなテーマ系は、まさにヴィータ・テクニカの議論にむすびついている。

価値そのものに価値があるかという問いは、法の正当性は法的に規定されうるのかという問いとパラレルである。しかし同時に、それらには決定的に異なる位相がある。法ももちろん、それ自身として、自然的な生態系的生物性における身体進化的形成を秩序形成の背景としてそなえているだろう（法の生態学は描かれるべきだろう）。しかし言語を前提とせざるをえない法は、生態系からは完全に切断されている。法は言語からしか成立しえないし、それはゾーエとのまったき逆説的配置によってしか生みだされない。

しかし財貨に関わる価値については、そうではない部分が含まれる。法的な事象が、正当／不当という「二分法」を原則とするのに対して、価値的なものは、質料的なものとそれ自身とのつながりを切り離すことができないという点で、二分法ではとても処理しえない自然との両義性をわかちもつからである。

私が身体をもって何かのことをなす。近代的なシステムにおいては、私が何かをなす際の私のスキルや力量、そして何かをなすときの私の真剣さが、その行為に価値があるかどうかの指標になるだろう。ディシプリン＝訓育的な体制における工場労働や教育においては、空間的に碁盤目化された時間の管理が、そしてその生存時間総体に拡大された秩序性が、重要なファクターとなる。そこでは、私が自分の身体をもって真面目に（馴致されて）労働していることが不可欠なのである。

だが、当然考えられるべきことであるが、私のスキルや力量を可能にしている私の身体は、生殖という起源をもち、生命体としての基盤をもっている。私が私の身体を訓育し、スキルあるものとするのは、つまり自己管理的に真剣に労働する主体になるためには、私の身体が「贈与」されていることが前提になる。これはいうまでもなく絶対的な条件である。ところが身体の贈与はそもそも何の労働によって可能になるのか。一見するともちろん親の性的・家族的・社会的な行為によってであるが（それゆえに、子供が一種の権利譲渡を親におこなうのにも、また親がある時代まで子供の労働力をあてにすることにも、正当性が付与されるのだが）、それは最終的な答えではありえない。親は生物資源としての子供をどうやって「生産」したのかたいして知らないし、そもそも親の身体もその親からの身体の贈与を前提とするからである（生殖論の根本的議論となるこのテーマはここでは触れるにとどめる）。

ここでは以下のことも考えなければならない。身体労働には、当たり前だが空気や水や食料が必要である。近代においてこれらは社会システムとして管理統括されうるので、それも一定の商品の流通のなかに組みこまれるが（環境汚染が問題になりだすと、空気もこの枠組みにはいっていくだろう。またエアコンが住居の基本仕様になると空気清浄機が必要になる）、もちろんそれは一種の「底が抜けた」議論である。何故ならば、空気や水や食料は、どう考えても大地からの純粋贈与でしかありえないからである。経済的に等価交換することは、等価交換しえないものを前提としているにきまっているし、そこで現われてくるのはゾーエ的なものにほかならない。

さらに食料のエネルギーは、太陽の光と植物の光合成を想定している。化石燃料も太陽エネルギーから贈与された資源であったことをおりこまなければならない。それらを利用する労働を、ビオスとしての交換価値のシステムにのせたとしても、それがあること（ゾーエ）は、「誰か」の労働に関わるものではないのである。

そもそも農業や鉱工業や漁業という一次産業は、労働の対価というよりも、放置しておいても獲得しうることをあらかじめ想定しているし、そうであらざるをえない。農業は、そこに植物があれば生えてしまうことをおりこんでいる。産油国がなぜ金持ちかを考えるためには、掘ったら何かでてきてしまったことを前提としないわけにはいかない。もちろんそのあとで、食物の飼育調整管理のテクネーはありうるだろう。産油国についても、開発についてのスキルや労働はあるし、土地とそこでの産出物の所有権分配に関する問題は、法的・人間的秩序の正当性から考慮されるべきである（なんで垂直的に下にあるものがその土地所有者の権利分なのか）。しかしそこでも、それらの質料的起源としてのゾーエを無視して語ることはできないのではないか。

鉱業の富を得るのはそもそも偶然的であって、いいかえれば「賭博的」なものである。ゴールドラッシュにおけるアメリカ資本主義のフロンティア拡大や、石油採掘を狙う穴掘り行為では、「賭け」の側面がきわだっている。しかしそれは、そもそも労働全般にとって本質的なことではないか。食糧供給が、計画的な農耕や畜産のシステムや、水産資源の養殖を主とする方向へと転換し、まさしくテクノロジー的管理につながっていくとしても、その根源には、狩猟のような賭博のシステムが働いているのではないか。狩猟は、もっとも賭博の概念に近い労働行為とおもわれるが、逆にいえば、いくら養殖計画性が進んでも、漁業には一攫千金の夢が含まれつづけるし、農業において、雨量や気温の変動や台風の多寡は圧倒的な役割を演じつづけている。そうであるかぎり、それらも賭博的でしかありえない。

太陽の資源があり、大地の資源があり、人間的尺度でいえばほとんど無限のエネルギーがある。そうした資源の純粋贈与は、生態系のエネルギー循環においてしか自己の身体を養えない生にとって絶対的である。こうした受動性に対し、ビオスの経済はあくまでも能動的な「限定経済」であるにすぎない。しかし太陽や大地につながり、バタイユがそこに人類学的なポトラッチを重ねあわせて述べる経済は「普遍経済」である。そこでは、私とは純粋贈与されている自然物であること、その力能そのものが純粋贈与されていること、私がなす等価交換は、ゾーエの贈与との圧倒的な非対称においてしかみいだされないこと、これらが思考されるべきである。

圧倒的な受動性と均質化する能動性

太陽光、大地、化石燃料というエネルギー資源は、それに対して誰かが何かの労働をなし、正当な交換を経て供給されるものではない。それゆえ、それらが贈与されるか否かについては、人間は勤勉にしていても誠実にしていても、怠惰にしていてもさぼっていても、何ら関係がない。それらは、労働する者が生態系的な存在者であるかぎり、無視できない事情である。そして自然物が与えられるのは、圧倒的に受動的なあり方においてであり、それを基盤としなくては労働や価値は形成できない。それをうけとりうるかどうかには、賭博のような事態が介在し、そこでは正当性も均質性も保証されていない。

だが、そこで得られたものを流通し分配するのは、人間の労働によってではないか、それなくして資源は価値にならないのではないか。人間はさまざまな仕方で自然に手を加え、それを価値あるものとする。等価交換の可能性はそこで生じる。だから、自然の贈与ではなく、手を加える仕方に労働的な対価が生まれるのは当然ではないか。バタイユが述べている「普遍経済」というナイーヴなことなど、現在の経済の諸問題と何の関わりがあるのか。こうした疑念はありうるだろう。

こうした問いに対しては、もちろん肯定的な答えと否定的な答えが両方ありうる。それらはビオスとゾーエの二面性でもあるし、さらにこうした問いが、自然に介在するテクネーと連関していることは明らかだろう。

これらについて、さしあたり三つのことを述べておきたい。

第一に、ゾーエの贈与にまつわる、神話的にもみえることがらは、「破綻」を考えるならば、そもそも人間的な思考からさほど遠いものではないということである。いかにビオス的な労働を想定しようとも、自然が壊滅し、地球が解体され、太陽がなくなれば、やはり人間的な労働は消滅する。このことは、人間が環境を問題にしたり、経済成長のその先を思考したりする際に露呈されることかもしれないが、それ自身は、ホモ・エコノミクスとしての人間において、つねに根幹に刷りこまれているヴィジョンでもある。それは、現状のビオス的労働を確保するために、地球環境問題を考えるべきだということを述べるものではない[15]。環境を考えるならば、その先の自然贈与を想定せざるをえないし、そこでは、人間の自発性や計画性をどう張り巡らしたところで、自己が徹底的に受動的である点に突き当たらざるをえないといいたいのである。破綻に対して計画をなすことは無意味である。しかしビオスの経済が、未来を予測しそれを統御することを絶対的な要件にするならば、こうした経済は、自身の先にどうしようもない破綻をみないわけにもいかない。それは経済が、原初の贈与を前提とすることの裏側である。これらの論点は、バタイユやポランニーに即して、もっと的確に展開されるべきだろう。

第二に、これはまさに、身体の生殖性や、そこでの文化構築性の議論と並行的であるということである。生殖の行為性や生殖の自然性はゾーエとして認めざるをえないし、「いのち」を与えることそのものには、主体はまったく能動的に関与できない。しかしそれがどこかで与えられないならば、主体の文化的形成はなしえない。同様に、自然の純粋贈与は、労働する身体が何故与えられているのかという問いに関わっている。こうして贈与される身体においてこそ、ビオス的な労働を論じることが可能になる。それは生殖と文化構築の議論とパラレルな、純粋贈与と等価交換の問いとして設定されるべきである。

第三には、こうした自然の純粋贈与と、ビオス的な労働の価値がどう交錯するのかを論じるべきだということである。もちろんそれは、ゾーエとビオスのパラドックス的連関の問いであるのだが、そこには別のタームの導入も必要であるだろう。

ドゥルーズ＝ガタリの「平滑空間」と「条里空間」は、とりわけこの領域をむすびつけるものがテクノロジーであることを考えれば、適切な術語ではないか（『千のプラトー』を参照）。「平滑空間」とは、自然の質料性が、それ自身として何の価値もなく存在している状態、空気や海の水や大地が、それ自身としてあるがままに存在するという状態を指し示している。ところが人間は、それに幾何学的な条里の刻み目をつけ、人間的な設計と操作をなしていく。つるつるしてすべすべしている自然、原初の海でもいいし、最新生命科学が提示する細胞でもよいのだが、純粋生産力としかいいようのない自然が、そこでは計画的な設計のもとに置かれ操作可能にされていく。テクネー的な統御が導入される。

これを具体的に語るには、ドゥルーズ＝ガタリに即したかたちで、農耕や牧畜の成立、道具や技術の利用が論じられるべきである。それらは自然の純粋贈与を、ビオスの交換の圏域にひき寄せるシステムにほかならない。そこでは、自然の偶然性が、その圧倒的な受動性が、人間的行為の無意味さが、人間的な意味の方に、その交換原則の方に、その時間統治の方に、線分を張り巡らされひき寄せられてしまう。それらは一種の「生命の統治」であり、まさに自然贈与の圧倒性と偶然性とを「飼い慣らす」手段である。

貨幣とテクノロジー

では、こうしたゾーエとビオスとのつながりのなかで、改めて論じられるべきテクノロジー装置とは何であろうか。それは端的に貨幣のことではないか。貨幣こそは、ドゥルーズ゠ガタリが、土地に刻み目をつけ、それを条里化することとして描いた、自然に対する人為的システムのポイントとして設定される当のものではないか。

どうしてだろうか。自然を自己化する原理、つまりは受動性を能動化し、偶然性を必然化し、自然を統治する原理は、自然贈与の圧倒的な受動性とそのどうしようもなさを、能動的に扱える「かのように」操作しうるテクネーの開発と軌を一にしているはずである。そうしたテクネーの最たるものは、貨幣であるとはいえないか。

貨幣は、太陽や大地や海に依拠している価値と財の使用を、あたかも太陽や大地や海に依拠しない「かのように」扱うビオスのシステムととらえられる。ここでは貨幣の人類史的歴史的な起源について何をいうこともできないが、貨幣を設定することは、自然の無限で圧倒的なエネルギーを、環境に依存せずに数量化させ、つまりは質料性から逸脱した交換単位となし、コード化を成立させていくことそのものであるといえる（それは国家システムを支えるものである。ドゥルーズ＝ガタリ『アンチ・オイディプス』を参照）。

もちろん、貨幣がきわめて最近にいたるまで、銀や金という自然物であり、フェティッシュな部分も含んだ自然の贈与の痕跡を残しつづけていたことは確かである。[16] しかし、貨幣システムはその原初において、貨幣の自立的な意味をゾーエ的な贈与から転換するシステムであったはずだ。そうした事態を問題にするかぎり、ビオスとしての人間は、その原初から、自然の破綻や暴発も含めた無根拠な自己増殖作用をそのものとして保持し、貨幣に転換させていたはずである。その意味で、金融資本主義は歴史の暮れ方に存在するのではない。貨幣が自己根拠化的な増殖を計量的に転換するものであるかぎり、つまりそれがゾーエ的な純粋贈与を前提としているかぎり、資本主義ははじめから存在する。

それは言語が、ゾーエとパラドックス的な関係をもつことから形成されるのとパラレルに、やはりゾーエに対するビオスの逆説に基づいて存立するととらえられる。しかし貨幣は、言語とは異なった位相で、とりわけ言語よりもいっそうゾーエ的な質料性に接近した仕方で、ゾーエとビオスとをむすびつける役割を担っている。それは身体と自然の力を、無理矢理にでも計測してビオス化し、さらに増殖する価値となすという「暴力性」を、より直接的に保持してしまっているのである（もちろん貨幣価値は、それそのものが「暴力」であり、それがひきうける無限増殖性においてさらに「暴力的」なのである）。貨幣はつねに、交換不可能なものの交換という、独特のパラドックスをひきうけているし、それを内側に表現しつづけざるをえない。[17]

交換不可能なものを交換させるのが貨幣の本性である。だからそれは、純粋贈与のもつ偶然性や、その賭博的なエネルギーの馴致そのものによって、そうした純粋贈与を内側に潜りこませてしまう。貨幣はつねに「いかがわしい」のである。ゾーエの交換にはつねに不均質性・不平等性が存在するのに、それが等価性に置かれ、ビオス的な正当性を付与されるときに、それ自身は独特の不道徳さを感じさせる。

それは身体そのものを交換することにまつわる「いかがわしさ」に通じている。売春が何故不品行と感じられるのかは、それがゾーエの交換という不可能な事実をきわだたせるからである。さらに博打が何故不健全にみえるのかは、ゾーエそのものの無垢な増殖力の暴発を、ビオスの枠内で利用していることがみすかされるからに違いない（資本主義的投機の善悪についてもこのラインで考えるべきである）。

もちろんそれらは、貨幣の裏側の本性に根ざしている。「愛」の資本主義が、現在においても重要な事態でありつづけるばかりか、情動労働としてその先端をさらに鋭敏化させていること、資本主義が博打的行為そのものとなり、コントロール不可能な自己増殖にみまわれること、これらは資本主義が資本主義として成立している以上、排除できるものではない。

貨幣としてのテクネーが、ゾーエとビオスとの連関において労働を思考することの主題そのものである。貨幣と交換に関する具体的な議論は、資本主義化された時代時代でさまざまな様相をとるだろう。しかし現在的な後期資本主義において、その交換不可能な交換という本性が突出する分野だある。それは、情動にまつわる労働の分野である。

情動労働・愛の資本主義

貨幣は、交換不可能なものを交換させるものであり、もともとパラドックス的な存在である。いかなる労働であれ、それを貨幣という等質性に回収してしまうことで、ビオスにおける価値が決定づけられ、その交換可能性が設定されてしまう。圧倒的な受動性の能動化、偶然の必然的な根拠化、純粋で不均質な贈与の均質的で計量的な交換化が、そこで果たされる。それは、自然における人間存在の条件ともいえる。だからこれは、価値の「物象化的」錯視としての隠蔽現象であるかもしれないが、それ自身はビオスである存在者にとっては必須である。こうした貨幣の錯視性が、人間が自然を扱うことの根底をなすのであれば、いわば(ドゥルーズ＝ガタリがそうとらえるように)、平滑と条里とが共存する人間的な活動は、最初から資本主義的であるし、投機的・賭博的・無根拠的・自己言及的でしかありえない。当然そのなかでさまざまな時代の特性があり、ドゥルーズ＝ガタリの論じるコード化・超コード化・脱コード化の議論も、それと関連したものであるのだが、しかしそこでも、自然の錯視としての資本主義的な原則はつらぬかれつづけている(ドゥルーズ＝ガタリの倫理的なメッセージは、そこでひき返すべき近代以前や自然との共生社会を捏造して模索するなということに尽きる)。

しかしながら、後期資本主義といわれる現在において、貨幣価値のパラドックス性が露呈される固有の問題系にも言及せざるをえない。

二一世紀的な労働として、「情動労働」がよくとりあげられる。「情動労働」の範型が、マクドナルドのバイトのマニュアル化された「スマイル」に求められるのか、無償労働に近い「介護」「ケア」労働にみいだされるのか、「カウンセリング」やさらには「コンサルティング」という人材と人材をつなげ動かす情報産業にまで拡大させて考えるべきか、扱う領域はさまざまだろう。だがきわめて一般的にいって、二一世紀は、物品を中心とした等価交換の産業に対し、情動と情報を与える産業こそがきわだたせられる時代であるといえる。

ここでは情報の領域については、論じるべきテーマが多岐にわたり、質料性との関係が複雑化するので、そこに踏みこむことは避け、議論を情動労働に絞ってみる。

もちろん、後期資本主義において、情動労働が前景化する歴史的必然はよく理解できる。かつて「愛の労働」は、家族や親密圏の内部で、あるいはそれを拡大した共同体においてなされてきた。しかし封建性／近代性の両者にまたがった家族制度や、そこでの規範意識が解体すると、それらは端的に「市場化」されてしまう。家族やあるいは親密な他者とのあいだにしか存在しなかった身体性と情動性に裏打ちされたやりとりが、ことごとく貨幣経済のなかに置きなおされていく。愛の情動が資本化されるのである。

このことの道徳的な評価や、そこでの配分の正当性に関する諸問題（性愛的な労働は嗜好がおおきく介在するので適正価格がありえないだろうし、ケアや介護はかつての無償家族労働のイメージにひきずられて過剰に賃金が安い傾向に置かれつづける）はある。しかしそうした個別的な問いに先だって、これらは、ヴィータ・テクニカの問題系にとっては、バイオ的資源の問題の先鋭化であることに留意しなければならない。自分で労働してつくりだしたわけではない身体を、他者の享受のために、他者の快楽のために贈与するという意味で(18)、それは剥きだしの生の資源化を含んでおり(19)、それ自身はゾーエ／ビオスの関係そのものをひき写している。それは、剥きだしの生が経済的財貨活動の根源にあることを、そのままのかたちで露呈させるのだから、何の否定のしようもない事実である。私が太陽であり、私が大地であり、私が享受を与えるものである。[20] 生態系的な枠組みのなかでの贈与と経済を論じるときに、これらは覆い隠しえないテーマである。自己が自己として交換資源化されるし、それには必然性があることがヴィータ・テクニカにおけるバイオ・キャピタル論の根幹になる。

　しかし剥きだしの身体が贈与の対象になるとき、スマイルが売り物になるとき、ケアが商品化されるとき、そこではかつての工場労働モデル、時間賃金モデル、勤勉さと従順さを下敷きにしたモデルが通用するはずがない。マクドナルドのスマイルのスキルが、ケアにおける情緒性の発揮が、マニュアル化に即応した独自な様式をそなえていて、そこには数多くの特有のテクネーが介在することはいうまでもない。したがって、そこで労働に求められるべき「エートス」は、過去の資本主義賃労働のそれとは、まったく別のものになるべきである。自己とはテクネーによって、ビオスとゾーエとのあいだに形成されるものであるならば、ここでの形成される自己が、前期資本主義的な自己でも、そのエートスをひきうけたものでも、そもそもあるわけがない。むしろ、愛の情動交換に特有の資本主義的エートスがみいだされるべきである。

　繰り返し賭博性に言及しておく。こうした自己の身体の贈与労働は、そしてそこで他者に自らのバイオ・キャピタルを贈与することが含む自己化の様式は、現存する身体のディシプリン＝訓育化とは異なった仕方で、他者性や自然性をおりこんだ賭博的なものになる。愛の労働は、真面目で実直であるがゆえに報われることはあまりない。情動のスキルは、もちろん一定のマニュアルに（身体の振る舞い方のマニュアルに、スマイルのマニュアルに、お辞儀のマニュアルに、介護のマニュアルに、ケアのマニュアルに、愛の諸行為のマニュアルに）自己を自己化させることにより発動される。しかし、それが巧くいくかどうかは確率の問題にすぎず、現実的にはマニュアル外のことをしてみること、意表をついてみること、考えられないことをしてみることによってこそ巧くいくこともある。マニュアルどおりだと飽きられて巧くいかないのである（そのことそのものがマニュアル化されるべきである）。

「愛の資本主義」が自然とその他者性の根源性をひきたてて、「限定経済」がいったんビオスのもとにひき寄せた価値の配分原理を再びゾーエにまつわる自然と自己と他者の問題に差し戻すかぎり、そこではバタイユ的な「普遍経済」のテーマ系が、つまりは無償の贈与、報われない労働、正当でありえない評価、労働価値そのものの偶然性が、再度姿を変えて前景化されるべきことは必須である。この場面では、貨幣の本質としての賭博性は、その姿を正しく露呈させてしまう。そこに、ビオスの側からの「正当な評価」「正当な配分」「正当なわけ前」を要求することは、根幹的な錯誤を含んでいる。情動労働に、はじめから正当な評価や配分などありえない。そこでは、身体を資源として情動的に贈与すること、そこで紡がれる他者性との連関が形成されること、これらにまつわるあらたなエートスが、あらたな自己の自己化が、あらたな生態系的ホモ・エコノミクスのあり方が要求される。ビオスがゾーエに関わり、そして生と性と死が、純粋贈与から形成されていることを、賃労働システムとは異なったかたちで提示する労働概念が必要とされるのである。

第三章

生命における主体／生態における視点

1　自己触発について

はじめに

ヴィータ・テクニカの思考において、まずは生命としての主体というテーマが論じられなければならない。生命がそれとして主体性をもつことができるのは、どのような契機においてなのか。あるいはそれが、いわゆる意識的な自己や自己意識としての主体性という、近代哲学において前提とされた発想と対比される別の論点を提起するためには、どのような方法論や、あるいは迂回路が必要になるのか。それは、徹底的に受動的であるヴィータとしての生に対して、テクニカとしての能動性の位相を導入するためにも不可欠な議論であるだろう。

このために前提とされるべき思考は数多く存在する。ひとつには、生の哲学や身体に関する従来からの議論がある。それらは、生命という現象や、それがもつシステム性と統合性を解明するために、幾多の知見を提供してきた。こうした知見は、生命に関与する主題が、時間とそこでの生成や、その認識についての原理的な問いに深く関わることを示してきた。しかし同時に、それらが「生命」という言葉をもちいるとき、それはたとえば「意識」や、非人称的な「超意識」とどう異なっているのか、あるいは意識や主体性を中心に据えれば比較的簡単に示されうる「個体性」を、つまり生命体の主体性そのもの、いいかえれば時間を観察し生きる「視点」をどう措定しうるのかについて、さまざまな難点をはらんでいた。

同時に、生命科学が明らかにしてくれる思想的な諸成果も踏まえなければならない。この点については、第一章で触れた、生命科学に基づいたいくつかの思考が参照されるべきだろう。自己生成する質料性としての生命に対する科学の知見は、生物学のみならず、オートポイエーシスや環境論的な展開も含め、二〇世紀以降きわめて大量に生みだされている。しかし同時にそうした自己創出的なシステムとしてみいだされるべき生命系が、主体的な統合性をもつときに、それが生命のシステムにどう関わっているのか、あるいはそうした主体性自身が、生命システムの「記述」そのものに、どのように内的に連関しているのか、これらがさまざまに問われることになる。

この両者において、生命の「内的な直観」や「内部観測」という主題が重要なものになる。生命や身体の質料性を考慮にいれ、そこで生命的主体を考えるのであれば、それは「動くもの」であると同時に「動かされる対象」でもある。そこで「自己」はどこにあるのかという問いをたてるならば、そもそも「自己」とは、はじめから動き／動かされる二重化の「あいだ」に位置するものでしかありえないことになる。主体がそこで視点として生成するときに、身体とはそれ自身動くものであり動かされるものとして、内部から内部／外部を限定するという二重性とその総体把握を同時にそなえたものとしか描かれえない。

そうした事態において、生命の自己観察の契機が重視されるのである。そしてこのことは、前に論じた自己触発という発想ともダイレクトに連関する。内部観測論は、自己触発＝主体性の存在論にとって、観測論＝認識論的側面をそなえたものだからである。主体とは、自己の自己への触発において、自己が何であるかを俯瞰的にみいだしながら、自己の範囲を規定し、自己を対象的に作成していくものである。そしてその行為は、観察される自己という対象に同時に跳ね返りつつ、その境界／範囲を変容させていくのである。

さらにここで考えられるべきなのは、主体の「環境」への内属性についてである。「環境」とは、いわば生命体をとりまくものとして、その周囲に無限に拡がっている何かである。しかし同時に環境もまた、生態系であることの一部として、生命体との関連において規定され返されるものではないか。生命が、自己の生きる「場所」としての物質／空間性を措定するのであれば、そこで無限に拡散するシステムとしての環境が、自己触発そのものの前提として、あるいはそれが機能することの枠組みとして存立しているのではないか。そうであるかぎり、そこでは自己が、たんなる身体として自己触発するだけではない別の仕方で、環境そのものにおける、その自己触発としてあるという論点につながっていくことも検討すべきである。つまり環境とは、空間的であると同時に、時間的でもあるものとして、つまり内包的であるかぎりでの「場所」として理解されるべきではないのか。

そこでは、身体の自己触発モデルにおける内部観測とは異なった水準での、いわば環境に内在した無限の俯瞰と、そのなかで系の一部として実在する生命的な主体としての自己（触発）の視線を記述することが同時に要請されてくるのではないか。それは、主体としての視線が、たんに生命体の内部から自己の内部と外部とを仕切り、自己としてあるというだけではなく、視線そのものが環境の空間時間の全体性に関わるというあり方をそなえ、生命の個体化においては、それを含んだ環境的自己触発を想定することも必要であることが論点化されてくるのである。

議論をまとめよう。生命における自己をとらえるときに、つまり自己生成系であるシステムの主体を把捉するときに、自己による自己の触発と、それに基づいた観察が不可欠である。つまり自己が自己に触発として関わり、そこで自己が自己を観察し記述するということが、自己が存在し、自己を認識することを可能にする。だがそれがなされるためには、生命そのものに一種の俯瞰する視点が、まずは自己と非自己との双方をまたぐようなかたちで、ついで環境総体を俯瞰するような仕方でそなえられており、そうした俯瞰する視点が、個体の視点と相互に重なりあう局面において、生命としての自己＝主体性がみいだされるはずである。主体性とは、自己と世界とをみるこの「視点」のことにほかならないならば、内部から総体を俯瞰する視線と、そこで自己を限定する振る舞いとがどのようになりたっているのかが、ここで問われるべき議論の大枠であるはずである。(1)

生命の主体性は、こうした俯瞰／個体化としての視線の相互錯綜において把握されるべきである。そして、超越論的主体性なるものや、個人的で経験的な主体性は、こうした視線と、それが描く空間性の総体を思考するなかで定位されなおされるべきものではないか。

身体のなかの視点

身体を自己としてとらえてみる。こうした発想は決して特殊なものではない。メーヌ・ド・ビランが、デカルト的な観念的存在としてのコギトを動くものである身体に位置づけなおすときに、「私は動く」という定式化を（「私は思考する」に対抗する仕方で）おこなったことは注視すべきである。西田幾多郎が、行為的直観としての自己のポイエシスを、身体の行為やその能動性とともに記述するときにも、ビランの議論は（もちろん西田の「自覚」の段階でのフィヒテへの参照などとともに）かなりの影響を与えているはずである。(2) そして二〇世紀において、独自の生の思考を、情動性（affectivité）の位相によって明示したミシェル・アンリが、ビランの思考を現象学的にひきついで、それをさらに存在論的に書き換えようとしたことも、当然考慮されるべきである。(3)

その際に一貫して問題になっていたことは、動くものが動くもの自身に触れるという事態である。触れるという事態が、さまざまな意味で鍵になっている。

ビランにおいては、よく知られているように、「私は動く」という能動性＝努力の概念とともに提示される「有機的」な「抵抗」概念としての「身体」と、外的世界がもつ「抵抗」とを区分した議論がなされている。(4) そしてビランの議論をひきうけ、「私は動く」という能動性の根底にある受動的な「内在」の位相を論じたてるアンリにおいては、自己触発（autoaffection）がとりだされ、自己が自己を対象化する以前に、つまり自己という対象を脱自的な地平において定位することから逃れるかたちで、触れることの絶対的な受動性が存在そのものの情動性として明らかにされるのである。ビランにおいては「身体」

が、アンリにおいては「生」が重視されていること（それゆえそれは、意識や自己意識の場面を、身体的な運動から切り離してとらえることへの徹底した批判を含んでいること）は重要である。

ビランやアンリの現象学の細かな概念設定やその評価はここでは措く。だがいずれにせよ彼らが、抵抗性や情動という概念を、身体や生命の概念にむすびつけ、私が存在することの核心に置いたことは着目すべきである（とりわけアンリがこうした運動的な身体概念を、マルクス主義的な労働の概念や資本主義そのものの評価にまで拡張していくことにはいささかの驚きを感じざるをえない）[5]。そのことをパラフレーズする。

動く自己を想定するときに、動く自己はどこにいるのか。身体をもち、動く自己があるときに、そこでは自己を意識として想定するのとはまったく異なった事態が生じている。身体の何が自己かは、自己にとってまったく決定できないからである。

手を動かす、腕をあげる、脚で歩いてみる。いわゆる基礎行為とでも名指されるようなこうした行為をなすときに、自己はどこにいるのか。そうした身体で何がおこなわれて、それがどうして自己の行為としてあるのか普通はさっぱりわからない。もちろんこれを、脳の神経系との連関で述べることはできるし、それは合理的であるだろう（非随意的な反応を除くと、脳への神経を切断すればどうあっても腕があがらないならば、脳に自己の中心があると想定することは正当におもえる）。しかし、それにもつねに混ぜっ返しの議論が可能である。そこで「脳」という身体の「特定部位」に自己の座を指定しうるのは、自己が自己の身体をあらかじめ経験していることから、つまり行為している自己を知っていることからしかとりだされない。行為する身体が、その身体を自己であると感じるのは、それが脳に関連づけられているからではありえない。脳に関連づけられるのは、その経験がすでに自己の行為であるという事態を踏まえて、それが客観として空間内に定位されることを前提にしている（脳のない生物ももちろん「自己」運動を行っているし、その際の生ける自己のあり方を、言語を使うわれわれも共有しているはずである）。このことは、まさにアンリが述べるように、運動である自己を、運動そのもののなかで自己触発的に感受することを想定している。それは身体の空間的な定位をどこにもそなえていない自己感受そのものなのである。

アンリの述べる情動性の絶対的内在は、身体が自己の生として存在することを可能にする位相である。それゆえそれは、いわば無条件に身体の行為が自己性を帯びた行為であることを、いかなる身体部位への参照もなしに（つまり脳へも、特定の運動機能への言及もなしに）論じるものになっている。しかしそうとらえるとするならば、再度同じ問いがでてきてしまう。身体のどこに自己がいるのかと。

ビランの努力と抵抗の概念（動くことに伴う身体そのものの感覚）を、そしてそれを突き詰めた自己が自己に触れるというアンリ的な議論を正面からひきうけるならば、それは身体の「いたるところ」に、あるいは運動を可能にしている生の質料性の「いたるところ」に、ということにしかならないとおもわれる。ここでは具体的な身体の生が主題となっているにもかかわらず、身体は個別的に（まさに手とか腕とか神経系とか脳とかに）分節化された事象としては描かれず、自ら動く質料性のいたるところが生ける自己であるとしかいいようがない。自己が自己に触れるというのは、身体を細胞のレヴェルにまで解体して考えるならば、身体のすべての場所で生じていることであるからだ。

こうした自己の徹底的な身体への遍在性は、アンリの述べる自己触発が、一切の超越（脱自的な地平）をもたない純粋内在として語られることの裏面であるともいえる。それは身体のどこにもないものだから、いわばどこにでもあるものなのである。純粋内在である以上、それはまさにどこにもみいだされない情動性として、きわめて具体的な運動性をひきうけた抽象性であるようにみえる。

しかしそれはたんなる矛盾ではありえない。身体的な生の場面に超越論的な位相を導入するならば、一方では身体（その運動的総体）そのものが超越論的な主体の位相になる。それゆえそれは、身体の個別的な特定部位を指し示すのではなく、身体が身体として「ある」そのかぎりにおいて、つまり生の細胞が生の細胞として実在するすべての場所において、自己は遍在し、その視線は宿っているのである。アンリからはそうしたことがみいだされるべきではないか。

しかしそれではやはり、身体のどこが主体であるのかという先の問いには、何も答えていないことにはならないだろうか。

これに対置させてメルロ＝ポンティが、自己が自己に触れるという経験をとりあげ、後期において、それをキアスム的な反転としての「肉」の概念に拡大させていったことは、やはり考慮されるべきことである。右手が左手に触れるとき、そこで自己の能動的なあり方と受動的なあり方とが交叉することで了解されやすいこのモデルは、『知覚の現象学』での（幻影肢などを扱っている文脈における）現象的身体と客体的身体との区分を前提とした身体の「両義性」と重ねあわせうるし、後期には、自己が自己に触れることのキアスム的「可逆性」の拡大的な連鎖において示される（『見えるものと見えないもの』では、それが自己の身体と同じ「肉」をもつ他者や世界すべてとの反転にまで拡大する）。このように、右手と左手との能動と受動との交叉の連鎖として描かれる事態は、アンリの観点からいえばまさに批判的に論じられるものでしかない。つまりこの議論自身、すでに地平的な超越をひきうけ、身体が対象化された位相でしか論じられえないものだからである（アンリはメルロ＝ポンティの身体論を、あくまでも脱自的な地平においてとらえられるだけの存在論的一元論であると批判する(6)。

だがそうではあれ、身体における主体という論点を、遍在するだけではおさまらないそのあり方において、自己に触れる自己として定めようとするならば、そこでは右手と左手のモデルに擬して語ることが内容をもつ場面を検討することも必要ではないか。自己が自己に触れるという行為を自己触発として描くときに、それをあくまでも質料的な具体性の水準において考えざるをえないならば、メルロ＝ポンティの述べる超越（アンリが批判した当のもの）をおりこむことも不可欠ではないか(7)。それはまた、メルロ＝ポンティが想定したのとは別の方向での議論の拡張を可能にする鍵でもありうるようにおもわれる。

私に触れる私

メルロ＝ポンティの述べるキアスム的な可逆性の議論は、その意味で、生が身体として現れる場面を検討するためのひとつの事例になりえている。しかしまた、アンリとは違った仕方で、こうしたメルロ＝ポンティの記述を批判的に、しかし別様に展開していく方途もある。それは廣松渉がおこなっているものである（『メルロ＝ポンティ』廣松渉・港道隆、岩波書店。また『存在と意味』（岩波書店）も参照のこと(8)。それはアンリとは真逆の方向を示しているのだが、しかしメルロ＝ポンティをひとつの軸として、自己の遍在性とその定位性とを検討する身体の思考にとって、ある意味では重なりあいのある問題提起をなしているようにもみえる。廣松は一種の社会体について述べるのだが、それは身体を媒介とした自己と他者との共軛性の総体のことであり、そこにおける遍在的な視点のあらかじめのおりこみを想定しているのである。

このことについて若干述べてみよう。

まずいうまでもないことだが、メルロ＝ポンティの議論では、右手が左手を握るときと、左手が右手を握るときとの感覚の反転性や可逆性のことが述べられ、それが両義性の議論のポイントとしてとらえられている。そして重要なのはその際、右手が左手を握っている経験と、左手が右手を握っている経験とは、触れる／触れられるという事情において、とくに相違がないということである。にもかかわらずメルロ＝ポンティは、この事態をあくまでも相互的な「反転」、つまり順次いれ替わりによって述べてしまう。しかし何故ここで、この両者を、生の身体であることそのものにおける同時的な対等性において把捉しないのだろうか。それは、一面ではまさにアンリが批判するように、メルロ＝ポンティがあくまでも、対象としての身体を設定してしまうからではないか。だがアンリが述べるように、その両義性が発生する以前に、すでに身体が自己に経験されること自身は、触れることの遍在性において、身体的な内在の情動として経験されているはずではないか。視点の身体への不在＝遍在を述べなければ同時的対等性を述べることは実はできないはずである。

だがそこで、アンリに対してつぎのように反論することも正当とおもわれる。メルロ＝ポンティは、すでに器官に分節化された身体の運動から遡及するように考察を展開している。そうであるかぎり、メルロ＝ポンティの想定している身体の方が、より一般的にいって具体的な身体であり、アンリの生の内在の方がとても観念的であるとはいえないか。あるいは、アンリの情動的生が、超越的な対象性を一切含まないものであるとしても、それが超越という方向に展開されうることが、質料性を考える以上不可避ではないか。

さて、この問題について、廣松渉は一見するとアンリと類似しているようなメルロ＝ポンティ批判をおこなっている。だが廣松の方向性はアンリとはまったく逆に突き抜ける位相を提示している。この問題は、何が質料的であるのかを考えるときに、あるいは質料的なものにおける視点の所在を規定するときに、きわめて示唆的な内容を含んでいるようにおもえる。廣松は身体の器官的分節そのものを社会体として把捉し、それを役割において一にして他なるものとして把握するのである。

廣松はつぎのように論じていく。いわゆる廣松ジャーゴンが乱発されているが、少し長めに引用する。

……彼は亦、能知的対自と所知的即自との本源的統一性を、能知即所知＝所知即能知という「即(相即性)」の論理では把握せず、たかだか、初期においては〈両義的反転〉、後期においては〈相互的嵌入〉の相でしか捉えない。更には亦、自己と他己との人称的分極性を、対他的対自−対自的対他という「役割」の共軛性に定位して把握することはせず、たかだか〈単一〝身体〟系の〝器官〟的な分節〉の相でしか捉えない（『メルロ＝ポンティ』廣松渉・港道隆、岩波書店、二五四頁）。

これに加えて、廣松はヘーゲリアン的な視角から現象学の構図そのものを論難し、結局メルロ＝ポンティの議論は、自己が世界を把握するという意識の中心性を残存させるものにすぎないと述べる。そしてさらに、一面では驚くべきことに、それでは「一者即他者＝他者即一者」という「一即他」という両契機の本源的な統一性に達することはできないと論じるのである。

このことをパラフレーズしてみよう。

メルロ＝ポンティの議論では、自己が自己の身体を把握する「能作」と、自己の身体がそれとして把握される「所作」とが、「両義性」（『知覚の現象学』）や「可逆性」（『見えるものと見えないもの』）において描かれても、それはいわば右手と左手が相互に主体と客体とにいれ替わる事態を述べているにすぎないものであった。ところがそれがいれ替わる以上、それを支えている所作＝能作の即としての「一性」と、それへの視線は不可欠である。しかしあくまでも能作的な主体の脱自作用に依拠するメルロ＝ポンティの議論では、そうした即としての一性をとらえることはできない（この批判まではアンリと共通する）。それゆえメルロ＝ポンティが、自己の身体を、他者の身体（その原型は、もちろん対自的な対象として現れる自己の身体である）との関係性において論じる場面でも、自己と他者との反転性を述べることは可能ではあるが（そのかぎりでの社会性の自己からの形成を述べることはできるが）、そこで相互の役割性という、俯瞰的な視線にたった自己と他者との分岐を論じることはできなくなる。廣松は、いわばここで社会論的な視角からの批判を展開するのである（それはアンリと極端に逆の方向性を示している）。総体的な視点からすれば、右手は即左手であるともいいうるがゆえに、メルロ＝ポンティの述べる両義性や可逆性が可能になっているのではないか。それゆえそこでは、身体の世界そのものへの拡張という（メルロ－ポンティでは、おおかたは道具の議論を範型にしながらなされる）場面においても、その意識中心的なあり方からは逃れられないのではないか。このように述べられる。

もちろんこうした「一即他」の論理に対して、それ自身はまさに「いっしょくた」のロジックでしかなく、それではそもそも何をいっているのかわからないという批判もありうるだろう。しかしそれに対して廣松は、それは「「一者」および「他者」なるものが既成的に分立していることを前提的に考える」ことの帰結であるにすぎないと述べていく（前掲書二五五頁）。ここではアンリが徹底した内在において把捉していた存在そのものの場面が、むしろ社会的な総体的場面に位相を転換させて想定されているともいえる。そうした社会の成立する位相を、廣松は自己と他者との分立以前の役割的な共軛性においてとらえており、それが自己に対して現れる面をみいだしていくのである。そして廣松は、その総体的な場面が（存在論的に）先行しなければ、能作と所作との交錯も生じえないと断じるのである。

　こうした廣松の議論が、西田幾多郎の「絶対矛盾的自己同一」のロジックときわめて接近していることには、以下に述べる生態系的展開も含めて強く注意を促しておきたい。「絶対矛盾的自己同一」の議論においては、まさに「外延即内包」「内即外」としての「一即他他即一」の論理こそが展開されていた[9]。そこでは西田独自の他者論の構成を前提とした、自己－他者の共軛性が（あわせ鏡のように自己と他者とが無底の底に互いの自己をみるといった徹底的な対等性が）社会性の条件として導入されていたことがポイエシスの議論にまでひき延ばされている。しかしそこでは、自己と他者を一気にとらえる、自己ならざるものの視点が必要なはずである。そうした視点も含め、こうした議論をどう考えるべきだろうか。

　ここまでの議論をまとめてみる。身体の運動性において、生命としての主体をみいだすという課題にとって、自己に触れる自己は、もっとも基本的なモデルをなしていた。しかしそこで、自己が自己に触れることが自己を形成するならば、それが自己の身体においてであれ、あるいは接触の反転によって世界に拡大する位相においてであれ、そうした拡がりや反転を可能にする総体的で一的な場面がみいだされるべきであった。アンリにおいては、それは「根源的な内在」としての「情動性」として示された。

だからそれは、具体的な器官に対象として分化されていない、あるいは分化されてもつねにその内奥に位置なき位置を占める何ものかであった。しかしそうであるかぎり、この「根源的な内在」は、身体のいたるところで生じる自己の触発すべてにおいて生じ、身体に遍在するとしか述べられない、そうしたものといえた。

　廣松のメルロ＝ポンティ批判は、同様のことを、まったく逆の方向から述べている。左手と右手との接触が、相互反転性的なモデルで語られるかぎり、どこまでいっても問題とされているのは「脱自的」なものがいれ替わる（そのかぎりでの現象学的な時間論に依拠した）主体と客体の交錯であった。しかし交錯が可能である以上、それを支えている統合的一性が、いいかえれば社会役割においてとらえられるシステムとしての統合的視線そのものが分節化に先だってすでに導入されているべきである（この廣松の議論を、ドゥルーズにひき寄せていえば、左手と右手が互いに触れあう事態が成立する以前の、ヴィルチュエルな場面における共存が語られるべきだということになる）。それが「対自即対他」の論理を導入するということは、より広義の生命システム論的な位相に広げられていく可能性をもつ。アンリが「根源的な内在」を述べる一性を「生命」とみなしていること、あるいは廣松が「社会システム」を、社会役割的な即性でつなげるべきと考えること、それは逆方向の問題提起をなしているのだが、いずれにしてもそれは、生命的な身体の活動性に中心を置く思考が、メルロ＝ポンティにおける意識中心主義の残滓をとり除いたあとに、いかなるかたちでの主体がみいだされるべきかについて、重要な示唆をなしているとおもわれる。俯瞰と視線の個体化の問題がそこにむすびついているのである。

キアスム的議論の向かう先

再び整理する。ヘーゲル主義的な発想から、対自と対他との統合を、つまりは自己にとってと、他者や社会総体にとってという両面の「即」を論じる廣松[10]と、現象学的な存在論を突き詰め、地平化しえない内在をその受動性の極限においてとらえるアンリとは、いわばメルロ＝ポンティの身体論批判において逆を向いている。しかしまた、同じことの両面が述べられているようでもある。そこでは、身体の運動における主体を語る際に、そもそもそれが「遍在する視点」をもつことが徹底して要請されるのである。逆方向であるにもかかわらず両者をつなぐのは、実は「生命」という事象そのものである。身体が生きている、あるいは生成しつつあることが、どうして自己において成立するのかという問題がみいだされてくるのである。

もちろん廣松が生命ということを安易に述べるとはおもえない。あくまでも廣松の類型は、マルクスからとりだされた共同主観性の四肢構造を展開することであり、生命という事態が当初から視野にはいっていたようにはみえない。ここには先に述べたように、廣松の思考を、そもそも廣松がさして評価しているようにはおもえない西田幾多郎的な「絶対矛盾的自己同一」との異様な近さにおいて、つまり西田ならただちに「生命の哲学」という視角から語るであろう事態から検討する必要があるだろう。さらにはそこには晩年の廣松が、生態系的な議論を検討し（その先駆けは梅棹忠夫の文明の生態史観への批判などにみられる）[11]、それをひきうけるかたちで近代の超克を論じる（それには多分に京都学派への対抗意識が明確に含まれる）など、生命／生態系を政治学的に論じるときに踏まえられるべき手続きにしたがっていることも考慮すべきである。廣松的な「即」は、社会的な対他的視点における「俯瞰」としての「共同主観性」と、そこでの自己に個別化された視線に関する（いわゆる二肢構造的な）議論をとらえながらも、それらを生命／生態系に突き抜ける方向に展開されているし、それは必然的な方途であるとおもえる。(12)

他方現象学的存在論にこだわるアンリにおいても、こうした「根源的な内在」にあくまでも生という言葉が付与されていることが何を意味するのかを考えるべきである。そこで提示されているのは、たんなる生の非人称性と自己性との重なりあいではありえない。それは直接的な身体の経験であり、直接的な自然の経験であるはずである。直接的な自然の経験であることが、自己の圧倒的受動性を形成するならば、それは生態系や自然進化そのものにおける「感受」という問題性にいたらざるをえないのではないか。

これをメルロ＝ポンティ後期の議論と絡ませると、どういえるのか。

メルロ＝ポンティ後期のキアスムの議論は、自己に触れる自己を拡張するかたちで、自己と世界そのものの可逆性を述べていた。それは自己という視点が、自己に触れる自己という、身体の再帰的な関係性においてしかみいだされないことを前提としつつ、それを拡張させる仕方で、他者と自己の、自然と自己の相互反転にいたっていた。それゆえそこでは、自己と世界とを形成する「肉」の概念が、二重化の蝶番をもつかたちで、自己の身体経験を拡大するようにとりだされていたのである。

こうしたメルロ＝ポンティの議論は、身体を論じることが、身体性そのものをとりまく環境性と実際には「同じ」質料的存在者としての位相にたつべきであり、そこで自己を語るためには、環境的な質料性における自己触発的事態に議論を拡張すべきだという論点を暗に示しているのではないか。そこで右手と左手の具体例は、まさに世界すべての質料自身がそれに属するものとして拡がっていく、そうしたものとして把捉されるべきではないか。するとそこで、むしろ廣松的な生態系は、あるいはアンリ的な生命は、そうした環境＝物質的な事態のなかでの「環境のどこにでもある」折り目として描かれる、そうした「自然の自己触発」のなかでとらえなおされうるという読み方をも誘発するのではないか。それは生命のバロック性を強く示唆するものとも述べられる。

生命論的な超越論的主体性とは場所／環境のことではないのか

あくまでも現象学的な自己性の視点をとるメルロ＝ポンティと、俯瞰する視線が必要であるとする議論とのあいだに横たわる重大な差異は、「空間」の扱い方にあると考えられる。身体のキアスムを述べるにしても、自己を時間的な自己触発のモデルで把握するかぎり、身体運動は時間的な触発モデルによって基礎づけられるよりほかはない[13]。それは、空間性が含む質料性という概念を、自己という領域からとりのぞく役割を果たしてしまう。メルロ＝ポンティは、身体運動が対象性を構成するこの位相にこだわりつづけていた。しかしそれだけでは、脱自的対象化の運動を果たす身体しか描きえない。アンリが、その時間的触発の内側にみてとる「情動性」の位相は、それと真逆でつながるように、廣松が「即」として把捉する社会役割総体から環境へと拡がる位相とともに、地平化されえない空間性として、そのかぎりで内包的なものと語られる空間モデルを要請してくるのではないか[14]。

こうした内包的な空間性、つまり地平的な対象性ではとらえられない、それ自身の一性と俯瞰性が問題になる空間性とは、ただちに生命がそこから発生する「場所」のことではないだろうか。そしてそのような「場所」の内包的なあり方そのものが、そこから個体の視点をも可能になる一者であるならば、それは非人称的に、存在があることを支える「超越論的主観性」そのもののことを指し示しているのではないか。

こうした「場所」というタームに、西田哲学的な響きが感じとれるのは事実だろう。しかしそれは、たんに時間に対する空間性の優位を述べるものではまったくない。それはむしろ主体であるものを包むものとしての空間、そして最終的には徹底した「無底」としての「内包＝強度」のゼロ度をもおりこんだ無限に関わるものとしての「場所」を規定するものである。そうであるかぎり、そうした無限のおりこみと、無の内在化において、それは多孔空間のような生成の「場所」を、つまり地平を論じようにも地平の次元がフラクタル的に無限重合しその内部で微分的な発生が起こるような内包＝強度体としての「場所」を指し示してしまうといえるだろう。ドゥルーズであれば、こうした潜在的な多様体を、身体と生、生命とそこでの生成というあり方にとって、枢要的なものとみなすのではないか。

こうした「場所」とはただちに「環境」のことでもある。「環境」としての「場所」は、それ自身が生命を生成させるものであり、内包＝強度をもった質料である以外の何ものでもない。それが身体の動きを可能にするのであれば、「場所」とはまさにメルロ＝ポンティ的な身体のキアスム的拡張のその先にある環境的な俯瞰を含意し、同時にそうした俯瞰から自己の視線を切りわける働きをみいださせるべきものそのものになる。

生命が動き生成していくなかで、環境の総体において運動し、そこで自己のあり方をみいだす自己にとって、そうした環境そのものが俯瞰の「場所」であるとともに、環境の原理的な無限性、環境自身が外枠やフレームをもたないこと自身が、それを生命的環境的な「超越論的主観性」として把捉することにむすびついていくのではないか。

もちろんここで、場所／環境としての俯瞰的視線に被さっている「超越論的主観性」を、生の主体といいかえるならば、今度はそれ自身がもっている自己限定的なパースペクティヴの思考がどう描かれるのか、いわば俯瞰する視線に対して、自己固有のものでしかない視線がどのように示されるべきなのか、これらに関する複合性が追求されなければならない。そこでこそ、生物科学的な内部観測の議論が、あるいはシステム論における自己言及的な構造性の、そこでの自己の語りの権利問題と事実問題との関連が問い詰められることになる。生の哲学が、生命科学の哲学に接続されるのはここからである。

2 内部観測について

はじめに

生命という主題を設定し、そこでの主体のあり方を考える。身体が生けるものの質料性として考察されるとき、身体という質料性のどこに「主体」なるものが、つまりは世界をみる視点が想定されるのか。以上が、前節で論じたテーマであった。そこでは、身体に関する現象学的な方法をとるとしても（アンリやメルロ＝ポンティ）、あるいは身体社会論的な議論を採用するにしても（廣松）、つねに問題になるのは「触発」という「接触性」の概念であった。

この概念が、質料的で運動的でしかありえない生命にとって枢軸をなすのによく理解できる。質料的な存在者は、空間的に運動するものだから、運動する自己を自己として把握するためには、自己をとらえる自己という、自己接触＝自己触発の概念が基本になってしまう。それと同時に、自己触発の概念は、そうして生きられた自己がすぐれて「現在的」な時間性をもった存在者であることによって、まさにその質料性そのものの内容をなしているともいえる。

するとそこでは、奇妙な往還関係がとりだされてしまう。自己とは、あらかじめ自己化されてとらえられることのない拡がりの総体のなかで、自己として限定して把捉されるべきものである。触発とは、そうした拡がりのなかで、自己が自己である位相を、行為的に画定することでもある。そこでは自己が定位される以前に、拡がりの総体のなかで自己が自己を探る行為がそもそもあり、そしてそこでの接触や触発によって、自己が設定できることになる。そうであるならば、そこでは対象化される自己以前の自己が、対象としては定位されることなく遍在し、そこで「接触」という行為が成立することによって、自己が限定されるはずである。

だから自己とは、さしあたり世界のどこにでも遍在しつつ、その自己限定的な接触作用によって自己の視点を設定するという二重性を帯びたものである。アンリの、身体の運動に定位した自己触発概念を、廣松が遠望する社会・生態系的な場面にまで拡大させ、換骨奪胎して述べるならば、そこではむしろ環境／場所的な自己触発が、こうした二重性をひきうけて論じられるべきではないか。そしてその際に、環境的な場所性（ある特定の場所に局在されることのない場所性）こそが、超越論的主体性そのもののことであるとはいえないか（これについては、前節の最後で述べた）。

さて、こうした主体のとらえ方や、そこでの視点の設定には、アンリにおいても廣松（とりわけそこに見いだされる西田的視角）においても、そもそも「生命」という事象が深く関わっていることも含めて、生命の内部観測というテーマと連関をもつことは明らかである。内部観測論は、もともとは物理系の観測問題から範型をとったものでありながら、行為と認識との錯綜した連関において、生物的な主体や自己に関する議論に、固有の仕方でむすびついているからである。

内部観測の議論が、松野孝一郎や郡司ペギオ‐幸夫らによって積極的に推進されている現状を踏まえると、現象学的な身体の考察から導きだされた生命の主体という問いは、内部観測的な議論に接続されてこそ、行為において時間を生き、場所の全体をとらえながら、しかしそこで局所的な存在者であらざるをえない主体のあり方を明確にさせうるのではないかとおもわれる。生命の視線は、そこで大域的(global)な全体を押さえるものでありながらも、しかしそれは局所的(local)な地点から世界をとらえるものでしかありえない。大域的俯瞰と局所的視点との齟齬・錯綜と、そこでの行為の主体の議論は、身体の自己触発論と強いむすびつきをもつとともに、そこに二重性のもつパラドックス性を、自己触発論とは異なった角度からダイナミックに展開する可能性をもっている。

そのとき、松野がこだわりをもって論じるのはホフマイヤー由来の生命記号論(15)である。郡司はいわばそれを越え、生命の機械的実装を射程にいれた生命進化の生成論を展開していくようにみえる。これらの議論が、生命と主体という問題系に関わる事態を検討し、生命のもつ質料性の問題が固有に連関してくるあり方をまずはみきわめていきたい。

内部観測と自己触発

内部観測の議論は、生命哲学にとって根本的である。生命は内部からしか世界を観測できない。自己が観測する対象を自己が生きることによってしか、それをみることはできないのである。しかし観測するということは、それ自身は生命である自身を客体化して、全体の部分とみなしてしまうことである。

内部からしかみられない／生きられないのに（そこではある種の俯瞰があり、そもそも局所性がある）、それを限定しないと自らが何であるかわからない（俯瞰を経た上での局所化がある）という構造が、生命の自己にはつねにつきまとっている。

その点で、内部観測論は、物理学的な観測者問題と重なるとはいえ、それとは位相を異にしている。それは対象観察の観測者との関係性を述べるだけのものではない。そうした関係性を矛盾のようにおりこんで、観測する自己そのものが生みだされていることが、生命の視点にとって本質的なのである。

そうした内部観測論は、もちろん認識論的な問いに関わっている。松野孝一郎の「内からの眺め」[16]の議論が、自己の行為が含まれている事象を行為者が記述するという事例からはじめられていることも、これの反映であるだろう。行為者が、自己の行為を含む記述を果たすためには、まずは内部からみた全体を大域的に視野にいれなければならない（局所からの俯瞰がなされる）。しかし記述することも含めた行為は、俯瞰を経たうえで局所的になされるし、行為者が遂行するのは局所的な行為を含みこんだ記述である。この二者において、齟齬なく記述が果たされることはありえない。

こうした事例は、西田幾多郎が『自覚に於ける直観と反省』のなかで、自分の含まれた地図を書くという、行為とその反省的記述に関する錯綜の問題として述べていることと連関している[17]。反省するというのは、自己がそこに含まれている全体を描くことでしかありえない。しかし自己はつねに行為するものとして、記述対象のなかに含まれる（そこで自己が「画定」される）。自己の記述は端的に、自己を記述する自己を記述しなければならなくなり、無限後退に陥っていく。このことは、内部観測の問題にとって、つねに考えられるべき事例となる。

松野は先述の議論に、生物が生きている状況を正当に組みこんでいる。生命進化において、その痕跡は化石のなかにみいだされるかもしれない。またそれはわれわれの身体においても同様に刻みつけられている事態であるだろう。しかし同時に、行為者としての生命はつねに局所的に進化しつづけているものである。進化をなしたものであると同時に進化をしつづけているものであるという、大域と局所との齟齬関係、つまりは記述において完了形で描かれなければならないことと、行為自身が進行形であることの齟齬が、そこでとりだされているといえる。古層の身体をそなえながら進化しつづける生物は、内部観測的矛盾を生きている。

このことは、先に述べた自己触発の問題と絡み、それを拡張させる契機をそなえているようにもおもわれる。

第一に、大域と局所との問題は、生命と時間の問題とむすびつくかぎりで、自己触発の構図にかなり近接している。自己触発としての生とは、自己を自己として対象化しとらえる以前に実在する自己接触の遍在性を想定するものであった。だからそれは、アンリのように運動する身体に遍在的（＝地平的に不在）なものとしてとらえられても、あるいは環境に展開されるような場所的な遍在性へと拡張されても、そこでは触発そのものが、それがもつ全体的な位相と、それが触発されるものであるという個体化的位相とを、「即」においてむすびつけてしまうものであった。この働きにおいて、現在を生きることとして、生命の質料性はみいだされたのであった。

しかし、そこで触発の根源性を述べるだけでは、他方で把握されるべき、身体の器官的分化、つまりはメルロ＝ポンティならばそこでの交叉反転を想定する、地平のなかへと展開された（対象化された）身体性とのつながりをみいだすことは困難であった。アンリの場合では、地平を退けてみいだされる「根源的な内在」としての生の場面に定位するだけでは、主体であることの個体性と、生命であることの全体性とが奇妙に同居されることになってもいる。

同様のことは廣松の議論にも該当するだろう。廣松が、西田的な「即」という言葉をもちいて、対他即対自と述べるとき、そこに廣松自身の(ヘーゲル・マルクスと連携した)四肢的構造がもちろん透けてみえるのだが、それは同一者が対他的と対自的という二つのあり方においてとりだせること、つまり自己へという契機と全体へという契機とが、「即」の二側面としてとりだされることを含んでしまっている。それでは差異は重なりあいとしてしか示されない。

そこからは、メルロ＝ポンティ的な議論がある種の意識中心主義への残滓をもっていたため、それが生命系的全体性への視座をそなえていたとしても、地平的に措定される事象からしか把捉することができないという批判を導出することは可能であった。しかしそこで、「根源的な内在」や「即」において二つの位相を結びつけるときに、「即」自身の内容に、たとえば西田幾多郎であればそこにおりこんでいた、止揚なき矛盾の連鎖をみいだすことは困難になる。つまりアンリも廣松も、逆にそこではじめてとりだされる「超越論的」な「非人称性」、あえていえば超越論的な「場所」＝「環境」とでもいえるものが、個体を形成する動態的な契機については、巧く説明しえていないのではないか。このかぎりでは、自己触発の議論は、あくまでも静態的に全体と個別をそなえた(それが表裏一体のようにむすびついた)ものとしてしか示されえないのではないか。

しかし内部観測の議論は、そこに「動態的」な矛盾を力動因として組みこむことに、ある程度成功しているようにおもわれる。大域と局所の齟齬やズレと関わる方向から、こうした触発の問題を考えてみよう。

自己が、自己の自己による触発においてみいだされることをとりあえず認めるとしよう。そのとき、自己触発において、触発によって示される個体性（局所）と触発そのものを可能にする全体性（俯瞰）とが、両面的な契機であることは確かである。それゆえ、触発は触発そのものの内に自己個別性と生の全体性をわかちもつ。

だがこの触発に、まさに生命的な質料性である以上、時間のなかで動的にズレていく位相において把捉されなければならないはずである。それは、先の記述の問題においてみいだされた、大域性と局所性の齟齬という問題において示されるものではないだろうか。

これは、触発の不可能性に関する議論とは異なっている。触発の不可能性とは、触発そのものの「外部」を言語的な位相として設定し、接触に付与される価値を認めないものであった。そこでは直接的な接触の契機そのものが、言語や記号や他者などを媒介としなければならないことを理由に不可能なものとされ、むしろ自己が到達しえない何か（まさに言語や他者）を軸とした議論を展開することが試みられていた。だがここでの齟齬関係は、触発そのものが自己記述であることが包含する、局所性と大域性とのズレであるかぎり、そこでとりだされるのは、触発の内部における時間の動態性なのである。

そのことが端的に示されるのは、「未来」という時間性への関わりにおいてである。

「未来」という時間をとりこむことは、まさに触発の自己が生命であることと強くむすびついている。生命の主体は、自ら進化するものであるからだ。進化としての「含意という時間」を、触発の現在は、触発そのものが不定の外部に開かれていることとしてとりこまなければならない。そこで、自己を未来に開いていく、ダイナミックな齟齬を描くことが必要になるのである。

内部観測論が提起する齟齬は、こうした未来とその不定性を、触発の内部に組みこむ役割を担っているようにおもえる。進化や環境においてみいだされる全体性は、それを記述することが問題になるパラドックス性を含むと同時に、環境や進化の向こう側が何であるかがわからないこと、そこで原理的に何が発生するのか理解しえない無限の拡がりを相手にすることにおいて、原理的な不定性としての生を明確にするものであるのだから。そのかぎりで、自己触発の自己は、進化的に生成する自己へと書き換えなおされる可能性をもつ。

だが、他方で松野の内部観測論は、「記号」というあり方へのこだわりを強くもつことによって、こうした事態を考察しているようにおもえる。しかしそのときに、記号論的な事態を利用することが含んでしまう問題性はないのだろうか。

記号と生命論

まとめよう。質料的な生命である自己を考えるとき、自己触発が重要な役割を占めていた。しかし自己触発とは、それ自身としては（それが「接触」概念によって形成されていることからも明らかなように）、「現在」における普遍性と個別性とを「即」でむすびつけるだけのものであったともいえる。しかしその「即」は（西田が明確にそう考えたように）、ある種の「齟齬」とズレを含んだ「即」としてとらえられる必要があり、そうした齟齬関係のなかでこそ、ダイナミックで垂直的な時間性を含み、現在の接触性概念（全体に拡がり・局所に限定される）だけではとらえられない不定性を含みこませることが可能になるのではないか。郡司が述べる「弱い全体性」(18)概念は、こうした二重性を描くための極限的な工夫であるようにおもわれる。

しかし、とりわけホフマイヤーからの影響の強い松野の内部観測論においては、これを「生命記号論」的な視角から考えるという傾向が顕著である。それゆえ、未来の不定性は、解釈としての記号理解の不定性に仮託されて処理されてしまう部分がおおきくなる。もちろん、生命記号論の目指すものが、たんなる存在の解釈学的記号論ではなく、生命の活動そのものに寄りそった記号過程の解明にあることはよく理解できる。しかしそうでありながら、こうした把捉の仕方が、記号の解釈における文脈の内部と外部という問題点を巡り展開されてしまうことは、やむをえない方向性であるようにおもわれる。

松野は、先述の『内部観測』に所収された「統整を越える構成」という論考において、大域と局所との関係を、カント的な「構成」(constitutif)と「統制」(regulatif)（松野は「統整」と記述。一般的には「統制」）という原理に即して描きなおしている。観測者は、局所的な存在者たらざるをえないので、それ自身は自己の観察するものを描きだすのだが、その行為は、つねにそれ固有の文脈において構成的なものでしかありえない。ところが事態を全体の側からとらえるときには、個々の視点にとらわれないという意味で、ありえない視線である俯瞰から果たされる「統制的」な視界が必要だとされる。通常この二つは、局所からの見方と全体からの見方であり、それぞれは矛盾している。

ところが、生命の主体を考えるためには、局所的に行為する存在者でありながら、自己を外部から記述する俯瞰者であることがともに必要になる。あくまでも内部的な文脈にありながらも、その外部の視点をも含めつつ、自らを記述するということが要請されてくるのである。行為の完了形（全体をすっかり描ききったあり方）を一方でもちながら、行為しつつあるもの（局所でありながら全体を描きなおしつつあるもの）が生命としての主体をなしている。したがってそこでは、「統制＝統整」を越えた（それを踏まえたうえでの）「構成」が必要になってくる。しかしその点について松野は、この段階（『内部観測』）では、つぎの課題を放置するように提示するのみである。

「外部記述は普遍を指定するが、内部記述は極めて個別的である。内部文脈と外部統整原理との乖離解消というこの内部記述に特徴的なのは、普遍からの個別の生成、構成である。普遍から個別を生成することはその経験事実を除き、他は不明である。それは複雑としか言いようがない」[19]。

しかし逆に考えてみる。生命としての主体が、つねに先述の全体的俯瞰と個別的分化をともになしながら自己形成を果たしつづけているならば（つまり生命が過去をひきうけて進化しつつある、あるいは主体が慣習をひきうけて反復更新しつつあるならば）、そこでは「記述」という論点がもたらす無限後退の複雑性（自己を反省する自己を反省する自己……）を越えて、そうした齟齬が質料的にみいだされるあり方を探ることが必要ではないだろうか。

意味の外部と質料の外部

郡司が、こうした松野の姿勢に共鳴しながら、独自に内部観測論を展開するときに、そこにはいささか異なる指向がみてとれる。郡司の代表作である『原生計算と存在論的観測』（東京大学出版会）が、クリプキとベルクソンという、意味の領域と実在の領域の双方で生成を思考しようすることからも、また『生命理論』（哲学書房）がドゥルーズの時間論のシステムに即して記述されていることからも、その指向は伺える。科学が思念する対象は、実際には実在ではなくその「意味」である。それは質料でなく形相である。だが生きているわれわれは、意味をとらえるその場所において、意味が付与されない（無意味な）質料性を生きている。生命の議論に、そうした質料性の組みこみを看過することはできない。郡司にはこの点への視線が、つまり質料的な生が根本的に「無意味」であることへの視線が顕著である。『内部観測』に所収されている郡司の論考では、いわば二〇世紀哲学の正当な系譜を辿るかのように、「過度の認識論」と「過度の存在論」の双方が退けられている。これは郡司が一貫して「弱い全体性」を提示することとパラレルな議論になっているとおもわれる。

ここで「過度の認識論」とは、「無根拠な対象と観測者（もしくは対象とその外部）の分節は、実在する統一体とその外部とが先行的に実在し、そのあとで、関係が措定されたとの錯誤（これはいわゆる「実在論」）として再現される。このとき、関係を首尾よく認識する作業こそが、われわれのなすべき作業となってしまう」という事態のことを指している。[20] それに対して「過度の存在論」とは逆に「私と世界とは一体であり、すべては〝こと〟として遇される[21]」事態であるとされている。関係性のクリアな認識を、主体と対象の関係性の切断において（それがまさに実在論を指し示す）問い詰める方向と、そこで逆にすべてが主体と客体の関係性のなかで、存在論的な一体性において包含されてしまう方向との双方が、そこで批判的にとり扱われることになる。郡司は、現代思想の各傾向が示しがちな、この二つの過度のあいだの往還運動そのものを、内部観測の課題として思考していくのである。

認識論において、意味やその形式性によって事態を処理してしまうと、そこでの文脈の全体性や、結局はその全体性の把捉不可能性が議論の中心になってしまう。そうした認識のクリアな把捉は、素朴な実在概念（可知的なものであれ不可知的なものであれ）だけにしか関わらないだろう。だが逆に、生命的な一体性を説くのみの議論では、今度はそうした議論が必要とする、認識論的な分節がとらえられなくなる。生命主義の哲学は、この両者にいずれにも与しないかたちで展開されなければならない。

その鍵となるものは何か。そこで郡司は「含意という時間」を軸に据えて、議論の方向を設定している。全体を措定する働きにおいては、いかなるかたちでそれを果たそうとも、そうした全体そのものが壊れる場面にしかいき当たらない。しかしそうした全体が壊れるという場面は、まさに時間が生命に含意されていることをポジティヴに示すものなのである。

ここで郡司の議論において、クリプキの問題が前面に提示されてくるのはよく理解できる。意味の視角から問題を考えるときに、関係性のクリアな認識を前提とする過度の認識論にも、単純な生命論的な議論にも欠落しているのは、意味そのものが必然的に「他者」によって誤解されうる可能性であるのだから。プラスとクワスを巡るクリプキの議論（ある主体がプラスの演算に関する形式的理解をもってことを処理していても、それは有限回の事例に即したものでしかないので、あるときまったく異なった別の形式的理解——たとえばプラスの記号をクワスという別の演算処理で理解する——が現れても、それを絶対的に退けることはできない）は、大域をみわたすことと、局所的な文脈性とのズレをよく示すものである。そこでは他者という外部が無限の俯瞰に開かれることにより、文脈において記号を利用する主体が、その主体がそなえている記号の理解の無理解に突き当たること（ある種の超越論的誤解の不可避性）が明らかになる。

しかし郡司のここでの議論が、ベルクソン的なリアリティと、そこでの生成の問いと対になって提示されることに注意するべきである。通常ではクリプキの議論は、意味と他者というコミュニケーションの問いとして処理されがちである。しかし郡司は確実に、クリプキ的な意味の問いに、つまり局所的な文脈において主体が理解する意味が超越論的な誤解にいき当たるという場面に、実在そのものの無意味を導入しているようにおもえる。これまでのヴィータ・テクニカの議論では、まさに質料的な位相として、意味に対する無意味としての役割を担っていた質料性の場面が、内部観測の議論に導入されているのではないか。

それは郡司が、ひとえに「含意という時間」として、質料的な進化の問題を考えているということに関連してもいる。「含意という時間」は、「過度の認識論」も「過度の存在論」も退けながら、時間そのものが生命の主体に関わっていることを、全体と局所のズレにおいて、そこでの必然的な齟齬のなかにおりこんでいくものである。それはまさに内部観測によって生きている主体が、時間を実装した、進化する機械であることに強く関わっている。

以下、この点をフレーム問題に対する郡司の独特の扱いからとりあげてみたい。

時間の含意とフレーム問題

郡司の議論を、意味論的な方向や、それにとらわれるかぎりでの生命記号論的な指向にいたずらに解消せず、ヴィータ・テクニカの視角から、質料的な生命のポイエシスにむすびつけていくことが必要である。それは、「弱い全体性」という装置をもちだしてくることによって、過激な存在論の示してくる質料的な無意味の過剰さを、認識論的なものにひきつけてくる役割をもってもいる。

もちろん郡司も松野と同様に、一種の記号理解によって生命系を把捉しようとする傾向は強い。齟齬とは、何よりも大域と局所との齟齬であるのだが、それ自身はクリプキがとりあげていたように、まずは「他者性」によるコミュニケーション不可能性の議論であった。言語によるコミュニケーションは、ウィトゲンシュタイン‐クリプキのラインがきわめて強力に推進したように、「暗闇のなかの跳躍」という側面を必ずそなえている。理解の共同体などどこにも実在しないのに（それは「全体」の安易な措定でしかありえず、意味を超越論的な参照項に差し向けるものにほかならない）、他者との理解が可能であるのは何故なのかという問いがその根底にあるが、これを郡司‐内部観測的な方向からとらえる際には、たんなるコミュニケーションの可能性／不可能性の問いではなく、質料性においてこそ語られうる「含意という時間」の問題に横滑りすることが重要である。

このことは、郡司がフレーム問題に強いこだわりを示していることからもみいだせる。フレーム問題とは、観測者にとっての局所的文脈の枠組み問題である。それぞれの生命的な主体は、世界をみるときに、それを理解する局所的な文脈性を担って生きている。クリプキ的にいえば、プラスの演算をするときに、プラスの演算がいかなるものであるかについての形式的枠組みをもって生きてしまっている。しかし世界に生きることはそれ自身、局所の文脈を越えた枠組みの外に関わり、それを何かの仕方で自己の内におりこむことである。プラスがクワスと解釈され、それがまったく違う演算形式で「他者」に理解されようとも、つまり局所において観測者が生きているフレームの外部が突然侵入しようとも、それに対して観察者は何かをいう権利はまったくない。しかし観測者は、そこでたんなるコミュニケーション不可能性においてたち止まりもしない。そうした他者性の外部とは、そもそも質料的な生をもつことに必然的に付着しているのだから。

フレーム問題が先鋭化するのは、ロボットにおける認識装置の実装においてである。この事例は、生命とテクネーの問題系において重要な役割を演じるだろう。ロボットの問題はもちろん、生命の自己を機械としてのテクネーにおいて思考することに光を与えるものだからである。

ロボットに、行為の文脈をいくら教えこませたとしても、それはつねに特定の視点からのものでしかない。ところが無限に拡がる環境のなかでロボットが処理するべき事態は、数えあげることが可能な文脈を逸脱し、処理しきることはありえない。それは拡がりの外だけではなくて、行為の暗黙知的な内部了解でもありうる（それらをすべて書き下し指示することは不可能である）。文脈外のことがつねに発生してしまい、文脈を越えた事態につねに直面してしまう。クリプキ的な「他者」はまさに質料的な環境として、それを生きているものとして現れてしまう。

それゆえロボットが生命であるためには、それがそなえている局所的な文脈を越えた何かの侵入を、まさに新奇性の創発において処理しなければならないのである。ここで局所的な文脈と、みとおしえない全体性の俯瞰との逆説が、「含意という時間」を生きることとしてはいりこんでくる。ロボットにそれが可能になったならば、つまり自己の局所性と生命がそれを生きている俯瞰との齟齬する行為性が可能になったならば、ロボットはそれ自身として質料的な水準を含む進化を生きることになるし、それ自身はまさに生きた物ということになる。

繰り返すが、もちろんこれは、郡司がクリプキのクワスの計算を例示しながら述べている事態と重なりあう。それは、コミュニケーションの不可能性をバックボーンとした、コミュニケーションの「跳躍」に関わっていた。しかしフレーム問題が投げかける真の意味での跳躍は、それが局所的な文脈を越えたあたらしい事態を、全体を生きていることにおいて自らの内に組みこむということにある。だからそこでは、「コミュニケーション」を軸とした切り口において示される「他者」ではなく、つねに無限に開かれた環境性と、そこでの自己限定という質料的な矛盾の発生が主題化されてくるのである。[22]

松野が「統整を越えた構成」と名指すように、それは局所的であることを踏まえつつ、それを越えた構成をおこなうことである。むしろそれは無限に開かれた環境、無限に開かれた未来という意味での「他者」への「跳躍」としての「構成」を指しているのではないか。

このことはヴィータ・テクニカの問題系としてすでに述べておいた、質料そのものの無意味という事態に重なっている。生命の主体は、自己の視点からの「構成」を越える自然環境としての身体を「統制」的にそなえていて、そこここでフレームを越えた他者に突き当たりつつも、自己でありつづける。こうした質料としての不定性、視点からはとらえられない全体的俯瞰、そしてそれを自己にとりこむ創発、これが、内部観測的な議論を軸に導出される、生命としての主体の姿ではないか。

俯瞰する生命と視点としての個体

生命的な内部観測者は、もちろんそれが「自己観察」の主体であるかぎり、認識的な見地にたちながら、局所的な文脈や枠組みにおいて事態に対応するものである。しかし生命の主体は、自己が観察する自己が何であるかを、そもそも最初からは特定しえない。それは身体的実践と、環境的連関との循環的なズレを、不定性としておりこむことによってしか存立しえない。それゆえそれは、認識的な「画定」の問題と、それと相即した実践的な「自己制作」の主題の両方を含むことになる。

内部観測の問題は当初には、自己認識の決定的な不完全性の問題として提示されていた。内部にいる自己を認識するのは、それ自身認識する自己を認識するというパラドックス性にしかはいりこまないからである。しかし、「弱い全体性」としての齟齬そのものの含意を提示する郡司の方向をとりいれるならば、これでは認識論的な不可知論性を招くだけで、認識論的隘路のなかに逢着するだけの議論ということになる。それはたんなる他者とのコミュニケーション問題でしかない。

これに対して生命的な主体とは、それ自身全体的な一者としては（郡司がいう過度な存在論の主体としては）そもそも存立できず、それ自身は局所的であるかぎりでの欠落をそこにはらんだものである。しかしその欠落は、生命が全体を俯瞰することを含んだ構成を要請するポジティヴな事態なのである。この「統制」を越えた「構成」を、質料的なものとして行為におりこむことが、生命としての主体のあり方としてみいだされるべきではないか。それは、一面では生命の進化に関する問題性を提起するだろう。そして同時に、生命に関わるテクノロジーと、自己のテクネーの問題系は、こうした齟齬の処理に介入することにおいて、そのあり方を精査しなおさなくてはならないはずである。

大域と局所、流れと断片、一なるものと個体、すなわち俯瞰と個別の文脈性、これら二つのあいだの連関の問題が、内部観測においては、たんなる認識問題的な不可知論性ではなく、それ自身が実践を駆動し身体を制作していく事態として、まさにそれが「単独性」を担うものとして提示されるわけである。このことは、生命の主体を考え、環境／場所的な自己触発概念をあらたに思考しなおすために、避けがたい問題系であるとおもわれる。それは、アンリと廣松からとりだした自己触発の議論が、生命／環境／場所とむすびつきながらも、全体と局所の相即においてしか処理できない場面を、質料的な「含意という時間」において規定していく方向性を示している。生きている主体とは、自己触発のポジティヴな齟齬において、そうした不定に開かれた時間的な機械としてとらえられるべきであり、行為する自己とは、そうした創発に介在するテクネーにおいてみいだされるべきである。

さてこのことを、内部観測論がもっている独特の理論性から、生命と環境の具体性に引き寄せるにはどうすればいいのか。そこでは俯瞰する全体と個体との相関とは何かという論点が、きわどく析出されるはずである。

ここではまずはドーキンスの述べる利己的な遺伝子の議論を、生命の主体論のひとつのモデルとして検討してみたい。「個体」を「遺伝子の乗り物」と規定し、遺伝子の残存に関わる戦略性の計算によって生物性の行為をとらえるドーキンスの主張は、たんにその単純さにおいて批判されるべき事例であるというよりも、ここでの内部観測論に、さまざまな視角をつけ加えるものでもあるからである。

3　ドーキンスと遺伝子の自己

はじめに

ここまで生命における主体の問題について考えてきた。生命における主体を検討するときに、まずはそれが意識―言語システムの主体とどのように異なっているかを明確にすることが課題であった。意識の主体がアプリオリな自己中心性をもつのに対し、身体の自然や自然進化的な時間を含意する自己性においては、そうした中心性をあらかじめ措定することはできない。また意識の主体に特有な意味での能動性や自由はかぎりなく希薄になり、自己の受動的な側面がより前面に現れる。質料としての身体は、一面ではどこまでも環境に拡がり、あるいは進化的時間に関与しながら、しかし他面では、そのなかで自己を限定するという仕方で個体性を確保する。そうであるかぎり、生命の主体とは、自己の中心性（局所的な限定性）と、環境総体への遍在性（俯瞰的な視線）とが交錯するような仕方で描かれるものでしかありえない。

この議論を進めるためには、個体としての生命体（あくまでも個物としての自己）と、環境総体としての生命（それ自身は非人称的なものでしかありえない）との連関、そしてそこでの自己と進化的な時間との関わりを思考せざるをえない。問われるべきは、自己が身体という明らかな生物的資源とそこでの生態系的な歴史性を担ってはじめて可能になるのに、自己がそうした質料性をあたかも離脱しうるかのような姿を示すことを、その相互的な齟齬関係やパラドックス性を考慮しつつ、総体的にとらえることにある。

さて、そうした生命的な身体や、生命の時間というテーマを考えるときに、ドーキンスの「利己的な遺伝子」という、古典的な生命哲学的議論にたちいたることはいわば必須である。生命進化の哲学を、その現代ヴァージョンでとらえるときに、一九世紀的色彩を強くもったスペンサーやベルクソンを（本質的には）下敷きにしながらも、彼らの思考には欠落していた「遺伝子」という質料性のテーマが、大きく関与してくることは明らかだからである。そして、現状としてネオ・ダーウィニズムの議論がある程度の正当性をもっているならば、ダーウィニズムが当初に想定していた（スペンサーやベルクソンは、そのヴァリアントに依拠していた）形態的な進化の観察という事情が、遺伝子の水準にひき移され、生命と時間の問いが再検討にふされるのは当然のなりゆきである。ドーキンスの述べる「利己的な遺伝子」が、思想的にどのような射程をそなえているのかをとらえなおすことは、それが現在でも進行中の生命論的主題とむすびついているだけに、なお古びたテーマであるとはいえない。

ドーキンスの議論は、あまりに人口に膾炙しているものではあるが、逆にその思考が指し示す問題圏が、適切に検討されているわけではない。それは、「利己的な遺伝子」（selfish gene）というキャッチフレーズの魅力の強さのゆえでもあるのだろうが、こうしたテーマが生命哲学に対して、さまざまな課題を突きつけていることは事実である。ドーキンスに向けて、そのあまりに単純素朴な遺伝子中心主義を告発するのは簡単ではあるのだが、それだけでは、提起されている問題をすくいとることにはならない。

生命論的な観点から考えてみよう。そのときにまず着目すべきなのが、遺伝子中心主義的にみえるドーキンスの主張は、一面では進化の選択の単位を「個体」に求めることを批判するとともに（遺伝子の「乗り物」（vehicle）にすぎないものとしての形質的な個体の規定）、同時に他面では、進化の「群淘汰説」という、「種」や「群」の実在とその保存を軸とする発想をも退けていることである。そこでは、進化の選択において、もちろん遺伝子という質料的単位が強調されるのだが、そうした議論が、「個」（個体）と「全体」（種）という生命の単位を実在性において低くみなし、その中間性ともいえる位相をきわだたせていることは留意されるべきである。ここでの進化の力動因をなすのは、確かにネオ・ダーウィニズムが採用する、遺伝子水準でのコピーエラーと突然変異の偶発的な連鎖である。しかし、遺伝子の水準が、全体と個体という単位に対して、まったく異なった位相を提示していることは、生きていることとは何かという問いからも、十分に検討に値するものである。

ついで考えられるべきことは、そうしてとりだされた中間単位である「遺伝子」がどのような選択をなすのかをとらえる際に、メイナード＝スミス経由のＥＳＳ（evolutionary stable strategy）という一種の確率計算が採用されていることである。[23] これはドーキンスが、遺伝子という質料性に着目しながらも、基本的には動物行動学的な観察に依拠し、表面的に不可思議にみえる生命個体の「利他的」な行動に、合理的な理由を与えようとすることの帰結でもある。しかし、そうしたＥＳＳという確率計算を基盤とした戦略に、遺伝子単位の生命の選択を設定するのであれば、そこで確率計算をなしているのは「誰」なのかという問いがひきだされてこざるをえない。遺伝子が、無限に拡がる環境のなかに放りこまれながら、そこでもっとも安定した進化的戦略を採用するというのであれば、そしてそれが生物の形質的な個体の形態や行動や欲望までをも説明してしまうというのであれば、まさにそうした計算は、いかなる場面で誰がおこなっているのか。それは、種の全体性とは異なった仕方で、遺伝子そのものが、個々の質料性としての局所性をもちつつも、全体の俯瞰をなしているがゆえであるとはいえないか。そしてそうした計算が、表面上自らの生存に不利になるようにみえる個体の行動をも「現実的」にひき起こし支えているのであれば、そうした戦略計算と遺伝子、遺伝子と個体のあいだには、どのような関連がみいだせるというのか。

これらの、いわば「哲学的水準」の問いに、「利己的な遺伝子」の議論自身が巧く応じられているようにはおもえない。(24) ドーキンスにおいてESSは、あくまでも動物の生態行動観察に基づいた合理的な説明として提起されており、上述の「誰」という問いにも、ネオ・ダーウィニズムに依拠した適者の残存という解答しかえられないだろう。そうしたドーキンスの議論の浅薄さを突くならば、難詰すべき点は遺伝子中心主義の純化にあるのではなく、生命論的な精査が必要となる事態(まさに「利己的な遺伝子」の「自己」とは、結局何であるのか)に対し、科学という立場から一種の逃避をなしていることが問われるべきではないか。しかしそれは、ドーキンスに対して求めうる問いの範囲を越えているのかもしれない。

利己的な遺伝子へ

先を急がず、『利己的な遺伝子』(増補新装版、日高敏隆他訳、紀伊國屋書店)の主張を整理しておこう。そこでは、いうまでもなく利己的(selfish)という言葉が主要な役割を果たしている。

ドーキンスが、この書物の「三〇周年記念版への序文」で記しているように、「利己的」という言葉が強調されるのは、生命体が表面上「利他的」とみえる数多くの行動をとるからである。それは自己犠牲とか、他の同種の個体への(集団内の、子供や親族など他の個体への)奉仕として、何か高邁な精神をもった行動であるかのようにもみえる。しかし、あくまでもそうした精神性を排除して、こうした事態を説明するためには、生命にとって重要な自己保存の原理(端的にいえば、生き延びて存在しつづけること)に背くようなそれらの行動が、しかし実際には「自己の保存」に背いてはいないことを説明する必要がある。そこでは、生命体にとって、「利己的」という表現が、どの単位での利己性を問題としているのかが問われることになる。

「ダーウィニズム内の中心的な論争は、実際に淘汰される単位に関するものである。すなわち自然淘汰の結果として生き残ったり、あるいは生き残らなかったりするのは、どういう種類の実体なのかという論争である。その単位は、定義からして、多少とも「利己的」になるのである」[25]。「決定的な疑問は、生命の階層構造のどのレベルが、自然淘汰が作用する必然的に「利己的な」レベルとなるのかである」[26]。

こうした生命の基礎単位の問いについて、まずドーキンスが挙げる実例は「個体」「種」「群」「生態」である。それは、生命を質料的なつながりとその時間的連鎖においてとらえる際に、妥当なものであるだろう。

だが本文に入ると、ドーキンスはおもに二つのものに、攻撃の照準を定めていく。

そのひとつは「群」であり、そこでは「群淘汰説」(group selection)という進化の説明が批判されることになる。「群淘汰説」は、先に挙げたみかけ上の利他的な行動が、「群」の実在を前提とし、その存続のためにあるとする発想とむすびついている。敵から子供の存在を欺くために、自らが傷ついたかのような疑似行動をなす鳥の例などは、鳥の「自己」ではなく、全体性としての「群」を守る行動であると理解されがちである。この場合、進化の選択の単位は、個体ではなく、それが属する集団だということになる。

ダーウィンが生存競争とよんだものにおいて競いあっているのが種であるとすれば、個体は将棋の歩とみなすことができる。種全体の利益のために必要とあれば、犠牲になるのである。もう少し上品な言い方をすれば、各個体がその集団の幸福のために犠牲を払うようにできている種ないし種内個体群のような集団は、各個体が自分自身の利己的利益をまず第一に追求している別のライバル集団よりも、おそらくは絶滅の危機が少ないであろう。したがって、世界は、自己犠牲を払う個体からなる集団によって大かた占められるようになる。これが「群淘汰」説である。[27]

これを批判してドーキンスは、「個体淘汰説」をむしろ積極的にもちだしてくるのである。「群淘汰説」が正しいならば、自己犠牲を払わない個体が、だし抜けや裏切りを繰り返すと、利他的な生物より生き延びる可能性が増すので、利己的な個体は群選択に対して有利なのではないかという議論がなされていく。

ここで着目すべきなのは、ドーキンスが「利他的」とされる行動を記述するとき、それを種や群の全体性としての実体に帰するという発想をはじめから徹底して退けていることである。生命においてはあくまでも「個体」の「利己性」が優先されるのであり、そこでは利他的にみえるものであっても、実は「個体」にとって利他的ではないということが強調される。

だが「個体淘汰説」についていえば、そこでの「個体」の「淘汰」の単位とは何かを問わざるをえなくなる。そのときに、「利己的」である当の単位として、遺伝子がもちだされてくることになる。

そこでのドーキンスの記述は、遺伝子に関する啓蒙的な部分が多くを占めている。だがさしあたり留意すべきことは、ドーキンスにとって遺伝子こそが「個」の本体なのであり、そこに書きこまれている情報やデータは、「種」や「群」への帰属を示すものではまったくないということである。この議論において、ドーキンスの立場は非常に唯名論的であるといえるだろう。ドーキンスは、種の本質やその実体性を基本的に認めることはなく、それぞれが様々な個別性をもち、種や群には解消されないような、遺伝子性をそなえた個体だけが実在し、しかもそれが「利己的」に働いているというのだから。

だがそうした個々の存在者は、眼にみえる形質としての個体なのではない。個体だけを考えるならば、その個体が死を避け、どこまでも生き残ればよいことになる。しかし表面的に利他的な行動において、個体が生き延びることと、そこで眼にみえる形質が生き残ることは等価ではない。形質としての自己に不利であっても、遺伝子としての自己に対して利己的であれば、そうした行動は十分に合理的であるというのである。

遺伝子が単位であることの意義

それでは遺伝子とは何なのか。もちろん遺伝子とは各細胞内部に実在する、ＤＮＡによって形成された、ある長さをもった質料的な単位のことである。ドーキンスはそれを「何代も続く可能性のある染色体の小さな小片」[28]と定義する。では、どうして遺伝子が個体の本質であるといえるのか。その問いに対するドーキンスの考えははっきりしている。形質としての個体は移ろいやすく死にやすいものであるのに対して、遺伝子は、ほぼ永続的にそれ自身をコピーして生き延びるからなのである。このことは、以下のドーキンスの記述からも読みとれる。

> 個体は安定したものではない。はかない存在である。染色体もまた、配られてまもないトランプの手のように、まもなく混ぜられて忘れ去られる。しかし、カード自体はまぜられても生き残る。このカードが遺伝子である。遺伝子は交叉によっても破壊されない……彼らは自己複製子であり、われわれは彼らの生存機械なのである。われわれは目的を果たしたあと、捨てられる。だが、遺伝子は地質学的時間を生きる居住者である。[29]

遺伝子が自然淘汰の基本単位の第一候補になりうるのは、遺伝子が潜在的にもっている不滅性のためである。しかし今やこの「潜在的」ということばを強調すべき時がきた。ある遺伝子は百万年生きることができるが、多くの新しい遺伝子は最初の世代すらまっとうしない。少数の遺伝子が成功を収めるのは、一つには運がよかったためであるが、ふつうは、その遺伝子が必要とされるものをもっていたからである。つまり、それらの遺伝子が生存機械をつくる上ですぐれていたことを意味している。(30)

これは、非常に有名な、「個体」は遺伝子の「乗り物」であるというテーゼが導入される部分である。だがここでドーキンスは、二つのことを同時に主張しているようにおもわれる。

ひとつはそこで、形質としての個体は、進化という時間的プロセスが定着して実現される基体としては、あまりに短い時間しか生きられないということにある。それは、移ろいやすく、すぐに消滅してしまう。それでは、地質学的な時間性において発生する進化が生じる場所がわからなくなる。

もうひとつは、これに対して遺伝子は、半永久的に永続するということである。個々の遺伝子は、個々の個体とパラレルに、それ自身は個体が死亡することによって消滅する。だが遺伝子そのものは、生殖によって次世代にひきつがれていく。有性生殖と死という、生命体にとってきわめて重要なテーマを含みこんだこうしたあり方において、遺伝子は、ある個体において消滅しても、別の個体において生き残り、進化を実現していく。それは、一定以上に進化した生物においては、有性生殖によって組み換えを容易に敢行しつつ、その浮遊性をより柔軟に確保するだろう。多様化することは、遺伝子の何かが残存するためには必要なことである。それゆえ、有性生殖のなかで遺伝子が組み換わることは、より有利な「生存機械」である別の個体に、遺伝子が乗り移るための仕組み以外の何ものでもない。

ドーキンスにとって、この意味で、形質として示される個体は、遺伝子の「乗り物」にすぎない。形質としての個体において、その本質をなすものは、それを「生存機械」として処理する遺伝子の方であるというのである。

ここでの遺伝子への視点には、相反する特性がおりこまれているのではないか。そのひとつは、遺伝子とは形質的な個体に比して地質学的な時間を生きる、永続的なものであるということである。これは進化という観点からすれば、さしたる時間を生きることなく死んでしまう形質の個体に対し、その意義はよく理解できることである。ところが同時に、遺伝子は、それ自身が積極的にその組み換えをなしていく（そうして戦略を作動させる）当のものである。だからそれは、「種」や「群」をいったん規定してしまうと、そこから抜けだすことが困難になるような硬直性をそなえたものではない。遺伝子はあくまでも離散したものであり、それ自身をしか問題にしないものであり、容易に組み替わり、生き延びるものである。時間という枠組みからみれば、それは自らを変化させることで自らを守っているともいえるだろう。それは永続的な普遍性をもったものにみえながら、変化に晒されている個別性そのものである。

ドーキンスの想定している遺伝子が、全体と個物をともに拒絶することで、時間的な事態に関しても、全体と個物の中間であるような、パラドキシカルなあり方を含んでいることに着目しないわけにはいかない。

ESSにいたる諸議論

ドーキンスが遺伝子という生命の単位を考えるときに、それが種的・群的な「全体性」と、形質的な

「個体性」との中間を担うものとして描かれていることをとりだした。しかし、この中間性に関する議論を展開するためには、こうした遺伝子の「利己性」が、「個体」という「局所的」な視角をもつことと、ある種の総体の「俯瞰」をなすことが、ともにおりこまれていることを探る必要がある。ドーキンスの議論が、どこまで説得性をもつのかを考えるならば、ここがポイントであると考える。

その鍵を握るのが、ＥＳＳという、遺伝子だけが担うとされる戦略性についてである。が、それを検討する前に、ＥＳＳにいたるドーキンス自身の議論をみてみよう。

ドーキンスがことさらに例示するのは、遺伝子の利己性と個体の利己性とがズレるケース、つまり形質化された個体にとって利他的にみえる行動も、遺伝子の残存を考えれば有利であるという事例である。

こうした表面上の利他性においてよくとりあげられるものは、アリやハチなど、全体としてのシステムに奉仕的な仕方で働く生物の例である。しかしそのケースでも、遺伝子の残存する総量を考慮すれば、自分の子供ではない個体を育てることの方が、遺伝子的に合理的な選択をなしているのだと説明できる（そこでは集団のための自己犠牲のようにみえるものも、女王アリなどの子供を育てる方が自己の遺伝子を有利に残す合理性があると論じられる）。

このことは人間の閉経についても、ほぼ同様に語られる。ある年齢の女性の個体が自分で子供を産まなくなること（閉経すること）についていえば、自分で子供を産んで巧く育つリスクが、自分の娘の子を育てることが提示するリスクの倍量を越えたならば、遺伝子の残存する可能性からすると、後者の行動をとる方が合理的になる。それゆえ、自分は閉経し、娘の子育てを支援した方が、遺伝子の利己性にとって有利だというのである。このようにドーキンスは主張する。

ただ、こうした遺伝子の利己性が、形質的な個体の行動や、あるいは閉経の事例に見られるように、その身体機能の形成に連関する具体的な仕方については、さまざまな疑問を発することが可能だろう。ドーキンスの議論において、遺伝子を残存させる有利性という説明がもつある種の切れ味の鋭さに対し、いささか腑に落ちない感を与えるのは、遺伝子が利己的に振る舞ったとしても、それが具体的な個体の形質や行動に、実際にどのようにむすびつくのかが、あまり定かに論じられていないことにある。

何故なのか。その解答は単純に考えれば二つに絞られるだろう。ひとつにはドーキンスの議論が、もともと動物の生態行動観察に基づいていることにある。彼の理論構築は、まずは観察対象においてみいだされる矛盾（動物における利他的にみえる行動）を探りだし、それに合理的な説明を与えるために、遺伝子の残存量が計算されるという方向を辿っている。それゆえ、そこである行動が個体において具体的に選択されても、その個体の行動と、遺伝子の利己性との連関が、その直接的なつながりにおいて考察されることはそもそもないといえる。

もうひとつは、そこでドーキンスが、徹底してネオ・ダーウィニズム的な立場をとっていることにある。上述の事情を考察するときに、ドーキンスが想定しているのは、遺伝子のエラーと突然変異、そして有利な遺伝子の存続という事柄のみであるとおもわれる。それゆえ、ある個体が特定の行動をとるのは、それが残存に有利な遺伝子戦略の「結果」として、まさにそのことが有利であったということによって（いわばある種の自己撞着的な論理に依拠して）、そういう行動をなしたり欲望をもったりする個体が存続しえたからだということになる。しかしこれで、個々の個体水準での行動や、さらには身体形質の変化にまで、説明が及びうるのだろうか。[31]

先の女性の閉経の例をとりあげてみよう。自分で子供を産むのではなく、自分の子供（娘）が子供を産むのを助ける（子供の育児を支援する）行動が成立するのは、自分で子供を産むリスクが、娘に子供を産ませるときのリスクに対し、二倍を越えたときであるとされる。しかし、これが「閉経」という具体的な身体現象とむすびつくには、複雑なメカニズムを経ることが必要なのではないか。だが、ネオ・ダーウィニズム的な発想をとるかぎり、そこではたまたま（ある種の突然変異によって）閉経した女性が生存にとって有利に働き、その結果、ある年齢になったときに閉経する個体が多数残存することになったと想定せざるをえない。しかし、たんなる偶発的なエラーによる変化の蓄積と、適者の生存だけを考察の要素とするならば、単純な形態上の変化については説得的であるとしても、さまざまな身体機能の協働的進化が不可欠なこうした事例について、どこまで正当な議論をなしうるのか、心許ないのではないか。それは、すでに進化してしまった事情を合理的に説明するだけであり、進化が遂行されているその場面への着目があまりあるようにはおもわれない。さらにそれが、個体の個別な行動や欲望の、それ自身さまざまな逸脱や多様性をはらむ事態に対し、その汎通的な説明原理になりうるのかについて、ドーキンスが考察を展開することはほとんどないようにみえる。

ESSの主体とは誰なのか

ドーキンスに議論を戻そう。ドーキンスが、遺伝子選択についてもっとも洗練された説明を展開するのは、ESSという、「進化的に安定な戦略」という概念に連関してのことである。

ＥＳＳがもっとも巧妙に設定されるのは、同じ群れのなかでの争いが起こるときの、攻撃的個体と非攻撃的個体という集団内部での比率問題である。

そこでは、群れのなかの攻撃的な個体（タカ派）が存在すれば、その個体は多くの成果を獲得するかもしれないが、当の個体は他の個体との争いのなかで必然的にダメージを負う可能性が高くなる。これに対して非攻撃的な個体（ハト派）は、積極的に自己の利益を獲得しにいかないので、獲得できる分は少なくなるのだが、同時に自分がダメージを負うことも少なくなる。もしもある集団のなかで、攻撃的な個体がほんの一握りしか存在しないならば、その個体は成果を独り占めする可能性が強いが、もし攻撃的な個体だらけになれば、攻撃的な個体は相互にダメージを与えあうので、非攻撃的な個体が利益をさらってしまう。そこでＥＳＳに基づいた計算、つまり「理論的にいえば、戦うべきか否かの決断に先だって［なされている］、無意識にかもしれないが複雑な「損得計算」[32]」が、行動を支える一種の「モデル」として採用されることになる。それは「個体群の大部分のメンバーがそれを採用すると、別の代替戦略にとってかわられることのない戦略[33]」であると定義される。

先述の、攻撃的なタカ派と非攻撃的なハト派との対比において、ドーキンスは具体的につぎのような計算を行っていく。そこでは戦いの勝者に五〇点、敗者に〇点、重傷者にマイナス一〇〇点、時間の浪費にはマイナス一〇点という具合にポイントが与えられる（このドーキンスの得点配分は一種のシミュレーションであり、それ自身は恣意的である）[34]。そのモデルにしたがって、ドーキンスはつぎのように記述を進める。

「重要なのは、タカ派がハト派と戦ったときハト派に勝つかどうかが問題なのではないという点である。その答えはすでにわかっている。いつでもタカ派が勝つに決まっている。われわれが知りたいのは、タカ派型とハト派型のどちらが進化的に安定な戦略（ＥＳＳ）なのかどうかということである」。だが「タカ派とハト派という二つの戦略はどちらもそれ自体では、進化的に安定ではない。したがって、どちらが進化すると期待するわけにはいかない。このことを示すには、平均得点を計算しなければならない(35)」。

ここで、全員ハト派の集団、そのなかにタカ派が突然変異で少数はいりこんだ集団、そして全員がタカ派になった集団など、さまざまなケースがシミュレーションされる。その結果（あくまでも先に設定した配分で計算するかぎりでは）「安定した比率は、ハト派が十二分の五、タカ派が十二分の七(36)」になるというのである。そこでＥＳＳ的に、集団の個体数比率が均衡する。

これについて、ＥＳＳという発想は「群淘汰説にいくぶん似ている(37)」とおもわれるかもしれないが、両者はまったく異なると強く論じられる。「群淘汰説」は、あくまで群にとってもっとも有利な状況を想定するものである。しかしＥＳＳの計算においては、タカ派であれハト派であれ、個々の遺伝子をもつ個体自身の戦略において、そうした割合で安定することが有利であるとされるのである。これは、「タカ派の遺伝子とハト派の遺伝子の安定した比率が遺伝子プール内に確立される(38)」ことを意味しているのではあるが（その意味で総体にとって有利な状況が確立されることではあるのだが）、そこでは「純粋に独立の遺伝子のレベルの淘汰によって、同じような結果がもたらされる(39)」のであり、個々の遺伝子が「利己的」に振る舞う以外のことは問題になっていない点が重要である。

ＥＳＳのモデル性と確率性

ただ、具体的なシミュレーションについていえば、ドーキンス自身、この例はあまりに単純であり、自然界において実際に起こるわけではないと述べてもいる。これは進化を理解するための「モデル」であるというのである。そして、「モデル」であるかぎり、このことはさまざまな事例、たとえば上記の、タカ派とハト派の両者が同じ力をもっているがその性質のみが違うという「対称的」なケース以外にも、両者の力関係が最初から不均衡である「非対称的」なケースや、また世代間の対立やオスとメスとの差異など不均等性をそもそも前提とする場合でも、基本的に同じことが主張できると述べられる。

ところで、こうした事態を生命進化の原則としながらも、ドーキンスは、ＥＳＳによって、ある種の「振動」が具体的にひき起こされることも否定している。つまり、群れが実際にタカ派に傾いたりハト派に傾いたりして、徐々に安定したポイントにいたる「振動」が、具体的に観察されることはないというのである。進化的に安定的なポイントとは、それを探って群がさまざまに試行錯誤するものではない。それはまさに「確率的」にみいだされる安定性として記述されるものなのである。ＥＳＳとは最終的に「確率」の問題になってしまう。するとそのかぎりで、それはヴァーチャル＝潜在的な実在性をもった何かであるべきではないか。

ど﹅の﹅個﹅体﹅もがそれぞれの争いにおいてタカ派のようにもハト派のようにもふるまえるのであれば、全個体が同じ確率で、つまりわれわれの例でいえば十二分の七の割合でタカ派のようにふるまうよ

うなESSが達成される。(40)

同様のことは、オスとメスの、浮気型かはじらい型(非浮気型)において、それらがどの割合で存在するのが戦略上有利かを述べる文脈でも論じられている。

攻撃行動の分析の場合と同じく、私はあたかも限りなく振動が続くかのように事態を説明してきた。しかし前例と同様で、実際にはそんな振動などおこらぬはずであることが証明できる。このシステムはある安定状態に収斂してしまうのである。(41)

これについて、どう考えればいいのだろうか。「振動」として示される変化が存在しないというのは、こうしたESSの安定が、進化というシステムのなかに動的に実在するのではなく、まったく静的に決定されているという印象を与えかねないだろう。しかしそれでは、ドーキンスは何を論じていることになるのか。

もちろん、ドーキンスが執拗に「振動」を否定し、安定した点が、あたかもすでにきまっているかのように論じるのは、彼が「群淘汰説」をとらず、淘汰があくまでも個々の遺伝子に依存することを強調するためである。しかしそうであれば、ドーキンスの議論はやはり、実際にはすでに進化してしまった生命の世界を、あとになって合理的に「説明」するものでしかないのではないか。しかしそれでは、進化はどこで発生しているというのか。

このことをドーキンスの議論の弱点ととらえるのは簡単である。だがそれは、ドーキンスからその際だった論点をとりだす核心でもあるのではないか。

ここで「遺伝子」とその戦略において、「確率」というテーマがみいだされていることを考えなければならない。「確率」とは、現実的に現前する必要のない、ヴァーチャル＝潜在的な戦略ポイントの指定こそを意味するはずである。そしてそれは遺伝子が「利己的」であるといわれるときの「自己」のあり方にも強く関わるものではないのか。

最後にこの点について論じてみよう。

個体と環境・遺伝子と時間

「群」でも形態的な「個体」でもない「遺伝子」は、個々に分散したものでありながら、全体と個との中間的な存立様態を維持するものであった。そしてそれは、ＥＳＳという確率計算的な戦略にしたがいながら、進化という時間の流れに関与するものであった。しかしそこでＥＳＳの計算は、「現実的」な「群」や「個体」の変動には直接関わるものではないとも述べられていた。このことについて、どう考えればいいのだろうか。果たして「誰」がどこで、ＥＳＳの計算をおこなっているのだろうか。

もちろんＥＳＳの「主体」は、端的にいえば、遺伝子の固定を果たし、総体的に遺伝子プールをつくりあげる、質料的な「遺伝子そのもの」であるよりほかはない。しかしそれが安定した場面を探るときに、現実的ではない水準で確率的な計算をおこなっているがゆえにそうした固定がなされるというのであれば、そこでは確率的に総体を俯瞰し、局所において自己を固定化する一種の「視点」が不可欠なはずである。遺伝子がそうした視線をもった「主体」であるというのは、あまりに擬人化した表現であるだろうか。しかしそうした遺伝子の「自己」(self) を問うことは、遺伝子に対して、「利己的」(selfish) という形容詞を付しているドーキンスの議論に即して考えれば当然のことではないだろうか。そしてそうであるかぎり、この「主体」とは、潜在的に全体を俯瞰しつつ、遺伝子を固定する個として機能する「生物学的な無意識」と規定されなおされるべきではないか。

繰り返すが、ネオ・ダーウィニズムに依拠するドーキンスの議論において、俯瞰的な時間のおりこみは、世代の変遷における遺伝子のコピーエラーによる突然変異と、そこでの環境との連関における生命体の残存の問いのみになるだろう。あくまでもこの水準で語られる生命体の生存しかドーキンス自身が着目することはないだろう。だが同時にドーキンスは、ESSによって群や個体が実際に「振動」することはないと述べているのである。さまざまな集団がトライアルアンドエラーによって形成され、そこで動的な収斂が生じることは否定されていないのである。

それは、こうした「振動」が現実的に実在してしまえば、群や個体という、「現実化」されたプロセスのなかで生じる進化が、一種の生存の戦いとして現れてしまうことになるからであるだろう。ところがドーキンスは、まさに群や形質的な個体の、進化的な (時間的な) 位相としての実在性を否定したいのである。生存を巡る戦いは、この水準では生じていない。それは、安定した「確率」の位相を探るような、生物学的な「無意識」において発生するだけのものなのである。いかにネオ・ダーウィニズム的な観点で語られようとも、それは進化の基軸であり現場であるかぎり、そこでの潜在的で受動的な主体性は、みいだされざるをえないはずである。[42]

これらは、ゲーム理論にひきつけて、[43]経済学的な「暗黙知」や市場の無意識的な合意形成の議論に準えることもできるだろう。しかしドーキンスにおいて、こうした暗黙知の主体、いってみれば「無意識の潜在的な主体」が何であるのかは必ずしも明確ではない。だが、それが集団的な「群」でも形質化された「個体」でもない実在であるかぎり、遺伝子とは、まさに多にして一なる存在であり、全体を俯瞰しつつ個として存立するものであり、そのあり方は生物学的な無意識の規範として描かれるべきものではないか。こうしたドーキンスの議論は、生命の主体を考えるときに、むしろ相当重要なポイントを突いているといえるのではないか。

ドーキンスの議論が、経済学的なゲーム論と強い近接性を指し示しているように、こうした生命の主体を問うことは、意識的な人間の主体、個としての欲望と行為の主体総体との連関をも明かしてくれる可能性がある。逆にいえば、意識の主体が、こうした身体／生命の主体を、まさに生命的無意識の質料性としてひきうけていないはずはない。もちろん、いわゆる世俗に蔓延している、ドーキンスの悪用のような社会生物学的決定論が論外であることはいうまでもない。それは、少なくとも二つに区分されるべき主体の位相相互のむすびつきを問うことなく、その受動的な側面だけを強調するものだからである。最低限そこでは、ESSに代表される生物学的戦略を、確率論的な俯瞰性において、現実的ではなく潜在的に「みている」者が誰であり、かつそれが意識的な主体（形質化された現実的主体）にどうリンクするのかを考えなければならない。このことは、たんに社会生物学や動物行動学の領域を思考するだけでは解答不可能であるだろう。これを問うためには、意識の自己を（動物にもみてとれる意志や欲望の主体を）、無意識的戦略性とのパラドックスも含めた連関において把握することが必要になってくるだろう。

ヴィータ・テクニカという観点から技術の生を思考することは、こうした生物戦略的な知見がそなえる正当性を認めたうえで、言語というテクネーも含め、それを人間の生のなかにむすびつけることをひとつの課題とする。無意識が意識に働きかける位相は、生命論的であり生物的である（あるいはそれとパラレルな意味で経済的であり儀礼的である）。これに対して、無意識に意識が働きかける所作こそが言語的であり技術（テクネー）的である。しかしそこでの自然質料的なものに対する「自己」の対応は、生命の主体そのものがとり扱う「確率」の処理への視角を明確にしなければ果たすことはそもそもできない。

この章で論じられていたことをまとめておこう。第一節ではメルロ＝ポンティの主張に対するアンリと廣松の批判を、第二節では内部観測という主題を、第三節ではドーキンスの利己性と遺伝子に関する議論をとりあげて、それぞれの観点から、生きているもの／生命における「視点」の問題が検討された。視点の問題とは、物質的な身体を生きる主体の所在を問うことそのものである。第一節では個人の身体が、第二節では生命体そのものが、第三節では群れのなかにいる個体が、それぞれ議論の単位としてひきたてられていた。だがいずれにおいてもポイントとなったのは、生命とはそれが生けるものであるかぎり、ある種の遍在する視点を無意識にそなえており、同時にそれを「この個体」であるものに限定させる必要があるということであった。それが、生命と環境を論じるときに、哲学的に考察される「自己」を問うための前提となることが明らかにされたのである。

「生命」と「環境」とを強調し、そこでの自己コントロール性と等価である自己を、自然史的な確率の議論と連関させて深く論じたのはフーコーである。あるいはこうした無意識と意識の主体とのむすびつきについて、自然と文化の配置も含め、きわめて鋭敏な視線を張り巡らせていたのはレヴィ＝ストロースである。彼らは社会生物学的な事例や動物行動学的な成果を正面からとりいれることはないにしても、一面ではそれにきわめて近い思考圏を巡っている。ドーキンス的な生物学的無意識を一種の土台としながら、この両者のもち分を考えることは、生命科学の時代において「自己」が何かをとらえるうえで急務であるはずだ。

第四章

確率・環境・自己

1　統計の生政治学へ

生態的な主体性

ヴィータ・テクニカというテーマからも明らかであろうが、本書の基本的なアイデアは、フーコー晩年の「自己のテクネー」の議論に依拠している。本書の冒頭でも論じたように、フーコーが近代的「人間」の形成と解体をつうじてとりあげた言語・生命・経済というトリアーデを、二一世紀的な主題につなぐための変容がここで企てられるのである。そのためにまずは、後期のフーコーが「生」というテーマに傾斜したことをひきうけながら、生態学的転回（エコロジカル・ターン）を、ポスト・フーコー的な思想（とりわけアガンベンなど）と絡め、さまざまに展開することが試みられた。さらに、議論総体の理論的導入として、そもそも「生命の主体」がどのように描かれうるのかが、アンリや廣松、内部観測論、ドーキンスの遺伝子論などを軸に検討された。

そこで導きだされたのは、「生命の主体」とは、自己触発的な局所性を担いながら、同時に生態系としての拡がりにおける遍在性をそなえていること、つまりそれ自身が、局所的な定点性と、遍在的な俯瞰性との交錯としてみいだせることであった。それによって、意識的な中心性をもたない、生命／身体的な自然のなかの主体が描きだされることになる。それがヴィータ・テクニカを論じる基盤になる。

さて、ここで改めてこの図式をフーコーのテクストに差し戻して考えてみたい。このことは、生命をテーマとするフーコー後期の思考において、どのように示されるものであるのか。

まずは、フーコーの思考の「転回」という、いささか周知の議論を辿り返すことからはじめざるをえない。「生命の主体」というアイデアが、どのようにフーコー自身の議論から現れるのかをとらえる必要があるからである。

フーコーの「転回」を巡っては、おおよそつぎのように述べられる。フーコーは七〇年代において、コレージュ・ド・フランス教授への着任以降、『監視と処罰』（一九七五年）および『性の歴史Ⅰ　知への意志』（一九七六年）の著述に向かっていく。そこでは、「生権力」や「生政治学」という、「生命」を巡るテーマ系が出現する（『監視と処罰』では、こうした術語化はなされていないが、明らかにこれらの主題が扱われている）。それが、これ以前のフーコーの議論からのおおきな「転回」をしるしづけているといえる。六〇年代のフーコーは、「言説」を軸として、「排除」によって形成される「規範＝ノーマリティ」の議論を中心に置いていた（そこでは精神病的な事例が、分析の多くを占めている）。しかし七〇年代の「転回」以降、フーコーはむしろ「生命」の実在を軸とした、ネットワーク的で産出的な権力の追求へと向かうのである。フーコーは「言語」から「生命」へ、「排除」から「産出」へ、議論を「転回」したのである。

ところがこののちに、フーコーには「大いなる沈黙」が訪れる。当初に想定されていた『性の歴史』のプログラムが、そのままで遂行されることはなくなってしまう。その過程では、近代後期における

「人間の消滅」や「主体の解体」を述べたてた議論は影を潜め、古代ギリシアやラテン世界に題材をとった、「自己への配慮」や「生存の美学」が論じだされていく（それらは書物としては死の直前に、『性の歴史』の第二巻と第三巻として刊行される）。こうした試みの錯綜は、統治性やパレーシアの議論を経て、主体の解釈学に向かうコレージュ・ド・フランスの講義録から探ることが可能である。主体の消滅を言明していたフーコーが、そこで自己を論じることになるのだから、これを晩年の大転回といわずにはすまない。

しかし、この後者の「転回」は、実際には「生命」を巡る権力論のなかで準備され、それを経なければ記述不可能なものでもあったのではないか。フーコー晩年の「自己への配慮」とは、「認識の自己」ではなく、実践の主体としての「ビオス」の自己、自然的生命の自己を扱うものである。(1) それを考えれば、思考のモデルを言語から生命に移した七〇年代の「転回」に比べて、晩年の「自己」への「転回」は、語りうるとしてもより緩やかなものといえる。

フーコー晩年の議論の意義

これを問うことは、二重の意義を含んでいる。

第一にこの問いは、非常に狭く、フーコーという一思想家の軌跡を論じるだけのものにみえるかもしれない。それは、「排除」による秩序形成を扱った「考古学」的探求の後に、「生権力」を標語とした力の「系譜学」に向かったフーコーが、「人間」という近代的形成物の解体を決定的になしえたのかどうかを検証する作業にもおもえるからである。晩年に「自己」を主題化し、「主体の解釈学」が論じなおされるのであれば、それはこれまでおこなってきた意識的主体の解体の、一種の不可能性を明かしてしまうのではないか。つまりは、自らの思考の行程への自己否定が、そこでなされているのではないか。さらに古代世界がとりあげられ、「生存の美学」が論じられることなどは、保守的な先祖返りともとらえられはしないか。

しかしここで主張したいことは、生態系的なネットワークへの主体の解体を果たしたフーコーが、そののちに「実践の自己」を論じだすことは、むしろ「生命の主体」「自然の主体」という、意識とは異なった自己を探るために必須であったということである。それをつなぐ鍵は、よく知られているように、「統治性」(gouvernementalité)という術語にある。それがそなえている多義性が、こうした重なりを可能にしているようにおもえるのである。(2)

第二にこの問いは、これまで論じてきたテーマとむすびついた、より広域的な事象に関わるものでありうる。「自己への配慮」の議論での、道徳的な「主体」の構成が、生権力的な主体の解体をひきうけてしか描けないならば、それはむしろ生態的なシステム性のなかでとらえられる能動性をみいだす試みとは解しえないであろうか。そのうえ、晩年の主題のなかで「自己のテクノロジー」が論じだされるならば、そこではまさに技術としての生を論じる際の、格好の題材が提供されているのではないか。するとそれは、これまで問題にされてきたテクネーとしての自己、質料的な受動性や自然性のなかで自らをコントロールするようにたちあがる能動性としての自己に、ただちにむすびつく主題であるだろう。フーコーが古代に資料を辿ることは、「意識」の「外」をみいだすためにあえて必要とされたことであって、それは先祖返りというよりも、一種の異化作用としての意味をもつもののはずである。[3]

さらにいえば、「自己への配慮」という主題には、自己の自己への関わりという機構そのものにおいて、アンリ的な自己触発論とも、またハイデガー的な「配慮」(Sorge)の議論ともクロスさせうる内容が含まれる。アンリが、自己触発において生そのものが露呈されると述べ、ハイデガーが「配慮」という主題によって意識ではない場所的存在者としての現存在をとりあげるのであれば、こうしたフーコーの「自己」の議論は、意識の自己触発という構図や、ハイデガーの自己関係的な存在論と、どのように異なっているといえるのか。[4]

これらを踏まえるならば、ここでの主題は、たんにフーコーという思想家自身の「転回」を検討するだけのものではありえない。それはむしろ、生態系的な状況を描きだすなかで、それを丸ごとうけいれてもなお語りうる、主体や能動性のあり方を探る試みにつながっている。生命の実在を想定したうえでの能動的主体性の議論が、テクネーや自然という主題とともに、フーコーにおいても探られていると考えるべきである。

『監視と処罰』の生政治学

しかし後期の「自己論」については、次節以降のテーマとして、本節では措くこととしたい。まずはそれに先だって、フーコーが「生態系的」な主体の解体をもくろんだ、七〇年代に何を論じていたのかということに、ここでの主題を絞りたい。

そこでまず問われるべきは、この時期のフーコーにおいて、「解剖－政治学」(anatomo-politique) としての「生権力」(bio-pouvoir) と、「生政治学」(bio-politique) という言葉が、微妙に使いわけられていることである。前者は、従順な身体の生産を目標とする「規律的」(disciplinaire) な権力を指している。後者は、統計的に調整される生命のあり方を、人口的な確率論を媒介にとらえていく権力を描くものである。この両者は、ともに「生命」を扱うものであるのだが (それゆえ広義の「生権力」はこの二つを包括するといえるのだが)、しかしこの両者は、微妙にズレた問題圏を指し示している。この二つの重なりあいと差異はどこにみいだされるべきか。この問いを念頭におきながら、七〇年代の中心的な著作である『監視と処罰』から『性の歴史Ⅰ』で記述される主張を整理してみたい。

『監視と処罰』において、もっともきわだったテーマをなしているのは、パノプティコンという空間建築的な装置である。それは権力者と被権力者との連関を、従来の「王」を中心とした権力から、可視性において転倒させ、まさに「生権力論」的なものが社会に導入されるポイントとして描かれる。そこでは権力そのものが、「法」と「言語」の水準によって作動するというよりも、非言語的な空間の配置によって機能する場面がとりだされるのである。これはフーコーの議論にとって、「生命」を対象化する最初の「転回」をしるしづけるものとして、もちろん重要なものである。これについて少しまとめてみる。

『監視と処罰』の冒頭部分、あのダミアンの凄惨な処刑においては、刑罰は見世物＝スペクタクルであった。そこでは、誰が権力をもっているのか、刑罰をなすその代理人は誰であるのか、これらは誰の目にもはっきりみえるものであった。そして「法」を侵犯する者に対する「排除的」な暴力は、まさに劇的に発揮されるものであった。

ところが、「規律的」といわれる権力が明らかになる場面では、こうした見世物としての光景や、処罰を与えるものと処罰をうけるものの明確な対比はみいだされなくなる。そこでは、特定の反社会的な身体を痛めつけること、それを排除し死に追いやることが関心の的ではなくなるのである。そうではなく、すべての身体を従順な（docile）ものとして規律訓育化していくこと、それをまさに、合理的な空間システムのなかで産出しとらえていくこと、これが考察の焦点になる。

パノプティコンとは、中心に監視塔が建っているが、そこに監視人がいるのかどうかはわからず、各独房がその周囲に円形状に配置され、受刑者の姿が中心からみわたせるかのように配置されている建築物（監獄）のことである。そこでは、監視が微細な行為にまで徹底していき届いているとおもえることが重要である（中心の塔に、実際に監視人がいるのかどうかはどうでもよい。つねにみられうるということがその機能の本質をなしている）。それゆえ、この装置において権力は「脱個人化」され、姿をみせることはない。「その権力の原理は、ある人格のなかには存せず、身体・表面・光・視線などの慎重な配置のなかに、そして個人が掌握される関係をその内的機構が生みだすそうした仕掛けのなかに存している(5)」。

ここで独房においてとらえられている者は、「完全に個人化され、たえず可視的(6)」なものになっている。そうした人物は、個別化されて可視化され、その行為の細部にまで把握されうる存在者になる。この装置は、身体の規律化についてのわかりやすいモデルをなしている。それゆえこのモデルは、学校や病院というさまざまな制度の建築そのものに応用されることで、規律を巡る社会的な拡がりを構成することになる。

そこでは一方では、人道的な見地から、刑罰をあまり残酷でないものにする改革が目指されている。しかし他方そこで追求されていることは、権力の徹底した合理的機能である。かつての、権力者も刑罰も見世物と化された場面では、犯罪に対して、肌理の粗い措置しかどうしてもとることができない。それは罪をみのがすことも多ければ、刑罰も、死かそれとも生かという単純な二分法でしかなくなってしまう。しかし、パノプティコン・システムは、もっと適切かつ合理的に、しかも徹底したかたちで、個別的な身体に、そのあり方に応じた馴致をおこなうことを可能にするのである。

こうしたパノプティコン・システムは、「精神」の従順化をも発生させ、内面的な自己性を形成するとも論じられる。それは正当な議論でもあるのだが、そうした精神性も、身体とそれをとりまく空間の配置、つまり徹底的に質料的で空間環境的な装置において産出されることをみのがすべきではない(7)。パノプティコンは明らかに、質料的であるかぎりのテクネーなのである。

非行者のテーマ化

この段階では、あくまでも「規律」としてとらえられる「生権力」的なものへの移行は描けても、それはいまだに個人の身体をとり扱うものにすぎない。しかしこの書物の最後の箇所でフーコーは、こうしたパノプティコン・システムとはいささか別のベクトルをもつ装置を導入している。それは「監獄の失敗」、いわば、パノプティコン・システムの必然的な破綻を巡って提示されるものである。その文脈では、「非行者」(délinquant)、「非行性」(délinquance)こそがテーマ化されてくるのである。

ここでの「非行者」の記述は、『性の歴史Ⅰ』の「人口の生政治学」の記述に比べるならば、なお個人的な色あいがあり、またそれはパノプティコンの議論と連続してもいる。しかしそれは『監視と処罰』において、やはりパノプティコンとは本性を異にする議論の軸をなしているといえる。何故であろうか。

排除の暴力を中心とする権力に対し、パノプティコン・システムは、建築としての空間配置を媒介とした、従順な身体の生産を可能にするものであった。しかしそこでの攻略対象は、あくまでも「個人の身体」にほかならない。それは規律化される身体が、「独房」というモデルで描かれる、個別的な形象において把捉されるかぎり、そうであらざるをえない（それゆえに、そこで内面的自己が問題になるのである）。

しかしフーコーは、このシステムの無限拡張を構想する。そうして示される「監禁的なもの」が社会に蔓延するときに、パノプティコン・システムは、その外延をつぎつぎと拡大させることになる。だがその際、空間的な建築性だけを想定するならば、それは必ず破綻する運命にあるだろう（建築の質料性には限界があるからである）。実際に監獄は、社会総体への拡がりを考えれば巧く機能しないし、犯罪者を減少させることもない。しかしフーコーは、こうした「失敗」は、そもそもシステムそのものに埋めこまれているというのである。(8)

何故ならば、監獄はその機能に失敗することにより、非行者を社会総体に拡げていくからである。そして、それぞれの非行者は、それぞれが小さな権力システムの拠点として、相互にネットワーク的なつながりをもっていく。そこでの「非行者」は、「法律違反者」ではない。法律違反者は端的にとり締まられる者である。しかし非行者は、不品行なるものを社会全体に蔓延させる者である。そして同時に非行者は、権力そのものと循環的にむすびついているとも述べられる。

それは非行者が、ほぼ必然的に警察のスパイ（密告者）として機能すること、あるいは管理する側と管理される側との相互共犯性やもたれあいがどこにでも存在することからみいだされるともいえる。だが重要であるのは、非行者が、社会体に無限に蔓延する装置であるということではないか。非行者とは「グレーゾーン」(9)そのものである。非行者は、グレーゾーンであるがゆえに、個体化されたり従順化されたりする身体にはならない。それは個別的な身体ではないことにおいて、液体や空気のように分散するのである。

こうした議論は、『異常者たち』の講義（一九七四－七五年）や、『性の歴史Ｉ』（一九七六年）における思考にむすびついている。そこで異常者とは、正常性からの逸脱によってみいだされるものではない。むしろ社会体とは、さまざまな「異常者」から形成されるものであり（ヒステリーの女性、自慰をする少年、社会管理化されるべき生殖、精神医学への組みこまれる性的倒錯(10)）、そこでどのように管理的な視線を張り巡らすかが問題視されるのである。正常と異常との区分ではなく、社会総体がグレーゾーン化していることが議論の焦点になる。

パノプティコン・システムが、こうして必然的な失敗をおりこみながら社会総体に拡がっていくとき、そこでは規律化される個別的な身体ではなく、もっと流動して拡散した何ものかが示されてくる。そこから、環境総体にさらに拡張された生命の主体の姿がほのみえてくる。

生政治学の閾

それが明確に描きだされるのは、『性の歴史I』の最終章においてである。そこでは「人間の身体の解剖‐政治学」が、「機械としての身体」に焦点を当て、その働きの従順化をもくろみながら、身体の適正の増大や効率的な管理への組みこみを図っていたのに対し、それとは本性を異にする「人口の生政治学」が、生命の「調整」をなす権力として浮かびあがってくる。後者においては、「種である身体、生物の力学に貫かれ、生物学的プロセスの支えとなる身体」こそが主題化される。そこでは、「繁殖や誕生、死亡率、健康の水準、寿命、長寿やそれらを変化させる条件」が把捉されるべき対象になる。(11)

フーコーは「規律権力」と「生政治」という二つのあり方を、一七世紀以降の時代的変遷に即するように描いている。だがそこで重要なのは、後者において、身体の位相がドラスティックに変質していることである。前者で論じられるのは、個別化された身体の質料性である。ところが後者できわだたせられるのは、生物学的な水準における統計的な質料性そのものであり、個別化されえないその拡がりである。この「二つの極」の相補性が考えられるべきではないか。

前者の身体が、パノプティコン的な空間システムと連動した質料性を示しているのはみやすいことである。しかし後者の身体の質料性は、一見するときわめて奇妙なものである。これはもちろん、生物学的実在としての身体であるはずである。しかしそこでの身体は、個別化されることはなく、出生率や死亡率によって描かれるものでしかない。

こうしてとりだされる身体とは何なのだろうか。この問いは、ここまでのヴィータ・テクニカの考察そのものとむすびついている。

「生命としての主体」の議論でみいだされたのは、それが世界を生きる局所的な定点としてであると同時に、無意識的に拡散し俯瞰をなしうる装置でもあることであった。身体の主体において、自己触発的な接触概念によって定点が示されるが、それは同時に、自己をかぎりなく環境のなかに拡散させていくものでもある。それゆえ身体の主体は、局所性的な定点でありつつも、遍在的な俯瞰をなす拡がりでもあり、単独者でありながら社会や自然の位相において、自己を越えた時空間をひきうけたものなのである。フーコーのここでの議論は、それにダイレクトにつうじているのではないか。

もちろんフーコーが論じているのは、生命論ではなく、政治哲学的色彩の強い「権力論」である。しかしフーコーが、排除的ではない権力の働きをみいだすなかで、「生命」の実在をテーマ化し、それを「解剖‐政治学」と「人口の生政治学」という二つの極において扱うにいたったことは、これまでの議論との重なりあいを十分に想定させうる。狭義の生権力である「解剖‐政治学」がとり扱う身体は、規律化されるものとして、「目にみえる」身体である。それは、権力が不可視になり、刑罰が穏当になることに応じつつ、個別的に把捉できる身体に関わっている。これに対して、「人口の生政治学」においてとらえられる事象とは、「目にみえない」生命の実在である。だがこの生命は、目にみえるものとは異なった生命的／身体的な質料性をそなえているはずである。生政治学の閾を規定するのは、こうした俯瞰的で流体的でもある、生命／身体の質料性なのではないか。

先に論じた非行者についても、ほぼ同様のことが述べられる。社会に拡散する非行者たちは、パノプティコン・システムがとらえる身体性をもつものではない。それはむしろパノプティコン・システムの必然的な失敗を潜り抜け、みえない身体として社会に蔓延する者たちのことである。そこでは、人口が出生率や死亡率によって把捉されるのとパラレルに、非行者は犯罪率、危険率、再犯率といった、「犯罪性」を巡る確率においてしか操作しえない。犯罪の主体はやはり流体化し、環境そのものに拡散してしまっている。

ここで、「統計学」というテクネーが前面に現れていることに着目すべきであるだろう。むしろそうしたテクネーが、人間の生命的な実在をみいだし、調整を可能にするのではないか。人口として、あるいは犯罪率や異常率としてみいだされる質料性は、俯瞰的な拡がりをもった質料性にほかならない。こうした目にみえない生命を「統治」するためには、それを目にみえるように変容させるテクネーが不可欠である。みえない流体である生命の質料性を、みえるようにする装置こそが、数字であり、統計学であり、それを支えている社会的組織やアカデミズムなのではないか。

繰り返しになるが、フーコーは「解剖－政治学」と「人口の生政治学」とを、それが支配的になる時期の問題として押さえていたふしがある。しかしそれらが、生命の実在に即した権力をとらえるものであるならば、この両者は、定点性と俯瞰性という、生命的主体の二つの側面に関与するものとして、いつでも共存しているはずである（個別的な身体をもたない俯瞰の生命は実在しえないのだから）。しかし、この二つの側面が時期的なズレをもって描かれるならば、それはこうした生命の実在そのものが、テクノロジー的な装置に依拠していることが原因なのではないか。パノプティコン・システムは、空間的な配置や管理にむすびついたテクネーの発明である。同様に統計学は、みえない身体を可視化するテクネーそのものである。それは数字の操作であるようにみえて、そして数字であるかぎりでの統治の技術であるようにみえて、実際には俯瞰的な生命の実在こそを明らかにするテクノロジーなのである。

何故人口なのか

しかし、どうして人口なのか。人口こそが、俯瞰する生命の実在としてとらえられるのは何故なのだろうか。

『性の歴史Ⅰ』の最終章で、人口というテーマが導入される仕方は、いささか突拍子もないようにもみえる。それは、『性の歴史』総体の構成の不安定さを暗示するかのように、かなり手短に、かつ性急に述べられるだけのものである。人口論は、いわばこれにひきつづく探求の予告編のように描かれており、そこから実質的な内容を読みとることは困難である。

それも含め、どうして人口なのかという問いをたてるならば、おそらくフーコーからみいだせる答えは、つぎのものになるのではないか。

そのひとつは、「性の歴史」というテーマそのものに関わる。生権力的な視角から「性」の歴史を論じるからには、そこでは生命的な実在にむすびついた「性」が扱われるべきである。そうであれば『性の歴史』は、たんに性がどのように言説化されてきたかの歴史を扱う書物ではないことになる。それはむしろ「性」が、もちろん言説の歴史性とも絡みながら、生命のシステムのなかで、どのように操作対象として析出されたのかをとらえるもののはずである。だからそこで、議論の軸になる生命の実在は、社会的に構築されるものではない。それは、言語によってつくられるものでもない。生命の実在は、社会的な構築が作動する際に、そこに含みこめられない一種の余剰として機能するのである。

では、この両者が絡む戦略的な拠点とは何であるのか。それは「家族」にほかならない。家族とは、その中心において、生命の生産を担う社会的な装置だからである（それ自身は人類学的な淵源をもった問いである）。このことは、家族の議論が、「生殖」の社会的管理とむすびつくことからも明らかである。[12] 家族が、性の歴史の議論においてひきたてられるのは、とりもなおさず、それが「いのち」を産出する社会的な仕組みだからである。近代以降においては、家族が「性」の場所なのであり、それが生を管理し調整する、社会的な拠点になっている。

そこで産出される「いのち」とは、まさに「現実的なもの」である。「生殖」という「いのち」に関わる生産とは、まさにリアルなものの産出のことである。しかし「いのち」が発生すること自身は、どのようにしても人間の経験のなかにはとらえられえない。こうした生命の領域は、言説にとって、まさに空虚で意味づけられないものでしかない。人間的経験とは、こうした意味づけられないものを軸に、社会的システムを張り巡らすことでしか組織化しえない。近代においてとりわけ強く析出されてくるそうした社会的装置が家族なのである。

家族という論点は、『性の歴史Ⅰ』の最後の部分で、「血」を巡る主題（レイシズムやナチズムにつながる優生学の発生に関わる）とむすびついていることにも注意する必要がある。しかしやはりそれらの議論は、フーコーによってあまり明確に整理されているものではない。

まずそこから読みとられるべきは、「家族」という攻略点において、言語的／文化的秩序が構築されると同時に、それを透かして「生命」の実在がかいまみえる仕組みになっており、そこで社会が、現実的／生命的な実在と境界を接していることではないか。そこでは、生殖する家族という「社会体」が、リアルな生物的身体である。そしてそれを生命的な操作対象として、その質料性において把捉しようとするとき、人口を軸とした統計的な装置が不可欠になるのではないか。人口とは、現実的なものである生命を、家族という軸においてみいだすときに現れてくる、流体的な質料性のことではないか。「いのち」を巡る権力が、調整として介入できるのは、まさに人口として可視化される、こうした生命に対してであるのだから。家族論は、生産のコントロール性にこそむすびつく。

　しかしここでのフーコーの議論は、やはりあまりに性急である。人口というテーマは、「性」という主題が生殖を巡るものであるかぎり、不可避のものではあるのだが、そこでの記述だけでは着地点を失っているようにもみえる。この段階のフーコーは、生命に介在する権力を扱いながらも、生命の局所性と俯瞰性という二重性を、いまだ巧く扱えていないのではないか。人口という主題は、生命の俯瞰と、そうして示される主体の姿に、別の視角からむすびつけられる必要があるのではないか。

超越論的場所性・環境性としての人口論へ

　コレージュ・ド・フランスの一九七七－七八年の講義である『安全・領土・人口』(13)は、七六年に出版された『性の歴史Ⅰ』を反芻するかのように、そこでの主題を異なった角度からとらえなおしている。表題にも明らかなように、「人口」は、そこで明確にひとつのテーマになっている。しかしそのとき、人口とは、どういうものとして考えられているのか。

着目すべきことは、そこで人口が、性（や、その中心たる「家族」）にもまして、それを越えた経済というテーマにむすびつけられていることである。それは具体的には、重商主義や重農主義の政策のなかでとりだされる人口論として展開され、政治経済的な主題のなかにおりこまれていく。講義の後半では、議論はさらに国家理性という主題を媒介として、衛生管理的な人口の議論へと差し向けられる。

こうした記述は、フーコーの議論のひとつの軸であった、経済の問題を導入している点からも注目されるべきである。それは、「性」と「家族」を論じるだけでは明示化しえなかった、人口の位相を示すものである。だが同時に、俯瞰としての「生命の主体」を考える観点からは、そこで人口の議論が、食料の生産、それをとり巻く環境や流通、またそれらを軸とした生の安全やそのネットワーク的管理という角度からとらえ返されていることが重要であるようにみえる。それらは生命を養うものであり、またそれ自身は人口のコントロールと関連して生命に介入する。そこで人口は、まさに自然と絡みあった流れの変数のように、実在化されていくのである。それは「生命」の実在する対象そのものとして、その姿を鮮明にさせていく。

こうした人口を、生命の超越論的な場所性や環境性を主題化するときの、中心的な論点として想定しえないであろうか。さらに、統計的にとらえられる人口とは、そもそも場所的環境的に実在する生命であるかぎり、それは場所性や環境性とむすびついた、超越論的主観性の姿を指し示しているとはいえないか。ドーキンスにおいて、生物的戦略性の俯瞰的な計算が、生命の主体の無意識的な位相を暗示していたように、それはとりわけ統計というテクネーとのつながりにおいて、生命の主体を描きだす重要な手がかりをなすのではないか。場所的‐環境的な主体性論を、人口を巡るフーコーの論脈からひきだしえないだろうか。

2　統治の主体としての人口

人口／生命という問題圏

前節では、フーコーの生権力論における二つの位相、すなわち「身体の解剖－政治学」と「人口の生政治学」が、『性の歴史Ⅰ』の終章で論点化されることの意義を考察した。そこで提示されたのは、フーコーはこれらを、生権力の内部での時代的なズレの問題のように扱っているが、しかし「生命の主体」を想定するならば、むしろその二つの局面としてとらえられるべきではないかということであった。

身体の「規律化」を目標にする「解剖－政治学」は、「個体」としての身体を対象としている。それゆえそれは、生命としては局所化された主体の位相にしか該当しない。ところが「生政治学」がみいだすのは、もはや個別の身体なのではない。そこで標的にされるのは、やはり生命／身体であるのだが、それは統計によって把捉される動態としての人口であり、その生存率や増大率、死亡率や罹患率のことなのである。まさに、非個別的に拡散する場面をひきたてるこの議論は、「生命の主体」がもつ俯瞰的な位相こそに関わるものではないか。

すでに述べたように、これはフーコーのテクストの解釈論にみえながら、そうではない部分を含んでいる。フーコーが描いているのは、「生命の実在」が、政治的なものの中心に置かれる際に現出する二つの位相であった。それがこの書物の根幹をなす主張であることに留意するべきである。政治に生命がはいりこむことが問題なのである。

「［一八世紀に固有なことは］歴史のなかへの生命の登場にほかならず、――つまり知と権力の領域に人間の種という生命に固有な現象が登場したということであり――政治の技術の領野へのその登場だったのである」。「歴史上初めて、生物的なもの（le biologique）が政治的なもの（le politique）に反映される」(14)。

それゆえ、二つの生権力の形態は、時代展開のなかで恣意的にとりだされるものではありえない。それは生命の実在を、生命性から異質であると想定されがちな人為的権力や歴史性のただなかで（まさにそうした人為性にとって一面では無意味でしかない作用として）押さえるものである。だからそれは、生命の実在に即応した、政治や主体の現象であるべきである（すでに論じたように、時代のズレは、主体化に関与するテクノロジーの進展に応じたものにすぎない）(15)。

これを前提とした上で、「人口」が主題化されてくる理由を考えるべきである。

前節でも論じたが、何故人口が問題になるのかを、フーコーの議論の枠組みの内で考えるのは、さほど困難ではない。それは『性の歴史Ⅰ』が扱う「生命の実在」が、一面では「人口」という、生命としての人間の「数」に（その統計性や確率性に）集約されて提示されうるからである。ここで人口は、生態としてのヒトの実在を把握する切り口としてみいだされる。

だが、すでに論じたように、「人口の生政治学」に関するこの書物での扱いは、いささか不十分であるとしかいいようがない。生命の歴史への登場は、『性の歴史Ⅰ』を読むかぎりでは、率直にいえば表面的でスローガン的なものにとどまってしまう。

それはどうしてなのか。それは、この書物のアプローチに、本質的な問題があるからではないか。この書物は、確かに「人間の種」という、生命そのものの次元を示してくる。しかしなおそこで生命は、「歴史」を語ることを要請するものとして配置されてしまう。だから生命の議論は、あくまでも「歴史‐法‐言語」という連関を一方に置いたうえで、それが包摂しえない実在という仕方でしか、つまりはある種の「二重性」の隙間においてしか暴かれるものではないのである。

「……生の二重性の位置とは、生を、歴史の生物学的周縁として歴史の外部に置くと同時に、人間の歴史性がもつ知と権力の技術に貫かれるがゆえに、人間の歴史の内部に置くものである」[16]。

それゆえ、『性の歴史Ⅰ』で、「生政治学」のポイントをなす生命は、それが歴史的・言語的・法的な位相とおり重なることにおいてのみ描かれる。このことは、「家族」と「血／健康」に関するテーマが、この書物での生命（＝生殖）の議論を深く規定してしまうことにただちに反映されるだろう。「家族」と「血／健康」は、生権力の議論がそもそも退けていた「法的」なシステムを、生命との二重交錯のもとに置き、その相互性をみいださせる局面なのである。

しかしながら、生の剥きだしの姿であり、その俯瞰的な流動性を示す実在としての人口は、法的なシステムと深い関わりをもつ「家族」や「血」というテーマによっては適切にとらえられないのではないか。それでは、人口の横溢というよりも、バースコントロール＝制限や生殖の忌避という、「禁止」にむすびついた事態しか論じられないのではないか。

『性の歴史Ⅰ』の出版のすぐのちになされる講義、『安全・領土・人口』では、人口というテーマは「家族」ではなく、経済や環境、あるいは流通や衛生性（疫病）と関わる都市空間という視角から考察されている。そこでこそ人口は、統治性やリスクと正面から連関させられて語られることになる。人口というテーマが含んでいる思考の転換は、法や家族から完全に切り離されるこれらの視角においてこそ、正当な意味で「生命の主体」の位相を獲得するのではないか。そして、そこで人口が統治の主体として示されることが、「自己への配慮」の問題系を、ダイレクトに導くのではないか。

これはつぎのようにいえるかもしれない。生権力論を導入し、精神病理や正常と異常という主題から「離反」したフーコーが、それまでの試みにおいて、自分の思考のひとつの軸でもあった（裏であれ表であれ）精神分析を相対化したいという意図がまずあり（『性の歴史Ⅰ』）、そこで精神分析の生命論的位相が問題視されるのだが（『性の歴史Ⅰ』では、人口は実質的に、この文脈だけで語られている）、「統治性」を論じるフーコーは、すでに精神分析的議論には、その「相対化」も含めて関心を失っており、それとはまったく別のモデルを探っているのではないか。[17]

このことは、「主体」を、精神分析という意識中心主義の残滓（無意識）においてしか把捉できなかった現代思想の主要潮流から決別し、それを自然の身体（まさに「自己への配慮」の「主体」）において押さえようとする、画期的な企てであるとはいえないか。「人口論」はその重大な転回点にある。

その先に描かれる「自己への配慮」については次節で扱う予定である。ここでは、『性の歴史Ⅰ』と講義録『安全・領土・人口』での生政治学の議論において、人口という主題の設定そのものの推移をみることから、それが生命とその統治というテーマにどのように届くのかを検討したい。

「家族」という戦略点

『性の歴史Ⅰ』は、生命の政治への介入について、独自の焦点をもっている。それはすでに明らかなように「家族」である。このことはこの書物が、「血／健康」に関するブルジョワ的身体をテーマとすることにも連関している。性を生権力の主題にし、生命という領域をひきたてたのは、ブルジョワ資本主義であり、そこでの家族という装置である。これについてまとめてみる。

「家族」の議論が本格的に導入されるのは、この書物の第四章の「領域」(domaine)と名指された節においてである。そこでフーコーは、性とは「抑圧」されるものではなく、セクシュアリティの装置として社会総体に繁茂することで機能するという、周知の生権力論の原則を展開し、「法」ではなく「生の管理」において発動される権力の姿を明示化するのだが、そこで「家族」は、「法」と「生」の両者とをつなぐ、特権的な領域としてひきたてられる。

「おそらくどのような社会においても、性的関係は婚姻(alliance)の装置を生みだしただろう。すなわち、結婚のシステムであり、親族関係の固定と展開の、名と財産の継承のシステムである」[18]。

ところがフーコーはこうした婚姻のシステムは「それを保証する拘束のメカニズム、それが求めるしばしば錯綜した知とともに、経済的プロセスや政治的構造がもはやそのなかに適切な道具あるいは十分な支えをみいだしえなくなるにつれて、その重要さを失っていった」と描いていく。そこで反比例的に力を増すのが「セクシュアリティの装置」なのである[19]。この二つの装置は、当然対立的に描かれる。

だが注意すべきは、必ずしもフーコーが「セクシュアリティの装置が婚姻の装置にとってかわった」

とはとらえていないことである。[20] むしろそれは「婚姻の装置のまわりに、それを出発点として」出現すると述べられる。[21] そこで「家族」とは、一方では婚姻の装置にむすびついた「法的」なシステムであるが、それは同時に、法的なものとは異質な、生命的システムとしての性、すなわち「生殖」こそを配置するものとされるのである。

「逆に家族は、セクシュアリティを定着させ、それを恒常的な支えに仕たてるという役割をもつ。家族は婚姻に与えられた特権と同質ではないセクシュアリティの産出を保証するが、同時に、婚姻のシステムが、それまで知らずにいた一連の新しい権力戦術によってつらぬかれることを可能にしていく。家族は、セクシュアリティと、婚姻＝結合の交換器である。それは、法と法律的なものの次元を、セクシュアリティの装置のなかに運びこむ[22]」。

ここで何が問われているのか

生権力論の基本的な主張は、それが法や言語という、排除や抑圧にむすびつくシステムを採用しないことにあった。だが婚姻のシステムは、まさに人類学的な淵源をもつ「法的」装置にほかならない。人類学的に婚姻体系が考察される際に、「近親相姦のタブー」がおおきな論点になり、それが文化と自然を切りわける指標とみなされていたことはいうまでもない。それは、法というよりも、まさに掟という言葉が該当するような忌避と処罰のシステムであるだろう。それが婚姻の体系を支えているはずである。

ところが、生権力的なセクシュアリティの装置は、この状況とは異質的であるはずである。それはもともと「婚姻のもつ法＝掟と法律的形態とを無視」[23]するものにほかならない。自然の生命の実在には、人間的な掟などそもそも関係がないからである。婚姻とセクシュアリティとは端的に矛盾をきたす。それは、どのように処理されるべきなのか。

この問いはつぎの結論しかもたないだろう。この局面において、セクシュアリティの装置は、まさに「家族」に偽装的・戦略的にはいりこみ、法の周辺で自己の「情動的な強度化」を遂行するというのである。家庭を性の支えとしながら、生権力は己の姿を隠すようにして自身の領地を拡大するというのである。

精神分析の相対化

それはどのように可能なのか。フーコーはこう述べるだけである。

「これが一八世紀以来、（法律的）権利とは異質の権力テクノロジーをあれほど多く発明してきたこの社会のパラドックスである」[24]。しかし、ことはこれだけですむものではないだろう。

フーコーにおいて、こうした議論はもちろん生権力の発生形態を描くものであるが、同時にそれが「精神分析」の系譜化の作業であることも考えなければならない。家庭において、セクシュアリティの装置を蔓延させるのは、「精神分析」を軸に設計された、建築的・医学的・教育的視線だからである。そしてフロイトの精神分析が、もっとも特権性をもつとするならば、それは「近親相姦の欲望」を、家庭に充満させるものだからである。ここでフーコーが「家族」と名指しているのは、正当に「精神分析化された家族」のことである。

だが、それはまったく矛盾に充ちた事態であるようにみえる。フーコーの描くセクシュアリティの装置は、父による抑圧や、近親相姦の忌避において働く力ではまったくない。それゆえ、生権力が成立した時代が、フロイト的な精神分析の世紀であるとするならば、それはパラドックス以外の何ものでもないのではないか。

しかしフーコーの論脈を追うかぎりでは、そこに矛盾は存在しないのである。むしろ生命の実在という反－法的な装置が、社会的な駆動力として機能するためには、きわめてアルカイックな「家族」という「掟」が逆に再度呼び覚まされ、そこにはいりこむ時代的要請があったととらえられるからである（フロイトの時代に直接むすびついたロマン主義が、自らの起源探しを古代に求める時代でもあったことをも想起する必要がある。そしてフロイト自身の、イタリアなどへの古代回帰もまた明白である）。いってみれば、それがフロイト主義に課せられた時代的要請だというのである。

このようなフーコーの分析は、端的に精神分析の位相を系譜学的に相対化し、それに支配されがちであった思想文脈を異化させる効果をもつだろう。それは、生命の時代、生権力の時代における精神分析の役割を画定し、その存在意義を、生権力に役立つ補助的な装置に格下げする作業でもあるからである[25][26]。

だが、すでに述べたように、生権力が人口という問題にむすびつくためには、ここでの家族の議論では、中途半端なものに終わらざるをえない。家族を論じるだけでは、いわば家族的空間における性的強度の組織化が明示化されるにとどまり、規律的な身体という生権力の一側面しか扱いえないからである。人口とそのコントロール、統計的な社会統制をみすえた生政治学的位相には、それはやはりほど遠い。

精神分析の議論は、生権力の社会への刷りこみのルートを扱うだけのもので、人口の生政治学には直接関係しないのではないか。そこでは、別の思考モデルが組みこまれなければならない。

これは『性の歴史Ⅰ』の隘路である。しかし、それが性というテーマを主題にするものであるかぎり、その隘路に陥ることは必然的であったともいえる。生は性のみに関わるのではないし、生殖の問題さえもただちに性の問題ではない。フーコーはすみやかに、議論の方向を転換する。

だが、講義録において示されるこの方向の転換の前に、精神分析を相対化するフーコーの試みが、もうひとつの論点をきわだたせていたことに触れないわけにはいかない。それは「血／健康」を巡る議論である。生権力の時代が、ブルジョワジーの時代でもあることがそこでひきたてられる。

血とブルジョワジー

生政治学の議論で導入される「血／健康」というテーマは、「家族」から微妙に逸れていく権力のラインを示すものである。

フーコーが描きだすセクシュアリティの装置は、それ自身としてはブルジョワジーの自己確認のために機能すると記述される。これはこの装置が「精神分析」の「法」として「自己抑圧化」する際にも、一種の「自己への配慮」への傾向を秘めたものであることを示している。

「セクシュアリティーの装置が伝統的に「指導者階級」と呼ばれてきたものによって設定されたのは、どうやら他者の快楽を制限する原理としてではなかった。むしろそこにたち現れるのは、彼らがそのような装置をまず自分自身に試してみたということだ」[27]。

「家族」の空間において、性を中心とした生命の管理の視線が蔓延することは、資本主義後期における生産労働を支えるものでもあるが（性的な堕落を防ぐという意味で）、それは同時に、ブルジョワジーという資本主義の支配的階層が、自己自身の配慮のために活用するものでもあるのである。それは、「ほかの階級を隷属化する企てというよりは、ひとつの階級自体の自己確認である」[28]。

こうした自己確認の内容として、「健康」（santé）を軸とした議論が導入される。それは「血／健康」、すなわち生物学的資源としての遺伝の問題に関わる。

これもまた、フロイト的な精神分析の相対化的な画定行為であることはいうまでもない。フロイトの精神分析が成立するのは、ブルジョワジーという階級が、血／健康にこだわる「精神分析的家族」を必要とするかぎりのことだからである。つぎの言葉は、まさにフロイト主義に対する強い当てこすりである。

「ブルジョワジーは性に、自己の身体に対する神秘的で無際限な力を付与することによって、身体を性と同一視するか、少なくとも身体を性に従属化させた。性を己が未来の健康の責任者であることで、己が生と死とを性にむすびつけた」[29]。

ではこうした生物学的資源としての健康について、あるいはそこで導入される遺伝という概念について、どうとらえるべきであるのか。

貴族階級、すなわちブルジョワジーに先だつ支配的階級も、自らの生物学的資源に無関心であったわけではない。彼らは「血統性」という、婚姻の法と深くむすびついた、独自の自己確認の体制を保持している。そのかぎりで貴族階級は、生命を法によって処理するものであった。だがブルジョワジーにおいて、それが健康と遺伝という問題に転換されるのである。

「ブルジョワジーは、自らにひとつの身体を与えるために、逆に、［血統的正当性を保証する先祖ではなく］自らの子孫と自らの有機体の健康という側面に目を向けた。ブルジョワジーの「血」はその性であった……系譜に関する配慮は、遺伝についての心配になった」[30]。

遺伝としての健康、すなわち自己の未来に関する関心は、生命の実在をみいだす文脈ですでに記述されている。そこでは、遺伝学者の発見は、生命を、その再生産的な能力性においてとらえるだけではなく、「生物学的なものの次元」(la dimension du biologique)[31]を開くものと描かれるのである。遺伝はもはや家系的な血統性の問いではなくなる。それは時間軸を逆転させ、自己の身体と、その未来にひきつづく能力の伝達の主題として組織化されるのである。

「人間という種」が政治的な意味を獲得するのも、この地点においてである。それは、「家族」と「精神分析」というテーマが、「法」を巡るかぎりでの生を扱い、そこに生権力自身のスプリングボードをみていたのとパラレルに、血統的な法というシステムを、緩やかに生と遺伝の方に転換させていく。もちろんこれらの議論の先に現れるのは、優性学や人種主義への剥きだしの関心である。ブルジョワ社会が一九世紀以降、血統的な遺伝性と結託し、人種主義的な国家主義につながっていく理論的背景を、フーコーは鮮やかに指摘しているといえる。

しかし優生学、健康論、人種とレイシズム、ナショナリズムについては、個別の議論も含め、あまりに多くのことが実証的な研究に基づいて提示されている。フーコーのこれらの主題への言及は、実際にはきわめて貧弱としかいいようがない（フーコーの特徴であった、文献マニアや事例蒐集狂のような熱情は、これらについてはいっさい発揮されていない）。それを踏まえるならば、こうしたテーマ系を、生権力論においてひきだしたことはフーコーの卓見といえるが（それは近代国家を巡る権力装置そのものをも、「生命の実在」を巡って位置づける衝撃力を、各分野の議論に与えたのだろうが）、しかしフーコーが述べたいことは、むしろその問題設定の意義だけであるようにおもわれる。血統性という、法とむすびついた領域においても、法の領分を侵犯するように、生命的なものがきわだつことがやはり重要なのである。ここでも、遺伝と健康の問いが、明確に「自己への配慮」のヴァリアントであること、そしてそれが未来の子孫を配慮するという意味で、「リスク」というテーマに関連することは看過できない。

まとめよう。遺伝として明示化される自己の生物学的資源が主題化されることによって、ブルジョワジーにおいて「血」が、その「遺伝的身体」に、そこでの「未来」の「健康」に変容される。そこで生命の領域の拡大化が企てられるのである。優性学と人種主義の議論は、確かに精神分析と年代的にむすびつきながら、さらに生物学的資源としての生に向けて、法的な水準を自己壊滅に追いやる具体的事例として描かれる。「家庭」というシステムも、「血」に覆い被さる遺伝も、人口とリスクの統計性がもつ、はるかに広域的かつ決定的な位相にすみやかにとってかわられる。フロイト主義と優生学的な国家主義は、その議論の図式そのものがすでに寿命を迎えている。

フーコーが、講義録『安全・領土・人口』において、経済と環境という観点から人口というテーマに接近するのは、法と生との錯綜する関係を、このように整理したのちのことである。そこでは、環境的な空間性が前景化することによって、フーコーがあれほどのこだわりをもっていた「法」というテーマは、もはやいっさい問題にならないかのように、すっかり姿を消すことになる。

経済／環境モデルへ

七七－七八年のコレージュ・ド・フランスの講義『安全・領土・人口』は、生政治学的装置としての人口を、それ自身として描きだす。それは、家族と法、フロイト主義と血統性という仕方で、法的な装置にむすびつけられていた局面から離れ、経済や都市空間、自然環境という枠組みのなかに配置されなおされるのである。そこでは「安全（セキュリティー）」という観点からの、都市衛生（疫病）、飢饉、食料生産に関わる人口のコントロールが表だってくる。そこで人口は、まさにリスク計算の主役として描きなおされる。

それは大きな変化である。家族と連関させられるかぎり、人口はやはり家族空間での限定された一要素でしかなかった。生殖を論じる際にも、それは家族内部で操作される身体への調整でしかありえない。それだけでは、人口的な生にダイレクトに関わるとはいえないのである。

しかし、経済とむすびつけられ、空間管理的な局面においてとらえられるならば、人口は、その位相がはじめから抱えこんでいる、俯瞰的で流動的な生命のあり方を押しだしていくことになる。それは、環境のなかにある生態学的な生物としてのヒトの主体をきわだたせもする。

「安全」と人口とがむすびつくこの段階でフーコーが強調するのは、生権力としての「規律権力」と、「安全－人口」問題との明確な区分である。「規律権力」はあくまでも「人の群れ」を主題とするものであった。しかし生政治は、統計的な数値としての人口を操作対象としている。それは、規律の働きとはまったく異なっているのである。

たとえば都市について考えてみる。パノプティコンに代表される「規律権力」は、まさに空間的な建築やその配置によって機能するものであった。ところが、安全とむすびついた場面で、パノプティコン的な建築は、やはり関心の外に追いやられていく。

七八年一月一一日の講義では、この点について、つぎのように論じられる。すなわち、安全を基本とする都市では、設計がそもそも人工的なものではありえない。それは、すでに実在している物質的自然的な所与に、つまり「敷地、水の流れ、島々、空気」といった環境こそに依存する。そして「安全」においては、そこでの規律的なシステムを完璧に構成することは（無理であるので）問題視されない。むしろそこでのリスクの度合いを「最小限」にすることが求められるのであり、「蓋然性」が問われるのである。さらには、装置そのものの多様性も想定される。ひとつの道は、伝染病の道でもあり、同時に商業的な流通の道でもある。しかしそれは、道が自然に開かれたものであるかぎりやむをえないことである。そして最後に、それは（先の遺伝の問題をひきつぐように）「未来」を扱うものである。それが考慮に入れるのは、完全に支配も統御も不可能な、未来における不定の出来事なのである。すなわち「安全」は、「出来事やありうべき諸要素に応じて環境を整備する」[32]、そうしたものである。

着目すべきは、このシステムにおいて、「一時的（temporel）、偶然的（aléatoire）」なものが考慮され、それが自然的なコントロールにおける主要なテーマになっていることである。「偶然的な諸要素が展開される空間とは、環境（milieu）と呼ばれるものにほぼ等しい」[33]。自然の「環境」という、そもそもコントロール不可能なものへのコントロールであることが、ここでの論点になる。

これは、二つのかたちで、権力に無限をおりこむことを示しているようにおもわれる。まずは、扱うべき空間が環境全般に拡がったため、それはつねに無限を含意し、把握しつくすことができない、あるいは把握しつくす意味がないということである。ついで、そこでは「未来」というかたちで時間的な無限が導入され、それによりリスクという主題がきわだつということである。それもまた、予測しえないものの予測としか描けない事態に関わっている。

安全における人口

ここでこそ、統計的数値としての人口が、本格的な仕方で、つまり法や精神分析とまったく無縁な姿で登場することになる。こうした人口とは、まさに「自らが存在する物質性（matérialité）に根底的、本質的、生物学的にむすびついた」ものである。たとえ都市という人工テクノロジー空間を扱っても、そこには不可避的に「人工的環境の内部にヒトという種の「自然性」」が闖入してくるとされる。[34] 主権は、「地理的・風土的・物理的な環境がヒトという種に永続的に絡みつくところに関わりのある何か」[35] として、自然性やその質料性との関連においてとらえられるのである。

ほぼ同様の事柄が、一月一八日の講義での、飢餓と自由主義を巡る物資のコントロールという問題（それもまた広く環境的な事態と、そして未来のリスクに関わる）においても提示される。

自由主義的な経済の統制においては、食物そのものの管理とは別に、それをどのように流通させるか、あるいはそこで値段をどうつけるのかという問題が発生する。それは、他の国の作物の出来高やそれぞれのストックを考慮にいれるとともに（値段のつりあげなど）、当然のことながら自然環境（雨量や気温）を念頭に置かないわけにはいかない。経済的な自由主義は、そのような自然のコントロール性にむすびつきながら、食物の流通に応じるものとなる。

　こうした食料の流通における主体として「人口」が再規定される。ホモ・エコノミクスの主体としてたてられるこの人口は、かつて描かれた「至高」の主権者とはまったく別種の姿を露呈する。「政治的主体としての人口、それ以前の数世紀の法思想・政治思想にとってはまったく異質な、新たな集団的主体としての人口が……現れつつある[36]」。

　環境や経済から切りだされるこうした安全＝セキュリティの主体性について、「法」と「規律」の双方から区分するために、フーコーはつぎのように記述する。

「法は禁止する。規律は命令する。それに対して安全は……ある現実に応答する」。あるいは、「法は想像において働き」「規律は現実を補足するものにおいて働く」のだが、それに対して「安全」は、「現実において」（dans la réalité）働くとも描かれる[37]。

「現実において」働く主体であること。まさに、環境のなかで、未来に開かれ、偶発性に充ちた自然に即し、その都度適切に応じるかぎりでの自然的主体であること。これが「人口」の本性であるとされるのである。

　都市計画や食物流通、そして疫病対策を事例としてあげられるこれらは、一面では経済的なコントロールを問題とするとともに、環境の拡がりのなかに、未来への開かれのなかに、まさにコントロール不能なものを統治するあらたな権力の姿を運びこむ。病気や飢饉に対する安全の施策や、そこでの「現実に即した」力の働きは、上からの（至高の主権者による）統制ではまったくないという意味で、リベラリズムを意味すると同時に、統治行為の水準として、人口固有のプロセスがひきたてられるのである。

まとめよう。この講義録で安全＝セキュリティを論じることによって、フーコーは、生政治学的な人口論を、法との連関における生を主題化することから完全に切り離すことができたのである。「人口という観点、人口に固有な現象に関わる現実は、家族モデルを決定的にひき離し、この経済という概念を、別の何かへ再中心化することを可能にするのです。実際、それまでは行政的な枠組みの内部で、つまり主権の機能の内部で機能していたあの統計学が、人口には固有の規則性があるということをしだいに発見し示すようになる」[38]。

そこでは同時に、生権力論のなかでの、規律権力と生政治との区分も、これまでになく明確に描きなおされた[39]。規律権力においては、身体の総体の把捉が問題になっていた。そのかぎりで、それは「現実」に対する「補足」(le complémentaire) にすぎないものであった。しかし安全＝セキュリティにおいて、人口はコントロールされるというよりも、「現実において」実在する何かとしてみいだされる。統計的にとらえられる人口こそが「現実」なのである。

統治の主体性としての人口

こうして人口は、自然環境と経済のテクノロジーのさなかに置かれ、その政治的な位相性がきわだってくる。もちろん古来より、人口が政治的対象でなかったわけではない。歴史的に人口論はいつでも存在し、重商主義においても富と流通の議論のなかで、人口の位置は明確であった。しかしフーコーは、やはり一八世紀半ば（フーコーにとって特権的な時代である）に重農主義者たちがおこなっていた人口の焦点化に、多大な注意を払っている。重商主義はいまだに人口を、「臣民の集まり」、人間の群れとして扱っていた。しかし重農主義は自然性との関連において、人口こそが明確なプロセスであると主張する。

　こうした「自然性」について、フーコーは三つの特性を列挙する。

まずそれは、風土や物質性に結びついた「一連の変数に依存」していること、ついで自然と連関するかぎり「予見不可能」なものであること、しかしながらそれ自身は独自の「規則性」をもつということ、これらである[40]。この三点が自然的で質料的なプロセスとしての人間存在を論じる指標であることになる。『性の歴史I』では脈略なく放りだされた、政治に介在する「ヒトという種」という記述が、ここでようやく一貫した解明をうけるのをみることができる。自然的な環境の変数でありつつ、自然に晒される偶然性をもちながら、それ自身としてある規則性をそなえたもの。それゆえ、そこに対する一種の介入が可能になるもの。それが人口であり、政治的な生の姿なのである。

「人口がほかの生きもののあいだに沈みこむこの次元は、人間がはじめて「人類［ヒトという類（le genre humain)］」と呼ばれることをやめ「ヒトという種（l'espèce humaine)」と呼ばれ始めるときに現れ、裁可されることになる次元です[41]」。

　そして、どれだけ強調しても強調したりないことは、ヒトの種が人口として政治的主体の問題になるここにおいて、「統治性」という、この時期以降のフーコーの思考にとっての最重要術語がとりあげられることである。

「人口について語るうちに、頭に浮かんで離れなくなった言葉があるのです……頭に浮かんでいた単語は「統治」です……統治と［君主の］支配との逆転、このことは絶対的な仕方で人口にむすびついているとおもうのです。安全メカニズム－人口－統治という一連のものと、政治と呼ばれるものの領域が開かれたこと、このようなことすべてを分析しなければならないとおもいます[42]」。

「統治」が問題にするのは、主権者としての人間でも、規律化される身体でも人の集団でさえもなく、自然的なヒトの種であり、それこそが生けるものの実在なのである。人口の自然的プロセスこそが最大のテーマであることをおりこんでいない「統治性」の議論は、どれだけ生権力論的な要素をとりいれようとも、フーコーに対する徹底した無理解を示すだけのものでしかない。

これらの読解からえらえた知見をまとめよう。そしてそれがヴィータ・テクニカにおける「生命の主体」に、どう関わっているのかをとらえなおそう。

「統治性」の議論が、生権力論の枠内で革新的であるのは、法的な権力のみならず、規律的な権力とも、あるいは生政治学の法的装置（精神分析と人種性）とも、抜本的に区分された水準で、人口というあらたな主体の概念を、まさに政治に介入する生命の現実的な姿として導入したことにある。

ヴィータ・テクニカの「生命の主体」において、局所化された身体が問われる位相は「規律権力」の方であった。しかし、目にみえる実在と常識的にはおもえる規律的な身体が、「実在」を「補完」するポジションに置かれていることに着目しなければならない。そして、俯瞰的な主体としての人口は、まさに現実に対応し、現実に存在するものなのである。非常に不可思議ではあれ、こうした目にみえず、流動的かつ偶発的で、自然に対して受動的で、統計的にしかとりだせず、しかし独自の規則性をもつものが、現実的な生命の主体なのである。

それが人口として提示され、「統治性」の議論の軸になることは、多くのことを示唆してくれるだろう。ポイントをまとめておこう。

第一に、人口に固有の質料性は、そこでとらえられる主体が、徹頭徹尾環境的な存在者であることを露呈してくれる。これは、規律権力が建築構造の配置による権力であったのに対し、統治の権力が風土や流域、流通や気象、太陽光や火山噴火など、かぎりなく自然の質料性に開かれ、そこでの無限性を視界にいれた権力であることに応じている。俯瞰のリアルな質料性は、ここで具体的な姿をえることになる。

第二に、統治の権力は、偶然性と未来を扱うために、原理的に統治することの不可能性をおりこんでいる権力である。つまりそれは、統治不可能性をシステムにあらかじめ滑りこませた統治性なのである。自然界に存在するものは無限であるため、人間にとってつねに偶然的な面をもっている。そして自然的な実在はかぎりなく未来に開かれている。それは、あえていえば、言語や法が消滅したのちにもなお実在する何ものかでさえある。統治権力が関わっているのに、逆説的なことに主体のあとさえをも想定した統治であり、実際には不可能性の統治である。しかし生命科学とリスクの時代にとって、これは実践的にも根源的な意味を突きつけてくる。

ここで生政治学は、それ自身がもつ実質的な賭博性（偶然的であるにもかかわらず何かを行為しなければならないこと）と、生命の無限的生殖への絶対的肯定性（予測しがたい生命の未来への拡がりをおりこまなければならないこと）を明確に己の原理に据えることになる。

賭博性と生殖性、偶然と無限の実在、この二つの主題をとりこんでこそ、はじめて生命の実在という問題を処理することが可能になる。統治性とは、この水準の議論以外の何ものでもない。フーコーがこれを、政治の問題の中心にひきたてたことは、現在的な世界においていよいよ重要性をましている。それは、生のテクノロジーとしてのヴィータ・テクニカを思考するときの、基本原則のひとつでもある。

3　人口論から自己論へ

はじめに

『監視と処罰』『性の歴史Ⅰ』において導入された生権力論は、身体の規律性を扱う解剖政治学と、人口の統計的操作を焦点化する生政治学とに区分させられた。生権力という、ネットワーク的な産出的権力を論じる両者において、「みえる個人」を主題とする前者に対し、「みえない集団」を操作する後者の方が、フーコーの議論において次第に重要視されていく。生権力論のテーマが、「生命の実在」を巡るものであるならば、生命そのものを掴まえるのは、統計的にとりだせる人口としての生命の方なのである。

ここでのフーコーの卓見は、生命という事象を、人口の統計性によって示される独自の無意識性に定位したことにある。それは、「優生学」や「人種」主義、あるいは未来への配慮としての「健康」という、生命に関する諸議論を導く土台になる。身体を思考するだけでは、こうした個人という枠組みを越えた生に関する議論は組みたてられないのである。

これまでの議論で、この二つのテーマ、すなわち規律権力的な個人の身体と、生政治学的な統計的な人口とが、「生命の主体」を思考するために不可欠な二つの位相に対応するのではないかと述べておいた。つまりそれらは、生命が主体であるかぎり保持している、局所的であるとともに大域的でもあり、有限の視点であるとともに無限の俯瞰でもあるという、生命の二つの位相に応じているのではないかということである。フーコーの生政治学は、この後者における「生命の主体」の展開として読みうるのではないだろうか。

だが、この二つのテーマの関係を探るとき、さまざまな問題が発生してくる。それはフーコーの、『性の歴史Ⅰ』以降の迂路にも関わるものである。

講義録で辿られる『性の歴史Ⅰ』以降の議論において、精神分析的な図式に生政治学をおり重ねていく『性の歴史Ⅰ』での方向性は採用されなくなる(あれほどこだわりをもっていた精神分析そのものが、もはや問題でさえないかのように、フーコーの論述から消え去っていく)。そしてさらに重要なことは、人口の議論を経ることによってフーコーは明確に「統治性」というテーマを獲得し、「支配」ではない「統治」に関するさまざまな研究を開始するのである。それは、生権力論そのものの帰結として、自己統治としての「自己への配慮」の問題系へといたっていく。

さて、ここまでに検討したフーコーの議論を前提にするならば、そこでいくつかの問いが浮かんでくる。それをとりあえず列挙してみよう。

まず、局所的な視点である主体と大域的な俯瞰である主体の両者が、フーコーの生権力論の二側面に重なるならば、その二つは、フーコーの議論においてどのように交錯するのだろうか。フーコーが、

『性の歴史Ⅰ』において、あれほど明確に精神分析モデルとの関連を系譜化（相対化的に画定）する以上、精神分析的な主体のモデルは、もはや生権力論のなかで積極的にみいだしうるものではないはずだ。しかし生命が主体であるかぎり、それは俯瞰的な部分をもつと同時に、局所化された視点でもあるべきである。それはどのように示されうるのか（繰り返すが、フーコーはこの二つの位相を、時代的なズレのように処理するのだが、生命の主体そのもののあり方を考えれば、それですますわけにはいかないだろう）。

ついで、同じ問いの別の側面ともいえるが、フーコーが生政治学の議論からとりだしてきた生命の俯瞰的位相とは、そもそも場所論的／環境論的な超越論性の提示にきわめて近いものがある。この位相は、統計というテクネー＝技術によってひきだされるとしても、しかしそこで示されるのは生命の実在である。こうした超越論的な実在としての生命は、どのように描かれるのか。あるいはフーコーの議論のなかで、それにはどのような内容がこめられるのか。

そして最後に、フーコーが生政治学から「統治性」の主題をとりだす先にみいだされる「自己への配慮」「自己のテクノロジー」「生存の技法」の議論がある。生政治学独自の探求のさなかから、「自己」の生を問う事態が出現するのである。フーコーがここで題材を古代に求めることは、もちろん『性の歴史Ⅰ』で視界にあった「精神分析的自己」から距離をとるための方途であるといえるだろう。[43] しかし、ではそこで自己とはどのようなものなのか。それが統治性の議論の延長に描かれるならば、そのかぎりで、そもそも身体という局所的な主体とどのような関係をもつのだろうか（自己への配慮という問題系は、自己の自己への関係性として、身体をテーマとせざるをえない自己触発論に関与している）。さらにそれは、第二にとりあげた、場所論的／環境論的な超越論性と、どのように絡みあうのか（これを問うことは、人口の統計的把握が、その帰結として、自己の自己への実践的な関係にいたることを示してくれるだろう）。
これらの問いが、さまざまな意味でテクノロジーという事態を巡っていることも再度押さえておきたい。身体的な自己と俯瞰的な人口とをつなぐものは、経験において示される前者と、あくまでも無意識である後者をむすびつけるテクネーによってでしかない。自己が関係性のなかにおいてしか存在しないならば、むしろ関係性そのものを産出するこのテクノロジーこそが自己であるのではないか。そこで自己のテクノロジーとは、テクノロジーとしての自己を産出すること以外の何ものでもないはずである。

フーコーにおける主体性再論

さて、人口としての生命という主題に移る。フーコーはそこで、俯瞰としての生命の主体についての重要な知見を提示しているというのが、これまでの読解の内容であった。人口が、生命の超越論的な主体性の機能を担っているとするならば、それはフーコー論の内部でも、その外部でも、おおきな意味をもっているはずである。

フーコーの内部的なコンテクストから述べるならば、そこでは『言葉と物』のフーコーとの連続性が考えられるべきであるだろう。『言葉と物』でフーコーは、周知のとおり人間の解体を論じているのだが、そこで当然のごとく踏まえられるべきは、そもそもフーコーにとって「人間」とは何であったのかということである。そしてそれをうけ、「人間」が解体されたあとに何が生じるのかも考察されるべきである。

前者については、『言葉と物』からその答えをみいだすのは容易である。フーコーにとって、一七世紀的な「表象」と、そこでのマテシスとタクシノミアの議論によって提示された事態に対し、時間という厚みにおいて、生成の歴史性を含みこまされることによって「人間」は成立する。「人間」が、有限的な実存者として姿を現すのは、それが背景に「無限」との不安的な交錯を示すがゆえのことである。「有限性の分析論」がそこで提示される。

そうした交錯の不安定性を理論化するのが、「経験的‐超越論的二重体」[44]という発想にほかならない。「有限性の分析論において、人間とは奇妙な経験的‐超越論的二重体である」。経験的な分析においては、人間はその実証性において提示されなければならないのだが、同時にそれは終末論的な、超越論的時間の先どりとして開示されるものでもなければならない。経験でありながら、それ自身は超越論的な無限の接近としても示されるのである。それはさらに、コギト（思考すること）の有限性と、その思考しえぬものとしての無限性との連関、回帰しつつ後退する起源とのむすびつきにおいても描きなおされていく。

こうした二重性は、それ自身が解消されえない形象としての不安定性をそなえている。しかしカント的な人間学は、「独断のまどろみ」から目覚めさせたその批判的な鋭さをもって、こうした二重性を「人間学的なまどろみ」に再度埋めこませてしまう。経験的‐超越論的二重体はそれ自身として「折り目」を形成し、「この「折り目」のなかで、哲学はあたらしいまどろみを、「独断論」のそれではなく「人間学」のまどろみを眠る」[45]というのである。

遠ざかる起源と超越論性が、今ここにある経験的な位相にみいだされること、そもそも不安定なものにほかならないこの両義性が近代的な「人間」を形成する。そこでフーコーは、（進化論的厚みをひきうけた）生物、（言語の系譜をひきうけた）言語、（歴史性をひきうけた）労働という（それぞれ「表象」の世紀における博物学・一般文法・富の分析とは異なった）三つの事態から把捉される人間を描きだす。だがそこでの「有限性の分析論」には、つねにその裏側に「無限」が控えているはずである。それは有限的な存在者がそなえている「分身」であり、そのかぎりにおいて、有限性そのものと絡みあった何ものかである。

だがその無限は、もちろん一七世紀的な「表象」の指し示す無限のことではない。それは神の無限であるが、フーコーにおいて人間学的な無限とは、起源への回帰と後退の繰り返しによってとらえられる有限性の裏面なのであった。時間の厚みと関わるこの無限そのものがせりだし、その関係が崩れると、「人間」という事態はいとも簡単に瓦解することになる。

「人間」の二重性と生権力論との重なり

ところが、こうした六〇年代の議論は、すでに述べたように七〇年代以降おおきく変貌してしまう。いうまでもなくそこでは、（六〇年代には顕著であった「根源的言語」というテーマは薄れ）「生命の実在」が突出して描かれることになる。そしてフーコーは、こうした生命の実在に依拠した生政治学へと向かう過程を、一八世紀における大転換として記述していくのである。それは『言葉と物』で記述していたことの再分析そのものではないだろうか。

さて、ここで議論の振りだしに戻るとする。そこでは生命の主体として、身体という視点と、人口という俯瞰がとりあげられていた。個体としての生命は、あくまでも身体においてみいだされるものである。規律権力における従順な身体とは、その従順さを経験する（それゆえ、その規律性は個人として内面化されうる）[46]主体の産出のことである。そうであるとすれば、人口としての生命とは、身体としての「経験」性と不可分の、その分身である「超越論」性のことではないのか。それは冒険的な読みかもしれないが、生政治学から統治性へと展開される議論が、カントの時代における人間の形成のとらえなおしである以上、まったくの的外れではないはずである。

　フーコー自身も、講義録『安全・領土・人口』のなかで、こうした事情を、かなり自覚的に描いている[47]。そこでは『言葉と物』での経済の分析では主役であったリカードは、マルサスの人口論にひきつけられ、人口に関する検討が、富の分析とは異なった経済学の成立という文脈でも処理されうることが示される。そしてさらに、博物学から生物学への転換においても、ダーウィンが「個体群」の概念を導入しつつ環境と有機体を媒介としたこと（それはキュヴィエへの関連において語られる）、そして言語の議論においても、言語がそなえている変遷の厚みが重要視され、そこでは集団的主体としての人口が、話している言語を変化させるあり方がひきたてられていく。

　そしてフーコーは、つぎのようにして人口の議論と、『言葉と物』における「人間」の成立との重ねあわせを、かなり決定的な仕方で述べていく。

「つまり人間という主題設定……は権力の相関物として、また知の対象としての人口の出現から出発して理解されなければならないということです。人間は……つまるところ人口のひとつの形象にほかならないのです」[48]。

　だが、こうして『言葉と物』との関連性が確認されうるとしても、俯瞰的な生命である人口は、たんに有限性の分析論が要請してくる「二重性」の「分身」ではすでにないのではないか。それはもはや、時間的な無限でもなければ、経験のなかで示される後退する起源でもないはずである。人口は、それ自身が生命の無限の実在であり、それ自身が統治というあらたに導入されたシステムに応じた対象なのである。だからそれは有限性の裏側でも、とらえられない経験の起源でもなく、生命の実在であるかぎりの「無限性」であるべきである。それゆえ（これもまたフーコーが強く自覚しているように）、この議論は『言葉と物』とパラレルな部分を扱いながらも、記述のシステムそのものがおおきく変容してしまっているのである。

　人口としての主体性は、もちろん一七世紀的な「表象」における神の無限性ではなく、また有限性の分身でもない。それ自身が生命の実在としかいえないもの、これがまったくあたらしい仕方で把捉された超越論性のことではないか。実在であるのに、統計学というテクネーによってしかとらえられないもの。それは、経験的－超越論的二重性の折り目そのものの別様の規定であるとはいえないだろうか。

　それは、のちに人間の形象を脅かすことになってくる、生命の力の超越論性の開示そのものではないか。

超越論的主体性としての人口

　そう考えるならば、ここで再び、人口が生命の主体として描かれることの意義が鮮明になってくるはずである。

繰り返すが人口の問題とは、それが生命の実在を示す事象でありながら、それ自身は個体としての自己に関わるものではなく、統計的・確率的な把捉によってとりだされるものでしかないことにあった。そしてそれは、経済的な統治においても、そして集団としての統治においても、数値操作という仕方で、「セキュリティ」の水準を決定的に切り開いたのであった。

「生命の主体」の俯瞰的側面を考えてみる。たとえば（第三章三節で論じたことであるが）ドーキンスにおいて、個々の遺伝子をもった個体が、ＥＳＳ計算に基づいて行動の決定をすることは、もちろん個体である生命体にとって「無意識的」にでしかありえない。だがそれ自身は俯瞰的な確率にしたがってしまっている。そして廣松渉が、共同主観性という仕方で、主体がそなえている社会的無意識の位相を（「即」というつながりにおいて）示し、それを（オートポイエーシス的なシステム論と重なる）生態系的な拡がりによって構想していくとき、そこにはドーキンスのような遺伝子という「生命実体」は前提にされないにせよ、実際にはドーキンスもそれに依存している俯瞰する計算の主体が（廣松では、「即」でつながる協働的な身体が）想定されている。こうした主題が、フーコーの人口に関する議論には重なりあっているはずである。

もちろんフーコーにおいて、それが「性」という主題から論及されていることは興味深い。フーコー自身は、統治性から自己のテクノロジーへと議論を展開するなかで、「性」には関心を失ってしまったと述べてもいる(49)。確かにそういう側面はあるだろう。しかし、再度確認しておくが、フーコーの「性」の主題の核心は、性の振る舞いや規範に関する個別的な文化性に関わるものではない。そうではなく、性や生殖という生物性を、自らの社会が包摂すべき時代として西洋近代が特権視され、そこで「人間」

を成立させている生命がひきだされたことが重要なのである。だからそれは、性を特権視し、性に関わる欲望を真理とするものではない（それははじめから徹底的に相対化されている）。文化的にはけっして意味づけられない生殖的な生産、しかし生物としての人間が、まさに意味ではなく質料性＝マテリアリテとして実在していることが重要なのであり、あくまでもそれに関与するかぎりでの「性」が主題になるのである。

したがって、こうした俯瞰的な人口論は、そのあり方を考えれば、場所論的／環境論的に設定される「超越論性」にきわめて類似しているといえるのではないか。

「場所」や「環境」とは、前者が抽象的な拡がりとしての質料的空間（あるいはその超越論的な枠組み）を指し示すのに対し、後者にはすでに自然史的に形成された生態系的風土性がおりこまれている。しかしいずれのケースでも、自然の質料的実在が、そのものとしては意味をもつことなく、しかし主体的な生が存在することの超越論的前提として関与していることが重要である。「場所」を論じるケースでは、たとえば西田幾多郎－上田閑照のような、空虚な場所と、その二重性の提示は、[50] ここでの主張を拡張させる意義を多く含んでいるし、また環境的な事情については、そもそも社会システム論的思考が自らにとりいれるべきものである（和辻哲郎の風土論やアフォーダンスの議論は、この論脈から読まれるべきである）。

場所論的／環境論的な超越論性が、人口の超越論性とクロスするのは、つぎの二点においてである。

第一にそれらは、質料的な無限の実在と、そこでの俯瞰的な主体に関わるという意味で、超越論的に機能するものである。場所という空虚な形式性であれ、そこに自然史をおりこんだ風土性であれ、それは無限を生きる超越論的な生の質料性＝マテリアリテなのである。

第二に、こうした超越論性が、偽のものでしかない起源、錯誤でしかないオリジナルを意味することはない。もちろん場所論的／環境論な議論が一種の決定論のように読めてしまうとき、それが偽の起源のように利用されることはありうる（社会生物学の簡素化されたヴァージョンのように）。しかしそれは、こうした質料的な超越論性の意義を正しくとらえるものではない。場所論的／環境論的な質料性は、それがどのように決定論的に響くとしても、個別的な生命や主体の視点にたつならば、前回に強調した賭けのような確率論性を逃れることはできないからである。それは、無限のとらえ難さを前提として、それがあくまで非決定性のなかにあるという事態を含んでいるかぎり、確率や賭博の概念において把捉される超越論性なのである。フーコーが論じるセキュリティやリスクという主題は、むしろそこにおり返すようにしてみいだされるべきである。

それと同時に、フーコーの人口論が突出している部分にも留意しておこう。いうまでもなく、それは確率や統計という近代のテクノロジーに依拠してとりだされる超越論性なのである。これ以降のフーコーの議論が、テクネーという主題抜きには語れないことと、このことは密接に関連しているのではないか。そしてこれに加え、さらにあげておくべきは、人口が、場所や環境という質料性とは位相の異なった形式で、生殖的な質料性と、つまり不定の未来の実在と関わり、それを焦点化せざるをえないという事情である（出生率や人口の増大は現在にいたるまでおおきなテーマになる）[51]。それは人口という問いが、最初から経済的な統治の問題ではなく、性の領域の規定に関わりながら、生物的な未来の実在にむすびついていることの帰結でもある。そこでみいだされるのは未来の無限の実在を含意する、質料的な超越論性なのである。

人口論はどこに向かうのか

人口を論じることが、以上のような仕方で、超越論性を描くものであるとする。そしてそれが、『言葉と物』で主題化された「人間」に関する議論の、根本的かつ生命論的な「修正」に該当するとする。するとそのときに、先にあげた問いが意味をもってくる。つまり、それは経験的な位相と想定される身体（生命の局所的な主体）とどう関連するのだろうか。この問いは、フーコーの文脈の外部にあっても、場所性／環境性に生の超越論性を設定したとき、それらが生命の個体とどのように交錯するのかという議論につながるはずのものである。

人口としての生命の主題が「統治性」というテーマを経て、自己論につながっていくプロセスは、こうした生命の主体性に関する二つの位相の交錯そのものを巡るものと考えられる。そこでこそ、自己への配慮が、たんなる自己性への回帰でもなければ、自己触発論の辿りなおしでもない独自のテーマであることが明確にさせられうるのではないか。

このあいだの事情を、フーコーの講義録に沿いながら考える作業は、次章以降の課題としたい（そこでは、牧人司祭権力との連関、パレーシアという言葉としての自己と真理の問題、そして自己の生の実践を主題としながら、テクネーと生との関連を明らかにするつもりである）。

ここでは、そうした細部の議論に先だち、その全体を押さえるという観点から、『性の歴史Ⅱ』の冒頭部分をまず検討したい。それは、フーコー自身が、『性の歴史』のプログラムのおおきな変更について、正式に著した文言であるかぎり、尊重されるべきものであるからだ。(52)

この書物の冒頭でフーコーは、「いくつかの変更」という表現によって、『性の歴史I』以降に辿った迂路を自ら整理している。

フーコーは、性の歴史に関するプロジェクトにおいては、「近代西洋社会において、どのように「性に関する」「経験」が構成されたのかを検討すること」がまずは課題であったと述べている。つまりは「経験としての性の歴史」を思考することが重要だったのである。(53)

ところがその「経験」において、三つの軸がみいだされるという。それらは、「「性」と関連するもろもろの知の形成」、「その「性」の実際面を規制する権力体系」、そして「個々人が自分をこの「性」の主体として認識することができ、そうしなければならない場合に用いられる形式」のことであると記されている。(54)

ここで「経験」と、その「形式」(forme) という言葉が現れていることに留意しておきたい (知については「形成」(formation) であり、権力については「体系」(système) である)。というのも、主体性の「形式」によって示されるそれは、この三つの軸のうちで、経験に対する位相が少しズレて描かれるものであるからだ。

この三つの軸の最初の二つについて、フーコーはつぎのように述べている。すなわちそのひとつは「医学と精神医学」についての、そしてもうひとつは「処罰権力と規律的実践」についての仕事において解決されていた。その前者は、「言説実践の分析」による、知の形成を探る作業が提示してくれるものであった。後者は「権力に関する諸連関とその技術論の分析」から解明されるものであった。(55)

しかしながらフーコーは、ここで最後の課題、つまり自分自身を認識する「形式」(forme) や「様式」

(mode) について語ることの困難さを述べたてる。そこでフーコーは、経験の分析ではなく、この議論が「理論的な主題」であるかぎり、むしろそれに集中するためには「理論上の変更[56]」が必要であると述べるのである。明らかにフーコーは、知の考古学としての認識論的な枠組みの探求や、規律権力論における権力の分析に対する、別の作業の必要性を主張するのである。それまでの「形成」や「体系」を含む議論は、理論的であるかもしれないが、あくまでも「経験」に依拠したものでもある。しかしここではまさに「形式」としての「理論」それ自身が問われるのである。それが「自己との関係の形式や様式」を探るものとしての、「自己の自己との関係における真理の働きと、主体としての自己自身の構成[57]」の研究であるというのである。

「自己の系譜学」、あるいは「自己の解釈学」とも名づけられるべきこの領域は、フーコーにとって強く「実践」という表現で語られるひとつの「理論」なのであり、「実践」の「形式」の探求になる。それは、「生存の技法」(art d'existence) や「自己の技術」(technique de soi) とも表現される。そこでは「自分の生を、ある種の美的価値を担い、ある種の様式規準に応じる営み (œuvre)[58]」と化すことが問題になる。このプロセスにおいて、キリスト教の牧人司祭権力に、あるいはそれを越えたギリシア・ローマ的世界に、題材が拡張されていく。それは形式性の探求でありながら、あくまでもそうした形式性をみいだすという観点から、自己の系譜性を辿るものとなる。

さて、このように (ある意味でフーコーの議論を平板に追うかぎりでよく語られるのと同様に) 整理するならば、重大な論点がまったく抹消されてしまうのに気がつかないわけにはいかない。いうまでもなく、生政治学的なテーマ、人口としての生命の議論が、これら一連の展開のなかでは言及されなくなるのである。

ここでのフーコーの文章は、自身の議論について、まさに「事後的」な説明をおこなっているとしかおもえない部分がある。そこでは、生政治学から「統治性」のテーマを経て、そのプロセスのなかで牧人司祭権力や自己の真理が論点として浮かびあがってきたことへの省察がまったく欠落している。そしてただその結果だけを整合的に述べているようにみえるのである。

何故であろうか。それは、生政治学の最終的な拒絶なのだろうか。一面ではそうなのかもしれない。人口論がしかるべき書物にまとめられず、その行程も複雑化したことを、フーコー自身が覆い隠したかったのかもしれない。しかし、生権力論の一面であった規律権力を、自身の探求の第二の軸に位置づけながら、その片面として示されるべき生政治学が言及されないことは、やはり奇妙なことではないか。本当は生政治学としての人口論こそが、まさに第三の軸に置かれるべきではないのか。

超越論的な人口論と自己の形式論との関係

ここでかなり大胆な仮説を提出しておきたい。「生命の主体」を検討するならば、人口論はその俯瞰的で超越論的な領域を指し示していたというのが、一連の生権力論に関するここでの解釈であった。そうであるならば、フーコーの最終的な「自己論」とは、まさに人口の超越論性を、生命論的な交錯のなかで、巧く統合するものとは考えられないであろうか。

ここで、身体を扱う規律的な生権力の働きが、経験的－超越論的二重性のなかで、経験的なものの方に区分されていたことを踏まえるべきである。視点的な生命の位相である規律身体は、個人化された

「経験」の位相であったのに対し、俯瞰的な人口は、あくまでも超越論的な無限の実在として描かれていたのである。

そのあとに「自己」の議論がくるのである。自己の自己への関係を巡るこうした考察が、近代的な自己を考古学的または系譜論的に批判してきたラインとは、はじめから別の局面にたっていることは明白だろう。そこでは、「自己」という「形式」あるいは「様式」が問題なのである。その「形式」あるいは「様式」は、西洋近代的自己が「人間」として指定する一八世紀という範型をもつものではない。もちろんそこでもフーコーは、一八世紀的な「人間」の系譜的な遡行をなしてもいる（註で記したように、「告白」という主題の系譜化の作業をみればそれは確かなことである）。しかし、ここでとりだされるのは、経験が成立するための「形式」や「様式」なのである。つまり、まさに超越論性が問題になっているのではないか。

自己の自己への関係性とは、生が個体としてあるかぎり、それを前提としなければならない、生物学的生の超越論性と経験性との交点のことであるとはいえないか。それは、俯瞰的な生命である人口的な超越論性が、経験的なものとの交錯においてその姿を現す、そうした契機ではないのだろうか。

そうであれば、自己の自己への関係において、人口的な超越論性が想定していた無限への生の拡がり（無限の俯瞰的実在）が前提にされながら、しかしそれが人口的（場所的／環境的）なものと描かれるだけではみのがされてしまう、個体的な視点へのむすびつきが示されるのではないだろうか。逆に述べれば、「自己への配慮」につながっていく文脈で提示される身体や肉体とは、規律的な戦略性のなかにとらえられた身体（それはここでは、経験的でたんに受動的な配置においてしかみいだせない）とは異なった、自己が自己に、という能動性と受動性との交錯を前面に押しだす「形式」として理解されるのではないか。

人口の生政治学から、自己の自己への関係への展開においてみいだされることは、知の形式や権力戦略の体系の時代的な経験性に対し、フーコーが、それを支えるものとしての超越論的な形式性を検討しつつ、それと経験性との交点を改めて探るということではないのだろうか。人口が、場所／環境として語られるときも、この超越論性は実在的な生命であり、そのかぎりで、無限の空間的・時間的な拡がりと、そこでのリスクを内にいれたものであった。だが、そこでとりだされる確率や統計の議論は、それが個別化される自己のテクノロジーという形式にむすびつけられてこそ、その意義をみいだすはずである。

だから自己のテクノロジーにおいて、身体的な実践性が浮かびあがるとしても、それはあくまでも超越論性と交錯するかぎりでの経験性であり、そのかぎりでそれは形式的なのである。それは、どの時代においても語られようと「形式」なのであり、むしろ近代的自己をも（その経験的－超越論的二重性をも）そのひとつのヴァリアントとするものではないだろうか。規律権力における身体は、受動的に形成される経験であった。だが自己論での身体は、自己が自己に働きかける能動性／受動性という形式のなかで、その経験性を支える超越論性を明らかにするのである。そこでこそ、人口論が暗示していた、確率性が担う賭博的な要素、あるいは生殖への肯定は、逆にそれを可能にする能動的形式をも獲得するといえるのではないか。(59)

ヴィータ・テクニカの議論からとりだされた人口のテーマは、そうした俯瞰的事情が視点としての自己に交錯するという課題を負うことによって、自己の問題系に直接つながっていくと解しうるようにおもわれる。(60)

第五章

テクネーとしての自己

1　告白／牧人司祭権力の両義性

はじめに

フーコーの生権力から自己論への展開において、人口の生政治学はどのように位置づけられるのだろうか。人口の扱いが、「生命」における主体の議論の中心に設定されるのであれば、それはビオスの主体を描く後期の「自己のテクノロジー」にも、当然関与しているはずではないか。

この問題が、フーコーにおいてさまざまな迂回を経て検討されてきたことはすでに論じた。本章で改めて考えたいことは、そうした迂回のひとつでもある、『性の歴史I』で重要な役割を演じていた「告白」という問題系や、のちにそれをつぐように提示された「牧人司祭権力」のテーマ系を、どうとらえるべきかということである。

「告白」という主題の両義性については、第四章第三節の註でも、その一端に触れておいた。それは簡単にいえばつぎのようになる。

『性の歴史I』におけるキリスト教の「告白」という主題は、生権力的な「主体化」を探るフーコーにとって軸となるものであった。それは、『監視と処罰』とほとんど類似した文脈において、「主体＝従属化」として形成される近代的な主体性の淵源を辿るものと描かれていた。この議論は、一八世紀的な産物である近代的な「主体」のあり方を、「精神分析」という（それ自身は反生権力的な）議論に（とりわけ、「告白」という形式が「カウンセリング」に酷似していることにおいて）むすびつけながらも、同時に生権力論の領域を広くとり、「主体化」のシステムの系譜を、遠方へと辿りなおす作業にもなっている。それゆえ、あくまでもここでの議論は、生政治学というよりは、生権力に属する議論を束ねるものとして機能している（こうした宗教性の強い「近代」の描写の背景には、プロテスタンティズムの倫理と資本主義の形成を巡った、ウェーバーの議論への対抗意識もかいまみられるようにおもえてならない(1)）。

前章で、フーコーの生政治学を軸に論じたことは、「近代的人間」の成立を、生命という基底を強くひきたてながら解体することであった。それは、自明のものとして成立しているようにみえる「主体」が、それ自身の生命的で環境的で確率的な生を基底にそなえていることを露呈させつつ、そうした生命という無限の拡がりのなかに、主体そのものを解消させることでもあった。本章において、「告白」の検討からはじめて、自己のテクノロジー論に向かっていくときに示したいことは、こうした解体をひきうけたうえでの、「自己」なるもののテクネーを介在した形成という、逆方向の動きである。自然であること＝受動的であることから、自己という能動性の中心性が形成されることが、物質的な生に対するさまざまな（言語や身体やまさに技術そのものを利用した）テクネーによって可能になることが問われるのである。

いずれにしても「告白」という問題系は、生権力的な主体化の装置が、近代という特殊な時代において突然出現したのではなく、それ自身かなりの古層におよぶ淵源をそなえたシステムを変容させることによって形成され、自己の真理に関する「内面化」がきわだってきたと考えられるのである。ところが、講義録『安全・領土・人口』になると、こうしたキリスト教の儀礼に関する問いは、もっと直接的に生政治的な人口論に付随する議論にむすびつけられる。

そこでは「牧人司祭権力」(pouvoir pastoral)と名指されるものが主題化され、群れを統治する「牧者」のシステムの中継点として、キリスト教的な集団が想定されていく。こうした権力の形式は――それ自身はたまたまのことであるが――フーコーが一九七八年に東京大学教養学部でおこなった講演で明確に表明されたために(この際にフーコーは、吉本隆明と対談し、また禅にも関心をもち山梨の寺院で入門的に実践したりもしている)、きわめて早い時期から日本で知られているものであった。だがそれは、『性の歴史I』を著したあとで、フーコーが牧人司祭権力というテーマを考えていた時期に該当したにすぎないことでもある。とはいえ、牧人司祭権力というテーマも、告白という主題を生政治学的な人口の議論につなげ、それをポリス＝内政的な国家の問題へむすびつけていくときの、ポイントになるものではある。それゆえ、告白という、内面化の装置としてみいだされたこの主題は、牧人司祭権力を経て、かたちを変えながら人口統制的な生政治学のなかに埋めこまれていくと考えられる。

ところが第三に、自己のテクノロジーの時期がある。この時期において、パレーシア(＝真理をいうこと)と、それにともなう身体の実践性が「自己の自己への関わり」として検討されるのだが、そこで題材としてとりあげられるのは、古代の世界になってしまい、キリスト教的な論脈からはさらに時代的に遡っていく。それゆえパレーシア的な「真理をいうこと」、あるいはそこでの「真理のゲーム」は、東方に起源をもち、キリスト教においてかたちをとった「告白」とは別の形式としてとらえられる。だが、「告白」という問題系は（東方世界かギリシアであるかという起源はともあれ）、それとまったく無縁のものといえるだろうか。

フーコーの後期の記述においては、それらは時代的なズレを前提とした、無関係のものだとされる傾向が強い。つまり、「告白」あるいは「牧人司祭権力」は、「精神分析」とそこでの「内面化された真理」を、あるいは「ポリス＝内政的」な国家とそこでの人口の統制を巡るだけのものだから、そうした精神分析的‐ポリス的事態とは別の世界を示す「自己への配慮」論とは一線を画したものであると述べられがちである。フーコーは、ギリシア・ローマという古代と、キリスト教的な（東方的な影響を受けた）文化との断絶を明示し、近代の淵源としてあくまでも後者を想定する。

しかし、このことをそのままうけとるべきなのだろうか。いくつかの疑問点が生じてくることは否めないようにおもわれる。

ひとつは、いうまでもなく「告白」が、それ自身としても「自己の真理」を「述べること」という、自己のテクノロジーの一形態であることは明らかだからである。告白は、精神分析的な法に（法とは異なったものとして）接続され、そのあり方を拡大させることからも、紛れもなくひとつの「自己のテクノロジー」として機能しているはずではないか。

ついで、告白というキリスト教の儀礼が、牧人司祭権力として、生政治学的な人口性の議論とむすびつくラインについても考えるべきである。告白として提示される議論は、自己の内面の形成として、規律権力（身体に特化された権力）を補完する役割をもちながら、その議論そのものは生政治学的な位相に、つまり群れを導くこととその管理という側面においても作動するものであるのである。

いずれにせよ、告白の議論は、一八世紀を特権視するフーコーの人間に関する議論を、ここまでの探求とはまったく異なった位相に広げていこうとする意志に充ち溢れている。告白と牧人司祭権力の問題化は、その意味で、近代の構成を非近代的な底部に開くという、生政治学の段階でみいだされた記述の方向性を準備することにおいて、どんなに低くみつもっても、自己のテクノロジーの主題化へと向かうための蝶番的な役割を果たしているとはいえないだろうか。

最後に、そうではあれ、最後期のフーコーが、ギリシア的な自己への配慮を、とりわけパレーシア論において、きわめて強い仕方できわだたせるということがある。そこでは、ビオスである生命のなかで自己を構成する自己が、キリスト教とは別種の位相で示される。そうであるかぎり、告白において示される自己のテクノロジーは、やはりあくまでも「近代」を用意するという枠内でのものであり、ギリシアにおいてフーコーがとりだしたい生命の自己とは異なっているというべきではないのか。[2] とはいえ、告白においてフーコーがとりだす自己の真理と、フーコー晩年の真理のゲーム論とは、そんなに簡単に分離できるものであろうか。あるいはそれらは、端的にどこが異なっているといえるのか。『性の歴史I』の脈略から考えても、「告白」というシステムには、最後期のフーコーが「汝自身を知れ」のフロイト的な解釈のラインとして批判するものとはそもそも別の内容が含まれているはずである。[3] そこにさまざまに横たわるズレこそが、問われるべきではないだろうか。

「告白」というテーマがもつこれらさまざまな「両義性」を念頭に置きながら、それが示す蝶番的な役割と、しかし告白とも区分される「真理をいうこと」としてのパレーシアの議論との違いを明示し、さらには自己のテクノロジーの議論においてフーコーが述べたかったことをきわだたせてみたい。あわせてそれが、生命の自己と連関する側面を探ってみたい。

『性の歴史Ⅰ』の告白の位置

『性の歴史Ⅰ』のなかで「告白」が占めている位置はきわめて重い。それは主体＝従属化の基本様式としての、「自らが何であるかをいうこと」の中心的な技法を指しているのだから。

これについて、『性の歴史Ⅰ』の議論をまとめておくとこのようになる。

性についての文明論的な領域は、フーコーによれば二つに区分されることになる。そのひとつは「性愛の術」(アルス・エロチカ)であり、「中国、日本、インド、ローマ、アラブイスラム」社会においてみいだされるプロセスであるとされる。そこでは、「真理は、実践ととらえられ、経験としてとり集められた快楽そのものからひきだされる」。それはむしろ性の秘教に近く、ある種の宗教的実践とむすびついた仕方で記述される。(4)

これに対してフーコーは、「性の科学」(スキエンチア・セクスアリス)について、それを西洋社会のみで独特な展開をなしてきたものと論じていく。西洋社会は、「何世紀にもわたって、性の真理を語るために、イニシエーションや師の秘法とは厳密に正反対の、知－権力というかたちに本質的には整えられてきた社会的手続きを展開させてきた」のであるという。(5) この西洋的な知において、「真理としての性」を述べること、「性の真理」を産出することが、「性の科学」の担ってきた特有の役割になるとされるのである。

ここで「告白」という、キリスト教において固有の制度がひきたてられている。それこそが、「性が真理の賭金」になり、また生のあり方と法的システムとの固有の重ねあわせを可能にする、生権力の源泉になるというのである。

では「告白」とは何か。だが、それを論じることに先だって、あまりに自明におもわれる二つの区分（「性愛の術」と「性の科学」との区分）は、実際のところ本当のものなのかという疑念から考えてみたい。このことは、告白や生権力的なシステムが、自己のテクノロジーとどうむすびつくのかをとらえるときに、ポイントになるはずである。

これについて、『性の歴史Ⅰ』の第三章の末尾に書かれている、いささか不思議な文言を検討するべきである。

フーコーは、確かに「性愛の術」に対抗するものとして、「性の科学」を論じているようにみえる。しかしこの対比を前提として語られたこの章の最後に、実はその区分そのものを疑念にふすようなことを自ら述べだすのである。(6) そこでは、性の科学、つまり性を真理としてたてるキリスト教の儀礼のなかにも、「良心の教導と検証、ならびに精神的結合や神の愛の探求」という仕方で、「性愛の術に属する一連の方法」があったのではないかというのである。(7)

それどころではない。フーコーは「一九世紀以降は、この性の科学というものが……少なくともそのいくつかの次元においては、性愛の術として」機能しているのではないかと述べてもいる。(8) さらに驚くべきことには、それに加え、こうした性の科学の性愛の術としての側面は「自らに内在する快楽を増大させ、強化し、新しく創造しさえした」と描かれてもいる。それは確かに、「医学が保証する健康なセクシュアリティという理念」や「完全に開花した完全なセクシュアリティという人間解放論的な夢想」や「性的絶頂感の謳歌や生命エネルギーといった良き感情」のもとにも求められるべきものではない。しかしそれは、「性についての真理の産出にむすばれた快楽」の生産そのものでもあるのである。(9)

フーコーはきわめて用心深く、これらは「告白と性の科学が密かに運んでいる性愛の術の、迷走する断片」のようなものではないか、つまり「われわれの性の科学は、性愛の術のきわめて微妙に特異なひとつの形態にすぎない」というべきではないかと問うていく。だがそれに対し、フーコーが決定的な答えを提出するわけではない。

しかし考えてみれば、性の科学は生権力的なものなのだから、それは知に関する真理を巡る議論であったとしても、キリスト教的な儀礼としての「告白」を典型とするかぎり、当然のごとく身体技法的なものを含んでいるのではないか。それどころか、そもそも生権力的なものの(抑圧する権力に対する)本質が、その「産出性」にあることを考えるならば、「告白」がそなえている性愛の術としての側面こそが、最初からクローズアップされ、生権力的なものの本性を形成するとさえ述べられるべきではないか。そうであれば、性の科学が性愛の術の一ヴァリアントとしてみいだされるのは、むしろ自明なことのようにもおもえる。

フーコーの性愛の術という議論自身が、一種のオリエンタリズムのようにみえる部分があるが、それはこうしたキリスト教的システムと東方性との連関を論じる際にはもっと強くなる。そのこともまた性愛の術と性の科学の対比が、実際にはさほど有効な対比ではないこと、それどころか、むしろその有効性が消える一点――つまり真理が快楽であり、実践となること――を描くことこそがここで問題になっているということが、はじめから考えられるべきではないか。

告白というテクノロジー

このことを前提として、そもそも「告白」にはどのような役割が与えられているのかを検討していこう。そこで留意されるべきは、ひとつはその系譜学的な古さであり、もうひとつはそれが「個人」という近代的人間像を産みだす基盤として機能していることである。

「少なくとも中世以来、西洋社会は、告白というものを、真理の産出を期待する主要な儀礼のひとつに組みいれていた。一二一五年のラテラーノ公会議による悔悛の秘蹟の規則化、それにつづく告解の技術の発展……」[10]。告白という形式は、こうした中世的な儀礼において形成されてきたのである。

ところが告白という語は、こうした儀礼のなかでその内容を変化させていく。そこでは「他者によってある人間に与えられる、身分、アイデンティティ、価値の保証としての「告白」」から「ある人間による、自分自身の行為と思考の認識としての「告白」へと移った」とされるのである。それは他の人によって自らが何者であるかの規準を決定されるような場面ではなく、むしろ自分自身について語ることが、自己の真理について何であるのかを決定する、そうした装置なのである。そこで「真理の告白は、権力による個人の形成という社会的手続きの核心に書きこまれた」というのである[11]。

生権力論において考えるべきは、こうした「告白」こそが、近代社会における医学的・心理学的・家族的なシステムのなかで、たえず自己についての真理を述べることを強要し、告白をなしつづけることを保証するものになったということである。他者によって価値づけられるのではなく、自らが自らの内面に真理を探し、自分の「真理」を探ることが可能になったのである。

だが、告白という装置そのものの特徴を考えるならば、つぎの二つが基本をなしているようにおもわれる。

ひとつは、そこで産みだされるのは「人間の主体＝従属化（assujettissement）」であるということである。それは人間を、語の二重の意味において主体＝臣下（sujet）として成立させるものである。[12] つまり、告白において人間は、自らが自由な主体であり、その内面的な真理を保持するものでありながら、自らを自らにしたがわせるという仕方で、権力総体の働きのなかに埋めこむことが可能になるというのである。この二重性が、近代的主体のもつ二重性そのものを指すことになる。

さらにもうひとつは、告白とは「語る主体と語られる文の主語とが合致する言説の儀式」であるということである。それは、「権力の関係において展開される儀礼」であるかぎり、一種の「自白」でもあることになる。告白とは、明示的であれ非明示的であれ、そこに「相手」がいなければ成立しえない。ところがその相手は、「たんに問いかけ聴きとる者」であるだけではなく、「告白を要請し、強要し、評価すると同時に、裁き、罰し、許し、慰め、和解させるために介入してくる裁決機関」でもあるのである。そこでは自己のものである告白が、権力への従属であることが、よりはっきりと示される。[13]

ここで論じられていることは、まさに近代的主体の両義性にほかならない。主体性は主体性であるかぎり、その真理を自らのうちに所有しており、たんに他者に屈服するものではない。しかし、同時に告白というシステムは、権力的なシステムに自らを自発的に組みこませ、そこでの真理をいうことを保証する装置として機能するものとなる。自発的な服従が、主体の二重性の根本をなしている。フーコーがこうしたシステムを性愛の術と区別して述べるのは、それがあくまでも師から伝達される宗教的秘伝ではなく、自ら自由にしたがうという、近代性の本質を露呈するものであること、そしてそこで、自らの語ることこそが「真理」であるという、知を保証する制度が産出されたからである。

ここまでをまとめておく。「告白」というシステムは、確かに性に関する「知」と、それにまつわる「真理」を導くものであった。それゆえ、西洋における性の歴史は、広く性の科学に回収可能なものであるといえる。それが、個人的な内面性としての真理をなし、そこで精神分析的な「法」への生権力の接続が可能になる。しかし同時に「告白」という問題系は、それ自身が性愛の術の、きわめて変則的な一ヴァリアントにほかならないという側面を必ず含んでしまう。それはこの性の科学が、告白という「実践」に支えられており、それ自身が自らの力を増大させるという、生権力的なものの本質にしたがってそう描かれるのである。確かにそれは、身体技法そのものというよりも、内面の知にこそ関わっている。しかしここで提示されるのは、あくまでも自己の真理にむすびついた実践なのである。「告白」は、「自らを語ること」として、言説の実践というあり方で規律権力を形成することに、はじめから注意を払うべきである。

牧人司祭権力と生政治学

さて、「告白」という、中世キリスト教への系譜学的な遡行は、『性の歴史Ⅰ』においては個人化という仕方で、規律権力の形成を中心に論じられた。それに対して『性の歴史Ⅰ』以降の記述では、告白の占める位置は、牧人司祭権力にとってかわられていく。牧人司祭権力を論じる際に重要なポイントは、それが群れの管理であるかぎり、ただちに生政治学的な人口の統制（ポリスという内政的国家体制）の前段階として語られていることである。そこでは、告白に焦点化した議論が、規律権力的な「個人化」を巡っていたのとは対照的に、力点は明らかに生政治学的な領域に移行している。

東京大学講演である「セクシュアリティと権力」（七八年）において、この変遷は明確につぎのように描かれている。「キリスト教は確かにひとつの役割を演じたが、しかしその役割は、あたらしい道徳観念の導入とか、あたらしいタブーの強制とかにあったのではなく、むしろ、あたらしい技術を導入することにあった」。牧人としての群れを統治する者と、そこで統治される者というあらたなメカニズムの記述が、『性の歴史Ⅰ』の記述を展開させるように重ねられていく。[14]

ここでの牧人司祭権力は、先に述べた告白という儀礼と関連しないわけではない。というのも、牧人司祭権力は、「個人化」という事態を支えるとともに、この権力が「真理の教師」という役割をもちながら、そこで司祭に対して「自己の魂の内密の部分で起きたすべてのことをいう義務がある」[15]とされるからである。それは肉という「身体の主体性」そのものを形成するとも述べられ[16]、主体＝従属化を導いていく。

そうであるかぎり、告白という規律的な技法が、ここでより広く、群れの統治によって支えられると描かれることは確かだろう。そこで、個人的な視点と、人口的な俯瞰の両者を考えるならば、とりわけ後者に関わる技法こそが、前者の個人的な事態を下支えしていることが示されているともいえる。

こうした牧人司祭権力を、生政治学のなかに明確に位置づけるのは、やはり七七－七八年コレージュ・ド・フランス講義『安全・領土・人口』である。すでに述べたように、この講義の最大の論点は、規律権力に一定の重きを置いていた『性の歴史Ⅰ』とは異なり、端的に人口の生政治学そのものを繰り広げ、そこでのテーマとして「統治性」の議論を導入したことにある。そして、牧人司祭権力の議論も、まさにこのラインのうえに置かれている。

ここでは人口の生政治学としての統治の源泉を、明確にギリシアとは異なった東方に求めていることが特徴的である。はじめから、統治の技術をギリシア的なものから区分していることは、やはり注意されるべきであろう。

「人間たちの統治という考え方の起源は、東方に求めるべきだとおもいます……第一に、牧人司祭的なタイプの権力という考え方や組織というかたちで、そして第二に、良心の指導や魂の指導というかたちで……」[17]。

こうした思考は、はっきりと生政治学的なものを指し示している。すなわち「牧者の権力は、領土に対して行使される権力ではない。それは定義上、群れに対して行使される権力、より正確にいえばある点から別の点へと移動・運動している群れに対して行使される権力です」[18]。

このことは生政治学が、統計性と経済的な計算という主題とおり重なることにただちにむすびついている。つまりここでは、画定された空間の内部における、視点的に固定化した何かに対して行使される権力ではなく、固定されず、流体的で、それ自身としては把捉不可能な主体の群れに対する統制が問題になっているのである。

ついでフーコーは「牧人司祭的権力とは根本的に善行を旨とする権力である」[19]と述べていく。そこでは「群れの救済」が、権力の目的になるものとされるのである。

「牧人司祭権力とは気配りの権力です。牧人司祭権力は群れに気を配り、群れの個々人に気を配り、羊たちが苦しまないようにみまもり、はぐれる羊はもちろん探しにいき、傷ついた羊には手当をする」[20]。牧者とはまさしく「配慮する者」である。それは、群れの個々人を配慮することにおいて特権的な地位が与えられることになる。この場面では、配慮する者である牧者と、配慮される者である羊＝群れの民とが、まったく切り離されていることが問題視されうるだろう。しかし牧人司祭的な視線が、配慮そのものにあるならば、この両者は実際には切り離されるものだろうか。本当のことをいえば、自己という事態が成立するのは、こうした見守る者と羊とが、まさに自己と自己の関係におりこまれるときではないのか。その場合、個々の羊とは、まさに身体の欲望や諸部分のことであるとはいえないだろうか。この問いは、自己のテクノロジーを論じる場面の最後で考えなおすことにしたい。

そして最後に、牧人司祭権力の特徴として、「個体化」という事情がとりあげられる。牧者は群れを統御するものであるのだが、そこでは「全体に目を光らせるとともに、それぞれの羊にも目を光らせなければならない。つまり全体にかつ個別的に(オムネス・エト・シングラティム)です。これがまさしく、キリスト教的牧人司祭権力における権力技術の大問題となる。またお話ししてきた人口テクノロジーにおいて整備された、いわば近代的技術の大問題ともなります」[21]。

こうして提示される結論はつぎのものである。東方において起源をもつ牧人司祭権力が導入されるのは、まさにキリスト教を中継点としてである。そして西洋の人間とは、自らが羊であることを学ぶことによって、自らの知を獲得しえた唯一の民である。牧人司祭権力こそが、西洋近代的人間の形成のバックボーンとされる。

こうした牧人司祭権力の議論をまとめておこう。繰り返しになるが、何よりも考えるべきは、一八世紀とその周辺に限定しながら「近代的人間」の形成を探求してきたフーコーの考察が、ここで時代的枠組みを一気に拡張させることである。これは『安全・領土・人口』の議論が、その冒頭部分において、なおも一八世紀における経済や疫病の管理を巡る記述を展開していたのに対しても、その射程をおおきく変更するようにみえる。それは、エピステモロジー的断絶を重視していた(『性の歴史I』においても、その語り方は明白であった)記述の仕方が、ある種の連続性へと向きなおされることでもある。これは、生政治学的な生命の主体と、その形式性(超越論性)の位相を考えるときに、そのけっして歴史化されない視線をとらえるためにも、根本的な態度変更であるとはいえないだろうか。

それと同時にフーコーは、この段階からすでに、こうした統治の技法の「東方性」を強調し、それがギリシア的な探求と異質であることを述べている。そのことは、生政治学がギリシア的な「自己への配慮」に傾いていく際に、やはりおおきな争点になるとおもわれる。しかし、先にも問いを差し挟んだように、牧人司祭権力の働きが、それでも配慮を、群れへの関心を、そしてある実践の形式とそのテクネーを探っていることは、みのがされるべきではないのではないか。この議論のおわりに提示されている「全体的かつ個別的」にという把捉の仕方は、まさに生の自己をとらえるときに必要な、俯瞰的にして視点的な主体性そのものを指し示しているとはいえないだろうか。そして、やはり繰り返しになるが、牧者も羊も、本当のところ自己というひとつの身体のなかに存しているのではないか。それは「自己への配慮」の議論の前提でさえあるのではないか。

しかしフーコーは、そのように論を進めることはない。ここでの生政治学の議論が向かう先は、まずは「国家理性」であり、群れの統治が展開されるポリス＝内政という形式になのである。

反‐操行・ポリス化　群れから人口へ

牧人司祭権力は、東方的なものをひきつぎながら、西洋における統治の根本的な基盤として作動するものとなる。「人間たちを操導し、指導し、ひき連れ、導き、手をとり、操作する」そうした術である牧人司祭権力は、まさに「人間を統治する術」として、近代国家とそこでの統治性（フーコーでいえば「人間」が形成されるその場面）に直接むすびつくものとして描かれるのである。[22]

「統治性が政治にはいりこんできたということが、一六世紀末および一七‐一八世紀に近代国家への敷居をしるしづけたわけですが、その統治性の起源、統治性の形成される点、結晶化する点、萌芽の生じる点はこちら側［東方・キリスト教的起源］に探し求める必要があるとおもいます[23]」。

もちろんヘブライにおける東方的な統治性と、キリスト教がそこに導入した原理とは、そのままむすびつくものではない。そしてまた、牧人司祭的なテーマがどれほど重要であろうとも、それが近代的なポリスの国家と、そこでの生政治学的な議論と、ただちに重なるわけでもない。前者の差異は、キリスト教的な牧人司祭が、ヘブライ的な「法」による統治とは異なった「良心の導き」によって、「個別的かつ全体的に」群れを扱うことにみいだされる。そしてこの群れは、「国家理性」の議論においては、当然人口の統計的管理に横すべりしていく技術になる。ただこの後者の連関に関しては、切断線とともに強い連続性がきわだたせられてもいく。

ここでフーコーは、牧人司祭権力とは、西洋の歴史において、基本的に重大な転覆はうけなかったととらえているのである。牧人司祭権力に異議が差し挟まれなかったわけではない。しかしその際にも、この体制そのものは、変わることなく維持されてきたというのである。それはつぎの話題に強く関わる。「魂のオイコノミア」ともいわれる牧人司祭権力が、近代的世界に導入されるときに、それを的確に示す言葉としては、オイコノミア（家政術）＝エコノミー（経済学）という言葉よりも、[24] むしろ「操行」(conduir) が適切であると述べられる。そして同時に、こうした「操行」にはいつも「反 - 操行」(contre-conduir) の概念がともなうとされる。つまりフーコーによれば、「操行」には必ず「反 - 操行」が付随するのだが（それは生政治学的な意味での生命の抵抗という主題そのものにつながるのであるが[25]）それは操行の一要素に含まれてしまうものなのである。

操行について考えてみよう。操行という言葉に、フーコーはつぎの二つの意義をこめていく。「操行とは、操り誘導するという活動です。いわば操導です。しかしこれはまた、人が自己操導するやり方、人が誰かに指導されるに任せるやり方、誰かに操導されるやり方、つまりは人が操行行為・操導行為としての操行の影響下で自己操導するやり方のことでもあります[26]」。

ここ考えるべきは、やはり操行が、はじめから自己から自己への操行というあり方を含んでいることである。それゆえそれは、ただたんに他者から操行されることではないし、また個人的な内面性の起源として描かれるとしても、まったく個人的なものでもありえない。ある種の主体がそなえている屈曲性が前提になっている。

そしてフーコーが強調するのは、こうした操行として機能する牧人司祭権力に、抵抗がともなうという点、それどころか、抵抗や拒否運動が同時にみいだされることにおいて、むしろこうした「操行」が補完されるという点である。反‐操行が、そこでひとつの論点になってくる。

「牧人司祭がまさに、人間たちの操行なるものを目標とする権力だとすると、これと相関するものとして、この牧人司祭権力と同じく特有ないくつかの運動が出現したとおもいます。その特有な運動とは、抵抗や服従拒否のことです。特有性をもった、操行上の反乱とでもよべるような何かです」[27]。

そこであげられているのが、ルターの事例であることは、考えるべき多くの点を含む。牧人司祭的な権力に対する反抗は、牧人司祭以外の何かのシステムを求めて動くようにみえながら、そうとはいえないのである。さまざまな宗教反乱は、キリスト教の内部で牧人司祭に対する反抗として現れるのだが、ルター的な活動が、結果として牧人司祭的な力を多重化させ、個人の内面の真理を先鋭化することからもわかるように（服従の内面化を完成させたのは、プロテスタントなのだから）、それは都市と田舎、女性問題、階級、経済性など複雑な次元を巻きこんだ、操行のシステムの拡張を可能にしている。牧人司祭権力が、政治的なかたちで現出する一八世紀において、それは戦争への参加や、あるいは秘密結社の例などにおいて示されているし[28]、さらにそこでは、医学的なシステムへの組みこみへの抵抗（種痘の拒否など）という実例がもちだされたりもする。

これらは反乱でも不服従でもないとされる。むしろ「反‐操行」は「「操行」という単語の能動的な意味を参照することを可能にしてくれる」(29)ものなのである。

ポリスと反‐操行

こうした牧人司祭的な権力は、一八世紀においてポリス＝内政的な権力にひきつがれることになる。ポリス＝内政を巡る国家理性という発想が、人口という問い、経済的な政策に関わる問い、健康という医学的なラインにまつわる問い、そしてそれらをつうじた「人間の活動をみはること」の問い、最後に流通やそこでの地理的風土的自然性の問い、これらに深くむすびついていることは、『性の歴史Ⅰ』やここまでの講義録の記述とほとんど重なっており、繰り返し述べることはしない。着目すべきは、ここで牧人司祭権力が導入した、操行と反‐操行とのつながりが、強くクローズアップされることにある。つまり牧人司祭権力と、ポリス的国家において、ほとんどパラレルなかたちで、反‐操行を含んだ統治がみいだされることである。

「私が示そうとしたのは、人間たちを操導する牧人司祭の術と、これとまったく同時代の反‐操行とのあいだに、さまざまな交換や相互的支持がみられたということでした……さて、近代の統治システムにおける反‐操行とでもよべるものについて、つぎのような分析ができるのではないかとおもうのです。つまり、近代的統治性と相関して発達した反‐操行は、つまるところ、当の統治性と同じ要素を目標としていたということです……」[30]。

こうした反‐操行について、フーコーが最後に、国家理性に連関してまとめている(三点のうちの最後のものである)つぎの文言が重要であるようにおもわれる。

「[反‐操行において]国民そのものは、全体において、任意のときに、全体においても各点においても、国民が何であるか、何を欲しているか、何をしなければならないかについての真理を正確に保持することができるのでなければならないというのです。自分の知を保持する国民という考え方、あるいはさらにいえば、自分自身に対して透明で、自分の真理を保持している社会という考え方、その保持者が人口のなかの一要素――あるいは組織や党など、ともかくも人口全体を代表するもの――であるにせよ、その要素がともかくも人口の真理を保持する社会という考え方です。ともかくも社会の真理、国家の真理、国家理性といったものは、もはや国家自体が保持すべきではなく、国民全体がその保有者になるべきだというわけです[31]」。

国家理性が統治の問題に回収されるならば、そこでは反‐操行は、国民(nation)そのものが自らの統治者であるというあり方をひきうける行為になるのではないか。それは人口としての、経済としての、健康としての、自己のコントロールが可能であることを指し示しているとしかおもえない部分がある。これは、ルターなどのプロテスタント運動が含んでいた内面の真理の探求が、牧人司祭的なシステムに対する抵抗運動として現れながら、それ自身ははっきりと、牧人司祭権力を補完していたことと同様の機能を果たしているようにもおもわれる。反‐操行とは、端的にいえば、国家理性の民主化であるだろうし、民衆化であるだろう。その段階において、さまざまな運動は、反体制的なものでも反国家的なものでもありうるだろう。しかしここでフーコーは、一切の皮肉も冷笑もなしに、反‐操行の運動そのものが、牧人司祭権力からポリス的な生政治学における、体制そのものを支える動きにほかならないととらえるのである。それは、牧人司祭権力が明確化した「真理」と、それによる「主体＝従属化」というロジックを、まさに国民ひとりひとりが、自らの問題性として提起し、自らの意欲において、あるいは自らの自発性において、自らにとりいれることを意味している。これは抵抗運動の形式をとりながら、牧人司祭制度を、あるいはそれをひきついだポリス的システムを、自分のなかに組みいれて、自由な主体といわれるものを形成するという意味で、やはり自己のテクノロジーの一変形なのである。

繰り返すが、一切の皮肉抜きに、反‐操行こそが、一八世紀的に描かれる「人間」を完成させ、同時に生政治学的状況を完成させたものとフーコーはとらえているのである。『性の歴史』において、すべてを転覆する革命という発想をあれほどまでに拒絶していたフーコーのひとつの論の運び方が、ここでくっきりとした像をむすんでいることはいうまでもない(32)。

真理をいうことの位相の多相性　告白とパレーシア

とはいえ、こうしたキリスト教的牧人司祭権力から、生政治的なものの形成としてのポリスへというラインは、生政治学の具体的素描でありながら、やはり中途半端に終わってしまう感が強いものである。牧人司祭権力は、まずは規律権力としての生権力論的配備の前段階として描かれながら、最終的にはポリス的な人口論を含む権力性に関わることにおいて、生政治学的なものに転変していく。そこで主体に関する問いは、反‐操行という位相をひきたてながら、つねにその二重性において提示されるようにおもわれる。

だがいっそう重要なことは、フーコーは、キリスト教的なシステムを経て近代が形成される仕方と、ギリシア的な文化的配備とを、あくまでも差異化しつづけることである。「ギリシアの古典的な政治学の語彙には牧者というテーマがみあたらない……」[33]。「牧人司祭の……本当の歴史、人間たちの統治に関わる手続きのモデル・母型としての牧人司祭の歴史、西洋世界におけるこの牧人司祭の歴史は、ほぼキリスト教とともにはじまる」[34]。

牧人司祭的な配慮と、ギリシア的な「自己への配慮」との差異に関しては、もちろんフーコーが、『性の歴史Ⅱ』の序文で予告していた『肉の告白』（『性の歴史Ⅳ』になるべきであった書物）が、明らかにしてくれるはずであったと想定すべきである。しかしともあれ、フーコーはこうしたキリスト教のシステムを、自己論を思考するなかで確かに切り捨ててしまう。それは、ギリシア的な自己論が、個人的内面化としての近代的人間の形成を巡るのとは別の位相で考案されているかぎり、当然のことであるのかもしれない。生政治学において問われているのは、やはり一八世紀という人間の時代の描きなおしにすぎないのだから。

だが、考えるべきことは、告白や牧人司祭というシステムは、それ自身としてとらえるならば、やはり実践的な自己のテクノロジーに関わる主題であるということである。さらにそれは、『性の歴史Ⅰ』で問題視されていたような、精神分析的な議論にリンクさせられる「真理」という発想を突き抜ける仕方で、「真理のゲーム」や「真理をいうこと」をとりだすものであるということである。そうであるかぎり、牧人司祭的なシステムは、真理の産出としての自己のテクネーのひとつのかたちであり、ひとつのヴァリアントであるべきである。あたかも性の科学として整備されたはずの西洋的知が、それでも性愛の術の一ヴァリアントでしかない事情と重なるかのように。

この答えは、もちろん未完の『肉の告白』に探られるべきであるとしても、そもそも牧人司祭権力が、性愛の術としてのアルスにほかならないこと、それは実践としての「真理」を産出し、自己を形成するテクネーにほかならないこと、その意味で、フーコーがどう述べたところで、これを探求することが、「自己への配慮」の議論にたち向かっていく機縁ではあっただろうこと、これは確かではないか。

そうであるかぎり、牧人司祭権力の意義は、それが生権力と生政治学の両方に関わるという両義性においてだけではなく、その議論そのものが、自己のテクノロジーに向けた生政治学的な議論の配置換えにとって、やはり蝶番のような位置を占めていることによってもきわだたされるべきではないか[35]。

つまりこれは前章三節で述べた、経験の記述と切り離された、生の形式あるいは様式を巡るいわば超越論性の議論に、フーコーが向かっていくひとつのルートをなしているとはいえないか。そしてそのうえで、近代の世紀を支える牧人司祭システムと（そこでの「肉」の主体性という発想と）、ギリシア的な「自己への配慮」「自己の自己への関わり」という、実践であるかぎりでの区分に注意が払われるべきではないか。

両者の区分に関しては、まさに牧人司祭権力ですでに問題視されており、そして「自己への配慮」における「パレーシア」論の重要な内容でもある、「真理をいうこと」というテーマをまずは追求してみたい。それはともに、言葉によって自己をいうテクネーである。こうした考察は、生ける主体そのもののあり方を、近代とその（ギリシア的というよりは生命論的な）古層に広げてとらえることに貢献するのではないだろうか。

2　パレーシアとしてのテクネー

はじめに

自己の自己への関わりを、ある種の実践としての修練や、自己形成の形式もしくは美学とみなすこと、そしてそこで自己の実践を、自己のテクノロジーととらえること、これが後期フーコーの課題であった。こうした、自己の自己への関わりという議論が、一面では『性の歴史』のプロジェクトの変更（内容においても、扱う時代においても）という「断絶性」から帰結するものであるにもかかわらず、そこでは「統治性」についての研究という意味では「連続性」がはっきりと存在し、しかもそこで生命というテーマは一貫している。生命を扱う探求――『性の歴史Ｉ』以降のプロセスにおいて人口の生政治学的側面に集中し、そのポリス的管理が顕著に論じられていた――がそこで継続されながら、フーコーの内発的な思考の展開において、自己という別の主題に屈曲していったこと、これは明らかである。それを総体として、どのように把握すればよいのか。

このあいだの事情は、繰り返し述べているように錯綜しており、フーコーの刊行中の講義録から丹念に読みとられるべきであるが、この断絶性と連続性が何であるかをみきわめることは、フーコーが考えている「自己のテクノロジー」、ひいてはそこでテクネーとして想定されるものを探るために重要なはずである。フーコーは、自己の自己への関わりを論じるときにも、それをビオスとしての生命との関係のもとに置き、たんに思弁的、思念的な自己の水準で考えることはしなかった。やはり生命的なものである身体と実践というテーマはきわだった内容をなしつづけており、そのこと自身は「生命」と「権力」に定位した『性の歴史』のプロジェクトの正当な展開であるといえる。

しかしながら、そこであらたに問われるべきは、「パレーシア」(真理を語ること)という主題である。自由な語り方や、真理を語る勇気としても提示されるこの主題については、とくに「告白」という、「性の真理＝自己の真理」を語るというテーマ、前節で論じておいたその両義性との差異が問題になるだろう。「告白」というキリスト教的なシステムは、精神分析的な体制にダイレクトにむすびつき、近代以降の規律権力の根幹を担うものであった。それに対してフーコーは、「自分で自分の真理を語る」というギリシア的パレーシアを、これとあくまで対比的にとらえ、後者においてこそ、自己の自己への関わりの原型をみいだそうとするのである。表面的にみればきわめて類似しているようにもおもえる「告白」と「パレーシア」との本質的な差異を探ることは、フーコーの生政治学的な展開の意義そのものを明かすためにも必要である。確かにそこでは、ギリシアやストアのテクストに着目することで、フーコーは分析範囲をおおきく変容させている。とはいえ、それはたんなる古典回帰ではありえない。それは生命性への独自の関与を巡る、ひとつの方向の設定ではないか。

同時に、本節では扱いきれないが、ここで着目したいことは、パレーシアを主題化する最後期において、フーコーがカントの「啓蒙」に関する議論に留意していることである。その内容は、もともと「啓蒙とは何か」というテクスト（邦訳は『フーコー・コレクション6』所収）[36]として流布しているものであった。それはフーコーにおけるアクチュエル（現在性）というテーマ、つまりは近代に関する独特の見方ゆえに、とくに注目されるべきものであるが、そこでの議論の一部が、八二–八三年のコレージュ・ド・フランス講義『自己と他者の統治』と重なっていることは、また固有の配置の意義を喚起することでもある。講義におけるこの部分は、ある意味ではカント的な「啓蒙」の態度を、あるいはそこでの近代の成熟を、人類の「成人状態」として、すなわちあらゆるものへの服従をなさない自律した存在の仕方としてもちあげるものであった。[37]それは、ギリシア的なパレーシアを通過した、自己の自己への関わりに深くむすびつくものとして、近代的自律という位相の特殊性を称揚しているもののようにも読める。

古典に対する姿勢の屈折

だが、あれほどまでに近代に対して相対的（で批判的）な視点をとっていたフーコーが、ここで単純にカントをもちあげることを、素直にうけとめられるだろうか。[38]哲学のダイレクトな言説（真理とは何か、世界とは何か）に対し、どこか冷笑にも似た姿勢をとっていたフーコーが、プラトンやカントなど哲学の古典的作品に対し、その中心的な主題であるともいえる「真理」を語る＝パレーシアや、啓蒙というテーマについて、単純に賛同すると考えられるだろうか。こうしたフーコーの姿勢は、若くして訪れてしまった晩期の、生涯総体をみればむしろ逸脱的な部分とみなすべきではないのだろうか。

そういえる部分はあるだろう。確かにフーコーの古典回帰はそれなりに本格的であり、またその打ちこみ方はけっして中途半端なものではない。そこにカントを絡ませていく内容は、本章の註（37）でも触れたように、ドゥルーズとの連関を考えるときにも、後期の本質的な内容を含意しているといえる。だがそうではあれ、同様の主張をそれ以前のフーコーが述べえたとも想像しがたい。

むしろそれゆえによりいっそう、生命としての主体をひきたてた展開として、この道筋をとらえていくことも必要ではないか。フーコーのギリシアへの回帰やカントの啓蒙への評価は、近代批判の論脈からまったく外れたものではない。それは、近代における自己性を相対化したことの別の側面を明らかにするものであるともいえる。フーコーには、古典やカントに依拠することから、自らの言説を根拠化したり普遍化したりする意図はないだろう。根拠化するのではなく、むしろ近代の力学の強靭さをひきうけ、その底部をさらいかえす作業を、ここでなしているのではないか。そのかぎりで、それは「意識」ではない生命という、生の基底の形式を探ることに、そのままむすびついているのではないか。

この意味でもやはり「告白」というキリスト教的な「自己同一性」を産出する装置と、自由に自己の真理を語るパレーシアという、すれすれに重なりあう主題について、それらをどう差異化できるのかという論点がとりわけ重要におもわれる。自己の真理を語ることとは、いうなれば言葉を利用したかぎりでの自己制作のテクネーであり、身体化という位相（人口論で極限化させられた、その非人称的で脱中心的拡がり）から、そこでの生をそのまま自己性という極にひき寄せる方途ともおもえる。言葉というテクネーによる自己の作成の再度の試みとして、この議論をとらえていくことも必要ではないか。

自己の自己への関わりという超越論的底部

ここでの近代の「底部」をさらいかえすという発想は、それ自身、生態的な意味での超越論的場所性、そこでの生命としての自己という議論と関わりがないとはおもえない。だが、それを示すためには、フーコーが、自己の自己への関わりをパレーシアの実践としてとらえることの意味を順次確認する必要がある。そこで生命という質料的な「底部」と、その場での自己性の問いが提出されてくることの意義を考えなおすべきである。

その際に、第四章三節でも触れたように、[39] 自己の自己への関係性が、生命の形式性と無関係ではないこと、そしてそれが一種の超越論的な外部性の規定につながっていること、このことから確認しておこう。

八一‐八二年の講義録である『主体の解釈学』では、自己の自己への関係性という問いが、そもそもギリシアに淵源をもつ「汝自身を知れ」という「自己とは何か」という問いと関わることを示しながら、それを「自己意識」の方向でのみ探求することに、強く警鐘を鳴らしている。そこでは「汝自身を知れ」という自己の知が、そもそも「自己への配慮」という事情に裏打ちされているのであり、それがそなえている自己への実践的関わりを欠落させてしまうならば、きわめて限定的な事態のみが析出されると述べられるのである。同様の事情が、「省察」という、デカルトによってきわめて強い方向づけをもたされた言葉についても該当することは、この講義において何度か強調されていることでもある。[40] そこで自己の自己への関わりは、その関わりにおける「同一性」を形成するのだが、それは「自己意識」というモデルで把捉される同一性とは異なっているというのがそこでの趣旨である。

「フランスの歴史的伝統や哲学的伝統においては――このことは西欧一般に妥当するとおもわれますが――、主体や反省性や自己認識などの問題の分析全体の導きの糸として特権視されていたのは、〈汝自身を知れ〉という自己認識でした。〈汝自身を知れ〉ということだけを独立して考えてしまうと、偽の連続性が打ちたてられ、うわべだけの歴史がつくられてしまいます。つまり自己認識の連続的な発展のようなものが考えられてしまうのです。この連続的発展は二つの方向で復元されます。第一に、プラトンからデカルトを経てフッサールにいたる、根源性という方向。第二に、プラトンから聖アウグスチヌスを経てフロイトにいたる経験的拡張の方向での連続的な歴史です……しかしどちらの場合も、明示的であれ非明示的であれ、主体の理論が練りあげられず背後に残されてしまいます。そして私が示そうとしたこと、私がしようとしていることは、この〈汝自身を知れ〉を、ギリシア人が〈自己への配慮〉と呼んだものの傍らに置くこと、さらには自己への配慮という文脈や土台のうえに置くことなのです[41]」。

ここではさまざまなことが述べられている。

まず重要なことは、〈汝自身を知れ〉という自己認識に収斂していく問いは、独立のものとして成りたつのではなく、ギリシア的なものからフーコーがとりだしたい実践的な修練のあり方によってこそ支えられているということである。この意味でフーコーが述べている実践は、意識のあり方、あるいは超越論的意識性としての自己としてだけ解釈するならば、まさに「うわべだけの連続性」をもったものにしかならないことになる。

「この自己への配慮の歴史の内部において、〈汝自身を知れ〉は同じひとつの形式や機能をもってはいないのです。したがって、〈汝自身を知れ〉が開き、それがうけ渡すような認識内容は、その都度異なったものになるのです。つまり、用いられる認識の形式そのものが同じではないということです[42]」。いわばそれゆえ、意識の根源性は、実践の形式性に、その形式性としての超越論的機能に道を譲らざるをえない。逆にいえば、ギリシア的な自己への配慮をとらえるフーコーは、こうした自己への配慮を根源化や起源化とみなしているのではまったくないということになる。自己という形式を、根源ではないが形式性であるものととらえることが、フーコーの議論を考えるときに重要なのである。ではその形式とは何であろうか。それは生としかいいえないものではないだろうか。

一気に議論を先に進めず、もうひとつのあり方を検討してみる。それは、この自己認識というルートが、フロイト的な「経験的拡張」、つまり自己の知を無意識にまで求め、そうした無意識のなかに一種の連続性をみいだしていくという議論とも、何ら関わりをもたないということである。それは、やはり『性の歴史』の当初の構想が、フロイトの世紀における「精神分析」の猛威的状況に対し、生権力をそれに接合しながらも異質的なものとして提示していくことと対応関係にあるだろう。〈汝自身を知れ〉という論脈を、自己知の無意識や、無意識である自己の探求に依存させるかぎりでは、そこでは知のある種の二重化が果たされるだけである[43]。その議論は、探られるべき自己という形式性に届くものではない。そうであるかぎり、自己への配慮は、そうした自己の無意識に対する（そうした連続性の拡張の）探求なのでもない。そもそも「告白」という生権力的システムも、精神分析的な時代の系譜性に連なる装置であるかぎり、この場面にこそ位置づけられるのではないか。

こうした事態に連関して、つぎのようにも述べられる。

「(キリスト教的な生に対して、) 哲学的な生、あるいはテクネーによってえられると哲学者が規定し、課すような生は、レグラ (規則) regula にはしたがいません。それはフォルマ (形式) forma にしたがうのです。それは生の様式であり、人生に与えられなければならない一種の形式なのです。たとえば建築家のテクネーにしたがって美しい寺院を建設するためには、もちろん形式にしたがわなくてはなりません。技術的な規則は不可欠ですが、よい建築家はある程度まで自分の自由を活用して、寺院にフォルマを、美しい形式を与えなければなりません。同じように、人生の作品をつくろうとする人、生の技法をしかるべき仕方で活用しようとする人が頭にいれておかなければならないものは、規則性の網目や織物や厚いフィルターではありません」(44)。

自己への配慮においては、規則にしたがうのではなく、生の形式にしたがうこと、まさにビオスの形式にしたがうことが重要なのである。この形式が生の超越論的な底部そのものといわれていたものではないか。しかし、こうした形式とは真理との関連においてどのようなものといえるのだろうか。パレーシアという「真理を語ること」のテクネーを検討するのに先だって、この部分のテクストをいわば逆側から照射している、この講義の最後の部分をみてみよう。

ビオスへの配慮

この講義録の最後の部分で、フーコーは自己への配慮がひとつのテクネーであるということを明示し、それを生存の試練ととらえたのちに、そこでのビオスとテクネーの関係について追求している。そこでは、ビオスとテクネーが重ねあわされていた位相からの、双方の変質の方向が論じられているとおもわれる。

「ビオス、生とは、われわれの生存をつうじて直接に世界が現れてくる方法のことです。このビオスが試練であるということは二通りの意味で理解できます。〔第一は〕経験という意味における試練です。つまり、世界は、それをつうじてわれわれがわれわれ自身の経験をする場、それをつうじてわれわれが自己を認識し、自己を発見し、自己自身に対して自己を開示するような場として認知されるのです。〔第二に〕この世界、このビオスは、ひとつの訓練でもある、という意味にも理解できます。つまり、われわれが世界を出発点として、世界をつうじて、世界があるにもかかわらず、世界のおかげで、自己自身を形成し、変容させ、目的や救済に向けて歩み、自分自身の完成をめざすのです」(45)。

第一の方向性は、世界そのものが経験の対象として構成されてしまい、そのなかで西洋の哲学の思考が決定されることを示すものであり（そこでは「世界は思考されるのをやめて、テクネーによって認識されること」になる）(46)、第二の方向ではそれとまったく逆に、主体的なものとしての試練、あるいは経験がそれだけで独立してしまうことになる（そこでは「ビオスがテクネーの対象であることをやめて、試練の、経験の相関物になる」）(47)。そして最後に、この二つのあり方、つまりテクネーの対象である世界と、主体の試練とが重なる場面を探ることが、西洋哲学の挑戦であったと述べられ、ヘーゲルの『精神現象学』がその頂点にあることが示される。

この議論は、ハイデガーのテクネー論との関係を探ることも可能であるし、また、最後にヘーゲルがもちだされ（そして最後の削除された文言で「啓蒙」という語が使われていることも含め）(48)、この文章が次節のカントの「啓蒙」を扱う場面と明らかにむすびついていることを踏まえれば、さまざまに興味深いものである。

しかしこの段階では、とりあえずつぎのように述べておくべきではないか。生の形式とは、生の技法の探求であり、そこではビオス（生）とテクネーとのむすびつきが本質をなしている。しかし西洋的な思想のプロセスでは、それらが分離され、たんなるテクネーとしての世界や（それ自身はハイデガーのGe-stell に重なる）、たんなる訓練としての主体がみいだされてしまうのであるが、しかし生の形式の基底において（つまりは歴史的展開に関わりなく、ある意味ではヘーゲル的な思考やカント的な「啓蒙」において顕在化しているように）、この二つの動きは、それぞれ交差する相をもつのではないか。ビオスとはそもそもテクネーであり、世界とはビオスがテクネーとして自己に現れてくる場面総体のことである。その二つのあり方を区分してしまえば、自己認識と客観化された世界がとりだされてしまう。しかし（実際にはさまざまな時代に現れる）それがもっている「底部」をさらいだし、その議論を先鋭化させることが、そもそも自己への配慮の問題系のことではないか。

ここまでは、ギリシア的な自己への配慮が、自己認識の学と異なっていること、しかしそこでの自己の配慮という形式だ、まさに脱時代的なもの（啓蒙における「アクチュアリテ」が脱時代的であるように）と超越論的な場所性のようにむすびつく可能性が示された。つぎになされるべきことは、こうした議論と、統治性、告白、パレーシアという一連のテーマとのつながりである。

統治性と自己への配慮

「自己への配慮」というテーマが、自己と他者の統治というあり方で、統治性に関する議論の先に置かれること、そしてそこで生態学的で場所的な超越論性という、人口論がそなえていた論脈と微妙な重なりがみいだされること、これを検討しよう。そこで、漸くパレーシアという主題をとりあげることができる。とくに講義録『自己と他者の統治』では、パレーシア論が統治性の議論の一種の終着点のように記述されてもいる。

とりわけ一月一二日の講義においては、これまで論じられてきたことが知の形成、権力の規範化、主体の構成にまとめられると総括しながら[49]、そこで「真理を語ること」というテーマを認識的なものではないこと、つまり実践的な修練であるものとして描きつつ、それと統治性と自己への関係の主題をとりあげ、その三つの相関関係をむすびつける方途が探られている。そこではつぎのように述べられる。

「……自己と他者との統治という問題を提示することで私がみていきたいとおもうのは、〈真理を語ること〉(le vrai-dire)、つまり統治の手続のなかで真理を語ることという義務と可能性は、自己に対する関係や他者に対する関係において、個人がいかに主体として自らを構成するかということをどのように示しうるのか、ということなのです。統治の手続きと、自分自身と他者に対して個人が主体として構成されることにおける〈真理を語ること〉……」[50]。

「つまりいうなれば、ここでひとつの構造というか、ひとつのまとまりの重要な概念と主題とがまるみいだされるのです。自己への配慮、自己の認識、自己自身についての技法と訓練、他者への関係、他者によって統治されることと真理を語ること、またその他者から課せられる真理を語る責務、というような。パレーシアという概念によって、おわかりのように、真理を語るという責務、統治性に関する手続きや技術、自己への関係を構成することとが交差する地点に位置づけられる概念がえられるのです[51]」。

パレーシアとは何か、という問いを後回しにして、それと統治性との関連を考察するのは、議論の進め方として不適切かもしれない。しかし自己の自己との関係においてパレーシアが重要な意味をもつならば、パレーシアがまず統治性とどうむすびつくのかを考えることによって、統治性と自己論との関連に光が当てられるのではないか。そして同時に、統治性の議論が、告白というテーマや人口論を統合するものであるならば、告白とパレーシアという二つの事態の差異（それについてはすぐあとで論じたい）を越えて、統治性という主題そのものが、多義的でありながらも一貫性を保持しつつ、自己への配慮の議論に潜りこんでいく仕方がとりだされるのではないか。

先述の引用から示されることは、まずは真理を語ることであるパレーシアは、人口論においてその意義を提示された統治性と別のものではないということである。確かに人口論は、俯瞰的に拡散する生命を巡るものであり、自己の自己への関係性は、そうした俯瞰ではない視点としての自己を再度きわだたせるものととらえられる。真理を語ることであるパレーシアが、統治性のなかで位置づけられるならば、そこでの真理や自己の制作とは、そもそも語ることのテクネーによる、生命としての主体化を、別の仕方で示すものではないか。

そうであればやはり、告白というシステムとパレーシアとの関連が、統治性のさまざまなかたちという基盤のもとで問題視されてくるはずである。「告白」そのものが一種の修練でありながら、それがパレーシアとまったく別の位相に置かれるということは、あくまでも統治性という基盤のもとで、そこから自己意識には分岐していかない何かがとりだされるがゆえではないだろうか。

告白とパレーシア

もう一度議論が迂回するが、パレーシアそのものを論じる前に、さらに「告白」という主題とパレーシアとが、「統治性」というテーマを軸にして対立的な位置にあることを確認しておきたい。

前節で、「告白」という主題そのものがそなえている両義性について述べておいた。[52] それは、真理を語るというあり方において、「告白」というキリスト教的なシステムが特異な形態を導入しながらも、それ自身としても一種の「実践」であり、そのかぎりでそれは「知」の技法であると同時に実践的なものでもあることを示すものであった。だが、講義録でのフーコーは、そうした実践としての「告白」を留保つきで認めながらも、あくまでもパレーシアを、告白というシステムからは異質な方向にもっていこうとする。

まずは留保的な部分についてみてみよう。

「自己の実践およびその技法において、語りに関する規制や要請や教えはあるのでしょうか……キリスト教の精神性や牧人司祭制における、語る技法の、きわめて複雑で錯綜した展開、きわめて重大な展開を追跡し、そしてこの展開と関係づけられたときにはじめて、こうした問題を提起できることは明らかです」[53]。

「導かれるものは、何かいうべきものをもち、真理を語らねばなりません。しかし、真理に導かれる者、他者によって真理に導かれなければならない者が語る真理、こうした真理とはいったい何なのでしょうか。それは彼自身の真理です。こうして自己についての〈真理を語ること〉という課題は、救いのために不可欠な手続きとして書きこまれ、この義務は主体の自己鍛錬や自己変容の技術として書きこまれ、そしてこの義務は牧人司祭的な制度に書きこまれます。こうしたことは西洋の主体性の歴史あるいは主体と真理との関係において、非常に重要な瞬間（＝契機）をしるしているとおもわれます」[54]。

こうした意味で、告白の実践としての意義をある程度評価しながら、そして、真理を語ることの系譜がキリスト教の技法に継承されていることを認めながら、そのあとで、告白とパレーシアとの明確な差異が打ちだされることになる。そこではパレーシアに、告白に類似した要素があるとしながらも、そのあり方を、キリスト教的な精神性も含め退けていくのである。

「しかしながら［ギリシアにおける告白的な］こうした要素はすべて、厳密な意味での「告白」、精神的な意味での「告白」とは根本的に異なっているようにおもわれます……」[55]。

これにつづいて「主体は真理の主体にならなければならない」と述べられる。そこでは、「主体は自ら真理を語ることができなくてはならず、自分自身に対して真理を語らなければならない」のであって「自分自身についての真理を語ることは、必要不可欠では全然なかった」（傍点筆者）といわれるのである[56]。

これらの文言を検討してみよう。告白であれ、あるいはギリシア的な自己の技法であれ、それは確かに自己の真理と自己との関係性を扱っている。そこでは、自己の真理を導くものとしての師と、それに触発されるものとしての弟子がおり、その対話的関係のなかで自己の実践がなされていく。だがキリスト教の告白において、自己に「ついて」の真理をある機関（たとえば牧師であり、のちに精神科医であり、広くいえば規律社会そのものであるもの）へと告げること、そして、そうして自らの真理をいうことによって自己をしたがわせること、この折り目を形成することが重要なのである。だからそれは、身体の従順化を主体化とみなす生権力論の重要な契機をなすことになる。しかし、ギリシアにおいてのパレーシアは、こうしたかたちをとるものではない。

「つまり、――これはソクラテスがしていることですが――自分が知っているとおもっていないことを知っていることを主体に対して示してやることであり、また――これはソクラテスだけではなく、ストア派やキュニコス派もしていることですが――知っているとおもっていることを知っていないと示してやることなのです。いうなれば主体を試練にかけること、真理を語る主体として試練にかけることであり、それによって主体は真理の言説の主体化の過程や真理を語る能力がどれだけ進んでいるかを意識せざるをえなくなるのです(57)」。

「……キリスト教の精神性においては、導かれる主体こそが真理の言説の内部に現前し、この真理の言説そのものの対象として現前しなければならないのです。導かれる者の言説において、言表行為の主体は言表の指示対象でなくてはなりません。これこそ告白の定義です。ところがギリシア・ローマの哲学では、真理の言説に自ら現前していなければならないのは、指導者の方です(58)」。

告白と、ギリシア的なパレーシアとは、自己と真理との関連を巡って、そこでの主体化という問題に強く関連しながらも、しかしそこで真理に対する自己の位置そのものが対照的ともいえるように相違しているのである。「告白」以降の近代的な統治性、そこでの規律訓育的なシステムにおいては、自己に「ついて」の真理を示し、自己がそこで「対象化」されることが「主体化」と同時になされるべきことである。しかしギリシアにおいてそうしたことはなく、むしろ考えるべきは自己の自己に「対して」の真理の開示なのである。そこには師のような者、牧師にも似た何らかの者が介在してはいる。しかしそうであれ、その者は自己の無知を暴きつつ実践に導くものであって、真理の言説を保証しはしない。自己の真理は自己にこそ差し向けられるべきであり、そのかぎりにおいて、「真理の主体化」がなされるのである。

つまりは、告白もパレーシアも、真理と主体化というテーマを巡る、生権力論的な思考にとって根幹的な主題を扱うものでありながら、告白が自己を真理の客体とすることによって主体になるという（近代的な）折り目を確保するのに対し（それが内面化されたときに、近代的な道徳的内面性が形成される）、ギリシアにおいて果たされていることは、自己の自己への真理の開示のみなのであり、自己の自己への関わりとしての「主体化」だけなのである。告白にも一面はひきつがれ、また逆に告白の儀礼の前段階として読むこともできるギリシアの主体化は、しかし主体化と客体化に関して、告白とはあくまでも逆の方向を示している。(59)

パレーシアとしての主体化

さて、パレーシアが「告白」からこのようにはっきりと区分されるならば、そこではじめてパレーシアが何であるのかが明示されることになる。

パレーシアについてわかりやすい表現をするならば、それは語りの「率直さ、自由さ、あけっぴろげさ」であるとされる。この言葉はラテン語ではリーベルタースという言葉に該当するとされるが、フランス語では「率直な語り」(franc-parler) と翻訳されることになる。(60)

こうした、自由であり、率直さをそなえたパレーシアという語には、二つの敵が想定されている。率直な語りを妨げるそのひとつは「追従」(flatterie) であり、もうひとつは「レトリック」(弁論術) である。真理についての語りがまったき自由であるためには、それは何かに追従することもなく、それ自身が言説上のレトリックであることもなく、それ自身は真理を語ることであるべきだというのである。

追従からみてみよう。

「まず結論ですが、パレーシア(率直な語り、リーベルタース)とは反追従だということです。反追従だというのはつぎの意味においてです。つまりパレーシアにおいて、人とは語る人、すなわち他者に対して語る人であることは確かです。しかし追従の場合とは違い、その人が他者に語るとき、他者は自律的で独立的で完全かつ十分な自己との関係を構成することができます。パレーシアの最終目的は、追従の場合のように、語りかけられる人を語る人に依存させることではないのです」(61)。

パレーシアにおいても、他者に真理を語ることはある。しかしそこでなされていることは、他者の言説が保持している真理にしたがうことではない。他者から獲得することは、自己の真理へ向きあうことそのものであり、むしろ他者がなくてもすまされるということである。それゆえ、パレーシアにおいて他者は自己が従属する相手ではない。それはあくまでも、自己に対し自己の真理を示すことなのである。

そしてもうひとつ問題になるのがレトリックとの関係である。

パレーシアを形成する「率直な語り」とは、語りであるかぎり一種の語り方、語ることにまつわる技法であることを免れない。しかし、レトリックは、パレーシアがもつ自己のテクノロジーとしての技法とは区分される。パレーシアにおいては「真理しかない」。しかしレトリックにおいては、服従と同じ仕方で、他者に何かを信じこませることが目的となってしまう。レトリックの役割は「他者に働きかけることです。つまり集会の決定を方向づけたり、方向転換させたりすること、また民衆を導いたり軍を指揮したりすることです」[62]。だがパレーシアがなすことはこれとは違う。

「もちろんパレーシアでも他者に働きかけることが問題になります。しかしそれは他者を支配したり、他者を指揮したり、何かをしたりするように仕向けるのではありません。他者に対する根本的な働きかけの目的は、他者が自分自身に対して、また自分自身との関係において、至上権（＝主権）の関係を打ちたてることなのです」[63]。

では結局のところパレーシアとは何なのか。それが、自己の自己への関係や、そこでの自己への配慮の原型になるのは何故だろうか。

告白から規律権力にひきつづく「真理」の語りにおいては、従順な身体や、服従化としての自己を作成することが議論の核心に位置していた。それは、自己を自己でない者にしたがわせることにより、実際には自己を形成することを意味しているといえるものであった。ところが、パレーシアで問題になるのは、自己が自己にしたがうことであり、逆にいえば、何にもまったく服従しないことであり、いかなる他者にも服従せず、また服従させないことである。問題であるのは、そうした自己を構成するような言説のテクネーなのである。

一切の権威に服従しないこと、誰も何にも服従させないこと。これがパレーシアとしての自己と他者との統治性の原理であるならば、そこで先に述べた「啓蒙」と「現在性」を巡るカントの議論をフーコーが重視するのも理解不可能なことではない。フーコーがとりあげる啓蒙とは、まさに一切の権威にしたがうことなく、自らが自らのあり方を決定する「成人状態」としての近代を提示し、そうした時代を「現在性」の観点から思考するものであったのだから。

だがそうであるとしても、そうした「真理」と何なのだろうか。そうした「啓蒙的近代」とは何なのか。すでに述べたように、フーコーはけっして自己の言説の保証として、プラトンやカントを利用するのではない。そうであるならば、そこで真理とは逆説的に何によっても保証されない何かであるということにはならないだろうか。

ここで、生命や生態学的＝場所論的な超越論性に、統治性の議論がいたっていたことを、再びおりこませてみるべきではないか。パレーシアの真理とは、何かの内容をもつものではない。それは、自己に対して自己を対象化するものであるが、そうであるかぎり、真理は自己の真理を他の位相に回付して、それが真理か否かを決定してもらうものではないのである。こうした真理とは、超越論的な場所性という、空虚＝無意味であるが基底的なものをなしていたもの、すなわちこれまでのヴィータ・テクニカの論脈においてとりだされた生命論的質料性が、逆向きの仕方で自己論に反映した事象そのものであるとはいえないか。そもそも、一切の服従なき自己への真理の提示とは、自己が自己であることとして、その内容を何かに保証されることなしに（つまりは無意味としかいいようのない仕方で）真理であることを確保すること以外の何ものでもないのではないか。

統治性の論脈でいえば、これはつぎのことを帰結しはしないか。すなわち、パレーシアでとりだされる自己とは、視点としての自己が、規律化によって形成されていた服従化＝主体化（assujetissement）であったこととは逆のベクトルにおいて、まさに生命的俯瞰そのものにおいて、そうした超越論的な底部に位置する自己のあり方にほかならないのであると。それは奇妙な読みであろうか。しかし真理や、自己という形式や、そこでの実践を考えるかぎり、むしろ根本的な意味での生命的俯瞰がそのまま自己として成立していることが、ここで示されているのではないか。それゆえ、この段階のフーコーは、まさに「成人状態」として歴史を俯瞰するような、「啓蒙」を巡る議論に、必然的にいたり着いてしまうのではないか。

3　フーコーのテクネー論・未来のテクネー論

はじめに

最晩年のフーコーにおいて、きわめて目をひくのは、テクノロジー＝技法という言葉が多用されていることである。『思考集成』に掲載されている最後の二本の論考、ともにアメリカのバーモント大学でおこなわれた講演がもとになっているそれらが、テクノロジーという言葉を表題に掲げていることには、やはり着目せざるをえない。

もちろん、遺作となった『性の歴史Ⅱ　快楽の活用』（八四年）、『性の歴史Ⅲ　自己への配慮』（八四年）においても、自己のテクネーという言葉は主軸になっている。フーコーの最晩年の議論では、『性の歴史Ⅰ』以降きわめて重要な位置をしめていた「統治性」という術語が、「テクノロジー」へとすり替わっていくようにもみえる。もちろんそれらは、統治の技法や、自己の統治の議論の展開系にほかならない。しかしテクネーやテクノロジーという言葉が前景化し、統治という言葉が消滅していくことも、紛れもない事実である。

いうまでもなくフーコーのテクノロジー論は、常識的に「技術」について語られてきたさまざまな脈略からは相当にズレている。ことに、科学技術の目をみはる進展と、人間社会に対するその意義や効用、同時に違和感や脅威が語られるようになった一九世紀以降の論脈にフーコーをおいてみると、その奇妙さはよりきわだってくる。

晩年のフーコーは、しきりに西洋の歴史総体や近代性の再解釈（以下でも触れる「啓蒙とは何か」という論考などが代表的である）を視野にいれながら、ウェーバーやフランクフルト学派への言及もおこなっている。またこれも以下で論じるが、フーコーの「自己への配慮」としてのテクネー論に、ハイデガーの技術論への暗黙の参照を想定しない方が不自然であるともいえる。それらを踏まえれば、近代性の議論などで展開される、常識的にも流布しているような技術論の論脈とすれ違うかたちで、しかしより本質な地点においてそれらに絡むようにテクノロジー論を描きだした、フーコーの挑発を感知するべきではないだろうか。そして、現在においてテクノロジーを論じる側そのものが、こうしたフーコーの挑発にのってみる必要があるのではないか。

もちろんフーコーのテクノロジー論は、徹頭徹尾「自己のテクノロジー」論である。この「の」という言辞は、等価的な用法にほかならない。そこでは自己に対して、テクノロジーが外的に関わるのではない。自己であることは、そもそもテクノロジーによってしか作成されないし、作動しもしない。いいかえれば自己とは、テクネーの客体であり主体であるよりほかはないのである。

それゆえフーコーが、科学の営みを独立したものとしてとらえ、さらに個別のテクノロジーを俎上にあげることは考えられない。確かにカンギレム以降の生命科学のエピステモロジーは、医学史的な視線も含め、フーコーにとって十八番といえる領域であった。しかし彼が、「人間の近代的成立」と切り離して、生物学や医学のエピステモロジーを探求することはないし、またそうした仕事に意味があるととらえてもいないだろう。そのことは、初期のエピステーメー的な探求の結果である、『臨床医学の誕生』ひとつをみても明らかである。

さらにいえば、この論脈で想像しうるような、技術の進化的な獲得やその変遷、あるいはそれへのメタ的な視点（フーコーが熟知している論者をとりあげれば、バタイユやレヴィ＝ストロースにみられるようなそれ）が展開されているわけでもない。フーコーの視界にあるのは、『思考集成』の末尾を飾る論考「個人の政治的テクノロジー」でも、相変わらず、一八世紀の一時期の変化とそこでの「人間」の形成を巡るテクネーの議論である。それは、自身が二〇年ほど前に『言葉と物』で描いていた事態の、テクノロジー論的なとらえなおしにほかならない。フーコーの思考領域は、相当に狭く、逆にいえばその議論のたて方はきわめて頑迷であるといえる。「近代的人間の成立と崩壊」を徹頭徹尾探求し、それにともなうテクノロジーを追いつづけたフーコーの姿が浮かびあがる。

確かに「自己のテクノロジー」という講演も、それと強い関連をもった『性の歴史Ⅱ』『性の歴史Ⅲ』も、ギリシア・ローマという、近代とは異質な時代を扱っている。パレーシアをとりあげたときにも述べたが、そこで描かれる自己への配慮というテクネーは、告白から規律権力を経て「人間」の成立を描きだす文脈とは、さしあたりまったく無関係のものと描かれる。だがそれは、「人間」の外部であることにおいて、逆説的であるがやはり「人間」を包囲する何ものかを想定しているようにも読める。最晩年のフーコーが、「人間」の形成と、ギリシア・ローマ的な自己との異質性を明確にしながらも、これら両者を、テクノロジーという言葉でつなごうと試みていたことは、やはり着目すべきことである。

さて、これらを前提に、最晩年のフーコーのテクノロジー論を考えてみる。その際に、二つのアプローチが要請されることはいうまでもない。

ひとつは、フーコー自身の論脈におけるテクノロジー論の位置づけである。それは最後期の問題だけではなく、より広い視界においてとらえられるべきものだろう。

そしてもうひとつは、「技術論」としてはあまりに異様なその主張を、あえて議論百出である二〇世紀以降の「技術論」のなかに投げこみ、その可能性を探ることである。ベンヤミン、ハイデガー、フランクフルト学派（アドルノ）、ドゥルーズなどがさしあたりこの議論と関係するだろう。またそれは、近年の人類学的な技術論（ラトゥールやアクターネットワークセオリー）、もしくはメディアや生物科学の進展を素材としたさまざまな議論（スティグレール、マラブー）、さらには生のテクノロジーそのものである生殖技術論や生命工学論やロボット生命論にも連関していくに違いない。

本節ではハイデガーとベンヤミンについて簡潔に触れる以上のことはできないが、この両者との連接の試みは、二〇世紀におけるフーコーのテクノロジー論の核心をひきだす意味をもつだろう。

フーコーのテクノロジー論

フーコーがテクノロジー＝技術という術語をもちいるのは、晩年に限定されることではない。そもそも『監視と処罰』の規律権力の記述そのものが、建築テクノロジーの利用による、権力の発動のシステム論にほかならないものであった。そこでもテクノロジーは、権力の非人称化にとって根幹的な役割をもったものとして描かれている。

「こうした主体化＝服従化の技術(technique)をつうじて、[規律の身体という]あるあたらしい対象が形成されつつあるのである」[64]。「規律(la discipline)とは、権力の〈自然学〉ないし〈解剖学〉であり、ひとつのテクノロジーなのである」[65]。

規律権力では、権力の主体が目にみえることもないし、その操作が誰の何に対する操作であるのかも不明瞭な権力の仕組みが露呈される。そこでは、規律にしたがった従順な身体が、機械的なものとして産出されるのである。権力は抑圧ではなく、そうした規律の身体の力そのものを拡張するものである。そこではさまざまなテクノロジーが、規律化のために作動している。

規律権力におけるテクノロジーと、晩年のフーコーが論じる「自己のテクノロジー」とは、もちろん同じ位相に属するものではない。それは、規律権力－生権力のなかで語られていた「告白」という、内面化作成のテクノロジーが、ギリシア的な「パレーシア」と明確に区分されるのと同様に、「自己への配慮」による自己作成のテクネーとは異質なものである。規律権力のテクノロジーが、一種の機械になぞらえられうる従順な身体を産出するのに対し、自己のテクネーの議論では、統治性という自然性の水準をおりこんだ「自己への配慮」が問われていくのである。

それゆえ、「自己への配慮」において語られる「自己のテクネー」とは、統治性の議論が、偶然性や偶発性、未来の不定性や無限空間の支配不可能性を前提としたうえで、そこで自然的なものの統御に言及するのとパラレルに、まさに統治の不可能性を前提とした統治に近いものである。それは自然としての生の、不可能性をおりこんだ、コントロールの技法にほかならない。

その議論は、ギリシアからローマ期（ヘレニズム文化）に移行する『性の歴史Ⅲ』において、より明確に提示される。「自己」の「陶治」（culture）として、自己自身に気を配るあり方が、「生の技術」（technē tou biou）として描かれていくのである。生＝生活に関わるさまざまな事柄、もちろん性的な欲望の処理という『性の歴史』としては避けがたい主題も含め、散歩や食事や読書や入浴、こうした自然的な身体を生きるさまざまな諸相が、生活術としてとりあげられる。そこでは、ギリシア的な自己のテクネーが、国家的な色彩が強固であったことから、より個人主義的な記述に移行することがきわだたせられもする。だが、さらに重要なのは、むしろ自然としての身体や欲望、そこでの自然本性的なものに、視線が集中していくことである。

自然の力にしたがいながら身体を統御すること、これは規律化とはまったく異なった事態を提示する。規律化においては、主体化＝服従化という、主体の二重性のロジックがきわめておおきな意味をもっていた。それに対し、自己の自己への関わりとは、そうした二重性における自己形成の議論ではなく、一種の自然的領域における自由の議論とつながっている。前者は、規律化によって主体が何かに服従することにより、内面的な自白、良心の自由を獲得することを描いている。しかし後者では、自己の自己への配慮は、美学的（感性論的）な「生の形式」にほかならない。そこには、内面も良心も服従もない。自然的位相そのもの、そこでの身体の働きの自然に即したコントロールが重要なのである。

前者では、身体的な質料性は、いまだ物理機械的なものにすぎなかった。だから規律化のテクノロジーとは（一八世紀的な「人間の時代」そのままに）、自然的な質料性の（究極的には完全な）人間化を標的にするものであった。しかし後者では、自己は自己がそれである自然を「配慮」し、そのあり方にしたがうということで、それをコントロールする。それゆえそこでは、人間が人間化しえない外部である自然を、テクノロジー的な形式性において生きることが問われるのである。自然を人間化しきることなど、最初から問題でさえもない。そもそも人間化させることが原理的に不可能な、偶然性、無限性、未来性を帯びた外部に対する対応が、ここでの「配慮」の内容をなすのである。

統治性からテクノロジー論へ

　だがそうでありながら、こうした二つの事態が、最晩年において「テクノロジー」という同じ言葉で語られるならば、フーコーはそこに、統治性の議論を媒介としつつ、規律と自己論とのすべてを包括する何かをみていたとはいえないだろうか。キリスト教の「告白」（規律権力に属する）の議論で述べておいたが、フーコーは「告白」を、性の技法（アルス・エロチカ）とは異なった性の科学（スキエンチア・セクスアリス）として措定するのだが、結局それ自身も性の技法のひとつのヴァリアントではないかと自問してもいる[66]。つまり、師から弟子に実践的にひきつがれる、性的快楽をひきだす身体実践や技法とは異なっているが、言葉や知による快楽、内面化と人間科学の形成をとらえる規律的な事態も、広く実践の一種なのではないかと疑念をもつのである。それとほぼ同様の事情がここにもみてとれるのではないか。

　規律権力もテクノロジーであり、自己への配慮もテクノロジーなのである。その二つは、人間化と自然（外部）との関連において逆の方向を示すものであるにせよ、ともにテクノロジーと述べうるものなのである。フーコーは、自己のテクノロジーの議論ののちに、「個人」のテクノロジーという、はるか昔に処理していたはずの議論（規律権力の認識をさらに以前に越えて、『言葉と物』にまでたち返るそれ）をとらえなおす。それはきわめて意味のある振る舞いではないだろうか。つまり、統治権力がつなぐ探求の前後には断絶があるにせよ、その両方向はいずれにせよテクノロジーという言葉で包括しうるものなのではないか。

　ではテクノロジーとは、そこでは何であろうか。『監視と処罰』の規律権力の参照からみいだされるように、それは空間的で、それゆえ質料的な実践以外の何ものでもない。当然この論脈では、「身体」が重要な契機としてたてられる。もちろん先にも述べたように、規律権力の位相では、身体は物理機械のようにとらえられ、統治性以降の論脈ではむしろ生物環境機械のような不定性や複雑性が前面に現れてくる。しかしいずれにせよ、人間の統治、人間の管理、知と権力、それらが機能する場所は、質料的な空間なのである。そこでは、主体や主権や意志というものは、そもそも質料性や空間の配置や変容によって発生するものにほかならず、逆に空間の操作によって、そうした主体があることが把捉しうること、これがポイントになるのではないか。

　統治性の概念がテクノロジー論に移行することも、自然性との連関においてきわだたせることができる。統治性の概念からテクノロジー論への組み替えは、統治性という言葉につきまとうある種の人為的なニュアンスを、よりシンプルな操作性としてとらえなおしていくためのことではないか。統治ではないテクノロジーにおいて、自己や政治、そうした人為性を把捉しなおすこと、これは、自然的な質料空間に踏みこみながら統治を思考せざるをえなくなったフーコーの、当然の帰結であるようにおもえる。

ここでテクノロジーとは、自然や質料性の水準における主体化の実践にほかならない。そして重要なことは、そこでの主体の主体化が、人称的な行為でも、意図的な行為でもないということである。人称性や意図性の方が、テクノロジーによって産出されるということである。テクネー論とは、自然の非人称のなかでの行為論のことなのである。主体も意図も権力中心もなく、偶然性に充ち無限に拡がる自然のなかで、さまざまなかたちをとりながらも、自己が自己になることの条件が、テクノロジーという語やその内容に託されている。

フーコーが目にすることは叶わなかったが、二一世紀は紛れもなくバイオテクノロジーの時代である。だが、遺伝子操作やｉＰＳ細胞の操作によって、生命性の水準で自己の変容が可能になり、まさに自己をさまざまなレベルで作成しうるテクノロジーを手中に収めた時代と、ギリシア・ローマを題材とした古風なフーコーの「自己のテクネー」論とは、それほどまでにかけ離れたものであろうか。放縦に対する抑制、未知の結果に対する恐れと挑戦、偶然に翻弄されることへの諦め……こうしたテーマが、近代という時代の枠組みを越えて、現在の文脈のなかでも再び先鋭的に姿を現しているということはないのだろうか。

テクネーとヴィータ　1

生にとってテクネーとは何か。そうした議論を一般化して語るとき、フーコーのいささか特異なテクネー概念は、そこにどのように絡んでくるというのか。

技術や資本主義、そして主体性の歴史、これらをおり重ねるように問い詰めていくフーコーのテクネー論は、個別的な技術や道具の主題化にいき着くものでは到底ないだろう。きわだったテクノロジー上の変化、もちろん近年の生物工学的な進展や情報系の展開が、そうした議論の内容を揺るがせにすることは無視しえないとしても、基本的な思考の枠組みは、骨太の哲学的探求のなかからしかとりだしえないはずである。

ここではフーコーを軸に、まずはハイデガーとベンヤミンという二人の思想家を配置してみる。もちろん二〇世紀を代表する思想家であるこの両者は、やはりそれぞれの思考の背景を裏に秘めながら、二〇世紀的な「技術論」のおおきなラインをひいた人物としてとらえうる。

この二人とフーコーとの関わりは、間接的ではあるが、けっして小さなものではない。

フーコーとハイデガーについては、例の何トンものノートをとったというフーコーの回顧的な発言が真実であったかどうかはわからないが[67]、もとよりビンスワンガーなど実存論的精神医学への関心の顕著であった若き時代のフーコーが、ハイデガーを熟読していなかったはずもない。後期のフーコーにおいては、そこここに、ハイデガーに対するあてこすりや揶揄をみることが可能であることは、すでに指摘したとおりである[68]。

『性の歴史I』は、いうまでもなく「抑圧の仮説」を批判し、真理と主体との関係を問いなおすものである。そこでフーコーがダイレクトに標的にしているのは、もちろんフロイトと、その精神分析的な体制であり文化である。しかしながら、覆い隠されたもののなかにこそ真理があり、それを剥ぎとることが探求の道であるというロジックを痛烈に批判し、あるいはそうした語り方が「語り手の利益」として機能することを冷笑的に突きはなす記述に、ハイデガーのアレーテイアとしての真理観への対抗意識が働いていることは疑いえない。それは、ハイデガー的な神秘主義への論難であるというよりも、ハイデガー的な根源的真理の言説が、きわめて心地のよいスタイルであり、容易にある種の定型的な言葉を導きがちであることへの懐疑であるといってもよい。フーコーが、真理は産出されるものであると述べること、そしてその真理の産出がテクノロジーによるものであり、そこでこそ主体の実践が考察されるととらえうることには、ハイデガーへの強烈な意識を想定しない方が困難であるともいえる。

同時に、最後期のフーコーが「自己への配慮」を述べるとき、そこにもまたハイデガー的なSorge＝配慮／気遣いとの、対立的なむすびつきがみてとれる。

Sorgeとは、『存在と時間』において、実存的な存在者の存在論的構造を示すための鍵概念として機能するものである。とくに「不安」(Angst)によって実存の全体性が提示される、第四一節の記述は重要である。それは実存性(未来)・現事実性(過去)・頽落(現在)という三つの契機の構造的全体性を統括するものとして示されてくる。

「だから、現存在の存在論的構造全体の形式的に実存論的な全体性は、つぎのような構造においてとらえられなければならない。すなわち、現存在の存在は、(世界内部的に出会われる存在者)のもとでの存在(Sein-bei)として、自己に先んじて(世界の)内ですでに存在しているということを意味するのである。こうした存在が気遣い＝Sorgeという名称の意義を充たすのであって、この名称は、純粋に存在論的・実存論的に使用されている」[69]。

こうしたSorgeとは、道具的存在者に対する配慮的気遣い(Besorgen)[70]、他者に対する顧慮的気遣い(Fürsorge）とあわせて、ハイデガーの述べる、内存在（In-Sein）の基本構造を包括的に示すものである。それは道具や他者と関わりつつ、しかし実存であることにおいて自己自身に関わって実存する現存在のあり方を、根源的に規定するとされる。それゆえSorgeとは、いわばつねに自己への配慮にほかならない。それが、フーコーの自己論の論脈と重ならないわけがない。

しかしハイデガーは、存在論的な探求の方向性と、こうした実存の自己関係性を、「意欲や願望」「渇望や性癖」といった「生きていること」の諸特性とは明瞭に区分する。それらは、いわば存在的な対象にすぎないというのである。存在論的な構造は、それらに先だった根源的なものとしてみいだされるべきだというのである。

この議論は、『存在と時間』次節において、ラテン語のクーラ（cura）をひきあいにだす文章と、そこでブルダッハ（ベンヤミンの「認識批判的序章」でも引用されるドイツの人文学者）の解釈をもちだしながら、生の事実としての配慮の諸相が、存在論的な解釈に裏打ちされていることを指摘する部分にむすびついていく。

ここでフーコーが自己への配慮（やはりラテン語ではクーラであり、cura suiが自己への配慮にあたる）をとりあげながら、ハイデガーが存在的なものとして打ち捨ててしまう「生きていること」の議論をそのままとらえなおし、なおかつそこでの自己の「形式」を、ある種の超経験的な概念として探りだしてくることは、深く検討せざるをえない。ハイデガーでは、生の事実の水準としてとらえられがちなSorge＝配慮／気遣いの諸相は、そこから存在論的な実存の解明が導かれるべきものとして、存在論的な解釈がほどこされるものであった。しかしフーコーにとって、「生存の美学」という表現に明確にみうけられるように、そして「根源化」を志向する二〇世紀思考に完全に逆らうように、生きていることへの配慮そのものは、つまりそこでの身体運動や性欲や食事や散歩や時間の使い方などは、生の「形式」としてとらえられるべきものであり、自己論の核心に据えられるものなのである。テクノロジーは、けっして「根源的構造」という隠喩によっては惑わされない、この水準で機能するものである。

自己のテクノロジーが、こうした身体的で自然的な自己、まさにハイデガーが「生」として貶める水準での自己を標的とし、そこでの自己変容を「形式」としてみいだすものであることを、繰り返し強調しなければならない。それはハイデガーの技術論、とりわけハイデガー中期以降における歴史性と技術への問いの検討にとってもおおきな意味をもつ。

ハイデガーの技術論と、それに連関する諸議論（『技術への問い』（平凡社）の新訳、『ブレーメン講演とフライブルク講演』（創文社）の翻訳、加藤尚武『ハイデガーの技術論』（理想社）など）についての検討は、次節以降の主要なテーマとしたい。しかし、基本的にはテクノロジー、とりわけ近代科学の技術がそなえている体制が、自然の総搾取にあるととらえるハイデガーが、テクノロジー一般に対して、典型的に批判的な方向づけを設定したことは事実であるだろう。もちろんハイデガーとて、歴史的存在としての人間が、技術とまったく無関係に存在しうるとは考えていないし、ましてや技術社会以前へのノスタルジックな回帰を単純に志向するわけでもない。そこではやはり、近代科学という時代的制約のなかで、テクネーの本質が変容することと、人間のあり方との関連が、存在史という枠組みにおいてとらえ返されるのである。とはいえ、こうした姿勢が、ハイデガー前期の『存在と時間』で論じられた、Sorge の存在的な位相への軽視と、その存在論的根源化という思考の延長線上にあることは、これも当然のことである。

フーコーはこれに対して、あえて自己の存在をテクネーとしてとらえるとともに、自然的な身体というまさに存在的でしかない事態において、超経験的な「自己の形式」を探るのである。ハイデガーとの対比は、技術と生の議論にとって、きわめてポレミックな主題を提供するようにおもわれる。

テクネーとヴィータ　2

フーコーはこのように、さまざまな場面で暗黙裏にハイデガーの議論を射程にいれながら、自らの議論を形成してきたふしがある。それに比べて、ベンヤミンの思考について（あるいはそれ以降のフランクフルト学派系の思考総体について）[71]、フーコーは言及はなすものの、さして重要な発言をすることもなければ、共感を示すこともないようにみえる。デリダの『法の力』などを媒介にして、フランスでベンヤミンが一種流行するようになった時代（まさにフーコー的な建築論的で美学的な権力性の議論との内的な突きあわせがいくらでも可能になった時期）に、フーコーはすでにこの世にいない。しかし複製芸術を媒介として、やはり二〇世紀的な技術的思考の強力なラインを形成した、この極左マルクス主義者にしてユダヤ神秘主義者でもある不可思議な人物について、その思考と、フランス現代思想とをむすびつける論脈は、意外に数多い[72]。

ベンヤミンに直接言及したものではないが、フーコーの晩年において異彩を放っているテクストとして「啓蒙とは何か」がある。この書物自身は、カントの啓蒙概念を、意表を突くような仕方で評価したものであり、フーコーにとっての「近代」や、そこでの「自由」の概念を考えるときに、ポイントとなるものである。英語で発表されたこのテクストの前半と重なる内容が、コレージュ・ド・フランスの八二―八三年講義『自己と他者の統治』の冒頭でなされていることにも留意すべきである。この前年の講義、『主体の解釈学』から、フーコーは「自己論」のひとつの核心をなす、パレーシア（真理を語ること）の議論を展開していた。そこでの、いかなる権威にも服従しない自由な語りという主題は、内容的にも「啓蒙」という論脈と絡むものである。この議論のただなかに、カントの啓蒙が、そしてそこでの「理性の成人状態」についての記述が、かなり積極的ともいえる仕方で差し挟まれていくのである。

このように「近代」が論じられる文脈で、そこでの代表的な人物として、ボードレールがとりあげられる。フーコーは、ボードレールに体現される近代のあり方が、一面ではモード的な商品文化とむすびつく「移ろいやすさ」や「一時性」に関わることを認めながらも、そこからまさに「永遠性」の視界をとりだしていこうとする。つまり近代＝モデルニテとは、視線そのものがアクチュアルな現在という限定された場面に固定されながらも、同時にある歴史的俯瞰が可能になり、それゆえ自己が存在する位置を総体的に把捉できる立場にいることを指すというのである（それはまさに人類の「成人状態」であるだろう）。

この議論は、パレーシア論や自己論、そこでの自己のテクノロジー論の「形式性」が、いわゆる「人間の時代」という近代性の底をさらうような位相を露呈させるものであることに、つまりは考古学的で系譜学的な歴史性を可能にする超歴史的なものを明示することに関わっている。[73]

「ひとはボードレールのなかに、一九世紀における近代＝モデルニテのもっとも先鋭的な意識のひとつを認める」。[74]「彼にとってモダンであることは［移ろいやすく一時的な］この絶えざる運動を認めうけいれるということではない。反対にそれは、この運動に対して、一定の態度をとるということである。そして、この意志的で困難な態度は、現在の瞬間の彼方にでも背後にでもなく、その瞬間自身のうちにある永遠的な何かを把握することからなるのである」[75]。

ベンヤミンも、近代を巡るその思考の軸にボードレールをおいていたこと、そしてそこでのモデルニテに、静止状態の弁証法として示されうるような、現在性と永遠性のむすびつく場面をみていたこと、これは確かである。そこで考えるべきことは、もちろん「近代」という時代の位相そのものであり、それ自身がもつ意味である。それは、ベンヤミンの革命に関する政治的・宗教的な発想と、『複製技術時代における芸術作品』(以下『複製芸術論』)や『写真小史』における映像テクノロジーという主題とも、本質的にリンクしている。

『複製芸術論』は、素朴にみれば、複製技術の進展によって、芸術から作品の一回性たるアウラが消滅したことをノスタルジックに述べ、そこで大衆的なもの(まさにハイデガー的な「ひと」＝das Man)の勃興を批判したものとして読むことができる。そのかぎりで、この書物は、ハイデガー的な根源性の発想と同様に、芸術の本物性への懐古を訴えるものとして理解できる部分がある。しかし、ベンヤミンの議論総体を辿るならば、たとえばアウラの定義だけを考えても、ことは到底単純ではない。アウラ自身、真夏の透明な光のなかで、近くの山並みも遠くにみえることという、ある種のパースペクティヴ性の攪乱、遠さと近さとの混交として描かれている。写真や映画は紛れもない複製芸術であるが、しかしシュールレアリズムにむすびついた当時の芸術論のなかで、ベンヤミンはむしろそこに別種のアウラ性を読みこんでいくふしもある[76]。そして、パースペクティヴや遠さと近さとの攪乱は、紛れもなく写真や映画によって人間的経験になったといえるのではないか。それらは、「静止状態の弁証法」につながるような、今と永遠との時間的な重なりあいをとりだすテクノロジーなのではないか。

近代テクノロジーの産物にほかならない写真や映画は、そもそもアウラ的なものともいえる。あるいは逆に、視覚のテクノロジーが可能にしたあらたな視覚こそが、人間という進化的段階の途上にいる生物の眼ではとらえられない、新たな自然とそこでの時間的生の姿をかいまみせてくれるのではないか。それは、ベンヤミンにとっての歴史の議論と、あるいはそこでの歴史的主体の議論と連関しているはずである。つまりそこでは、近代テクノロジーが、本質的に人間の主体性の変容にむすびつき、その条件を可能にしているともいえるのである（それこそが近代の定義ではないか）。これを考えなければ、そもそも『複製芸術論』の末尾におかれている「芸術の政治化」（Politisierung der Kunst）という、反ファシズム的プログラムの意義をとらえることは困難だろう。

もちろん、ベンヤミンからハイデガーと類似したノスタルジックな主張をとりだすことも可能である。しかしベンヤミンが、機械文明の産物に対してかくも積極的な評価をなしていることを考えるならば、両者はむしろ対極的な方向を指し示しているというべきである。ハイデガーがゴッホの木靴の絵を愛好し、ゲルマンの土地に生きる農民に焦点を絞るのであれば、ベンヤミンは、アジェのパリの都市の写真、そこでのひとけのない人工物と資本主義的物品の散乱こそに光をあてていくのである。

フーコーは、ぎりぎりのところでベンヤミンに近い発想をとっている。フランス思想全体をみわたすならば、ベンヤミンの思考にダイレクトに接合させるべきは『シネマ』のドゥルーズにほかならない（とりわけ時間の結晶と、モナド的な歴史の結晶とのつながりは重要である）[77]。ドゥルーズは、映画というテクノロジーと芸術のあり方から、人間の変容をかいまみた。フーコーは、確かに自己の技法＝アートにおけるテクネーを、遠くギリシア・ローマにおいて（近代の外部において）みいだしてくる。だがそこでの視線は、一九世紀的な近代への視線と別物ではない。それが「啓蒙とは何か」のような近代＝モデルニテの議論を、自己論のあいだに不意に差し挟まざるをえなかった、フーコーの振る舞いのなかで露呈されているとはいえないだろうか。

技術論へ

さて、ここまでは、フーコーの統治性の議論を軸に、生命と主体、そこでのテクネーの問題について、場合によってはかなり仔細な検討をおこないながら記述をすすめてきた。ここから先に問われるのは、もはやフーコー研究ではありえない。フーコーのテクノロジー論を、二一世紀の技術論に開いていくことが、以降の課題として浮かびあがってくる。

フーコーのテクノロジー論は、すでに触れたように、人類学的な議論（ラトゥールなどの科学人類学の系譜における装置＝dispositif概念など）や、政治権力論的な議論、あるいは美学や空間性の議論にも数多くの貢献をおこなっている。そうした流れのひとつが、環境管理型権力におけるテクノロジーの問題であり、それが多くの検討すべき課題を提示していることは周知の事実である。しかしこれらの議論においても、フーコーがあくまで「自己のテクノロジー」というテーマを中心に、つまり自己性との関わりにおいて技術の問題を問うていることは看過されるべきではない。主体の存在を思考することと、テクノロジーを問い詰めることとは別の議論ではない。自然質料性における自己性を規定するときに、それがテクノロジー的に生産され、統御される事情を検討することが、何をおいても必要なのである。それは、「人間」という近代的対象の析出と解体を探ることの根底をなすような、「生命の主体」(近代的「人間」ならざるもの)の配備を考察するものになるはずである。

これらの議論を展開するためには、もちろん一方では科学技術論やそれが含む技術思想総体を、そして他方では人類学的で考古学的な思考をも包括する(バタイユやレヴィ＝ストロースが想定される)人類の古層からの自然の改変作業、道具性や言語、社会構築に関するさまざまなツールを、フーコーの枠組みを越えて検討する必要がある。それらも、ヴィータ・テクニカの探求を進めていくための、おおきな主題である。だが繰り返し述べているように、それをなすためにも、そもそもテクネーと生と人間というこの三項関係についての、明確な考察が不可欠である。技術論は、生命と主体性の産出という事態を軸に書き換えられるべきではないか。(78)

先述した、ハイデガーとベンヤミンの議論には、類似する点も対照的な点もある。ともに科学技術やメディア技術の進展が現実化した場面での、大衆的なものの勃興に対し、その堕落的なあり方を含め懸念を表明している。そもそも近代技術は、人間的経験を根源的に変容させるものであるかぎり、それが恐れや怯えの感情をひき起こさないはずもない。そうした情動は、現在にいたっても、右派であれ左派であれ、実際にはあまり変化することなく継承されているのではないだろうか。

だが同時に、ハイデガーのピュシス論と近代技術のもつ「総動員態勢」への批判は、技術に対してきわめて否定的な議論の、典型的なラインをひきだしているとおもわれる。そして、ベンヤミンが近代技術の提示する芸術によるあらたな陶酔と政治のあり方を、社会的革命や変革を視野にいれながら論じることは、テクノロジーに関する肯定的なラインの思考としてとらえることが可能である。

フーコーのテクノロジー論は、暗黙的にであれ、この両者と交錯させることにより、二一世紀的な技術論を更新させる触媒のような働きをなすだろうというのがここでのみたてである。

以上のことを念頭におきながら、近年さまざまに再検討の動きもみうけられるハイデガーの技術論、とりわけそのゲシュテル論の射程について、まずは検討をおこないたい。

第六章

ゲシュテルとパノプティコン

1　ハイデガーの技術論

はじめに

フーコーの議論が、とりわけ後期になるにつれてハイデガーを強く意識し、その対比において思考を展開する形跡があることはすでに記した。フーコーの発想は、それ自体として、カントとハイデガーというヨーロッパ哲学のメジャーなラインをエピステモロジー的に分散化させ、その外部を探りだしていく側面をもつ。『言葉と物』での人間（＝有限性）の形成と解体というヴィジョン、『性の歴史』における真理に対する視線、そして後期の自己への配慮というテーマ、これらが、ハイデガーの議論を前提にしながら、それとぎりぎりに距離をとることからみいだされてくることは確かである。

ここではテクネー論や、テクネーと生命に関する議論においても、ほぼ同様のことが述べられるのではないかと主張したい。あらかじめ結論を述べておこう。ハイデガーの議論は、そのいかんともしがたい保守性や時代錯誤性、それにナチズムへの親和性という、もはや常識的に述べ尽くされたネガティヴな側面をそなえていることは事実である。しかしそうではあれ、それは極限までフーコーの議論に接近している部分があるし、何にせよ二〇世紀の思想史をとらえるときに、どうしても論じきらなければならない対象であるにほかならない。このことは、テクネーに関する議論が、後期ハイデガーにとって巨大であればあるほど、より顕著になる。

こうした事態をとらえなおす契機として、最近の日本の文脈における、ハイデガー技術論への着目や再評価がある。

それらを列挙してみよう。まずは『ハイデッガー全集　第七九巻　ブレーメン講義とフライブルク講演』（森一郎訳、創文社）の、とりわけ技術論と関連が深いその前半部があげられる。それに連関して、加藤尚武の編集による『ハイデガーの技術論』（理想社）が、共著のかたちで刊行された。また、『技術への問い』の新訳（関口浩訳、平凡社）や、メディア論と連関させた諸論考（たとえば、『ハイデガーとマクルーハン』（合庭惇、せりか書房）、『存在論的メディア論　ハイデガーとヴィリリオ』（和田伸一郎、新曜社）など）もさまざまに目につく。ハイデガーの技術論は、どう評価するにせよ、それを越えないかぎり現代技術について語ることのできない、おおきな壁のような主題になっている。

このなかでも、とくに森の翻訳と、それを総括するような加藤の批判的議論の意義はおおきい。何故なのか。それはゲシュテル（Ge-stell）という、ハイデガー技術論の根幹をなしているが、従来は集－立や立て－組といった、それだけでは何を意味しているのか容易には理解しがたい仕方で訳されていた語に、さまざまな解釈の可能性を与えているからである。そこには、日本のハイデガー研究の第一人者であった渡邊二郎の作業がひきつがれているともいえる。

渡邊二郎は、ちくま学芸文庫の『ヒューマニズムについて』の翻訳で、ゲシュテルを「巨大－収奪機構」と訳すという、相当に踏みこんだ解釈をおこなっていた。森一郎は、ブレーメン講演の翻訳で、それを「総かり立て体制」と改変し、加藤尚武は、それらを前提として「徴発性」という訳語をうみだしている。渡邊において、現代文明の仕組みそのものにむすびつけられたこの訳語が、森や加藤においては、戦争との（あるいはとりわけファシズム期の戦時体制との）つながりを全面にだした仕方で描かれていることは明らかである。

ハイデガーの技術論が、現代技術の本質をゲシュテルにみて、それに対する典型的なアンチテーゼを提示していることを踏まえれば、ゲシュテルに戦時体制を重ねあわせるこうした読解が、いわゆるハイデガー＝ナチス主義者論争への一種の「反動」でもあるのではと勘ぐりたくもなるが、それはここではおこなわない。それ以上に重要なことは、こうした訳語によって、現代思想のさまざまなシーンとハイデガーの思考をつなぐ論点が明示化されたことである。

ゲシュテルとパノプティコンの連関

フーコーとの連関では、さしあたり二つのことを述べておこう。

第一に、ゲシュテルについては、その語感を繊細に辿る加藤の批判的解釈をのちに検討するが、加藤が、木枠のぎしぎし音をたてる様子などに仮託して語ることや、あるいはまさに渡邊が巨大‐収奪機構として描くことは、ゲシュテルと、フーコーの述べるパノプティコン・システムとの類似性をはっきりと想定させる。

ここでは、表面上の類似性だけが問題なのではない。技術を使う側である権力が、徹底的な非人称性を獲得し、自動機械のように効率よくその成果を発揮する本質的なあり方こそが、強く重なりあうのである。通常は隠されたものであるこうした装置が言表化されるやいなや、それは近代というシステムが担っていた、ある種の不気味さの核のようなものとして露呈されてくる。

それだけではない。フーコーが、パノプティコン・システムにおいて、まさに生物的な資源性として自ら服従することで、近代的な主体が無意識に形成されると描くのと同様に、ハイデガーはこの時代を、「忘却の忘却」としての「危機」の時代ととらえている。それは、近代を支える社会システムの素描でもある。それに無意識にまきこまれていることが、近代人であることを特徴づけるという、近代的な主体のあり方にダイレクトに関わる技術が、ここで問われているのである。

第二に、ゲシュテルが戦争や戦時状態と重ねあわされて語られていることである。森や加藤が、明らかに戦時状態をおもわせる訳語をこの言葉にあてはめたのは、現代技術の示す、資源を使い尽くすそのあり方が、戦時状態と同様にみえたからであるだろう。フーコーも、パノプティコン・システムを論じる『監獄と処罰』において、クラウゼヴィッツの戦争論のフレーズの転倒ともいえる、政治は戦争の継続であるというテーゼをもちだしてくる。[1] 近代戦における総動員体制的な状況が、技術論における、日常生活の微細な位相にまでその戦術がはいりこみ、それを経ることなくしては何をなすこともできないという事情とつなぎあわされている。

だが同時に、こうした戦争との重なりあいが、ゲシュテルとパノプティコンの双方に枠をはめこんでしまっていることも無視できない。

ハイデガーの技術論からひきだされてくる主題は、やはり国家と戦争というものになるだろう。(2) 非人称の巨大‐収奪機構が想起させるのは、まさにファシズム期における戦争であり、それゆえ、そこでは近代国家というシステムに収斂するかぎりでの近代性が問われているといえる。

フーコーもその点で同様である。パノプティコン・システムが問われだす生権力論が、さまざまな分岐を辿るとしても、そのひとつの帰着点がポリツァイ論であり、優生学を中継点としたファシズムの国家論であることは、紛れもない事実であるからだ。つまり、ここでの技術論は、「近代国家」に向けての議論にしかなりえないという限界をもつことになる。

それゆえ(以下で検討する加藤の批判でも、強く指摘されることだが)ハイデガーの技術論では、そこで想定される技術の水準がかなり単一的で平板なものになる。つまり近代化を凡庸に巨大権力の形成に仮託して語ったうえで、ファシズム国家を連想させるその不気味さを述べるだけにしかならないのである。それは技術論としてみたときに、恣意的な場面の選択におもえるし、問える事例に限界が生じてしまう。たとえば加藤は代理母問題など生命科学的な技術について、ハイデガーの議論では何も述べられないことを問題視するが、それは、こうした技術論が、近代という枠組みのなかでしか設定されていないことと連関するだろう。

フーコーが、自らパノプティコン・システムに代表される生権力の解剖‐政治学的な位相を抜けだし、錯綜した生政治学の展開に向かったのは、一面では、巨大‐収奪機構としてのパノプティコンだけでは、現代的なテクネーを含むテクネーの諸側面がとらえられないと考えていたからではないか。それは逆説的ではあるが、ゲシュテルとパノプティコンとの近さをかいまみさせてくれはしないか。だが、ゲシュテルにおいても、パノプティコンにおいても、そこからいかなる方向に抜けだすことが可能なのだろうか。

こうした視点から本論を展開したいのだが、そのために、まずはハイデガーの技術論がいかなるものであり、それがどのような限界をもつのかを正確にとらえる必要があるだろう。この点で、ゲシュテルに焦点を絞ってハイデガーの議論をまとめ、それを二つの方向（技術論そのものが特定のゲシュテルに単一化されることと、忘却の忘却としての危機からの「転回」（Kehre）という時代性との関わり）から痛烈に批判する加藤の議論を参照し、あわせて加藤のハイデガー批判そのものの吟味もおこなうこととしたい。

ハイデガーの技術論の内容

ハイデガーの技術論とは、どのようなものだろうか。

このテーマを考えるときに直接的な鍵となるのは、まずは一九四九年のブレーメン講演の、とりわけゲシュテルとケーレが扱われる部分である。ついで、それと内容的に重なった「技術への問い」の一九五四年の講演があげられる（下記の引用は『技術と転回』ネスケ社からおこなった）。そのいずれにおいても、ゲシュテルという問題そのものと、それ自身がもつ歴史性が、危機や転回を主題として記述されていることが着目されるべきである。

そのなかでも、もっとも重要なのは以下のフレーズである。

「われわれがこのゲシュテルとして思考している当のものこそ、技術の本質にほかならない(3)」。「現代技術の本質は、ゲシュテルにもとづいている……」[4]。

ゲシュテルこそが、とりわけ現代技術の議論の核心をなしているとされる。しかしそこで、Ge-stell という、ドイツ語としてもきわめて単純な構成をなしている、この言葉自身の検討が必要になるだろう。加藤の解説を適宜おりこみながら、おもに「技術への問い」にしたがってそれをみてみよう。

技術に関する論脈を、ハイデガー的にギリシアまで遡及させて考えると、そこでのテクネーの議論は、そもそもアレーテイアとしての真理と重なるものであることがはっきりする。

「技術は、Entbergen のひとつの仕方である……それは Wahrheit の領域に属している」[5]。

平凡社版では「開蔵」と翻訳されているこの Entbergen という言葉は、隠されているものをこちらへともたらすこと（Her-vor-bringen）であると語られる。そのかぎりで、それはハイデガーのアレーテイアとしての真理という発想と、深く絡みあっている。

それゆえ、こうした Entbergen そのものは、ポイエーシスとして、つまりハイデガーにとって肯定的に示される「創造的」なものとして示されるのである。そうであるかぎり、技術はそのまま真理の働きにむすびついている。

ところがこうしたあり方は、近代以降の社会のなかでおおきく変貌してしまったという。

「現代技術をくまなく支配している Entbergen は、いまやしかし、ポイエーシスの意味での Her-vor-bringen としてその働きを展開することはない。現代技術のうちに支配的な Entbergen は、一種の挑発（Herausfordern）なのである」[6]。

Herausfordern とは、ピュシス的な自然が開き示すことにむすびついたポイエーシス的なテクネーではなく、無理矢理自然を搾取的に利用する働きのことを指している。それは自然を「挑発」するのである。ハイデガーは、石炭や石油あるいは原子力エネルギーといった事例に基づいて、このことを論じていく。それらは、大地に包蔵されているエネルギーを、無理矢理にひきたてる事例だというのである。

ここで、以降でもおおきな主題になる風車の例もとりあげられている。ハイデガーは、風車は Herausfordern ではないと述べる。このことについての批判的検討はおくが、基本的につぎのような解釈が可能だろう。つまり風車は、風が吹くかどうかについては自然に任せたものであり、しかも特定の土地性との強いむすびつきのなかで、その働きをなしている。それに対して、エネルギーを搾取する現代技術は、いわば自然的条件や場所性との連関なしに、つまりそれが（あくまでもハイデガー的な視角で）自然におかれている文脈とは関係なく、エネルギーを確保し貯蔵するあり方とむすびついているというのである。確保や貯蔵の「無場所性」、自然との文脈の「切断」、それゆえにまさにそれを「意のままに搾りとるように利用できること」という論点が、ここでの中心をなしているとおもわれる。

「農夫の行為は、耕地の土地を herausfordern しない。穀物の種を蒔くという農夫の行為は、種をその成長力にゆだね、そしてその成長を見守るのである。いつのまにか、近年では畑地の耕作（Feldbestellen）も、自然を調達する（stellen）これまでとは別の Bestellen の吸引力にまきこまれてしまった」[7]。

ここで stellen、Bestellen が、アレーテイアの真理とむすびついた発想とは異なった仕方で、自然に関わる人間のあり方としてとりだされているのがわかる。もちろん、ここで述べられていることは、もともとは土地そのものに成長を任せ、そこからの収穫物をうるものであった人間の農業が、それ自身として機械化され工業化される（さらにハイデガーはあずかり知らぬことであるが、現在では先物取引商品としてグローバル的な金融の投機対象になる）といった状況において、それ自身も巨大－技術機構のひとつになったということにほかならない。この議論自身には常識的にもあまり異存はないだろう（しかし農業の問題については、まさに限定経済と普遍経済というバタイユの議論に戻って考えることも必要である）[8]。

「立てる」を意味するstellenのさまざまな変化型の、ここでの多様な使用について、加藤はつぎのようにまとめていく。

「「取り立てる」（注文する、返還要求をするbestellen）、「引っ立てる」（調達するgestellen）、「喚び立てる」（出頭を命ずるzustellen）などなど、さまざまな「……立てる」のお化けがいるようだ[9]」。

こうした「お化け集団」をとりまとめるものとして、ゲシュテルという言葉が用いられるというのである。このことは、「技術への問い」においてはつぎのように語られる。

「われわれはいまや、それ自体をEntbergenするものをBestandとしてbestellenするように人間を収集するあの挑発しつつ（herausfordernde）呼びかけ要求するものをこう名づける――ゲシュテル（Ge-stell）と[10]」。

こうしたゲシュテルの語感について、加藤はつぎのように詳細に分析する。

「技術的なものは、みなGe-のつく言葉で表現されている。ドイツ語の授業ではしばしば「山」（Berg）と「山脈」（Gebirge、複合語になるときは母音が変化しているが、元の形はGe-berg）という例を使って、Ge-という接頭語の説明をする。ここでハイデガーが使っている例は、山脈とは少しニュアンスが違う。柱組み（Gestänge）というのは、柱（Stange）が組み合わさったものである……しかし、時計とかの精密機械のように完全に各部分が相互関係をなしているのではなくて、どこかガサツな感じで組み合わさっている。そうした組み合わせを可能にする背後の組み合わせが、徴発性（Ge-stell）である[11]」。

またこれに関連して、先の風車の例をとりあげながら、つぎのように、すでに批判的論点をこめながら論じられもする。

「近代技術が「徴発性」（Ge-stell）の支配下にあることを認めたとしても、風車がどうしてそうではないと言えるのだろう。実は、「徴発性」と訳した「ゲシュテル」（Ge-stell）には車台とか足場とか骨組みとか「組み立てられた物」という意味がある。その意味からすると風車は典型的な「ゲシュテル」なのである[12]」。

加藤によると、風車自身はペルシャ起源でヨーロッパに輸入されたものであり、その存在は、ドンキホーテが風車を襲撃したことからもわかるように、まさに「なじみのない、不気味でありながら、ガサツなものでもあり、まさにハイデガーの言う「ゲシュテル」だった[13]」というのである。

ゲシュテルへの本質的な批判にすでに関わっているこうした論脈を辿るまえに、これまでのゲシュテルの議論をまとめておこう。

ゲシュテルの閾

ゲシュテルという言葉には、渡邊訳の巨大－収奪機構という訳語から推察できるように、もともと自然において出現してくる何ものかを、その資源性において徹底的にしぼり尽くし搾取するという意味あいが強い（それが人間の生物資源としてのファシズム的収奪にむすびついていく）。このことが、木組みや、枠組みや、仕組み、そのぎしぎし鳴りながら作動するという、働きの不気味さに重なって描かれていると考えるべきだろう。

まず、それが巨大‐収奪機構としてとらえられる側面をみてみよう。

ハイデガーは、ギリシア語のテクネーに遡りうる技術そのものは、ピュシスの真理性と重なるものであると考えている。これは、一般的に技術とは何か、あるいはテクネーによって自然と関わるわれわれの能動性とは何かを考えるときに、きわめて重要なことである。何故ならば、われわれの能動性は、そもそも自然から贈与された質料性やそのエネルギーを利用しなくては、作動しえないものであるからだ。だから、原則的にいえば人間の行為とは、いかなるものであれ、技術的であるよりほかはない。

ところが、こうした技術においてハイデガーは、いわば「良い技術」と「悪い技術」とを明確に区分しようとする。自然に即したエネルギーの利用がなされているのが前者で、無理矢理にそのエネルギーをひきだしとりあつめるものが後者であるとされるだろう。後者への批判は、自然への搾取論にも近い様相を呈しはじめる。そこで、-stellenという言葉をもちいた事態の総称として、ゲシュテルが近代技術の、つまりは悪い技術の典型であり、また本質でもあるものと描かれることになる。

ここから、先の加藤の批判にもつうじる、本質的な疑念がたてられるのである。テクネーが、そもそも自然の利用であるのならば、それはどの段階から搾取になるのか。そこで何かの区分をなすならば、それは必ず恣意的なものになるのではないか。ハイデガーにとって、風車は大地に根ざした自然なものであっただろう。だがセルバンテスの時代では、風車は外来の、きわめて不気味で、大地に根ざした農耕を破壊するお化けのようにみえていたはずではないか。

つまり、どこからテクネーがゲシュテルになるのかという議論が、ハイデガーではなおざりにされているのである。これはきわめて重要な論点であるが、その検討は次節にゆずる。

これに加えて、第二の側面として、ゲシュテルが、不気味な音をたてる自動機械として描かれていることも重要である。それは「良い技術」から「悪い技術」に向かうときの、技術の進化的な跳躍の契機を想定させるものだからである。ぎしぎし音をたてる巨大な装置とは、鍬であれ風車であれ、電動コンバインであれ原子力発電であれ、あるいはネットのトレーディングであれ遺伝子操作であれ、それ自身はつねに「機械」として表象され、しかもその段階的な進展をみいだすことが可能なものである。その進展は、実際には連続的であるだろう。だが一方で、常識的な直感としても、ある段階での「質的な跳躍」が存在することは確かである。むしろ、順次現れてくるそれらの段階のどれを根本的とみなすのかにおいて、さまざまな恣意性が働くのではないか。

そもそも機械とは、いかなる段階でも（つまりどんなに素朴なものを想定しても）、そのデザインや機能の側から、無意識に人間の行為を規定しにかかるという部分がある。そして技術の進展があるかぎり、その無意識の該当範囲はどんどん広域的になり深度をますだろう。そこにゲシュテルというあり方が関わっている。

この点について、いそいで二つのことを付記しておきたい。この議論では、フーコーのパノプティコン・システムがとりあげられたが、二〇世紀的な文化において、こうした巨大＝収奪機構の実例として想定せざるをえないのは、カフカの描く官僚機械であり、それとの重なりあいも強いドゥルーズ＝ガタリの機械概念である。(14) 近代における機械とは、こうしたさまざまな場面をつなぐ喚起力をそなえている。ハイデガーのゲシュテルの記述も、それに連なるひとつの例にすぎないのではないか。

ついで、ハイデガーにおいて機械が巨大 - 収奪機構へと変貌する「質的な跳躍」が、ひとつの時代とむすびつけられて、「忘却の忘却」と関連させられることにも留意すべきである。「忘却を忘却する」という事態は、ハイデガーの記述から、恣意的ではない技術のゲシュテルへの「質的な跳躍」の地点を探りだすための鍵になる。技術は、無意識の質料的で能動的な働きとして、つねに忘却させる力を含む。しかしここでハイデガーがとりだしたいのは、ゲシュテルが、「忘却の忘却」として示される根底的な「質的な跳躍」をそなえた、ひとつの時代に関与するものだということである。だがこれに対してもやはり、そのひとつの時代（それは「近代」と呼ばれるのだろうが）を特権視することは恣意的ではないかという同様の批判が、段階を越えてなされうるだろう。(15)

以上のようにまとめられるゲシュテルの特徴について、ついで加藤による批判を検討してみたい。加藤の批判はきわめて明晰で、ハイデガーの基本的な論点を攻略しているし、私も大筋において加藤に賛成する。しかしそのうえで、さらに加藤の批判を越えるような主張を、ハイデガーを現代思想の文脈のなかにおくことからとりだせないかを検討したいのである。

加藤のハイデガー技術論批判　1

ハイデガーの技術論に対する加藤の批判は相当に手厳しいが、ハイデガーの議論の脆弱さを突いていることは否めない。

加藤の批判は、技術論そのものを巡るものと、「忘却の忘却」に関連する「転回」を巡るものとの、その二つに分けられる。

第一の論点についてはこう述べられる。それは、技術についての「質的な跳躍」を巡る区分の恣意性に関与するだろう。

「素朴なものと不自然なものという誰にでも分かる枠組みに、郷愁をそそる風車と毒々しい近代技術とを割り当て、その分け方が何か本質的なものであるかのように思わせるトリックだけが、ハイデガーの固有性なのである……ノスタルジアを感じさせる低レベルの技術（ローテクとかスローフード）なら肯定できるという主張なのではないかという誤解を受けるだろう(16)」。

加藤はさらに、原子力発電の世代責任や、あるいはあらたな技術（例えば、代理母）に関する倫理的な規定が問題となるときに、ハイデガーの議論では通用しないと述べている。ハイデガーの議論は、基本的には「技術全体への批判」でしかないのであり、あらたな技術をまえにした個別的な局面では、このような「全体論」は役にたたないというのである。そこでは加藤は、むしろ「自分達は人間と自然とのかかわりのなかのどのような根源性を守ろうとしているのかということの再確認こそが重要(17)」であると、至極もっともなまとめをなしている。

さしあたりここから検討してみる。加藤の批判は、ハイデガーの技術論が、そもそもピュシスの本質にもとづく以上、それがゲシュテルに進展する場面を特定するならば、そのことはつねに恣意的なものにならざるをえないという議論に関連しているとおもわれる。そして、そうした技術の進展をひとつの代表的な例に仮託して語ってしまえば、技術批判の全体論になってしまい、さまざまな具体的技術に応答できないと論じている。この加藤の批判には、まったく賛成である。

しかし加藤も「風車、昔の森番、ゴッホの描いた靴やじゃがいも、野の道にかかる木の橋は「ポイエーシス」の側に属し、発掘、開発、コンクリート、化学的処理、在庫品、原子力エネルギーは「ゲシュテル」の側に属するという分け方は、非常によく分かる」(18)と記していることも、その文章がハイデガーの議論のトリックを暴く文脈におかれているとはいえ、やはり気にかかる。いかなる原始農業や風車であれ、それ以前の技術と対比すればゲシュテルではないかとハイデガーを論難しても、ハイデガーの言葉が、ある種の通りやすさをもっていることも事実なのである。むしろ問いを逆転させて、ハイデガーのトリックが、どうしてトリックとして容易に通用してしまうか、それを考えるべきではないか。そこでは、技術に関する直感的な「質的な跳躍」が、事実上発生しているからだとはいえないだろうか。

加藤のハイデガー技術論批判 2

こうした質的な跳躍に視点を移すならば、ブレーメン講演などで示される「転回」(Kehre)の議論が焦点になってくる。それはすでに述べたように、「忘却の忘却」という、「危機」の論脈に直結したものであるからだ。ゲシュテルが、それ自身巨大‐収奪機構として機能するときには、それが忘却させる力だけではなく、忘却を忘却させる力を発揮することがポイントになる。

これに対するハイデガーの対応は、「忘却の忘却」という「危機」の「自覚」に向かっていく。それは、ハイデガー自身の存在史の発想にのっとった、「転回」をよびかけるものでもある。そこでヘルダーリンの「危機のあるところ、救いもまた育つ」という言葉がクローズアップされる。加藤はそこに、忘却自身が忘却からの転回を含み、それを促すという「イロニー的構造」を読みとっていく。[19]

だが加藤は、こうしたハイデガーの議論も詭弁ではないかととらえていく（ヘルダーリンの言葉をイロニー的構造において読むことの不当性も指摘される）。[20]

「「危機が危機としてある」とは、ゲシュテルの自己欺瞞性が解体することであるから、技術の真理が明るみに出ることである。「忘却の転回」というのも、忘却が忘却そのものを忘却させるのではなく、忘却であることを思い出させて、忘却から見守りに逆転することである……存在の真理を見守り、その真理を保つ、牧人の営みが、キリストの再臨と同じように、歴史の眠りのなかから目覚めて、現れるということである」[21]。

「存在は本来的に生起して隠されたあり方から転換期に突入する。その転換のあり方をハイデガーは、瞬間的精神革命という様相で描きだす……ハイデガーは［存在の生起は］「因果関係ではない」という判断を示した後で、「いきなり……だしぬけに……突然の……」というような本来的生起のありかたを描いて、そもそも、存在の本来的生起が、どのような枠組み（カテゴリー）に属するものであるのかを述べようとしない」[22]。

加藤はこれでは「歴史転換の詩的神話」[23]を描いたにすぎないと述べている。それは、ヘルダーリンの詩が「キリスト教的象徴で描かれた革命の夢想」[24]の類であるのを利用しただけのものと論じられるのである。そして、こうしたハイデガーの論法は、技術主義の「細分化方法」へのホーリズム的な批判になるだけであると総括する。ここで先の批判と同様の結論にいたっていく。

これもきわめてもっともな批判であり、ハイデガーの議論の難点を巧く突いているとおもわれる。それは、ハイデガーの議論が技術の質的な跳躍をおりこんで論じられているにもかかわらず、その跳躍の時代性の設定がきわめて不明確であり、それゆえそこでの「転回」も、あらゆる瞬間につねに生じうる根源的な革命の類としてしか語られえないことを指摘するからだ。それでは歴史の議論としては、実際にはたんなるレトリックにしかならないのではないか。

加藤が、転回という本来的な生起が成立する因果関係の不在を指摘し、技術批判におけるホーリズム的な観点を批判することは、本来は脱時代的なものであるそれを、あたかも近代というひとつの時代のなかでの革命の特定の契機のように語ってしまう、ハイデガーのトリックを暴くものたりえている。

だがそれでも、ハイデガーの議論を、加藤の議論をすり抜けるかたちでとらえ返すことはできないであろうか。

確かにハイデガーは、危機における「転回」を、一種の瞬間的精神革命＝永続革命として論じており、時代的・歴史的には空疎な語り口をしている。だがそもそも革命を語る言葉が空疎になるのは、ある意味でやむをえないことである。それを歴史のなかでの記述として描くためには、特定の革命（転回）の発生を、やはり個々の技術に即して描くよりほかはないだろう。しかしこのことは、転回や永続革命そのものの否定ではなく、それがレトリックにおいてしか言表化しえないことこそに関わっているのではないか。技術のもつ「転回」が、それ自身個々の技術のなかに埋めこまれている永続革命ではありえないとは、どうしていえるのか。

加藤批判を突き抜けるには、ハイデガーには何が足りなかったか

　ここでは、ハイデガーに対する加藤批判に賛同しつつも、むしろハイデガーの技術論の別の側面をひきだせないかを検討してみたい。それは、ハイデガーを擁護したいがためではなく、むしろ彼の議論が、多くの現代思想、とりわけフーコーのそれに、事実多大な影響を与えていることに関係する。すでに述べたように、フーコーは、ハイデガーとの類似性をなかば自覚しつつ論を展開していったとおもわれる。加藤の批判を吟味することによって、ハイデガーの議論を生かしながら、それを突き抜けていく手だてがみいだされはしないであろうか。

　第一の問題は、ハイデガーが技術の質的な跳躍を具体的に検討していないことに関するものであった。それゆえハイデガーの議論は、ノスタルジー的なトリックを使ったもの、ゲシュテルを恣意的な対象として単一化するだけのものにしかみえないことになる。

　だが、技術がそもそも自然のEntbergenと関わるものであること、その扱い方に問題の鍵があること、この主張そのものには、ポジティヴに考えるべき論点が含まれているのではないか。ただしそのときに、ノスタルジー的なものと現代技術の二分法は厳密に退けなければならない。人類が自然を利用する行為は、最初からゲシュテルであり（ゲシュテル以外の文化などはどこにもない）、その跳躍は多重的なものにほかならないこと、そのうえで、「近代」とされる巨大な質的な跳躍があったとみなされがちであること、これを、むしろ技術の微細な部分にはいりこんだ諸位相において検討すべきではないか。ポイエーシスとしての技術を、必ずゲシュテルの要因を含んだものとして、細分化してとらえることはできないだろ

うか。

そのときに、ハイデガーのトリックは表面上のものになり、むしろゲシュテルの人間にとっての汎通性や、そこでの質的な跳躍の、実際にはさまざまに多重化されたおりこみ（モナド的といってもよい、技術のマテリアル性へのたたみこみ）こそが問題化されるのではないか。

自然の（ピュシスの）利用につきまとうゲシュテルを、考古学的水準からの時間枠を踏まえた汎通性においてとらえるならば、それは自然＝機械として、技術をさまざまなモデルパターンにおいて思考するドゥルーズ＝ガタリにもむすびつく（それは先のカフカ的な機械モデルとも関わる）。さらにフーコーが、ハイデガー的な時代の二分法に類似した論点をそなえていたパノプティコン・システムを組み替え、そこからドゥルーズ＝ガタリにより接近した生命＝機械的なイマージュにいたるのは、こうしたゲシュテルの連続性と断続性の問いを深く自覚していたからではないか。技術的な行為すべてはゲシュテルであるが、そこには微細な質的跳躍が無数にはいりこんでいることが把捉されるべきではないのか。

そして第二に、ハイデガーの「転回」論、すなわち「忘却の忘却」という「危機」が「転回」を促すという議論は、出来事の因果性の設定なき永続革命論ではないか（それはやはり技術の全体性に依拠したものではないか）という批判を考えてみる。ハイデガーは、歴史的な時期性として設定しえない本来的生起（エルアイクニス）を、歴史的時期であるかのように言明し、ある種の危機あおりのレトリックといえる語り方をなしていた。だが、こうした語り方を排除したうえで、永続革命のような本来的生起は、実際に生命や実在や物質性からテクネーをとらえるときに、その基底にみいだしうるとはいえないだろうか。むしろ、出来事に個別的な因果を探るべきだといいたげな加藤の批判とは逆に、こうした永続革命的な事態が、それこそ細分化・微分化され、さまざまな事例におりこまれていることをとりだす必要があるのではないか（そこでも、モナド的な連続性と不連続性のモデルが重要になる）。

キリスト教的な救済論という歴史の語り方は、ベンヤミン・モデルの技術論(25)にも、またマルクス主義の流れの末裔にほかならない公害論、原発論、環境論、温暖化論の言説にも共通しているだろう。それもすべて歴史の欺瞞的トリックだと述べることはたやすい。また、フランス・ポストモダンが、良かれ悪しかれハイデガーの影響をあらわにするときに、こうした語り口のトリックをも導入してしまったことは事実である。だが、危機はあらゆるところにあり、それゆえその自覚が、いつでもどこでも「転回」にいたりうるという発想が生じることは、技術の危機もまた微分化され、あらゆる質料性と能動性の関わりのなかに埋めこまれていると想定するならば、当然のことではないか。それは、モナド的な多重性を前提とする革命のような様相を呈するが、しかし技術が自然の生命や質料性自身と関連するのであれば、そこに内包される力と危機とが汎通的に、いわば汎時代的に生起として示されるのは、実は避けがたいことなのではないか。

ハイデガーの語り方に対する疑義は、フーコー自身も、パノプティコン・システムから生政治論への展開を描くとき、自らに向けていたものでもあるはずだ。パノプティコン・システムは、ゲシュテルの装置そのものであり、近代の不気味さや権力発動の無意識性を描くその内容は、ハイデガーの述べる「忘却の忘却」にきわめて近い。しかし彼が、『性の歴史Ｉ』の冒頭で、意図的なフロイト－ハイデガー批判ともとれる、アレーテイア的「真理観」の棄却をなすときに、フーコーは、いささかハイデガーじみた装置を自らも提示してしまったことへの、ある種の自己総括をおこなっているようにもみえるのである。[26]

これを踏まえてこそ、ピュシスの永続革命性と、その出来事への微分的なおりたたみ、それと技術と主体との連関という、ハイデガーがけっして思考しなかったことに、踏みこんでいく可能性が生じうるのではないか。

2　テクネーの主体とは誰か

はじめに

前節では、ハイデガーのゲシュテルと、フーコーのパノプティコン・システムとの関連性を問い、それらがある部分できわめて類似した発想に基づいていること、にもかかわらず生命を問うフーコーは、そのプロセスにおいて、パノプティコン・システムに仮託させたテクネー論を、身体と自己のテクノロジーのなかで変容させていくこと、これらを指摘した。そこでは、加藤尚武のハイデガー技術論への批判をとりあげ、その趣旨におおまかには賛同しながらも、しかしハイデガーが「存在」に即して描いていくテクネーを、生命論の方向に、技術の質的な跳躍の微分化を軸として読み替えられないかについて検討した。このラインは、ハイデガーのテクストだけからとりだすのは困難なものである。しかし技術についての論脈を、二〇世紀や資本主義総体に重ねあわせて描くならば、ハイデガーをつうじて、さまざまな方向性を模索する作業は必須であるだろう。そこでさらに、同様の時代背景において、しかし本質的にはまったく別様に技術を把捉していたベンヤミンや、あるいはフーコーの後期の議論に密接に絡みあうドゥルーズ゠ガタリの着想との重なりを考察するべきでもある。

こうした方向性を提示しつつ、ハイデガーの技術論を生かしながらもそこから距離をとるために、前節でもとりあげた、ゲシュテルとパノプティコン・システムの類似性の一側面を焦点化してみたい。それは、両者と国家や戦争との連関である。

前節の論旨をまとめておく。ハイデガーのゲシュテル論において重要であったのは、まさに近代技術の核心にあるゲシュテルという言葉の解釈そのものであった。そこでは、ハイデガーの翻訳の近年の歴史のなかで、この語が「巨大‐収奪機構」「総かり立て体制」「徴発性」と訳される流れが生じていることに注目した。それらの訳語に共通するのは、二〇世紀の近代戦に重なりあうように描かれるテクネーの姿である。こうした言葉はまさに、総力戦である国家間戦争において明確になった、国民の生命そのものの資源化とその徹底的な収奪とを想定した用語であるといわざるをえない。そうであるかぎり、技術の議論には、そもそも人間と自然（自然資源）との関係において、総力戦的な事態が根本的にはいりこんでいることになる。自然を利用する人間のあり方が、ここではむしろ人間を利用する人間のあり方から把捉されているのである。これは逆なのではない。このことは、ハイデガーからとりだせる倫理が、自然や生に直面するときに、最初からどのような方向性を含意しているのかを明示するものといえる。

このことのもつ意味はおおきい。それは、まさに技術を利用する主体とは誰かを問題とするものだからである。ゲシュテルの働きにおいて、とりわけパノプティコンとの関連に即して考えれば、それらの特徴は、まさに非人称的な自動機械として作動してしまう不気味さこそにあった。つまり「誰が」ということが問えないということにあったのである。しかし、フーコーのパノプティコン・システムもそうであるように、それが近代的戦争という事情と深くむすびつくならば、やはりその答えでは不十分である。非人称の巨大技術を利用する主体とは、ファシズム的なものにモデル化して語られる近代国家なのであり、国家論が技術論の根幹に置かれるべきだというのが、こうした思考からでてくる自然な帰結であるだろう。そこでは非人称の主体は、比較的明確に特定しうるのである。

だが、ハイデガーの技術論総体につきまとう単調さや全体性、それが自然への対応であるかぎり、実際には多様に想定しなければならない諸段階を無視していることの問題性（前節では、このことを、まさに加藤のハイデガー批判に依拠しながら検討した）は、こうした技術の主体が、近代ファシズム国家という単一的な事例を想定していることにむすびついているのではないか。そうであるかぎり、こうしたファシズム国家論との関連は、むしろハイデガーの技術論に、きわめて限定された制約性を与えているものではないか。

これらの議論の内容は、実際にはフーコーにも共通するものである。フーコーが、パノプティコン・システムを軸に規律権力を構想したときに、やはりクラウゼヴィッツの戦争論の転倒としての、戦争のモデルこそが重視されていた。規律権力的な政治とは戦争の延長そのものであること、つまりパノプティコン・システムにまつわる技術は、戦争の諸事例と類比的にとらえられうることが重要であった。そこでも、まさに資源としての人間の力能の収奪と、その徹底さこそがポイントになっている。そうである以上、こうしたフーコーの定式化の裏に、技術の主体としてのポリツァイ的国家（警察国家）というテーマが控えていることはいうまでもない。フーコーの生政治学が、ある時期に、優生学や人種主義を軸としたポリツァイ的な国家を、つまりはまさに血の国家たる民族国家とそれにつながる福祉国家を標的としていたことは、このことを強くしるしづけるものであるといえる。ここで、技術を巡るハイデガーとフーコーの視角は、深くおり重なっている。

とはいえフーコーは、「自己のテクネー」の議論において、自然的な身体により密着したテクネーを論じだす際に、むしろパノプティコンのような非人称的で巨大な装置をひきあいにだすことを放棄している。そこではもはや、国家という体制からも切り離された自然としての生が中心に置かれるのである。だが、技術の主体との関わりで、ファシズム国家やその政治体制、あるいは近代戦的な事態を想定することは、きわめて強固なものがある。確かにベンヤミンの複製技術論や、ドゥルーズ＝ガタリの戦争機械論も、その文脈に配置されうるものである。もちろんベンヤミンやドゥルーズ＝ガタリにおいて想定されるこうした事態は、前節でも述べたように、微分化された技術の諸段階を考察することで、ハイデガー的な技術論の平板な単調さは免れている。だがそうであるとしても、国家と戦争との連関において技術を把捉する設定が、汎通的にみうけられることそのものを考察することは必要であるだろう

このことを考えるために、まずはハイデガーの技術論と政治性との連関において、加藤尚武『ハイデガーの技術論』所収の轟孝夫による論考を検討したい。

技術論と国家論との重なり

加藤尚武編『ハイデガーの技術論』第三章には、轟孝夫の「技術と国家――ハイデガー技術論の射程」という論考が置かれている。轟には、より包括的にハイデガーと政治性の議論にも踏みこんだ『存

在と共同』（法政大学出版局）という著述があるが、今回はこの小論考に限定し、ハイデガー技術論がそもそも国家論でもあるという、彼の明確な主張をとりあげたい。ここでは、この轟の主張そのものに基本的には賛成しながらも、それ自体を相対化することをつうじて、技術論を別様に展開する道を探っていきたいのである。

この論考での轟の主張のポイントは、つぎの三点にある。

ひとつは、ゲシュテルへと結実するハイデガーの技術論は、四九年のブレーメン講演において突然現れたものではなく、そもそもハイデガーの議論の当初からみてとられ、なおかつそれは、つねに「政治的文脈」のなかに置かれていたということ、ついで、こうした技術論の「主体」は「国家」と明示しうるということ、そして最後に、これらの議論を考慮することで、ファインバークや村田純一による社会構成論的な視線からのハイデガー技術論批判に反批判が可能であるということ、これらである。個々の論脈においては、きわめてクリアな整理がなされている轟の主張を、以下でまずは追ってみる。

第一点については、このようにはじめられる。

「この一九三〇年代後半から四〇年代半ばまでの時期は、戦後の技術論を特徴づけるゲシュテルや在庫という術語はまだ姿を見せていないが、彼の技術論を構成する基本的論点はすでに出揃っている……一九三〇年代後半のテクストにおいてとりわけ顕著なことは、技術がつねに現代国家の総動員体制、ナショナリズムとの関係において捉えられており、そうした意味で彼の技術論が「政治的な」文脈のなかに位置づけられているということである」[27]。

ハイデガーの技術論は、その特異なジャーゴンに着目すれば、後期に固有のものとみなされがちになってしまう。しかし轟は、三〇年代の論考をとりあげながら、こうした技術論の発想は、初期の論考からもみいだされ、さらにそれ自身政治的な文脈と関係していると論じていく。三八年までの段階（これを轟は第一期のように分類している）では「技術はまだ通りすがりに言及される」[28]だけである。しかしそこでもピュシスとしての自然のあり方や、それを非自然化するものとしての技術が記述されていることは確かであるというのである。それはいまだ、機械や具体的な装置という文脈のなかに置かれはしないが、自然の対象化、あるいは歴史的世界の対象化という方向で、自然への作為性が示されている。このことが技術論にとって萌芽をなすというのである。それがハイデガー技術論の底部をなしていることは、注目されるべきである。

さて、ついで轟は、三〇年代終わりに、技術に関する言及が増大することに着目している（三八－四六年を轟は第二期のように分類する）。そこでは『省察』（全集第六六巻）、『存在の歴史』（全集第六九巻。創文社版全集の題名では『真有の歴史』）などの文献が重要視されるのだが、ここで第二のポイント、つまり技術の主体としての「国家」という主張がきわだってくるといわれる。つまり、自然＝ピュシスの対象化としての作為性のテーマが、一般的に論じられていた段階を脱し、その「主体」に関する設定が明確化されてくるというのである。轟はつぎのように述べる。

「こうした作為性という意味での技術は、人間が主体として規定されている限り免れうるものではない。というのも、そもそも主体であるということが、こうした作為性としての技術にしたがうということそれ自体を意味するからである。要するに作為性は「主体性」の別名であるが、この主体性は上の引用でもはっきりと指摘されているように、基本的には「国家の共同体」、すなわち国家そのものという具体的形態を得るのである。これまであまり注意されてこなかったことであるが、ハイデガーが主体性というとき、そこでは個人的な主体ではなく「国家主体」が念頭に置かれている。このことは『存在の歴史』で「主体性の本質帰結は、諸民族のナショナリズムと民族の社会主義（der Nationalismus der Völker und der Sozialismus des Volkes）である」（GA69, 44）と言われていることからも明らかである[29]。

技術によって、自然に対する人間の主体的な作為性が目にみえるものになる。しかしそこで技術の主体が、個々人を越え、人間という種そのものの自然に対する作為性を問うものに変容されるならば、ここで技術の主体として、何らかの非人称的な人間集団が特定されなければならないだろう。この非人称性のあり方に「国家」という名がふされるのは、ある意味では明快な展開である。フーコーも、パノプティコン・システムの規律性への考察を深化させるとき、ポリツァイや福祉国家を論じるのであれば、それはハイデガーが「民族の社会主義」についての議論を展開することと非常に近いものがある。その意味でも、パノプティコン・システムを述べるフーコーは、巨大技術の主体とは誰かという問いについて、やはりきわめてハイデガーに接近しているといえる。

さらに轟は、ハイデガーの共同的国家性＝形而上学的なコミュニズム論をとりあげるが、そこでのコミュニズムの発想に、自然への作為というかたちと重なる「授権」（Ermächtigung）という言葉との関連を示している[30]。もちろんこれはニーチェ的な力への意志との関わりがおおきな言葉であるのだが、これもまた、バイオポリティックスのなかで語られる権力**pouvoir**（＝Macht, Gewalt）が、つねに自然への技術的な働きかけとしての力と、人間の権力的な関係性との二義的な連関において把捉され、しかもその境界が本質的に曖昧であることに関連してもいるだろう。

こうした国家という「主体」の明示化は、どのように顕在化したのだろうか。轟はそこに、二つの側面をみている。

そのひとつは、もちろんナチズムが政権を掌握するという時代状況的な背景である。この点で、技術の主体への省察が、確かにファシズムとの連関のなかできわだってくるという、ベンヤミンやフーコーと同様の背景がとりだせる。

もうひとつは、エルンスト・ユンガーの『労働者』の影響が強くみいだせることである。轟はハイデガーの「技術への問い」の記述に、ユンガーの、ニーチェの形而上学を想定した議論が前提とされていることを指摘し、つぎのように述べている。ユンガーがその著作で、機械や人間は技術そのものではなく、「技術が形作る全体性の一分肢」[31]でしかないと述べている点が、きわめて触発的であると描かれるのである。

「この力への意志の形而上学に基づいて、技術を「労働者という形態」による世界の動員として捉えるユンガーの議論が、一九三〇年代終わり以降のハイデガーの技術論の枠組みを規定している……ユンガーを経由することによって、国家の総動員態勢と結びつき、これが上で見たようなハイデガーの第二期における特徴的な議論として具体化されているのである」[32]。

ここでは詳述しえないが、ユンガーらの「保守革命系」の思想が、ある種の反動的モダニズムにむすびつけられて、一概に右翼的とはいいがたい技術との複雑な関連をもつと読まれることは確かである[33]。ハイデガーにおいて、テクノロジーとナショナリズムが重なりあうことは、こうしたユンガー的な発想を背景としているといえるのだろう。

轟は、こうした三〇年代後半に提示された議論が、技術論においてもそのまま継続されていると主張する。技術を明確な主題とするこの時期では、ゲシュテルという術語で技術論が描かれると同時に、逆に国家という技術の主体性の提示は不鮮明なものとなる。しかしそこでも、講義録などを検討するかぎり、ゲシュテルを機能させる主体として、国家が想定されていることには変わりがないと述べられる。この議論は、テクスト的な根拠はいささか希薄にみえるが、しかしその主張そのものには納得できるものがある。何故ならば（轟が主張したいこととは真逆であるが）、ファシズム国家を技術論の主体と規定することが、ハイデガーの技術論の単調さや陰影のなさ、あるいはその応用範囲の狭さを巧く説明することになるからだ。しかし、技術は、ファシズム的な国家という主体をもってしか存在しえないものなのだろうか。技術の議論からは、その政治性がとりさられえないことを認めたとしても、そのうえでなおその政治性は、特定の色彩をもった「国家」によってしか示しえないものなのだろうか。

ハイデガー技術論の閾

さて、ここからハイデガーの技術論と国家論を巡る轟論文の第三のポイントにはいる。この検討は、技術論としてハイデガーの議論を、どう利用できるのかという論点をしぼりだしてくる部分であるといえる。

轟は、村田純一やファインバークらによる、ハイデガー技術論を技術決定論であるとみなす議論を反批判する。村田やファインバークの発想は、先にとりあげた加藤尚武のハイデガー批判、すなわちハイデガーの技術論は技術の「全体論」ではないかという批判と関連する部分がある。だが、社会構成性、解釈の柔軟性、民主主義的な合意の介在という論点を強調することにおいて、こうした批判は、加藤のそれとは異なった側面をそなえてもいる。ここでの技術決定論とは、ハイデガーの述べるゲシュテルのような巨大な技術の理解をなしてしまえば、そうした技術に抗することが不可能になってしまい、そこでさまざまな社会構成的・解釈学的・デザイン的な介入が可能な側面が無視されるというものである。ファインバークの議論では、さらに資本家との社会的関係を問い、そこで形成されるヘゲモニー性を考慮することによって、いっそう技術論を社会論的に開いていく可能性が示唆される。

ここでは村田やファインバークの、それ自身は興味深い論点については扱わない。こうした社会的な構築性やデザイン論、民主主義的合意や政治的なヘゲモニー関係を技術論において押さえることは、確かに重要なテーマであるだろう。とりわけ村田がアフォーダンス的・生態環境学的な視線を内容的にとりこんで、固有の技術哲学を展開させていることを踏まえれば[34]、ハイデガーに対する批判の当否だけで、彼らの思考を裁断するのは早急にすぎる。ここではあくまで轟の反批判に限定し、そこで問題となっている点を検討するにとどめたい。

轟は、以上の議論に対して、つぎのように論じていく。

「そもそも技術の設計過程において合理性、効率性といった観点以外のさまざまな文脈が作用していることを認めたとしても、そこで生み出された、もしくは可能性として生み出されたであろう技術的産物は、それが技術である限り、やはり「環境をたんなる資源に還元」するものであることに変わりはないのではないか。実際、彼らが挙げている自転車、蒸気船のボイラー、インターネットといったどの例を取っても……最終的に自然を機械論的に捉えることに基づいていないものはない……結局、彼らの議論はゲシュテルの普遍的支配というハイデガーの主張を覆すものにはまったくなっていないし、それどころか技術の形成過程においていかなる要素が作用しようと、結果としてつねにゲシュテルが貫徹されてしまうことをかえって示すことになっている」[35]。

これについて考えてみる。繰り返すが、村田やファインバークらの議論自体の射程はいまは措く。轟がまとめるように、それが社会的な構成性やデザイン性の介入をひきあいにだして、ハイデガーの技術決定性を批判するだけのものならば、そのかぎりで轟の批判は正当であるようにみえる。ハイデガーがゲシュテルと述べるものは、少なくとも歴史的な社会的変容のなかでの自然と人間との関連の一形態なのだから、個別的な社会的・デザイン的・民主主義的合意による技術的関与性をとりあげても（それが実際に存在することは間違いないとはいえ）、それらがゲシュテルの手のひらのうえでのみ成立している可能性は排除しえないからである。

もう一点指摘しておく。ここで述べられる社会的な構成性や、デザイン性や、民主主義的な合意形成は、作為性としてはかぎりなく「意識的」な水準に近い段階に置かれるものである。ところがゲシュテルに代表される自然と人間の関連性は、その非人称的な作動が示すように、「無意識的」なものであるとしかいいようがない。社会構成性やデザイン性を徹底して問うのであれば、意識的な作為性が、無意識的な歴史性に届く射程を厳密に検討する必要があるのではないか。そうした問題設定は社会構成性の論者には希薄にみえる。

しかしここで、議論の方向を逆転させてみる。轟が、最終的にハイデガーの主張を「彼の技術論は実は国家論にほかならないという、その徹底した政治性」を根拠に、「それが政治や社会といった文脈を顧慮していないという非難[36]」に反論するものであるならば、それは逆に、反論の力をそぐことにもなるのではないか。

ここで加藤のハイデガー批判を分析した、前節の議論を辿りなおしてみよう。

加藤の批判からみいだされたハイデガーの技術論の弱点は、彼のゲシュテル論が、自然の収奪という人為性の議論であるということ自体にあったのではない。むしろそこで、技術と自然との関わりあいにさまざまな質的な飛躍があることが把捉できないことが問われていたのであった。それゆえハイデガーの議論において、そもそも人間と自然との関わりが最初からゲシュテルであり、そのかぎりできわめて政治的であることを認めたとしても、そこで、その関わりの重層性を描きえないこと、その意味でそれが「全体性」を欺瞞的にもってしまっていることには変わりがない。

注意するべきは、以上の議論は、けっして社会構成性や解釈の柔軟性やデザインの多様性を論点としているわけではないということである。むしろゲシュテルの普遍性を認めたうえで、なおかつゲシュテル自身がそなえているはずの微分化されて示されうる質的な跳躍が描かれないことが問題だったのである。そこでの質的な跳躍は、社会的な構成や民主的な合意性とは、実際には何ら関係がない。その跳躍自身が無意識的（いわば歴史的無意識的）な段階で生じ、なおかつ自然と人間との関係性そのものに踏みこむものだからである。

この論点にたつならば、轟の議論は、前節のハイデガー批判を補強するものでしかなくなってしまう。轟は、ハイデガーが述べるゲシュテルの主体、その巨大な無意識の主体が「国家」であったことを強調し、社会性とのつながりをきわだたせる。繰り返し述べるが、それは正当であるだろう。だがそこで、技術の主体があくまでも国家であるならば、ハイデガーがゲシュテルの多重性やそれがもつ質的な跳躍を論じ切れていないという事態がいっそう強く確認されてしまう。ハイデガーが想定している国家とは、一九世紀に相対化して位置づけることも可能な、民族国家でありファシズム国家にほかならないからである。

ゲシュテル的な技術論におりこむべきと主張される質的な跳躍は、社会による構成や解釈の柔軟性などによってひき起こされるものではない。それはヴィータである生命と、生命における能動性と、そこでみいだされる技術連関の重層性を、つまりある種のマルチ－ナチュラリズムによって解明されるべきものである。これを想定しないことが、ハイデガーのゲシュテル論の単調さを明確化する。ハイデガーが、技術の主体を国家と定めてしまうことも、こうした単調さを補強するだけになってしまう。

だが技術の主体は、本当に国家なのだろうか。あるいはその政治的社会的主体を国家と想定するとしても、そうした国家そのものに、さまざまな重層性をみてとるべきではないのだろうか。

国家・戦争と技術との連関の多重性

轟の論点は、ゲシュテル論を中期ハイデガーとの連続性のなかで描いたときに、そこで技術の主体として想定されつづけるのは「国家」だということにあった。それゆえハイデガーの議論には、政治性や社会性が欠落しているどころか、国家と自然との関係そのものが中心に置かれているかぎり、その技術論的な思考はそもそも社会的であるはずである。それゆえ、社会構成性や民主的合意による技術の議論は、ゲシュテルに組みこまれうる一ヴァージョンでしかありえないとも述べられうることになる。

技術の非人称の主体とは誰なのかを析出する、ここでの議論の方向性は正当である。そして、そこにファシズム国家、ポリツァイ的・福祉社会的・コミュニズム的国家が想定されうることは、まさにフーコーがパノプティコン・システムにおいて思考していることとも重なっている。ゲシュテルとパノプティコン・システムが、人間の生命資源性の、無意識的で徹底的な利用という事情において深くむすびついていることが、改めて確認されるのである。

だがここで、ハイデガーの技術論に関する、より深い問題が現れてくることに直面しなくてはならない。それは、技術の主体はそもそも本当に「国家」なのかという、きわめて根本的な問いである。技術の主体が国家という単一のシステムに糾合されてしまうのであれば、そこでのハイデガー技術論が、技術と自然との関わりにおいて、微細な転変を論じえなくなることを、むしろ支えてしまうことになるのではないか。

また技術の主体を国家と想定しうるとしても、それが三〇年代的なファシズム期における、ナショナリズムを軸とした国家である必然性や普遍性は、一体どこから導かれてくるのだろうか。技術そのものが微分化されるさまざまな質的な跳躍を含んでいるように、国家そのものも、前国家的であったり脱国家的であったりする多様な位相において把捉されるべきではないか。そうであるかぎり、ゲシュテルの汎時代性を想定するのであれば、それに即応する国家の多様性を念頭に置かないと、議論そのものがいき詰まってしまうことになりかねない。

技術を国家や戦争との多様な連関に置くことは、さまざまな仕方でなされていることでもある。ここでは議論のポイントを設定するにとどめるが、さしあたりベンヤミンの例をあげてみればよい。ベンヤミンは、ハイデガーと重なった時代を生き、ハイデガーと真逆な宗教性と革命性への希求をもちながら、一面ではその言説の過剰性や、技術に関する問題設定について、ハイデガーとおおくの重なりあいをもっている。だがそこで、根本的にハイデガーの議論とベンヤミンの技術論がズレる地点をみきわめるべきである。

ベンヤミンの技術論でまず押さえるべきは、複製技術論におけるアウラの消滅に関する議論であるだろう。これはまさに、テクノロジーの進展による、人間と自然との関わりの根源的な変容を論じるものにほかならない。そして、そうした変容の効果として、大衆社会化とその先のファシズム国家を、批判的に描きだしていることは明白である。そうであるかぎり、複製技術はファシズム国家論批判とむすびついたものである。

だがここでベンヤミンは、技術の進展がむしろ自然と人間との関わりを変容させることを、それ自身積極的にとらえうることを示している。アウラの消滅と、大衆社会の成立という、いわばおきまりの議論の図式が存在することは事実であるのだが、ベンヤミンはむしろ、アウラ概念を意図的に多義化し拡散化することによって、さまざまなかたちでの技術と人間との連関の可能性を想定してもいる。(37)

ベンヤミンのアウラ概念の多義性は、そもそも彼が他面では、複製芸術の産物にほかならない商品フェティシズム文化、写真や映像といった芸術に、ある種の「救済」の可能性をみていたことからも明確であるだろう。いたずらに機械技術を否定する議論など、ベンヤミンはおこなっていない。なおかつそれは、悪い複製技術と良い複製技術を区分するものでも、社会的な解釈性の問題などでもまったくない。むしろ、複製技術が変容させる生と自然との関わりの重層性のなかから、積極的な事態をとりだそうとするものである。そもそもベンヤミンが、「ファシズム」による「政治の耽美化」ではなく、「コミュニズム」による「芸術の政治家」を構想すべきだと提言するかぎり、(38) そこで技術の主体たる国家や法についいては、微細な断絶を含んだ仕方でしか言及できなくなるはずである。ベンヤミンは、ファシズム国家を技術と芸術によって解体することさえ想定するだろう。それは技術の能動的で革命的な可能性の構想につながるともいえるのではないか。

ハイデガーの論じる技術の主体を国家ととらえる際に、そこでは、技術による国家形態の革命の可能性は、実際には想定されていないのだろうか。だが考えてみれば、国家の解体をも含んだ革命的な転覆は、二〇世紀において思想的にも実践的にも、さまざまに試みられていたはずである（もちろんそこで、何かが変わったという議論もあれば、何も変わらないという議論があることも承知のうえである）。この点で、ハイデガーの視界にある（あるいは近代に限定されたフーコーのパノプティコン・システムが前提にする）「国家像」は、あまりに一面的にすぎるのではないか。保守革命をも含めた革命のプログラムは、そこでどのようにみいだせばいいのか。

ベンヤミンのように、破天荒な国家破壊主義的傾向や、法の全面廃棄（まさに神的暴力）を理念的極限として含んだ思考にとって、国家そのものが技術とともに変化する可能性を踏まえないわけにはいかなくなる。再三再四繰り返すが、これはまったく社会構成性や、民主的な合意による政治の発想とは関わりがない。むしろこれこそが、真の革命の政治的主題化であり、自然そのものの（お望みならば、ピュシスとアレーテイアによる瞬間的永続革命を実現させるための）政治の構想にむすびつくものではないか。

さらに、戦時総動員体制と、技術と機械という発想を解体してみる。そのとき、きわめて深くフーコーとも連関する、ドゥルーズ＝ガタリの戦争機械概念を念頭に置かないわけにはいかない。『千のプラトー』で語られる戦争機械論は、戦争そのものの軍事的機械だけを論じるものではない。国家以前と国家以降を論じるその射程においては、冶金術などの技術や、それを可能にするマイナー科学なども含め、そのすべてが徹底的に技術論であるし、またそう読まれるべきである。(39)そこでドゥルーズが、きわめて詳細に、ある種の記号論的議論を利用しつつ、国家の成立と解体とを人類学的な視界から論じていたことを、そして技術の主体を、そうした人類学的な非人称性に開放しつつ論じていたことを踏まえるべきである。もちろん二〇世紀的議論において、民族主義的国家がきわだったテーマになることは疑いがない。ベンヤミンにおいてもドゥルーズ＝ガタリにおいてもそうである。しかしとはいえ、そこでの国家はやはり相対化されるべきであるし、同時にそれはゲシュテルの主体そのものの相対化に、逆におりかさねあわせるべきである。

ベンヤミンやドゥルーズ＝ガタリの技術機械論を、ハイデガー・フーコー的な文脈にぶつけるときにみえてくるのは、ゲシュテルの単調さや応用の効かなさというよりも、そこでの技術の主体の政治性を巡る視界の限定性ではないか。そしてそれは、ハイデガーや、そしてある意味ではこの時期でのフーコーも、「資本」と、その人類学的淵源を踏まえた国家の理論的考察を、真正面からなしていなかったことに起因するのではないか。しかし、ピュシス的な自然にせよ、生権力的な生にせよ、そこから技術とその革命性を視界にいれた議論を展開するのであれば、こうした資本と国家に関わる問題設定は

（けっしてファインバーク的な、資本家とのヘゲモニーに関する「社会的」問題などではなく、われわれの身体や生がそもそも資本であり大地であるという意味でのそれは）看過しえないはずではないか。

来るべき現代技術の主体とは誰か

さて、ベンヤミンとドゥルーズ＝ガタリ、神的暴力にかかわる技術の問い[40]と、資本の流れのなかでとらえなおされる脱国家的テーマと技術との関係は、重要なテーマではあるがここでは措く。さしあたりハイデガーの議論に焦点をひきもどすため、別の搦め手を設定してみよう。そこで登場してもらうのはデリダである（デリダは、スティグレールやマラブーにつながっていく論脈を考えれば、まさにテクネー論のひとりの主役である）。

ハイデガーについてさまざまな考察をなしているデリダではあるが、この論脈で着目したいのは「ゲシュレヒト」（Geschlecht）という、これもどう訳すのかに戸惑いを覚える言葉をテーマとした連作である。「ゲシュレヒト」というデリダの論考は「性的差異、存在論的差異」を副題とするものと、「ハイデガーの手」と題され、「ゲシュレヒトII」という副題をもつものが、『プシュケー』に所収されている。これにはさらに続編があるのだが、とりあえずこの二つをとりあげる[41]。

議論の内容の検討は次節に譲るが、ここではデリダが何を問題とするのかについてのみ、これまでの論脈に絡ませて列挙しておく。

まずゲシュレヒトという言葉そのものが、「性」を意味すると同時に、人種、種、類、血統、家族、世代、共同体などの多義性を含んでいることが注目される。デリダは、ハイデガーの『存在と時間』とほぼ同期のマールブルク講義における、Geschlechtlosigkeit という言葉をとりあげて問いをたてていく。[42] Geschlechtlosigkeit とは、さしあたりハイデガーの語る主体である Dasein（現存在）が、男女という性的差異をそなえておらず、ある種の中立性においてとらえられる事態を指し示している。これは『存在と時間』の *Dasein* とは何かを巡る探求において、ハイデガーが執拗に、人間学的、生物学的、生態学的な問題圏から距離をとり、自己の実存論的な存在論を形成していったことにおり重なっている。しかしデリダは、ハイデガーの論脈のただなかにおいても、それが可能なのかを問うていく。*Dasein* が無性あるいは中性であるとは、どういうことなのかを問うのである。

この問いは、技術と国家との関係の単一性を問題視していた、これまでの議論にむすびつくといえる。というのもそれは、Dasein が男なのか女なのか、そしてゲシュレヒトという言葉が、種や血統や家族とも読み替えられるのであれば、まさに Dasein とは一体「誰」なのかという、根源的な疑念を導くものだからである。デリダは、ハイデガーの議論において、こうした性的差異そのものが、空間的要素による分裂を証していくことを論じ、性的差異に関連する事情が、現存在の構造のなかにも深くはいりこんでいることを示していく。[43] そこで当然、Dasein が保持している生命性に接近すべきことになる。

驚くべきことに、エクリチュールのひとであるデリダが、このハイデガーを批判する文脈においては、生命でしかない生命を問い、ハイデガーが生命の存在論（ontologie de la vie）を論じていないことを批判するのである。[44] ゲシュレヒトのIIがハイデガーの「手」を論じるものであり（ゲシュレヒトのIVが「耳」を論じるものであるように）、明らかにそこでは、自然的な身体の位相を問うことが、生命を考えることにむすびついている。あのデリダにしても、ハイデガーを批判するとき、生命論そのものをテーマとし、手や耳を思考の対象とせざるをえないのである。[45] デリダの生命論が、ゲシュレヒトIIで「手」を論じるときに、技術という主題とダイレクトに関わるとともに、そこで動物性や身体性が問われ、また政治的な議論にもより明確に重なりあっていくことも踏まえられるべきである。

Dasein は性をもたないのかという問いかけは、Dasein は人種や血統や生殖とは関わらないのかという問いや、その動物性および身体性のテーマにつながるものである。そこでは、生命としてみいだされる主体＝身体の多義性がとりあげられざるをえなくなる。それは技術の主体とは何かという問いに、やはり一石を投じる視角ではないか。技術の主体に応じているのは、どの人種の、どの時代の、どの地域の国家なのか。これを検討することが、技術の主体をさらに考え抜くために必要なことではないか。

3　技術の主体の微分化に向けて

はじめに

二節では、デリダによるハイデガー批判である、「ゲシュレヒト」論考のⅠに該当する「性的差異と存在論的差異」を扱った。今回はその議論をまとめるとともに、さらに「ゲシュレヒトⅡ」である「ハイデガーの手」を検討することにより、巨大技術への抵抗として語られるハイデガーの議論のもつ問題点や限界について考え、技術の思考をさらに進めていきたい。

すでに論じたように、ハイデガーを巡るこれらの議論は、パノプティコン的なテクネーの思考を展開する七〇年代のフーコーが、ハイデガーの議論に深く重なる論点をもっていたことをあぶりだし、そこから先へのフーコーの転変の意義を探るものでもあった。「ゲシュレヒトⅡ」でのデリダの批判は、巨大技術を批判しつつも、結局はそれを利用したファシズム体制とも親和性をもつハイデガーという、ある意味で定型的な批判に落ちつく傾向が強いものではある。だが、「手」を「手仕事」と重ねながら、そこに手の産物にほかならないエクリチュールにも議論を拡げる論旨からは、デリダ特有の鋭さと、技術の問題を考えるひとつの確かな方向性をかいまみることができる。

まず「性的差異と存在論的差異」における主張のポイントからみていこう。

この論考でのもっとも重要な問題は、ハイデガーがもちいるGeschlechtlosigkeitという言葉にあった。それは『存在と時間』に関連したマールブルク講演のなかでみうけられる言葉であるが、デリダはそこから、ハイデガーの述べるDasein＝現存在が、「性」的に中立的なものであることを批判的にとりだしてくる。これはけっしてトリヴィアルな批判ではない。現存在が、世界内存在をする何ものかであり、それがフッサールの述べるような超越論的主観性を、何らかの仕方で世界という場所性の内に定位するものであるかぎり、そこでとらえなおされるべきは、現存在に関わる身体であるはずである。ハイデガー固有の論脈ではBefindlichkeit＝情状性（恐れから不安へ向かうもの）の論脈に定位されがちなこの問題は、しかし現存在そのものは「誰」であるのかという問いこそにむすびつかざるをえない。

しかしこの論脈でハイデガーは、現存在はゲシュレヒトを欠いたものでしかないと述べてしまうのである。それでは現存在とは誰なのかがわからなくなる。だがこの議論が最終的には土地性や大地性にこだわっていくハイデガー自身の議論につながるものでもあるならば、そこで現存在そのものの生物学的、環境論的な規定を欠落させてしまうことに問題はないのだろうか。ハイデガーが、解釈学的現象学を方法論として採用し、存在的な水準の議論とは異なった存在論的探求を企てていることはよくわかる。だが、そうであるにしても、性的差異を「欠く」というこの事態は、性的差異という生物的、環境的差異を、存在論的差異より軽いと無前提的に規定してしまうことになりかねない。だが、それは本当にそういえることなのだろうか。

このことは、技術の主体が、ファシズム期の国家に仮託してしか語れないという、後期ハイデガーの議論の脆弱さにもむすびついているのではないか。そこでハイデガーが、技術の主体を、ある種の政治性を踏まえつつ語ることには正当性がある。だが、主体であるべき国家を単一的なモデルのもとでとらえてしまえば、当然そこで描かれる技術論も単層的なものにとどまらざるをえない。ハイデガーの技術論の核心である、ゲシュテルとしての技術批判が、どの時期の技術に対して向けられるものなのか（人間という存在が地球上に発生して以来なのか、近代以降なのか、一九世紀的な民族国家以降のことなのか）、それを論じるための「差異」が欠落してしまうのである。それでは、ゲシュテルの議論が本当のところ、何を批判したいのかがわからなくなる（あるいはごく狭い一時代をすべての時代に重ねあわせる錯視を発生させてしまう）。こうしたゲシュテルの議論が、初期の議論に内容的にむすびついているとするならば、このような技術と自然についての発想の単調さは、まさに現存在からそれが内包すべき差異を消去してしまう、geschlechtlosigな事情に由来しているともいえるのではないか。

では、ここで改めて考えられるべきこととは何なのか。それは、「生命でしかない生命」とデリダが記しているような、現存在の探求そのものに付着している生命の思考そのものではないか。生命として現存在を考えることは、けっしてそれを存在的な水準にひき落とすことではないはずだ。むしろそれは、現存在そのものが、ある種の空間性的な分裂を含み、多様な差異につらぬかれていることを明らかにするものではないのか。そして現存在の「性的差異」とはまさにそのひとつの、なおかつ重要な事例としてとらえるべきものだったのではないか。(46)

デリダの生命論

デリダが、ハイデガーには生命論が欠落していると述べるとき、性的差異に言及するのは本質的なことであるとおもう。常識的にいえば、生命やその物質性に対してきわめて厳しい姿勢をとるはずのデリダが、ハイデガーを批判するというこの局面において、一見して素朴な生命論者のような語り方をすることもまた、きわめて興味深いことではないだろうか。それは、生命的な身体とその言語での記述というパラドックス性に、どの位置からたち臨むのかについての微細な位置測定にむすびついた事態であるからだ。

そもそもハイデガーのように、言語的な解釈学に依拠しつつ、自然に対する素朴な搾取として技術を語る発想に対して、デリダはさまざまな仕方でメスをいれ、分節を企てるだろう。とりわけハイデガーの言語に関する議論が、後期になるにつれて、ますます自然のピュシスとしての力にダイレクトに即応するように描かれる局面では、そうした批判はさらに辛辣なものになっていく。身体と言語の双方のなかで、さまざまにありうる齟齬としての差異（言語でもある差異、身体＝自然でもある差異、そして存在論的差異）を、あたかも「ひとつ」の差異のもとに統合し、それ以外の差異（「ゲシュレヒト」の論脈で述べるならば、まさにZer-という事態によって描かれる空間的な分裂）を看過させてしまうハイデガーの論の運び方そのものが、ここで断罪されているのである。これは、ハイデガーの技術論の単調さへの批判にも、直接的に関連することである。

そしてこの論脈でデリダは、まさに差異の場所としての生命性こそに着目するのである。

まず、ハイデガーの議論において「性」が欠落しているというデリダの議論は、当然のことながら、自然史的な身体そのものを、主体の問題の内部へとひきあげてくるものである。それは自然に対する言語の優位や、ジェンダー的なものの「構築」性とは相当に水準を異にした、生命論的差異の顕揚であるともいえる。性的差異の主題化は、言語によって区別できるだけのものとはかぎらない、生命的質料性の領域にはいりこんでしまっているのだから。

そのことは、Leiblichkeit として表現される肉体的ともいえる身体性が、ここでとりあげられていることからも窺える。

「現存在一般は、自己のうちに、固有の身体（Leiblichkeit）のなかへの……散乱ないしは事実的散乱（faktische Zerstreuung）の内的可能性をひそめ、宿している。あらゆる固有な身体は性を有し、そして固有な身体をもたない現存在は存在しない……根源的に現存在を錯乱のなかへと、したがって性的差異のなかへとひきこむのは、固有な身体それ自身、肉体、Leiblichkeit なのである(47)」。

現存在が空間的場所的な存在者であるかぎり、ハイデガーにおいても、身体性そのものがもつ差異を（「超越論的散乱」を）思考しなければならないことは明らかである。しかしそれにもかかわらず、ハイデガーは、こうした差異をあくまでも存在論的差異に対してあとから付加されたものとしてしか示しえない。ハイデガーはそれを、生物学的で存在的なものとして、存在論的探求から排除しようとするのである。しかし生物的なものは、現存在の身体性からは排除することのできない差異の要因であるはずだ。

「……この問題を提起し位置づけるのが……生命体の、生命をもつものの（したがってまた心的なものの）存在－様態であるとしても、これは何ら偶然のことではない……性的差異の主題はこの問題から分離されえない」[48]。

ここでは差異は、生命体としての生においてみいだされている。いいかえれば、ハイデガー的なピュシスこそが、超越論的な差異をそなえていることになる。男性と女性というジェンダー的な差異はそれ自身、存在的な水準における差異であるようにみえるが、それはわれわれ自身の生命性そのものの差異でもあるのである[49]。

ここからの当然の帰結であるが、自然的な身体は、それ自身としても数多くの差異をもっている。そのことはまさにゲシュレヒトという言葉そのものにこめられたドイツ語の多様性を反映してもいる。デリダは「ゲシュレヒトII」において、「性、人種、種、類、血統、家族、世代または系譜、共同体」という訳語をゲシュレヒトという単語にあてているが[50]、重要なことは、これらはすべて生命的な差異をもとに形成されているということである。もちろん、人種概念、種概念、血統的家族概念は、言語的、社会的、歴史的に構築される部分があることは疑いえない。一般的にはデリダは、徹底してこうしたラインの思考を追求しているようにもおもわれるだろう。しかし繰り返すが、ハイデガーの述べる主体の「中立性」を批判し、いわばその内側からの差異を探りだしていくかぎりでは、デリダは主体そのものが含む自然性がもたらす差異について肯定的なのである。

このことは、性を扱ったゲシュレヒトの議論が、IIにおいては「手」(IVでは「耳」)を主題とすることからも指摘できることである。これらは、もちろんデリダ一流のレトリックではあるが、とはいえそれだけに尽きるものではない。というのも、身体性が現存在のなかにはいりこんでいる事態を正面からとらえるかぎりでは、性的差異(性器)はもちろんのこと、その身体のどこが現存在なのか、それは手なのか、耳なのか、足なのか、目なのか、口なのか、あるいは脳なのかを問い詰めることは不可欠だからである。自然的身体そのものが含んでいるこうした自然史的に形成された差異は、自己といえるものの位相やその探求に関わらないことはありえない。デリダが、きわめて例外的に、生命でしかない生命を強調するこの文脈は、現存在のピュシス的な真理に照らされるあり方そのものにおいて（あるいはピュシスの思考の原理に即して）必要な展開なのである。

そうであれば、一連のデリダの主張は、技術に関するハイデガーの議論が技術と主体のあいだの微細な差異を無視しており、その主体についてもファシズム国家だけを想定してしまうという事情に対する、再検討の重要な契機を与えるといえるのではないか。現存在が、存在論的に生けるものであるならば、そこでは性や民族や家族のみならず、その身体部位そのものにまで、微細に微分化されて埋めこまれている技術の主体の位相を探りうるのではないか。

「ハイデガーの手」について

「ゲシュレヒトII」における「ハイデガーの手」の検討に移ろう。ここでのポイントはもちろん、性的な中立性を批判する議論を、ゲシュレヒトという言葉そのものの多義性に仮託しつつ、それを身体性のさまざまな領域にまで拡大していくことにある。そこでは、「手」と人類とエクリチュールというテーマがとりわけひきたてられ、技術の議論と密接に連関づけられる。ここでは考察のポイントを三つだけあげておこう。

第一に、「手」という主題とはさしあたり無関係に、デリダはゲシュレヒトという言葉の多義性が「人類」という事態をひきだしてくることを、『ドイツ国民に告ぐ』で示されたフィヒテの議論を軸に展開している。ここではフィヒテが、人類の共同体を描くために、ゲシュレヒトというドイツ的なナショナリズムが刻印された言葉で語らざるをえなかった事情が、いかにもデリダ的な仕方で追求されていく。なぜフィヒテは「人類」をゲルマンの言葉で語り、それをフマニタスというラテン語起源の言葉で語らなかったのか。これはいかなるフランス語で翻訳可能なものなのか。フランス語を媒介とするかぎりでは、ゲシュレヒトとは、人間というゲシュレヒト（Menschengeschlecht）となるのではないかなどがそこで論じられるのである。だがこれらも言葉の問題にとどまるものでない。そこには生物性の問題がすでにはいりこんでいるのである。

というのも、人類の「共同性」を述べるとき、そこでは暗黙のうちに動物と人間というテーマ（それ自身が晩年のデリダにつきまとうものであったことはここでは措く）[51]が現れることは避けがたいからである。さらにそこで動物と人間を区わけするのは何かを考えていく途上で、「手」と「示すこと」（Zeichen, montrer）というテーマに、さらにはそれを経た「技術」の問いが導かれてくるからである。

こうした方向からデリダは、ハイデガーの一九四五年のアルベルト－ルードヴィヒ大学の大学区長に宛てた手紙においてみられるような、「国民的なもの」と「生物学主義的で人種差別主義的イデオロギー」とを区別しうるという発想を批判している。この議論は、常識的には生物主義的なものを国民的な政治性と絡ませて語るとき、そこで構築された政治性が生物性に関与していることを指摘するものと解釈されやすいだろう。だがここでのデリダは、やはりこうした発想に対して逆向きである。人類をドイツ語によって語ること、人間を自明な種として示すことにとっては、どこまでいっても生物学的な事態「が」そこに介入してしまうことが重要なのである。それはこの議論が、動物との差異を「手」によって「示す」という事態に、つまり人間の生態系的な身体性の形成に仮託されて展開されていることからもわかる。

ここでの第二の主題である「手」に関する議論が導かれてくる。それは動物性についての議論を経ながら、手そのものがそなえている montrer＝示すことの機能が、言葉遊び的に monstre＝怪物性と重ねあわされて提示されていくのである。ハイデガーの手の写真を題材とした、デリダ的な強引さの極みのような以下の記述をみてみよう。

「わたしが「ゲシュレヒトI」を発表したときの『レルヌ』*l'Herne* の号の表紙にはハイデガーの写真が載っていて、その写真には——よく検討し意味深長に選んだものだ——原稿の上でペンを両手で握るハイデガーが写っていた……ハイデガーはといえば、ペンでしか、すなわち機械工のではなく職人の手でしか書けなかった人だったのであり、そのことはわれわれがすぐに関わるテクストによってすでに規定されているのである……ペンを握っているところであれ、杖を操っているところ——杖は支えという より表示の役割を果たしている——であれ、泉の傍らにある水を汲んだバケツであれ、それらは手仕事的な演出なのである」(52)。

ハイデガーの写真を分析しながら、ここでデリダは、議論を一気にハイデガーの技術論へとつなげていく。「技術について語らずに手を語ることはできない」(53)。

ここでとりあげられるのは、ハイデガーによる手作業の徹底した価値的な重視であり、手を越えた何かを導入することへの明確な忌避についてである。ハイデガーはタイプライターを使わず、必ずペンで何かを記そうとする。そしてその杖の動きは、montrer であるとともに、つねに monstre である怪物性に関わってしまう。こうしたことが述べられているのである。

これらの事態に関して、デリダはつぎのようにまとめている。まず、こうした手のあり方は、ゲシュレヒトの議論において提示された身体性に関与する問題であるということ（先に論じられたのと同様に、それは動物との差異における人間という種の問題であるということ）、そしてそれは思考（Denken）との連関において、手仕事（Hand-Werk）の重要性をひきたてるものであること、そして最後に、こうしたあり方自身において、ハイデガーの技術論の核心を突くように、ハイデガーと国家社会主義との微妙な関係（批判しつつも重なりあう、ある種のいかがわしさ）を暴くものであることが示される。ハイデガー技術論批判はファシズム体制への批判であるような装いをもちながらも、それ自身がファシズム的な振る舞いそのものにむすびついてしまうというのである。

「その戦略は、予想されるように、いかがわしい効果を生む。それは、素朴な職人仕事へ向かう古風な表現を好む反動へ道を開き、とりひきや資本――これらの観念が当時誰にむすびつけられていたかはわかりきっている――を告発する」(54)。

そして第三に、こうした手作業の強調は、人間の手と猿の手との違いを、ヒューマニズムそのものの段階で明かしてしまうことを指摘しなければならない。これは、ハイデガーにとっても、ある種の「存在論的深層」をなしていることが明示される。根源的な差異とは、自然進化的な水準においてあり、それが人間的なゲシュレヒトを明らかにするというのである。これは、いうまでもなく Vorhandenheit と

Zuhandenheit という術語における、つまりは事物的存在者と道具的存在者という事象を描くときにもちいられる「手」との関わりを考えさせるものでもある。手とは、ハイデガーにとっての存在論的思考そのもののうちに喰いいっている Leiblichkeit なのである。人間と猿とを切りわけるのは手のモンスター性なのである。

ここでこの議論はもうひとつ、ハイデガーのタイプライター嫌いという議論にもむすびつけられていく。これは義手性の議論、身体の補助具の議論として、スティグレールの技術に関する主張につながるものである。(55) 手を重視するハイデガーは、徹底してタイプライターを不純なものとして告発する。ここから先は、確かにおきまりのデリダの議論に展開していく傾向が強い。つまり、手の純粋性を述べるハイデガーの議論はつねに機械的なものの排除によって成立するが、それをおりこまないかぎり、人間の手の本質性が明らかにできないという指摘がなされていくのである。だが、より着目すべきことは、ここでデリダが、手という主題を軸に、猿−人間−タイプライターという事例を巡って、ある種の連続性と差異性とを、自然性と生物性の存在論的水準としてとりだしてくることにあるのではないか。

これは Leiblichkeit 論にとって、本質的な事態であるとおもわれる。現存在の身体を考えるとき、それがひとつの身体であっても、猿でしかない部分（動物性である部分）も、タイプライターでしかない部分（Vorhandenheit でしかない部分）も根源的に含まれているはずである。特定の人間的な「手」にこだわるあり方や、それ以外の身体性を排除する姿勢は、技術が猿の手にも、またタイプライターである手（義手性）にも関与していることを看過させてしまいかねない。ハイデガーは、自然進化としての身体を前提にしながらも、そこに含まれているはずの差異を切りわけはしないのである。

デリダの「生命論」からの貢献は、少なくとも「ゲシュレヒトII」においてはどちらかというと常識的なデリダ理解の枠内に収まる傾向が強いものであった。しかし、そうでありながらも、「ハイデガーの手」にこだわる問題設定において、デリダは必ずしも文化的に構築された差異ではない生物学的差異を現存在そのものにみてとり、人種と手、人間と猿、生命と機械という主題を、ハイデガーの技術論を攪乱するようにしておりこんでいくのである。そして技術を巡る政治もまた、そうした攪乱のなかにある。技術の主体はけっして国家だけではない。現存在自身に刻みこまれた、生物的差異それぞれのなかに、政治性はあるのである。

こうしたデリダの議論を念頭におきながら、最初の主題設定である、ゲシュテルとパノプティコン・システムとの関連にまつわる議論にたちかえることにしよう。

ゲシュテルとパノプティコン　まとめ

ゲシュテルとパノプティコンと題された、この章の全体をまとめてみる。

そこではまずもって、ゲシュテルとしてとりだされるハイデガーの技術論の射程が問題にされていた。ハイデガーの議論は、さまざまな技術論に、強い影響力を与えているものであるといえる。技術の力が非人称的な機械作用として描かれ、無意識的な水準における人間の行動の管理と人間的資源の搾取とを鮮明に告発するその主張は、戦争や戦時体制とむすびついて、二〇世紀的な技術を思考するための、ある種の定型的な文言になっているとさえいえる。さらにそれは、パノプティコン・システムとしての規律権力を論じるフーコーのテクネー論と、戦時体制という状況との関連も含めて深く重なりあう部分がある。

しかし、加藤尚武の批判にみられるように、ハイデガーの議論が、技術の段階論的規定を踏まえない、ロマンチシズム的な欺瞞をそなえていることも確かである。とはいえ同時に、そこでの永続革命的なピュシスの力を基盤とした議論の展開は、別の仕方で生命と技術という主題に適応が可能なものともいえるのではないか。それは技術のあり方そのものに潜むさまざまな差異を、それ自身において腑わけする作業をさらに必要とするものではないか。

つづいて、加藤の論文集に所収されている轟論考を検討することで、こうしたハイデガーの技術論において想定されている「主体」が、近代国家、とりわけファシズム国家という枠組みに限定されていることがみいだされた。そうであるかぎり、ハイデガーの技術論が、技術の段階的な跳躍を踏まえない単一的なあり方をしているという事情は、こうした技術の主体の設定そのものに呼応していることになる。そしてこれは同様に、パノプティコン・システムにおいて権力のあり方を探求していたフーコーが、一八世紀から一九世紀という特定の時代における政治性と、そこでの人種主義や優生学の成立にこだわっていた事態とも重なりあう。だが、フーコー自身が、これ以降に生政治学という方向を経て「統治性」の主題に向かうとき、解剖政治学と規定していたパノプティコン・システムを、思考のモデルとして採用しなくなっていくことも踏まえなければならない。そこには上記のような事情が、どこかで関与しているのではないか。

デリダのゲシュレヒト論は、こうした技術の主体の議論を斜交いに考えるという点において、ハイデガー的な技術論の枠組みを乗り越えていくための、重要な示唆をなしていると考えられる。

そこで何よりも重要であったのは、デリダがハイデガー存在論における生命論の欠落を論じ、さらにはハイデガー的な存在論的システムの解明において、自然進化的で生態系的なLeiblichkeitとしての身体性の不可避的な介入を指摘していることである。生命が現存在に存在論的にはいりこみ、さまざまな差異を記しづけているというのである。それは、技術と身体に関するあらたな論点を切り開くものともおもわれた。そこでまずは、性の問題こそが主題化されていることは重要である。性という主題が生命論にむすびつくというデリダの指摘は、セクシュアリティを言説レベルの認識的配置において把捉するのとはまったく異なった、現存在の生そのものがもつ差異を明示するものである（デリダは指摘していないが、デリダ以降のジェンダー論の展開に明らかであるように、セクシュアリティの自然もまた二項対立的なものではなく、微細で多様な差異に充ち溢れている。それは生命性そのものに由来することでもある）。ついで「手」を扱った議論においては、まさに人種としての人間性に関連する場面において「手」が重要な役割を果たしていることが論じられた。そこでは、一方で猿の手という動物性と人間の手との連関と差異、ついでタイプライターという機械的補助装置との連関と差異という二つの方向から、議論が示されたのである。これらにおいて問題にされているのは、動物↓人間↓機械という生態系的自然がすっかりそのまま刻印されているはずの現存在の姿である。技術の主体を設定しても、それは生命的身体を無視することはできないものであり、それが含んだ諸段階をひきうけ、それぞれの位相を微細な仕方でそなえたものであるはずである。われわれは、動物でもあれば人間でもあり、そして機械でもあるのである。現存在のLeiblichkeitをとらえるのであれば、手とヒューマニズムを本質視するハイデガーの視角は、ハイデガー的なピュシスそのものによって自己解体されなければならない。

さて、パノプティコン・システムを論じるフーコーにたちかえってみる。規律権力を主題化したフーコーは、主体の服従による主体化という事態をそこにみいだしている。主体が主体化するのは、sujetがassujettissement＝服従という言葉そのままに、自らを何かに従属させることにおいてなのである。そして、パノプティコン・システムがあくまでも建築学的な装置であることからもわかるように、こうした主体化は、主体自身に依存するものではなく、質料的な無意識の配置によって形成される能動性であるといえるものでもあった。

だが、そこでみいだされる主体とは、やはり「誰」のことなのだろうか。『監視と処罰』においては、犯罪者、病人、軍人、学生が、そうしたテクネーの主体としてとりだされている。『性の歴史Ⅰ』になると、こうした「社会的役柄」による主体の規定は越えられ、男性（変質者）、女性（ヒステリー患者）、子供（自慰をする者）、家庭人（生殖をなす者）と区わけがなされ（それはきわめて精神分析的でもある）、ある種のゲシュレヒト性にしたがった議論が、権力論そのもののなかで展開されている。フーコーは、ゲシュレヒト的な差異をもった自然的身体を、こうした規律の場面においても想定してはいるのである。

だがそうではあれ、主体そのものが「誰」かという問いをたてるかぎりでは、規律というシステムの単層性の方が、どちらかといえばきわだってしまうことも確かなのである。そこでは、主体のそれぞれのあり方が、それぞれの様式に沿って働く権力に即して問い詰められてはいないのではないか。対象となる身体は、ゲシュレヒトの多様性に沿って分節化されてはいる。しかしそれは、規律権力を作動させるテクネーの単調さを浸食しきれていない。

このことは一面ではフーコーが、権力論において、近代という場面以外にさしたる関心をもっていなかったことの当然の帰結でもあるだろう。だが同時に、『性の歴史I』以降のフーコーが、「生命」の実在を巡って議論を展開する場面では、その議論の単調さそのものを、差異化的に解体することが必要になるはずである。統治性以降のテクネーに関する主張が、こうした事態を下敷きに描かれるのであれば、そこでデリダとは別種のかたちでの自然身体の差異の肯定が果たされているべきであり、それが自己のテクネーにおりこまれているべきでもあるのではないか。

マイナー科学／マイナー技術論へ

さて、このようにして、ハイデガーとフーコーを巡る技術に関する議論を、最終的にはデリダの生命論といういささか異様な主張と絡ませながら展開し、ハイデガー的な付置から抜けだすための、テクネーの議論の方向性を探ってきた。そこで晩年のフーコーのテクネーを巡る議論をさらにとらえなおすためには、デリダ的な議論とは異なった、もうひとつの問題系を導入しないわけにはいかない。それは、『千のプラトー』を中心としたドゥルーズ＝ガタリの技術論、とりわけそこで「マイナー科学」と描かれているものに関するさまざまな主張である。

『千のプラトー』は、もちろん人類史的、民族学的、国家論的、記号論的に混交したドゥルーズ＝ガタリの議論を展開したものであり、論考というよりはむしろ絵巻物に近い作品であるようにおもえる。しかし、その後半において「技術」という主題が、ノマドロジーとしての思考と絡みあうように前景化されてきていることに注目しないわけにはいかない。それは、マイナーであるかぎりの技術、条里的なものには服従しない技術、平滑的なものに即応した技術、流体の、液状の、海上の、砂漠のなかで縦横無尽に行使される技術のことである。

それらは、微分やフラクタル幾何学を問題とするようなマイナー科学の分岐であるかもしれない。しかしこうしたマイナーな技術がむしろ、科学の基底をなしているともいえるのではないか。

ハイデガーの技術論との対比において着目すべきは、ここではドゥルーズ＝ガタリは明確に「国家なき社会」を、ノマド＝遊牧民というあり方に仮託させて想定していることである。もちろんドゥルーズ＝ガタリの描くノマドは仮想で理念的な存在でしかないかもしれない。いかにピエール・クラストルの議論を参照しようとも、それが人類学的普遍であるといえるものと判断できる根拠には乏しいかもしれない。またドゥルーズ＝ガタリがここで参照する事象は、考古学的地層性からつながる視界に関わるものであり、そもそもハイデガーやフーコーの議論の配置とは、領域的におおきくズレてもいる。両者の議論はたやすくかみあうものではない。

だが、ネグリ的にオプティミスティックなグローバル性までは述べないとしても、二一世紀において、ある種の脱国家的な働きがどうしようもなく主流化せざるをえないことも事実である。そうであれば、そこでは技術の主体としての「国家」というハイデガー的な規定は、そもそも更新されるべきものでしかないのではないか。そうした隙間を突く戦術として、ドゥルーズがむしろ人類学的な概念からひきだしてくるような、マイナー技術に関する思考は、十分検討する価値のあるものではないか。

そこでひきあげられるべき概念とは、まさに国家には組みこまれない「徒党集団」であり、そうした集団が保持している技術そのものである。[56] こうした徒党集団はもともと、冶金術師や金属工芸師のなかでみいだされ、マイナー技術の担い手になっていた存在者たちである。魔術師のような徒党たちといえるこういた存在は、現在においても、宗教や非国家的諸団体（国際的な政治組織であったり、FXで為替利益を稼ぐ金融業者であったりするだろう）のなかに、その姿がひきつがれているものではないか。それらがそなえている、「国家から逃れさる」ことをひきうけた「技術」を考察することは、ここまでの技術論や、技術と国家の議論に別の方向から光をあて、デリダやフーコー後期とつながる、技術そのものの微細な跳躍を辿るラインを、さらに鮮明に提示するものであるといえるのではないか。

第七章

マイナーテクノロジーとメタリック生命体

1　国家の外のテクネー

はじめに

ここから、おもに『千のプラトー』の第一二プラトーで扱われる、戦争機械とノマドロジーの議論にはいりたい。ここでの記述の要点は、メタリック的なものの生命性（ヴィータ・メタリカ？）をとりだすことにある。さらにそこで語られるのは国家に従属しない集団としての冶金術師たちであり、戦争機械もまた、彼らが作成する武具や金属工芸を軸として機能するものにほかならない。それは、テクノロジーに関する議論のひとつの臨界を形成するだろう。

何故だろうか。というのもそこでは、ゲシュテルとパノプティコン・システムの「類似性」を巡って示される、今世紀的な技術と自然、技術とその主体に関する発想の枠組みが、見事に解体されてしまうからである。さらにそのうえで、デリダが提示したさまざまな問題性も、メタリックなものの生命性という、人間的テクネーが含む別の本質を露呈させることによって、まったく異なった方向の倫理へと突き抜けさせることが可能になるとおもわれるからである。

ポイントをいくつかあげておこう。

ハイデガーと規律権力論のフーコーにおいて顕著にみいだされていたのは、戦争の比喩と権力的な統制との深いつながりであった。社会権力とは戦争装置であり、そこでテクノロジーは、資源としての人間を徹底的に利用し尽くす、搾取機構としてひきたてられていた。それこそが、非人称の巨大機械装置を作動させることで近代を下支えし、同時に近代的な主体といわれるものを従属化的に生みだすものでもあった。主体化はテクネーに依存する。そしてそこでのテクネー自身の主体は、紛れもなくファシズム国家を一類型とする国家装置にほかならないのであった。

だが、ドゥルーズ＝ガタリの戦争機械論は、この図式にことごとく対立して描かれるものであるといえる。さらに、たとえばクラウゼヴィッツの戦争論などを引用している事実などを考えても、こうした配置を巡るドゥルーズとフーコーとの関係には、きわめて微妙なものがあるともいえるのではないか。

そこでも、戦争とテクノロジーとが主要なテーマであることには変わりがない。だが重要なことは、戦争とその核にある戦争機械、そしてその担い手である主体とは、国家ではなく、まさに国家に反抗するものだということである。確かに戦争機械は国家に従属したり、国家の一部をなしたりするものでもある。それを作動させるものは国家ととりひきをなし、国家と共存してはいる。だが戦争機械の本質は、それが国家という権力性の外側にあるということの方にある。

そのようなテクネーの主体たる担い手は、徒党集団といわれる一種の職能集団として描かれる。それはやはり、ある側面では国家とむすびついたものだろう。だが、ノマドを描くことのひとつのモデルとなる、冶金師などの職能集団は、国家とは独立し、小国家をつくるのでもない断片性をそなえたものである。そして重要なのは、戦争に関連するテクネーの本質を押さえているのは、国家ではなく、こうしたさまよう徒党集団の方だということなのである。

さて、彼らが扱うテクノロジーの対象とは何か。それはメタリックなもの＝金属にほかならない。ここでは金属こそが、テクネーが操作する固有の対象としてきわだたせられていく。

それはやはり、ハイデガーやフーコーにおけるテクネーが、人的資源の徹底的な収奪として語られることと強い対照をなすだろう。とりわけハイデガーにおいて、技術とは反自然的な力、自然に逆らう力であり、そのあり方が人間の存在を特徴づけるとしても、それ自身にはどこか反自然的な後ろめたさ、あるいは人間が人間であることに関わる不気味さがつきまとうものであった。それに対して、金属を対象とする職人集団を技術の軸において描くドゥルーズ＝ガタリは、そこでの生と自然のあり方をいっさい離反させることはない。むしろ金属的＝メタリックなものに特有の、鉱物性においてのみ語られうるある種の生命性が存在し、それが技術と人間という主題に深くつながっているというのである。

金属は流れるものである。それは国家という枠組みのなかにとらえられるものではない。国家化されるものとは土地である。そして国家的テクネーの基盤となるものは農耕であるだろう。だが金属の採掘は、また金属の加工は、それ自身土地から獲られるものでありながら、まさに金属そのもののあり方に即応するようにして、それ自身もノマド的である。加工することも、流体的な作業なのである。それは土地における農耕のように、固定化させ、徴税し、計画化させようとしても、そのあり方において、農耕に与えられる規定を逃れてしまう。流れる金属を扱う職能集団も、それゆえ国家に従属するものではない。反国家的なテクノロジー、反土地的な集団性。だがさまよう彼らこそが戦争兵器をつくりだすのであり、さまざまな戦争装飾品を生みだすのである。ここでは戦争とテクネーはむすびついているが、それらは国家の外にある。

こうしたハイデガー的な視角との鮮烈な対比は、この両者がとりあげている時代がまったく異なっているからであると解釈することもできるだろう。常識的にいえばそれは正当なことであって、ハイデガーやフーコーがみている時代が、ドゥルーズ＝ガタリの思考の圏域とそもそもまったく別物であることは確かである。ハイデガーの技術論は、実際にはきわめて狭隘な一九世紀以降の時代をとりあげて、どこか空想的にそれをギリシア以来の歴史性に重ねているふしがある。フーコーにしても、何度も述べているように、彼自身の権力論の関心は、基本的には一八世紀以降の諸問題にしか向けられていないともいえる。ところが、ドゥルーズ＝ガタリが論じるのは、まさに考古学的、人類学的な淵源に遡るようにして提示される、無意識の古層のあり方である。だから技術と自然との連関が、この二種類の姿勢において対照的であっても、それはあたりまえのことではないか。この二つの技術観が提示されたところで、それらはとりたてて矛盾しているわけではないのではないか。

だが、それにはつぎの二つの方向から、反論することも可能であるようにおもわれる。

まず、ドゥルーズ＝ガタリが描いている時期の問題である。それらは確かに人類学的であったり考古学的であったりする年代性を基本としている。しかしさりとて、そうした事態が、ファシズム的なものの形成や、それを乗り越える現在的なわれわれの生と無縁なものと考えられるわけではまったくない。ファシズム的なものに転化していく国家の原理性は、むしろ彼らの古代からの思考のひとつの主題でさえあるだろう。

さらにいえば、ドゥルーズ＝ガタリの記述の時期から考えればその欠落はやむをえないが、彼らの議論は（ネグリ的なマルチチュードにつながる問題群を含んでいることからも明らかなように）金融や情報ネットワーク性に関連する、二一世紀テクノロジーが切り開いた反国家性に、裏からむすびつくような仕組みをもっている（金属に関連する話題は、石油や資源エネルギーが本当に国家に従属すべきものであるのかという問いに関わる）。人類史的な古層に関する記述とは、そもそもかつてどこかにあった出来事を叙述するものではなく、むしろ現在のわれわれ自身においても異なったかたちで作動している何かを、ハイデガー／フーコー的な世紀を包囲するようにもちだしてくることとしても読めるのではないか。

そしてさらに重要なことであるが、このようなドゥルーズ＝ガタリ的な人類史的記述そのものが、歴史性や存在史という、ハイデガー的な議論の背景をなしている時間的概念そのものに、徹底的に逆らう原理性を提示していることである。より明確にいえば、ドゥルーズ＝ガタリは、人類史的な記述を、いつの時点においてもみいだしうる地層性や、ある種の地理的概念の水平性のなかに解消し、歴史的な主体としてのわれわれや、歴史的な変遷としてとらえることもできる技術の語り方を、積極的に解体しようと試みているのではないか。(1) いくつかの含意を含む『千のプラトー』のプラトーという、ベイトソンに由来する言葉は、歴史性そのものを解体する層状性として、そのアクチュアルなものへの順序性そのものに逆らう何かとしてとりだされるべきだろう。それゆえ、実際には近代の一時期しか考察の俎上に載せてないのに、あたかもそれを存在史的な意味での普遍と語るハイデガーの議論の枠組みをも、ドゥルーズ＝ガタリの語り方は退けているとみなすべきである（この点では、フーコーはハイデガーに追随することはもちろんない）。(2) ノマド的な存在者とは、その連関で語られる徒党集団とは、かつてのある時代に存在した遊牧民を指しているのではなく、ひとつの存在史的な契機においてみいだされる何ものかでもない。むしろそれは存在史的な事態そのものを破壊し、それをはみだすような空間的無意識の現実化された姿としてとらえられるべきなのである。

以上を念頭においたうえで、ドゥルーズ＝ガタリの技術論を検討することにしよう。その際に、まずとりあげられるべき事象は、技術の対象としての金属と、そうした技術を扱う主体としての徒党集団（冶金師たち、金属細工師たち）、そしてそれらと国家や戦争との関連性であるだろう。それを踏まえながら、こうしたドゥルーズ＝ガタリの議論が、人間の資源性にこだわるフーコーや、人間と非人間との関連を動物によってとらえるデリダをも越えるかたちで、金属としての生命、非有機的なものとしての生気論をひきたて、そこで技術に関する思考そのものを抜本的にとらえなおしている事情を考えるべきである。

条里的な農業と平滑的な鉱業

再度対比をおこなっておく。ハイデガーの技術論において、きわだたせられる人物は農夫であった。農夫は土地がなければ仕事にならない。農夫は国家が条里化した水利システムや安全システムがなければ作業ができない。あたりまえながら、農業は土地の人工計画化を前提としなければなりたたない。最初の巨大国家が、水利的なものに関する土地整備にむすびついていたことからも明らかなように、農業と国家とは決定的な連携性がある。農夫は土地にしばられていて動けない。国家は動かぬ農夫から税を徴収し、しかし農業の基本である大規模土木工事を実施することによって連携している。

ハイデガーが、ゲシュテルの議論において、技術と国家をむすびつけながらも、ドイツの土地に従属する農夫を美しい魂であるかのように描き、鉱工業とファシズム国家をそれに敵対するものとして配置するとき、農業そのものの存在要件としての国家とテクノロジーについての歴史的経緯はすべて無視されてしまう。農業そのものがそなえている、土地に対する根本的なテクノロジー性やコントロール性には言及されず、ひたすら大地に祈るその姿しか提示されない。粉ひき小屋や、風車や、農民の木靴も、端的にいえばそれらはテクネーの生産物であり土地からの収奪品である。それらが国家的な計画性にそもそも関与していることにハイデガーは触れない。

ドゥルーズ＝ガタリは、農夫の立場にはいっさいたたない。ほぼまったくたたない。ドゥルーズ＝ガタリにとって農夫は、国家と通底した存在以外の何ものでもない。テクネーが最悪のかたちで使われる事態がファシズムであり、ある意味ではナショナリズムであるならば、そこでのテクネーは根本的に土地の搾取としての農業を支えとしている。だが、それについてハイデガーは何も語らない。

ところがハイデガーは不思議なことに、石炭や石油の採掘については徹底的に敵視する。それこそがゲシュテル的な不気味さにつらぬかれた自然の搾取であると告発する。それは一面では間違いではない。近代は土地の自然とは異なったかたちで、そのエネルギーを集積しつつ利用するからだ。だがそれと、土地の計画的設計を不可欠とする農業とが、自然の搾取という視角からみて、どのような差異があるのかを検討しないことの方が不思議である。

ドゥルーズ＝ガタリが、鉱業的なもの、冶金術的なものを重視するのは、素朴にいって彼らが土地にしばられない性格をもっていることによる点がおおきい。もちろん鉱物は、ある土地に関連し、土地のなかに潜りこむことによってしか獲られるものではない。だが、それが土地のどこに、どのように配分されているのかは、実際のところまったく不明確でしかない。さらにいえば、鉱物資源を掘り、それらを精錬し、ある種の製品にするのは、国家に従属しない技術者集団であった。もちろんこうした技術者集団が素朴に国家に抗するとはとてもいえない。ときには国家の子飼いになることもあるだろうし、彼らとて国家的なものとのとりひきを通じてしか、その生業がなりたつわけではない。しかし彼らは決定的なポイントで国家に関与するものではない。それは彼らが土地にしばられないということ、それのみによる。彼らは動かざるをえない存在なのだ。

掘って何かがでてくることとは、農業的な労働とはまったく異なる。それは計画性のない賭けに近い。ある土地で何の鉱石がとれるのかは、それを探る人間たちの努力には何も依存しない。Gold Diggerたちは基本的に賭博師であり、彼らはまさに一山当てることをしか考えていない。確かに土地の善し悪しをみいだす古代からの勘所はあるだろう。そのスキルの伝承が鉱物資源採取に連携していたことは確かである。しかしそうであっても、彼らは必然性なく鉱物をみいだし、国家には収奪されないテクネーでそれを加工し、やりとりをする。掘ることに依存する彼らの試みは、何かを掘り尽くしたら別の場所に移動することによって継続するしかない。いきつかなければ彼らは死滅するだろう。だがそれは仕方がないことである。そしてこの偶然性こそ、国家がもっとも嫌うことであり、国家が一番それをみたがらないことである。

ドゥルーズ＝ガタリが、条里と平滑という、『千のプラトー』において根源的な言葉を述べるときに、そこには国家と遊牧という対比がきいているのと同様に、農業と鉱業という対比も被さっている。農業は根本的に計画的なものであるし、コード的なものであるし、条里的なものである。ところが鉱業は非計画的なものであるし、定住せず移動するものであるし、つまりは遊牧ではないが遊牧的な色彩をもつものである。そして国家はそれ自体戦争をおこなうかもしれないが、鉱業こそは、戦争機械そのものである。戦争的な武器、それにまつわる兵士の装飾品、馬具、これらは国家の外部にありながら、国家に戦争を与えているものである。そこでは、国家に従属しない戦争機械そのものが、金属とその加工を担っている。

同様のことは海上交通や漁業についてもいえるだろう。海も、一面では条里化されるとともに、そこで発揮されるテクネーはきわめて平滑的である。[3] 漁業はそもそも偶然性に依拠する割合が強いし、彼らの活動場所を条里化して管理することは、国家には不可能であったはずである（海の道にせよ海賊にせよ）。海はまた砂漠と同様に、ひとを定住させず、さすらわせる。

これもまた別種のロマン主義であろうか。ほとんど実証性のない夢想であろうか。そしてそのかぎりにおいて、ハイデガーのロマン主義の裏面でしかないものだろうか。そうかもしれない。だがそれでも、土地と金属という対比は、きわめて示唆的なものを含んでいる。そしてテクネーと自然、そこでのテクネーのあり方を考えなおすときに、こうした土地の収奪か、土地の深層にある金属の加工かという対比は、それ自体としておおきな役割を担っているとおもわれる。

それには、金属＝メタリックなものの独自の性質、そこから派生するその加工のあり方が重要であることは確かなようにおもわれる。金属とは、ドゥルーズによれば、流れるものである。それはもちろん固体である。だがこれほどまでに、何かの形態＝フォルム＝形相に従属することなく、さまざまな細工を可能にし、なおかつ相当の強度をもつ素材＝物体＝質料はみあたらない。金属こそが、物質的なものの中心にあるといわれる。流体としての金属は、それがもっている非有機的な生命を発展させるものでさえある。金属のエラン・ヴィタルが、技術論のなかに位置づけられなければならない。

メタリックなものの本性

冶金師たちが、徒党集団であるというその主体性については少し措こう。ここではまず、金属そのものがそなえている、ある不可思議な性質について言及してみたい。それはノマド的な労働を可能にすると語られるものにほかならない。

「だが、金銀細工品はかつては「野蛮な」芸術であった。あるいは、それがすぐれて遊牧民の芸術であったと聞くとき、そしてマイナー芸術のあの傑作の数々を目の当たりにするとき、われわれの魂のなかで何かが目覚めるのだ。装飾を施した服の留め金、金銀の小板、数々の宝飾品、それらはすべて小さな動かしうる物体であるが、たんに運搬しやすいだけではなく、何か動くものに所属してはじめて意味をもつようになるようなものである……純粋な速度の表現特徴を構成し、〈形相－質料〉の関係ではなく、〈模様－媒体〉の関係で把握されるべきものである[4]」。

かくしてつぎのようにいうこともできる。「(金属的な装飾具を) つくるために払われた努力や労力がいかほどのものであろうとも、それらは純粋に動くものにかかわる自由活動によってつくられたものであって、重力や抵抗や消耗にむすびついた労働の結果ではない。移動する鍛冶師は金属細工を武器に、また逆に武器を金属細工にむすびつける。金と銀とはほかにも多くの機能をもつことになるが、戦争機械のこうした遊牧民的貢献を無視しては十分に理解されないであろう……」(5)。

金属に関するこれらの議論を展開するためには、それが先に述べられていたような〈形相－質料〉という図式によって把捉しうるものではなく、それ自身が〈機械的系統流〉（系統流＝phylum）というあり方において、つまりアリストテレス的な〈形相－質料〉において存在者を区わけする仕方とは別のシステムが関与する領域であることを示しているのである。ここで、通常のメジャー科学に対する、金属を扱うもののマイナー科学性が、そして条里に関わるメジャーなテクノロジーに対抗する、マイナーテクノロジーとしての冶金術が、金属の特性に即して描かれていくことになる。アリストテレス的な分類をはみだすかぎりにおいて、金属のあり方、そのメタリカルな本質が捕まえられることが主張されるのである。

第六章の註でも記した、こうした金属がもっている物質としての特殊性と、技術との連関からみてみよう。

ドゥルーズはそこで、まずは科学の二つの手続きを区分する。ひとつは再生する手続きであり、たんなる反復にしか関わらない科学である。もうひとつは随行的な手続きといわれるものであって、それは再生することと同じではない。そここそは自然のあり方の個別的な様式をみきわめ、それに即した微細さにおいて知(6)そのものを発生させていこうとする科学である。

「もろもろの特異性が「偶発事件」（問題）として配分されるようなベクトル場において、流れに随行することを本質とする、移動的・巡行的な科学が存在する。一例をあげれば、なぜ原始的な冶金術は必然的に巡行的科学であって、鍛冶師にはほとんど遊牧民的性格が与えられているのか」。[7]

こうした巡行科学とて、王道科学としての計算する科学とむすびつきをもち、それとの連携においてことをなすのはいくらでも可能である。だがそれでも、物質にしたがいつつ流動する科学は、王道科学とはまったく別種の、物質流そのもののあり方をとらえていくものである。そこで冶金術は、あくまでも巡行する科学というあり方をとると語られる。

「なぜなら冶金術はまずもっていくつかの変化線と切り離しえないからだ——すなわち、隕石と天然の金属の変化、鉱石と含有量の変化、自然または人工の合金の変化、金属に加えられる操作の変化」。これらは「さまざまな次元の時間的空間的特異性あるいは此性と、それらにむすびついた変形や変容の過程としての諸操作」であり、また「こうした特異性と操作に対応する、さまざまなレヴェルの情動的性質すなわち表現特徴である」ともいわれる。[8]

金属と、それが系統流に属するという発想は、こうした事態と強くむすびつきながら語られていく。これらの事態から、先にも述べたように、技術そのものの機械性と関連する、独自のエラン・ヴィタルという試みが、ルロワ＝グーランなどとのむすびつきにおいてとりだされてくるのである。[9]

さて、こうした金属と、そのテクノロジーとのあり方について、ドゥルーズ＝ガタリは、それをフッサールが「漠然とした本質」と呼び、あたかも事物と概念とをつなぐ図式的なものとして把捉したことを強調する。さらに技術の哲学者として重要なシモンドンは、それをひきうけながらも、フッサールがなおも依拠している〈質料－形相〉モデルを廃棄し、情動性と連関した特異性または此性のモデルをたてようとすると指摘する。〈機械的系統流〉とその進化という、別の語り方がとりだされることになる

のである。(10)

そこで職人とは、そうした事態に応じる、的確な事例とされる。「それゆえ職人は物質の流れすなわち機械的系統流に随うように定められた者として定義できるであろう。職人とは移動するもの、放浪するものなのだ」。かれらは「行為的直感」(l'intuition en acte)の保持者であるにほかならない。(11)

さて、しかし何故、金属を扱う職人が、特権的にこうした巡行する科学をおこなう職人であるのか。メタリックなものの本性を扱うこの議論を、ついでまとめてみよう。そこでは、こうした一連の議論が、木や粘土に関する議論と何が異なっているのかが、問題視されることになるだろう。

金属と冶金師

金属が〈機械的系統流〉に代表的に属するものだとしても、そして金属を扱う職人が、それ自身の特殊性をもってことにあたるとしても、それは何故なのか。土地に、つまりは土地の条里的あり方に連関しないという、そもそもの条件のような事実を強調するとしても、それはあらゆる職人的な作業、あらゆる工芸の作業にも共通することではないだろうか。

これについて、ドゥルーズ＝ガタリはつぎのように述べている。

「というのも、金属と冶金術は、そのほかの物質や操作において隠され、あるいは埋もれていた何かを意識せざるをえないようにさせるらしいのだ」。(12)

「隠され」「埋もれていた」何かを明らかにさせること。それはつぎのように説明される。すなわち、金属以外のものは、それを操作するときに、「操作のために準備された質料を構成する閾」と「具体化すべき形相を構成する閾」とが明確に区別されるといわれる。[13] そしてその場合、具体化された形相は、それ自身がさらなる操作のための質料として働くことになる。この分割が〈質料－形相〉モデルそのものであり、粘土と鋳型との関係はそれにしたがっている。閾が明瞭であり、継起的であることが重視される。

「しかし冶金術において、もろもろの操作はさまざまな閾のあいだにまたがっているために、エネルギーをはらんだ物質性＝質料性は準備された質料性をはみだし、質的な変形ないし変容は形相をはみだす[14]」。

金属が流体的であるとは、たんにそれが物質的に変形可能であるということだけを意味するのではないし、変形して流通可能で可能であるということを意味するのでもない。重要であるのは、それが〈質料－形相〉という区分そのものを廃棄するということである。それは流れをひきおこすのである。

鋳型による貨幣の生産はそのもっともおおきな例であると語られる。金属においては、形相と物質のむすびつきは自由度がきわめて高い。「そこではさまざまな形相の継起に、連続展開する形相がとって代わり、さまざまな質料の変化に、連続変化する質料がとって代わろうとする[15]」。こうした質料と形相の区分そのものを解体し、その相互に跨ぐような連続性をとりだしてくることが、金属の流体性を明確にする。そこでみいだされるものこそが「質料＝物質に特有の生命」であり「質料＝物質そのものの生命的状態」にほかならない[16]。これは技術論にとって決定的な視角の転回でありうる。

鋳造の技術は、貨幣を生みだした。だがそこで貨幣が基本的に金属であるというのは、金属そのものに内包される物質としての流体性に依拠してのことであるといえるだろう。貨幣は、ストックとも商品とも異なる。(17) そのいずれのあり方とも別様な仕方で価値をもつということ、それは金属そのもののあり方に依存している。ドゥルーズ＝ガタリ的にいえば、金属の流れが資本主義を可能にする。

さらにいえば、次節での主題にしたいことであるが、金属のこうした特性は、戦争と根本的な連関をもっている。いうまでもなく金属の鋳造は、貨幣をつくるのと同じくらい、戦争に関するさまざまな道具に関連している。(18) 武器が金属的なものと強く関わるのはいうまでもない。そしてさらにドゥルーズ＝ガタリが重視するのは、金属的な装飾である。遊牧民の馬具や、武器に描かれた周密な装飾は、それが金属からつくられているがゆえに可能なものであり、それこそが戦争機械そのものの作動を支えているとさえいわれる。

ドゥルーズ＝ガタリは、金属的なものをこのように規定しつつ、さらにはその汎物質的なあり方に言及することになる。

「冶金術は「物質－流れ」の意識ないし思考であり、金属はこの意識の相関物である。汎金属主義が表明しているように、すべての物質は金属とみなしうるのであり、すべての物質は冶金術の対象となりうる。水や草や木や獣ですら塩や鉱物的元素にみちている。すべてが金属ではないが、金属はいたるところに存在する」。(19)

「非有機的生命」という概念がここから導かれる。生命体をエラン・ヴィタルのつながりやその流体性のなかでとらえていたベルクソン主義の、徹底した継承と書きなおしがここでなされているといってもよい。物質は金属であり、自然は金属であり、金属であるかぎりの生命性が、職人に仮託されて語られる技術の軸を押さえている。

ドゥルーズが後期において論じている、珪素としての生命（『フーコー』）、結晶イマージュ（『シネマ』）などが、こうした物質のなかにみいだされる金属という発想につながっているのである。[20]

この世界を自己創発的に形成する根本的なもの、それ自身が生命であるともいえるもの、〈質料－形相〉という区分に関わらず、それをまたぎ越すように、流れ独自の進化を遂げるもの、いかなるかたちにも変形でき、いかなるかたちにおいてももち運びが可能であるもの。金属は、その軽さと重さ、流れと重量感において、まさに生命を宿す物質なのではないか。ここで技術とは、生命としての金属に応じることではないか。そしてそれは、有機的な存在（生命）がどうしても〈質料－形相〉のあり方において把捉されてしまうことを解体し、流動するこの世界＝平滑空間がその姿をのぞかせる底の部分と確かに関わっているのではないか。

金属のテクノロジスト

さて、こうした対象としての金属を扱うテクネーと、テクネーそのものの三体をひきたてなければならない。冶金術師たちが、ここでの主役として提示される。[21] それは、徒党集団という、国家に属しないテクノロジストたちのモデルとなるものである。

「ゴードン・チャイルドが示したように、冶金術師は最初の専門的職人であり職人としての団体（秘密結社、ギルド、職人組合）を形成したのである。職人としての冶金術師は、地下の物質－流れに随うがゆえに移動者である」[22]。

もちろんこうした冶金術師も「土地や大地や天上の者」たちとさえ関係をもっているといわれる。しかし彼らは、つねに森林生活者に、遊牧民たちに、鉱脈に依存してしか生きていけない。彼らは大地にもっとも逆らうものである。「あらゆる鉱脈は逃走線であり、平滑空間と通底している」[23]からである。穴のなかに潜りこんで大地にさまざまな隙間をあけ、その条里化に対し、条里ではないスポンジのような空隙を作成する者たち。それは自らの仕事の糧を自然の大地からみいだしてくるが、けっして固定された土地からではない。「鉱山は物質の流れ、混合、逃走の源泉であって、歴史上これに比べられるものはあまりない。たとえ鉱山が帝国に所有されてしっかり管理されているときでさえも……非合法的鉱山開発はさかんにおこなわれていたのであり、鉱夫たちは鉱山に侵入してくる遊牧民や蛮族、農民の反乱と手を組んだのである」[24]。

「鍛冶師」は、条里的なものを旨とする国家にしたがうものでもないし、それ自身として遊牧するものでもないが、その遊牧的性格は顕著である。だからそれは、国家にとって必要でありながらつねに差別され、国家の内部に組みこまれることのない者である。〈物質－流れ〉に即応する彼らは、いうまでもなく〈質料－形相〉に関わる国家の条里制の外部にある。

貨幣が金属の生命性に関わっているように、こうした金属テクノクラートたちが、実際には資本主義における脱国家的な流れの根幹的な部分にむすびついていること（逃走線である鉱脈が、現在では石油・天然ガス・レアメタルに変わっていること、だがそれらもやはり一国家には統括できない多国籍企業によって運営されていること）を考えるべきである。そして資本主義の勃興期においても、一九世紀のパサージュを描くベンヤミンが、ガス灯、ガラス、金属建築、そしてそれらが生みだす美学を強調していたことをとらえなおすべきだろう。ドゥルーズ＝ガタリの金属の記述は、けっして考古学的なだけのものではない。資本主義的近代の、そしてまさに近代以降のある種の文脈において、金属工芸師たちが生みだした事態がさらに重要な役割を担い、同じく国家の外部の組織として機能していることを考えなければならない。このことは、テクネーと自然の相関性からみても、きわめて重要なことであるだろう。

彼らは大地を搾取する者なのだろうか。そうではない。彼らこそが大地のなかに埋まっている生命性そのものをひきだしてくるのである。彼らこそが正当な意味での生命のテクノロジストなのである。搾取するのは国家であり、その計画性である。冶金師は偶然性と賭けにこそ依存するものであり、搾取するものではない。

2　徒党集団対国家

はじめに

ドゥルーズ＝ガタリの『千のプラトー』における、マイナーテクノロジーについての議論は、前節でみたように「金属」をテーマとするものであった。そこでは土地と農業、つまりは大規模農地開発者としての国家＝条里を構成するものに対抗するように、流れる物質である金属と、それに関わる技術者である冶金術師のノマド性＝平滑空間性がひきたてられていた。このことはいうまでもなく、物質の根幹であるとドゥルーズ＝ガタリが想定する金属の特性に仮託されたものである。だが同時に重視されるべきは、そこで徒党集団と語られる、国家とは異なった技術の主体がきわだたせられていることである。

金属の特性については前節で述べた。それはドゥルーズ＝ガタリにとって、アリストテレス的な〈質料－形相〉という区分には収まらない、系統流＝門（phylum）、とりわけ機械的系統流というあり方をそなえている典型的な事例であった。そこでは質料と形相とが、分離されたうえで継起的なあり方をとるのではない、生成としての〈物質－流れ〉がつかまえられるのであった。それは物質的なものの極限であり、ドゥルーズ＝ガタリが後年に重要視するキーワードでいえば、「非有機的な生」と、それ固有の進化の材料であるにほかならない。金属こそがノマド的な生や、そこでの平滑性を支えているのである。

　金属に焦点をあてたこうした議論が含意する範囲はかなり広い。

　単純に考えて鉱物採掘やその加工は、土地に依存するようにみえて、実際には依存するものではない。何故ならば、それは農業のように、ある種の計算にもとづいて運営されるものではないからである。農耕は土地を条里化するだけではなく、時間をも条里化してしまう。だが鉱山採掘には、最初から最後まできわめて強い偶然性が作用している。それは賭博に近い偶然性を根底としてしか成立しないし、その条件は国家的な枠組みを越えて移動することによってしか持続しえない。

　さらに金属には独自の可塑性がある。[25] それはいわば脳の可塑性と類似的ともいえる仕方で、剥きだしの物質の可塑性であるということができる。こうした可塑性は、遊牧民とのつながりでいえば、さまざまな馬具に、武器に、とりわけ武器を彩る模様に結晶化されるのであり、シニフィアン的な事態とは異なった文字とさえ連携しているといわれる。[26] また金属は鋳造されて貨幣となるものであり、貨幣という形態を経ることによって、財はまさにその流体性を確保し、資本の流れをつくりだす。

　金属そのものが土地を離脱するものであり、何にでも細工できる平滑的なものであり、グローバルな世界をノマド的に駆け巡るものであること。これがまずは重要なポイントなのであった。

　さて、冶金術師とはもちろん、こうした金属のあり方に寄りそいながら、条里化＝国家化される戦略とは異なったテクノロジーの担い手＝主体としての位置を確保することになる。こうした集団のことを、ドゥルーズ＝ガタリは総称的に徒党集団と名指している。〈質料－形相〉概念を越えた平滑性を操作するテクノロジストである徒党集団は、一般的に考えられる職人集団や職域集団というあり方とは異なった、どのような特性をもっているのだろうか。それは、もちろん国家とのとりひきにおいて生活しているかぎり、単純に国家に抗するものではないが、しかしその集団性は戦争機械そのものの主体として、反国家的なテクネーの主体である可能性を露呈させるものでもある。今回はこの点を論じてみることにしたい。

徒党集団の位相

最初に徒党集団とは何かを定義しておくべきだろう。そのためには、本節でおもに扱う『千のプラトー』第一二プラトーの冒頭における、国家装置と戦争機械との対比をみておかなければならない。

そこではデュメジルのインド・ヨーロッパ神話における政治的主権のイマージュがとりあげられている（このイマージュの検討は、国家を捕獲装置としてひきたてる第一三プラトーでも繰り返される）。それによると、政治的主権ないしは支配権は、〈王－魔術師〉と〈司祭－法学者〉という二つの頭をもつものとしてイマージュされるといわれる。双頭のこのイマージュは対立を表すものではない。一方では、政治的主権において必要な魔術的支配力が表現され、他方ではそれを支える法の権限が提示されている。この二つは、いわば相補的に機能して、国家装置をつくりあげているのである。

ここで着目すべきことは、国家装置には「戦争」がとりこまれていないことである。戦いの神は国家の外にあるか、あるいは国家が自分の組織のなかに獲得しているか、いずれかなのであるが、その双方においても、戦争は国家の主体ではない。国家は官吏をもち、警察権力を駆使するが、しかし戦士は国家装置の外にあるのである。つまり「戦争機械」は国家装置とは外在的な関係しかもちえないものとされてしまう。

国家装置とは、いわば将棋にたとえられる碁盤の目、条里化された空間と時間のなかでの支配を完遂するものであるととらえられる。だがそれに対して戦争機械は、碁にたとえられるものとされるのである。それは平滑空間における一連の領土化と脱領土化との関わりのなかで、コード化されない大地を動く戦略性そのものなのである。これは『意味の論理学』における、パスカル的な賭けと、マラルメ的なゲームとの対比、勝敗や規則が明確なゲームと、純粋なゲーム＝戯れとの対比にもむすびついているだろう。[27]もちろん近代国家は戦争を自らのうちにとりこむのであるが、それはあくまでも自らの設計性とは異質なものを含むことなのである。

それゆえ戦う者＝戦士は、こうした神話のなかで、あくまでも異形な者としてしか語られえない。それは国家にとっての外部のイマージュでしかないというのである。

「戦士の独自性・奇矯性は国家の観点からは必然的に否定的形態のもとに現れる――愚鈍、奇形、狂気、非合法、横領、罪悪……。デュメジルはインド・ヨーロッパ語族の伝統における戦士の三つの罪を分類している。すなわち、王と、司祭と、国家に由来する法に対する罪である」[28]。

「国家自身は戦争機械を所有していない。国家は戦争機械をただ軍事制度の形態でのみ自分のものにするのであるが、軍事制度化されたとしても、戦争機械はやはり国家に多くの問題を与えつづける」[29]。

こうした戦争機械の純粋性に関する議論、その平滑空間への徹底的な帰属性と、国家的システムへの回収不可能性についての主張は、それ自身、ベンヤミン的な神的暴力、つまり法を維持する力とも法を制定する力とも異なった（神話的構成の外部にあるような）、一切の秩序を決定的に破壊してしまう暴力のゼロ点についての発想とも関連しているようにおもわれる。平滑性として示される空間性は、すべてを（国家そのものをも）焼き払って浄化させる場所としての純粋暴力の位相に非常に近い。しかしベンヤミンは、こうした神的暴力が国家秩序とどのように連関するのかを具体的に示しはしなかった。ドゥルーズ＝ガタリは、戦争機械という国家の外の力を、戦士という異形の者に託すことによって、それと国家との関連、つまりは平滑的な力と条里化する力とのむすびつきに踏みこんでいるといえるのではないか。

こうした方向から考えるとき、戦士としての「人間」が国家に関連するイマージュが導きだされることになる。徒党（bande）とは、まさに戦争機械が国家に介在するときの集団性として規定される。それは、樹木型として規定される国家組織に対抗しつつ、まさに群れとしてのリゾームというあり方においてとりだされるものである。

これは社会進化論的に想定される、国家に統合されない集団性の前段階のことを示しているのではない。「徒党や群れを初歩的で十分に組織化されていない社会形態とみなす進化論的見地を放棄しなければならない」[30]。ドゥルーズ＝ガタリはここでプルーストにおける社交界をさえもちだしてきて、そのあり方を描きだしている。徒党集団は、現代化された世界に現出しようとも、それ自身は戦争機械としての自らの出自を失うことはないというのである。

それゆえ徒党集団は、いかなる時代のいかなる光景のなかにも存在しつづけるものである。一面において、それは世界宗教（キリスト教・イスラム教）のように、あるいは多国籍企業のように国際的なネットワークをもって国家の枠組みを越えるものでもあるだろうし、他方ではマクルーハンが「新部族主義」と名指したように、徒党のかたちをとりながら、機能するものであるだろう。だがその両者は混交している。

「たとえば、商業組織は、その営業ルートの一部において、またその多くの活動において、略奪あるいは海賊をおこなう徒党集団でもあるし、宗教団体が活動しはじめるのも徒党集団としてなのである。明らかなことは、世界的組織も徒党集団も国家に還元しえないある形式を内包しているということであり……」(31)。

徒党集団についてドゥルーズ＝ガタリが描いているのはこういうことである。徒党集団は、国家外的な組織である。しかし徒党集団は国家以前的な組織でも国家と関連をもたない組織でもない。つねに徒党集団は国家の内部にも外部にも存在し、あらゆる時代において存続しつづける。それは職業団体や宗教教団だけではなく、さまざまな政治組織、ＮＰＯや多国籍企業においても、その性格をもちつづける。プルーストの社交界は、現在ではネットの空間上に存在する関係性の連鎖に重なるだろう。それは国家が官僚システムを中心に形成される条里的なものであるかぎり、それにとって統御不可能な群れであることを意味している。

それは国家にとっての「外部」である「戦争機械」を国家にとりいれる組織でもある。先にも述べたように、「戦争機械」はそれ自身純粋な暴力に類似したものであり、あまりに純粋であるがゆえに一切の条里から逃れさるもの、あらゆる計画的なあり方から逸脱するものである。戦争には、そうした極限がつねに含まれる。国家はこうした戦争を嫌悪するのである。

ここでピエール・クラストルによるホッブズの命題の逆転が語られる。ホッブズは「国家は戦争に反対する」といって、戦争を自然状態としてとらえ、それを終結させるものとしての国家を想定した。それに対して、「クラストルによれば、「戦争は国家に反対する。そして国家を不可能にする」というように逆転されなければならない[32]」ということになる。

ここで戦争機械＝徒党集団は、国家システムに徹底的に抗する純粋な平滑性を体現するものである。それは区画化された土地ではなく、大地そのものであり、草原そのものを生きるものである。そこでの人々は、正しくかつ生物学的な意味で「群れ」であるだろう。生物学的で生態学的な群れのイマージュが、そのリゾーム的で離接的な総合のあり方が、社会や国家のなかにおいても存続しつづけることをとらえなければならないのである。

徒党集団とテクノロジー

しかし国家装置と徒党集団とでは何が異なっているのだろうか。もちろん、徒党集団のひとつの特徴は、それが国家的なヒエラルキー体制をもっていないことにある。だがそれだけでは群れとしての集団性を維持するのは困難であるだろう。ここでドゥルーズ＝ガタリがもちだしてくるのがマイナー科学であり、マイナー科学にしたがうところのテクノロジーである。その主体としてこそ徒党手段は存在する。徒党集団はヒエラルキーではない自然にしたがうのである。

マイナー科学やマイナーテクノロジーについては、「金属」との連関において、前節ですでに述べておいた。メジャー科学は国家の学であるが、戦争はつねに国家の裏をかく知、国家そのものをはみでる学、まさしく条里も国境もない遊牧科学として成立するのである。まさに投影＝前に－投げることとして、問題をたてつづけるこれらの者たちを、ドゥルーズ＝ガタリは、徒党集団の代表例として、国家と戦争機械をつなぐ技師たちにみいだしていくのである。

「遊牧的科学の「学者」は、あたかも二つの炎に、すなわち彼を養い発想を与える戦争機械の炎と、彼に理性の秩序を押しつける国家の炎に、挟まれているかのようだ。こうした立場をはっきり示しているのは、両義的性格をもった技師（とりわけ軍事に関するエンジニア）という人物である」(33)。

工学技士＝エンジニアという集団がここで根幹的なものになる。彼らの存在は、そもそも遊牧科学とむすびついたものであると描かれる。たとえばゴシック様式を可能にする石の切りだし人は、こうしたエンジニア的職人の団体の代表例である。こうした「職人集団」を、国家は「学校」のかたちに整備しようとするが、独立性を保つ職人組織と国家のあいだには、いつも争いが生じることになる（「土木学校」の歴史はそれを跡づけるものであると描かれる。フランスにおけるグランゼコールの歴史と、国家性と遊牧性とのせめぎあいがそこで軸になる）。「職人集団」は、国家内国家のような有機的組織ではない。それは国家に権利要求をなす圧力団体のようにみえても、それだけの存在ではない。職人組織には、そうした図式性に収まらない別のモデルが働いている。それはまさに自らを戦争機械として動かそうとする群れとしての流動性である。

「団体は有機体に還元されるものではない。それは団体精神が有機体の塊に還元されるものではないことと同じである……精神は揮発性をそなえている。団体と団体精神の軍事的起源をひきあいにだす必要があるだろうか。「軍隊的」ということではなく、むしろはるかな遊牧民的起源こそ問題なのだ[34]」。それは組織の内部において、つぎのように「革命」的瞬間を、その進展を導くことにもなる。「集団的団体はつねに周縁的部分すなわち少数派を抱えていて、これは橋の構築や教会の建築、あるいはまた裁判や音楽、科学や技術などの一定のアレンジメントにおいて、ときには非常におもいがけないかたちで戦争機械の等価物を構成する。たとえば、将校の団体が下士官の組織と上級将校の機構に対して自分たちの要求をつらぬこうとする。有機的組織としての国家とその団体とのあいだに葛藤が生じ、団体は自らの特権を要求しつつも、自らの範囲を逸脱した何かに否応なく開かれるという時期が必ず到来する。実験的飛躍が可能になる革命的瞬間だ[35]」。

革命的継起を到来させる職人たちはそもそもが「放浪者」でもある。「ここでゴシック建築の例にもう一度戻って、職人組合員たちが、あちこちに大聖堂を建築し、工事現場を増殖させながら、国家にとっては疑いもなく不都合な能動的かつ受動的力能（運動性とストライキ）を保持したまま、どれほど広範囲に旅をしながら動き回っていたかをおもいだしてほしい[36]」。

こうして想定される職人集団の遊牧性や放浪性がもっとも明瞭にみいだされるのが、冶金術師においてなのである。この意味で冶金術師は、非有機組織的な群れと、それがもちこむ純粋な戦争性を、その扱う内容＝金属においても、金属を対象とするその振る舞いにおいても、介在させていくのである。「最初の根本的移住者は職人である。しかし職人とは、狩人でも農民でも牧人でもなく、また二次的にしか職人的活動に携わることのない陶工や籠作りでもなく、純粋な生産性としての物質－流れに随う人であり、それゆえに植物や動物ではなく鉱物的形態にしたがうのである。それは大地や土地のうえで活動するものではなく地下生活者である」[37]。

さらにドゥルーズ＝ガタリは、こうした鍛冶師たちの特殊な居住形態に着目していく。それが、多孔空間という事例と関連するものである。

「……この点でとりわけ重要なのは鍛冶師の住み方であって、彼の住む空間は定住民の条里空間ではなく、遊牧民の平滑空間でもない。彼はテントや家を所有しているかもしれないが、あたかもそれが金属の「鉱床」であるかのように、つまり洞窟や洞穴であるかのように、半ばあるいは完全に地下に埋まった小屋としてそこに住むのである。鍛冶師たちは生まれつきではなく、必然と技術に迫られて穴居生活をしている者である」[38]。

エイゼンシュテインの映画の画像（『ストライキ』）が使われて説明されている、穴のあいた土地に生きる者たちは、まさにリゾーム的な空間が、離接的な総合の場所であることをよく示しているといえる。それは表面に形成された条里によって整備された場所ではない。地下のなかにモグラのようにさまざまなラインがひかれ、そこを通り抜けながら地上のさまざまな場所が意表をついた場所につながっていくような位相性が問題になる。それは戦争におけるゲリラ戦の物質化であり、また現実世界における少数集団である徒党の動きそのものであり、徒党が群れとしてその組成を変化させたり組み替えたりして、国家体制のなかにはいりこんでいく様子自体を示していく。冶金術師が、穴にもぐり住むそのあり方は、さまざまなかたちで存在する、現在の徒党集団の原型でありモデルである。長くなるがこれに関する一文を引用しておく。

「労働者となった帝国の冶金術師は探鉱者としての冶金術師を、たとえ両者が遠く離れているとしても前提にしており、また探鉱者は、冶金術師に金属を運ぶ商人を前提としている……移動性の作業場の連鎖を想像すべきであって、こうした連鎖は穴から穴へとさまざまに変化する一筋の線をなし、いわば坑道となっている。したがって、冶金術師が遊牧民と定住民とのあいだにとりむすぶ関係は彼がほかの冶金術師たちととりむすぶ関係にもつうじている。定住民と遊牧民のどちらとも交渉するのは、このような雑種的な冶金術師、武器と道具の製造者でもある冶金術師なのである。多孔空間はそれ自身、平滑空間と条里空間をコミュニケートさせる」[39]。

ドゥルーズ＝ガタリは、これをつぎのようにまとめている。すなわち、遊牧性の戦争機械を表現とする内容とは移動的な冶金術なのであり、それと対応して、平滑空間を表現とする内容は多孔空間なのであり、これが機械的系統流のことを示しているのであると[40]。

繰り返すが、平滑空間とは純粋な戦争機械のことであり、純粋な暴力のようなものであり、あらゆる条里的秩序の破壊と解体を示すものである。これに具体的な内容を与えなければならないときに、それは物質の流れそのものに即応したマイナー科学を、そこで物質そのものの力とエネルギーを導きだすマイナーテクノロジーを利用せざるをえない。純粋な戦争性を、具体的な場面にもたらしていくものは、そうしたマイナーテクノロジーの起源たる冶金術師であり、その穴への居住性を中心とした、多孔的なスポンジ空間においてなのである。

さて、こうしたいかにも特異なドゥルーズ＝ガタリの着想は、テクノロジーの思考一般としては、どのようなものとして読みうるのだろうか。すでに論じた、ハイデガーやフーコーのテクネー論との関連において、何がいえるのだろうか。

テクネーと戦争とのむすびつきは、ドゥルーズ＝ガタリにおいても明確である。ある種のテクノロジストを、戦争という比喩のもとにとらえ、それを軸としながら技術について考える着想も重なっている。しかしながら、そこで国家が位置づけられる仕方がこの両者では決定的に異なっている。ハイデガーにおいては、そして近代を考えるかぎりでのフーコーにおいても、戦争の主体は国家であるがゆえに、技術の主体は国家であるという発想が徹底的につらぬかれていた。(41) しかしドゥルーズ＝ガタリにおいては、戦争の主体は国家ではなく、それとは決定的に異質なものである。したがって、戦争にまつわる技術の主体も国家ではなく、ただちに反国家的な集団や群れだということになる。それゆえ、戦争と技術の議論において提示されている人的資源の搾取という問いに関しても、マイナー科学をもちだし、それが自然そのものの力に「したがう」ものであることを強調することにより、別の視角を導入することになるのである。

もちろんドゥルーズ＝ガタリは、国家が戦争をしないと述べているわけではない。『千のプラトー』や『アンチ・オイディプス』を全体としてみれば、ファシズムとその暴力をどう考えるのかが、ドゥルーズ＝ガタリにおいても議論のポイントであったことは確かである。メジャー科学やメジャーテクノロジーがそなえている主体としての国家やその暴力についてもまた、別の仕方で論じる必要はあるだろう。だが彼らはあくまでも（ベンヤミンの純粋暴力と同じく）真の戦争は国家をも抹消してしまうがゆえに、国家にとって親和的なものではないという主張が保持されつづける。それゆえ国家が戦争の力を内にいれるあり方こそが重要になる。

この点でドゥルーズ＝ガタリは、フーコーと同様にクラウゼヴィッツの戦争論を引用しながらも、それをフーコーのように転倒させるのではなく、戦争機械の理念性を巡りつつ論じていくのである。「問題は、戦争機械がいかに戦争を現実化するかということよりも、国家装置がいかに戦争機械を自らのものにするかということにある」[42]。

こうした戦争機械の自己所有のひとつの仕方として、ファシズム的なものがありうるのである。そこでの総力戦がありうるのである。だが戦争そのものは、戦争機械ときわめて「多様で可変的な関係」をもつものであり、ファシズムの視点からのみ考えるべきものではない。

この視角はどこからくるのか。それは正当なものなのか。

もちろん、ドゥルーズ＝ガタリの人類学的な視点が、そもそも近代という枠組みを突き破って議論を拡げてしまっていると述べることはできるだろう。だがそこで同時に考えるべきは、ここでのテクノロジーや集団性という発想に、ハイデガーが思考しておらず、フーコーも非常に限定された方向からしか規定していなかった「資本」の議論[43]をむすびつけていることではないか。「資本」という発想と連関させるがゆえに、ドゥルーズ＝ガタリは、国家とはまったく別形式の、マイナーテクノロジーをみいださざるをえなくなったのではないか。

それはまさに自然との関係における資本であり、自然のエネルギーとの連関においてとらえられる資本なのである。

資本とテクネーと徒党集団

さて、ここで問われるべきは、こうしたマイナーなテクネーの主体として設定される徒党集団が、現在的な意味でどのような存在であるのかということだろう。もちろんドゥルーズ＝ガタリが示している、宗教集団（往々にして新興宗教も含めたそれは政治集団と化す）やゲリラ的な諸集団、国際的なネットワーク組織も、それに該当するに違いない。だがここではむしろ、ネグリなどがとりあげている情報社会的なコミュニティーにおける知の共有を、テクノロジー、戦争機械、マイナー性という観点からとらえてみることが必要ではないか。国家的ヒエラルキーに従属しない、冶金術師たる徒党集団は、まさにネットワーク社会そのものにおいてそのひとつの姿を具現しているのかもしれない。そこではテクネーは国家による収奪手段ではなく、むしろ国家を破壊する何かであるととらえられる可能性がある。

徒党集団と国家との関わりについて、とりわけ資本主義社会を主題化しつつ考えるためには、上記の戦争機械論で展開されていた極限的な暴力性＝平滑性というよりは、むしろそこで提示される国家性＝条里性と絡んだあり方で、そこでの資本の流れの視角から、こうしたテクネーをとらえるべきなのかもしれない。『千のプラトー』の第一三プラトーは「捕獲装置」と題されており、そこでは国家そのものの領土化する暴力、まさに法を制定し維持する暴力（つまりはベンヤミンのいう神話的暴力）について述べられている。そこでは、国家における暴力は、ファシズム型のものであれ、社会主義国家型のものであれ、つねに同型的に機能するものでしかない。戦士はそこでやはりある種の「裏切り者」であり、国家の暴力とは「別の残酷」と「別の慈愛」をもったものとしてタイプ化されている。

ここの議論のひとつの軸は、ドゥルーズ＝ガタリが「原国家」という着想をもちいつつ、国家についての成立起源を、やはり社会進化論を排して思考していることにある。確かにドゥルーズ＝ガタリの議論のなかで、有名なコード化・超コード化・脱コード化という、いかにも社会進化論的な響きをもった術語が利用されている。しかしドゥルーズ＝ガタリは、国家以前の存在が遊牧的なものとして存在し、それが生産力の（いわゆる下部構造の）ある種の進化にしたがって国家に生成したとは考えない。また採取民－狩猟民－牧畜民－農耕民－産業人という経済的進化も認めることはない。農村が都市を生みだしたのではなく、都市が農村を生みだしたのであり、そのあり方は同時なはずである。国家は「原国家」という形態をとりながら、理念的存在であれ、あらゆる時点において存在した。戦争機械もまた同様である。そこではコード化・超コード化・脱コード化は、まさにアレンジメントという配置のあり方の差異にすぎないものである。

「すべてが国家というわけではない。しかしそれはつねにあらゆるところに国家が存在したからである。国家を前提にするのはエクリチュールだけではなく、言葉も言語も言語活動も、すべて国家を前提としている。原始共同体の自給自足、自律性、独立、先住性などは、民俗学者の夢でしかない(44)」。

それゆえ遊牧民は、歴史的にある一定の規模で存在した遊牧民のことではない。

「遊牧民は定住民に先だつのではなく、遊牧生活とはひとつの運動、つまりは定住民に影響を与えるひとつの生成変化であり、同じことを反対の側からみれば、定住とは遊牧生活を固定させるひとつの停止となる(45)」。

ドゥルーズ＝ガタリにおいて、戦争機械はその純粋性において姿を示すものというよりも、またその戦士的集団が前歴史的なものとして実在しているというよりも、むしろ国家が捕獲装置として機能するものであるかぎり、戦争機械が国家に逆らい、それをまさにそれは払いのけ－先どりするような装置であることが重要なのである。

ところで、以前別の場所で論じたことがあるが(46)、こうした払いのけ－先どりする機能は、ペニュルティエームという事態と連関し、資本主義の存在様式ともつながるものであった。だが、それが資本主義社会においての機能なのか、原始社会においてのそれなのかは、社会進化論を想定せず、アレンジメントによって総体を把握するドゥルーズ＝ガタリの思考において問題ではないはずである。原始社会からひきつづくアレンジメント要素としての資本を考えるかぎり、原国家－資本主義のつながりは根本的である。同時にそれは現代資本主義における徒党集団のあり方を押さえるためにも、きわめて示唆的なものでありうるだろう。

3　国家と資本とその外部

はじめに

　ヴィータ・テクニカの議論で問われていたのは、技術の主体、いや技術的なものとしてはじめて成立しうる主体のあり方そのものであった。「ゲシュテルとパノプティコン」と題された一連の議論で主張しておいたように、ハイデガーにも（規律権力的な時期の）フーコーにも、技術を戦争において思考し、その主体を国家として提示し、技術社会の姿をファシズム国家に依拠して検討するという明確な図式が存在していた。だがそれは、技術についてもその主体についても、扱っている時期の狭さゆえに、射程としての限界を感じさせるものであった。テクネーも国家も、近代国家よりもずっと広域的な実在であり、多様な相貌をもつものである。その意味で、こうしたテクネーのとらえ方は、いかにハイデガーがギリシア性に言及しようとも、ファシズム期という視角にたって描かれるものであるかぎり、後づけ的な近代の夢想にほかならないのではないか。

　これに対し、ドゥルーズ＝ガタリの『千のプラトー』での技術と国家の議論は、こうした図式をいわば転覆させるような配置をそなえている。整理してみよう。ドゥルーズ＝ガタリにおいて、戦争機械を所有しているのは国家ではなく国家外の徒党集団であった。そしてそれは、とりわけ金属的な冶金術という遊牧科学的（マイナー科学的）な原則をもちながら、その平滑性において、条里的な国家性（メジャー科学が創設するもの）に対抗するものであった。だがこの両者は、たんなる対抗関係にあるのではない。金属技術は武器生産というかたちで国家の内部にはいりこむ。そしてそれは、同時に金属＝貨幣という事態とのつながりをも想定させながら、国家と資本という事象にも絡むことになる。戦争機械は国家とは異質なものではあるが、国家のなかに組みこまれ共闘することもあるのである。テクネーの主体は、国家ではない徒党集団であるが、それは国家とさまざまな関わりをもちつつ存在する。

こうしたドゥルーズ＝ガタリの発想と、ハイデガー－フーコー的な議論との差異が、もとより論じている対象の違いに由来していることはいうまでもない。だが同時に、その視界のすれ違いは、ハイデガーと（規律権力期の）フーコーとが、「資本」と国家との関係に言及しえなかったことの帰結でもあるのではないか。

ドゥルーズ＝ガタリが扱うのは、やはり大地であり環境である。だがそれは、ハイデガー的な住み着く大地のことではない。それ自身が流体の表面であり、何ひとつ書きこまれておらず、誰もがそこを移動する、そうした大地のことである。そして、そこで流れていくひとつの実体が資本である。こうした視角から、再びテクネーとその主体、および戦争と国家との関連を問うべきではないだろうか。

こうした問いを考える鍵を、ドゥルーズ＝ガタリに探るとすれば、それは「原国家」と「資本主義」という主題から、『アンチ・オイディプス』および『千のプラトー』を解読することを必要とするだろう。そこでは、ドゥルーズ＝ガタリにおける「国家」の成立と「資本主義」との連関が、コード化、専制君主国家における超コード化、資本が果たす脱コード化によって思考されていく。こうしたドゥルーズ＝ガタリの国家論総体についてはここでは論じえないが、こうした記述そのものに、戦争機械である徒党集団の力がどのように関わっているのかを描くことは可能だろう。それは、いわば国家でも資本でもないマイナーな技術の主体の位相を示すものとなるはずである。戦争機械と原国家、国家を解体させる脱コード化的な資本主義とその「公理」、そこでの徒党集団の位置、これらの事象の限界と閾とを特徴づける「ペニュルティエーム」という空間的ダイナミズム、さらにそこでのマイナーなるものの抵抗のあり方、こうしたテーマを以下で論じてみたい。戦争そのものが脱コード化的な資本のあり方と関連しながらも、そのマイナーな力が必ずしも資本の公理と一致せず、そこで発動されるテクネーの作用も複雑に展開されていることが探られるべきである。

原国家

前節でも論じたように、ドゥルーズ＝ガタリは単純な意味での進化史観を採用することはない。すなわち遊牧社会があって農耕社会があって、その原本的蓄積の上に国家が生じたというような発展段階説はとらない。むろん人類の歴史のなかで、そうした発展史観のような仕方で語るのが妥当にみえる事例があることも確かかもしれない。(47) だが問題は、こうした時間軸を一意的に定めるような仕方で語ってしまうことが、何をみえなくさせるかという点にあるのではないか。

そこで抑圧されるものこそが、アレンジメント（agencement）の思考だとはいえないだろうか。ドゥルーズがノマドを、平滑空間を、大地を、冶金術師の徒党集団を論じるとき、それは過去の一時代にあった何かではないし、それらが国家と対立するとしても、現状の国家と関わりのないものではありえない。それらは姿を変えながら、現代的なグローバル社会のなかにも存在しつづけている。こうした事態は空間的な実在であって、それはあらゆる種類の配置＝アレンジのなかに含まれているのである。それゆえドゥルーズ＝ガタリにおいて、技術を国家がとりこんだとしても、技術そのものはつねにマイナー集団のなかで維持されつづけている。

それは、国家という実在についても同様に述べられうる。国家がいつ成立したのか、国家なき社会の可能性はどうなのか、そして国家は消滅しうるのか。これらの問いは幾度もたてられてきた。だがドゥルーズ＝ガタリが焦点化するのは、こうした問いではないのである。むしろ、国家はいつでもあり、なおかつ国家はいつまでもある。それらの問いは「原国家」が実現する、アレンジメントの実現の度あいを扱うものにすぎないのである。『アンチ・オイディプス』でも『千のプラトー』でも、ここの記述は重なりあう。

「ウルの町、それはアブラハムの、あたらしい縁組みの出発点である。国家は次第に形成されたのではなく、主人の出現によって完全武装して一挙に出現する。これが起源的な〈原国家〉Urstaatであり、あらゆる国家がそれであろうとするもののモデルである」(48)。

「アジアだけなく、アフリカでも、アメリカでも、ギリシアでも、ローマでも、いたるところで考古学者は……この［原国家の］アジア的形成を発見している。記憶の果ての原国家が、新石器時代以降、それどころかおそらくはそれ以前から存在した」[49]。

「前提とされる農業も冶金業ももたない狩猟採集民のまっただなかに、国家は直接的に樹立される。農業、牧畜、冶金業を創始するのは国家であり、最初は自分の領土のうえに、つぎにはまわりの世界に、農業、牧畜、冶金業を強制していくのが国家である。農村が徐々に都市をつくるのではなく、都市が農村をつくるのだ」[50]。

こうした議論は、二つの主張と対比させて示される。ひとつは、すでに述べたように、進化史的なものを想定しつつ国家の生成を主張する議論に対してである。そしてもうひとつは、ドゥルーズ＝ガタリ自身が重要な参照軸ともしている、ピエール・クラストルの『国家に抗する社会』における議論に対してなのである。

進化史的観点については、前節でも引用したが、ドゥルーズ＝ガタリは経済論的な観点からの進化論も、行動学的な進化論も、生態学的な進化論もすべて否定したのちに、ノマディズムに関連して、つぎのように述べている。

「都市こそが農業をつくるのであって、そのために集落を前提としなくてもいい。またたとえば遊牧民は定住者に先だつのではなく、遊牧生活とはひとつの運動、つまり定住者に影響を与えるひとつの〈生成変化〉であり、同じことを逆の側からみれば、定住とは遊牧生活を固定させるひとつの停止となる」[51]。

これは国家外に設定される、戦争機械の位相についても同じように語られることである。戦争機械という、徒党集団によって実現される国家の外部にある装置は、国家によって所有されることもありうる。

だが「国家が戦争機械の性質を変えながら戦争機械を占有化する場合でさえ、転移もしくは転送があるだけで、進化があるわけではない」[52]のである。

かくして徒党集団にせよ冶金術師にせよ、それはもちろん国家とともに発生する。だがそれは、国家というシステムのなかに存在しても、戦争機械の力そのものを消滅させるわけではない。それは時間的な進化ではなく、アレンジメントの問題なのである。

これはクラストルが想定する原始社会、あるいは（クラストルの時代に）現存した国家なき社会にも共通することである。そこでクラストルはつぎの二つのことを主張したとされる。まず、「原始的といわれる社会は、一定の段階に到達していないという意味で国家をもたないのではなく、国家形態を払いのけ、その結晶化を不可能にするメカニズムを組織化している反国家的社会である」[53]。二つめには「……国家が出現するとき、それは還元不可能な切断の相において現れる」[54]のであると。

ここでの二つめの指摘は、ドゥルーズ＝ガタリが進化史的言説を拒絶することと関連する。そこでクラストルは「反国家的社会の先在性と自律性」という発想を維持しつづけ、ドゥルーズ＝ガタリの述べるアレンジメント的な思考にはいたっていないとされるのである。この点では、民族学者が考古学者の議論を考慮しない点が批判されている。たとえばサタル・フェイクという古代都市は、三〇〇〇キロにおよぶ影響圏をもっていたはずである。それを考えるならば、国家や帝国は、実際にはいつでもどこにでもあったものではないか。そしていつでもどこにでも、それに対抗する力はみいだせうるし、みいだすべきではないだろうか。「すべてが国家だというわけではない。しかしそれはいつでもいたるところに国家が存在していたからである」。「原始共同体の自給自足、自律性、独立、先在性などは民族学者の夢でしかない。原始共同体が必ず国家に依存しているというのではなく、それは複雑なネットワークとともに国家と共存しているのだ」[55]。それは言葉がつうじないもののあいだでの、翻訳というやりとりでもある[56]。ネットワークはこれらを基本としないかぎり成立することはない。

しかしながら、ここでクラストルの議論から、ドゥルーズ＝ガタリは自分たちの鍵概念とでもいえるものを探りだしている。それは「払いのける」(conjurer) という言葉である。この言葉は限界と閾についての、ドゥルーズ＝ガタリの思考に根本的に関わるものである。共存するネットワークは、ある段階で相手を払いのけるという仕方でそれを内包する。ほかのあり方を先どりするように待望しながらも、それを払いのけるというあり方は、アレンジメントそのものの構成原理でもあるのである。

おもに『アンチ・オイディプス』で展開されている概念を参考にしながら、この点についていささか論じてみよう。その基本的なテーゼは、大地から国家（コード化）、そして専制国家（超コード化）から資本主義（脱コード化）への展開を提示することにあった。これらは『千のプラトー』の記述と比較すれば、表面的には相当に進化史的に読める記述であることは否定できない（各段階での総合が問われていることなどからも、それをみいだすことも可能だろう）[57]。だがそこでのコード化は、アレンジメントの一形態にすぎず、そのひとつの類型にほかならない。だからある社会がとりわけコード化的といわれ、ある社会が資本主義的で脱コード化的なものと描かれたとしても、それは時間軸のうえに均質的に並べられるものではないのである。そこでは空間的な限界と閾が問題なのであり、それぞれのアレンジメントこそが問われているのである。

そしてもうひとつポイントになるのは、資本主義社会が、脱コード化的と語られていることの示す意義である。『千のプラトー』での古代社会の議論では、いついかなる社会においても原国家は存在し、原帝国は実在すると描かれていた。それは資本主義においても同様であるはずである。資本主義は歴史のある段階に想定されるものではない。またそれは、脱コード化という言葉が示すように、コードの時間系列的な果てにあるものでもない。それは国家のあらゆる段階に含みこまれているのである。

そしてそのかぎりで、テクネー論にひきつけて語るならば、問題はさらに錯綜していくことをみなければならない。戦争機械が国家の外部にある流体的な組織であり、それが国家とつねに対抗関係をもって現れるならば、同時にそれは資本の（すでに示唆したように、やはり金属である貨幣を軸として作動する社会の）あり方と、真逆の位相をもちつつも連動しているのではないか。戦争と資本とは、ある意味では相当に強いむすびつきをもっている。それはともに国家を拒絶しつつ（国家の理想は解体しつつ）それと共存するものだからである。

こうしたアレンジメントの機能である、先どり（anticiper）しつつ払いのけ、何かを遠望しながらそこにいたらないこと、そうした限界と閾の原理とは、ペニュルティエーム（最後のひとつ前）という術語が示すものである。こうしたアレンジメントのダイナミズムに関わる原理性について、ついでまとめてみよう。

ペニュルティエーム

アレンジメントとは、空間性の配分の問題であり、単線的な進化の問題ではない。これは、時間的なダイナミズムについて、進化論的な語彙で語るのではなく、空間的な配置のあり方において検討するためのものである。ではそれは、どのように描けるのか。

自己とは異なった体制を一面では待望して先どりしながらも、そこにいたるひとつ手前で払いのけるという働き、それがここではきわめて重要になる。経済学の限界効用説（ジェヴォンズ）からみいだしたペニュルティエームという術語を、ドゥルーズ＝ガタリは重要なものとして採用する。『アンチ・オイディプス』では、資本主義が反国家に転落せず、内在化されたオイディプスを抱えこむあり方として示されているものが、『千のプラトー』では、異質な組成の共存を提示する普遍性として語られているのである。それは、パラドックス的なものに駆動されるダイナミズムではないという点で、ドゥルーズやドゥルーズ＝ガタリの議論の展開を考えるときにも重要なものである。[58]

ペニュルティエームについては、つぎのように定義づけられている。

「むしろペニュルティエーム、最後の手前、つまり交換が交換をおこなうものに利益を与えなくなるようになる手前、別のいい方をすれば、交換する者同士がそれぞれのアレンジメントの変更を強いて、別のアレンジメントに移らなければならなくなるひとつ手前ということである」[59]。

「限界効用説はこのようなペニュルティエームのメカニズムの周期を明らかにすると主張した。アレンジメントが変わる以前の、交換可能な最後のものだけではなく、生産可能な最後のもの、あるいは生産者自身としても、最後の生産者または限界の、限界上の生産者。これはまた日常生活の経済学でもある。アル中患者が最後の一杯と呼ぶものは何だろう……」[60]。

同様に例示されるのは、夫婦喧嘩における最後の一言や最後の恋愛である。アル中患者が、この一杯を飲んでしまえば、すでにいまある領域にはいられなくなるその境界、その言葉を発してしまえば、夫婦関係がすでに成立しなくなり、別のアレンジメントが形成されてしまう最後のひとつ前、それがペニュルティエームを規定し、それを越えた向こう側の閾を明確にするのである。

ドゥルーズ＝ガタリは、あらゆる進化史的な議論に対抗するかたちで、こうした限界と閾の概念を擁護する。そしてそれは、さしあたりは原始社会と国家とのむすびつきにわり振られている。

「原始社会が、どのように国家と都市という二つの閾を払いのけつつ先どりしていたのかを再構成することができる。レヴィ＝ストロースは、同じ一つの集落を同時に二つの仕方で、つまり切片化され平等な関係をもつ集落としても、また包括的に階層化された集落としても記述できることを示した」[61]。そこには、すでにコード化された原国家を予期し先どりするもの、そうした権力のあり方に回収されかねないものが実在する。だがそれと同時に、原始社会自身は固有のペニュルティエームを作動させ、そうした限界を越え、別の閾に辿り着くことはしない。そこでは、「限界としての最後のものに対するみさだめが先どりとなり、同時にこの評価が閾もしくは終局（あたらしいアレンジメント）として最後のものを払いのけるのである」[62]。

こうしたペニュルティエームのあり方が、アレンジメントに関する原理として機能することは、それが『アンチ・オイディプス』での資本主義の記述に重なっていることからもみてとれる。

資本主義の限界と閾について、『アンチ・オイディプス』ではつぎのように記述されている。

「分裂症は資本主義そのものの外的な極限、つまり資本主義のもっとも根本的な傾向の終着点であるが、資本主義は、この傾向を抑圧し、この極限を拒絶し置き換えて、これを自分自身の内在的な相対的極限に代えなければ機能しえない……」[63]。「……資本主義は分裂症という極限をもっているからである。すなわちそれは、もろもろの流れの絶対的な脱コード化である。しかし資本主義は、この極限を拒み、払いのけることによってしか作動しない」[64]。

資本主義は、脱コード化を果たすものとして、いわば原国家が可能にしてきた国家的なコードの極限を指向している。それがみいだす先は、一切のコード化が解体される地点にほかならない。だがこうした資本主義において、まさにペニュルティエームともいえる働きが決定的な仕方で発生する。つまりそれは、すべてを脱コード化する傾向をもちながらも、その先にでてしまうことはなく、終わりのひとつ手前で踏みとどまることである。だがこの踏みとどまり払いのける仕方は、コードとはまったく異なるあり方を導入せざるをえない。それが公理系である（公理系については次に論じる）。

そして、資本主義がもつペニュルティエームの場面において、原国家の外側にあった「徒党集団」が、あるいはマイノリティとしてみいだされるその力が、独自のものとしてとりだされてくるのである。以下は『千のプラトー』の記述に戻る。

「このメカニズム〔ペニュルティエーム〕は、原始社会においてだけ作用しているのではなく……自らの限界を払いのけ押しやるものとしての資本主義においてさえも作用する。そしてこのメカニズムは、ほかの力能のもとを通過するだけでは満足しない。すでにわれわれがみた、自らの都市やインターナショナリズムをもつ「徒党」の現象が示すように、先どり－払いのけるメカニズムは、抵抗や感染の焦点を形成する。同様に戦争機械は変身の力能をもつのである」[65]。

ここで戦争機械が再び記述されることになる。それは、戦争機械－徒党集団が、そもそも国家の外部にあることを考えるならば、当然のことでもあるだろう。原国家を考えるとき、戦争機械はその外部にありながら、国家の内部に収奪されてしまうものであった。そこにおいて、冶金術師などのさまざまな徒党集団・テクノロジー集団は、マイノリティとしての外部性を保持しながら、国家の内部においても機能するものであった。これは技術の主体にとって、決定的なあり方だといえる。

だが国家は資本主義によって解体される。いや正確にいえば、資本主義もまた原国家と同時に成立し、そのコード化や超コード化の力を解体する力として、つねにどこにでも存在していたと述べるべきだろう。しかしそこでの脱コード化の力は、コードの外部を探るものであるがゆえに、いわば必然的に戦争機械とむすびつくものでもあるはずだ。もちろん『アンチ・オイディプス』で強調されるように、資本主義はまさに国家と結託したあり方をペニュルティエームによって確保するのであり、そこではまさに「内在化されたオイディプス」という抑圧的な力を働かせる。とはいえそこで戦争機械は、「変身の力」をもち、同時に独自な力を発揮するともいわれるのである。

国家において革命があるとすれば、それは国家の内部に存在しながらそれを解体させる徒党集団の技術や主体の力を借りるよりほかはないはずだ。それゆえこうした技術の主体は、まさに「抵抗や感染の焦点」であるといえるだろう。だがそのとき、こうした資本主義そのものが、ペニュルティエームによって逆向きの力学をもってしまう。そこでとりあげられるのが「公理」(axiome) なのである。

公理系としての資本

まとめてみよう。国家であれ資本主義であれ、あるいはその外部に存在する戦争機械であれ、それは進化史的に語られるものではないかぎり、空間的な限界と閾をもち、そのダイナミズムを確保するものであった。そのそれぞれは、最後のひとつ手前という限界が、それを越える閾を指示し規定するというペニュルティエームによって、別のものを先どりとして内包している。それゆえ国家はいつでも実在したし、資本主義はいつでも存在した。これからもそうであるよりほかはない(66)。同様に戦争機械も、いかなる国家にも資本主義にも包含され、その外部としての力能を、流体のテクネーにおいて提供していくものであるほかはない。

だがそこで、戦争機械＝徒党集団としてのテクネーの主体には、ひとつの制約が課せられうる。それは当の国家の外部＝大地の力をそなえながら、何らかの仕方で脱コード化の力に荷担するように配置されるのである。資本主義が保持している独自のペニュルティエームにとって、戦争機械のコード以前のあり方は、やはり対抗的なものとして示される。

逆にいえば資本主義的なものは、どれほどコード化された国家にとりこまれようとも、同時に徒党集団的なテクネーを維持しながら、コードを破壊することに向かうものでもある。こうした両義的なあり方において、資本主義がその独自の作動として保持しているのが「公理」である。

「資本主義は、何も資格づけられていない富の流れが、何も資格づけられていない労働の流れと出会い、それに接合されるときに形成される……いいかえれば、資本主義は脱コード化した流れのための一

般公理系とともに形成されるのである」。(67)

「これらの流れが脱コード化と脱領土化において資本主義の閾に到達するとき（剥きだしの労働力と独立資本）直接的に経済的なものとなった所有のために、国家や、明確に政治と法による統治はもはや必要でなくなる。経済は実際、世界的な公理系をつくり、「あらゆる障壁、あらゆる絆を覆していく普遍的かつ国際的エネルギー」となり、「年間総生産のように」変換可能で可動的な実質となる」(68)。

こうした公理は、コードとは異なった働き方を提示する。コードは、固有の分野に連関し、規定された要素間の関係を支えるものにほかならない。それは土地にしばられているのである。それに対して公理は、「特定されないまま、多様な分野で同時に無媒介的に実現される純粋に機能的な要素や関係を」(69)扱うとされるのである、だからそれは固有の実現モデルをもちながら、さまざま分野を縦断するように機能する。公理系は、同型的なモデルを設定しながら、それを多型的なモデルに適応していくものなのである。

それゆえ資本主義は、さまざまな国家のあり方をつらぬいた、ただひとつだけの存在でもあるし（同型性）、同時にさまざまなモデル（自由主義国家や社会主義国家や全体主義国家）のそれぞれに、多型的に適応されるものでもある。メタ経済学的なものとして作用することにより、公理系そのものは、まったく抽象的なあり方において、その力能を拡大していくのである。

こうした資本主義は、『アンチ・オイディプス』において、資本主義批判を踏まえて表明されていることと重なりあう。

「……資本主義は、さまざまなコードの代わりに、きわめて厳格なひとつの公理系を採用している。

この公理系は、流れのエネルギーを、脱コード化した社会体としての資本の身体のうえにしばられた状態に維持する。この社会体は、ほかのあらゆる社会体と同じく、いやそれ以上に冷酷な社会体なのだ」[70]。

脱コード化的な資本主義の働きは、その分裂症的なあり方において外部をみすえながらも、そうした「極限を拒絶し置き換えて」、公理系として内在化させるというのである。

こうした公理としての資本主義のあり方は、その一切資格づけられていない抽象性によって、けっして飽和することはないという特性をもっている。それはその脱領土化的なあり方そのままに、どこにおいても同型的なものを抽象的に適応させることが可能なものだからだ。それはコード化とは異なり、「生身の肉に書きこむことも、身体や器官に刻印することも、人間に記憶をつくりだすことも、まったく必要としない」[71]。資本の身体のうえへの書きこみはたんなる抽象量の規定なのだから。

貨幣とその流通、抽象的な量的価値の規定とそれによる多元的な領域での飽和することなき拡張、これが資本主義において、その独自のペニュルティエームを形成する。それは技術とむすびついた機械であるが、たんなる自動的な機械の作動をなすものではない。だがこうした資本主義機械、そこでのテクネーのあり方は、どのようにそれが払いのける「外部」とむすびついているのだろうか。

ドゥルーズ＝ガタリが、きわめてフーコーに類似した、しかし微妙にズレた仕方で、クラウゼヴィッツの戦争論の定式の転倒を論じていることにここで着目しよう。これを考えることによって国家と戦争とテクネーについて論じたドゥルーズ＝ガタリの、マイナーテクノロジーに焦点を当てた独自性をひきたてることはできないだろうか。

戦争論のもうひとつの「転倒」

公理系においては、コード化にとって不可欠な大地や身体への書きこみはもはや必要とされない。それは抽象的に無限に拡大する資本の身体として機能する。それゆえ、それは国家に対抗して国家を解体するようなものになるだろうし、そこでの資本の働きは、別の仕方で戦争機械をとりいれたものとして総力戦に近いものとなる。フーコーと同様に、ここでもクラウゼヴィッツの定式の転倒が描かれるのである。

ここでは、全面戦争というファシズム的な問題群が、ハイデガーやフーコーのように特定のモデルに依拠した近代国家においてだけではなく、資本主義国家とその本性に連動させて描かれていることが着目されるべきではないだろうか。資本主義の公理という視角から考えれば、そこでのファシズムという事例は、より徹底化された資本主義的な公理を準備するものでしかないはずだ。

「しかしファシズムは予兆にすぎない。ファシズム以降のかたちは、〈恐怖〉の平和あるいは〈サバイバル〉の平和として、平和を直接の目標とする戦争機械である。この戦争機械はいまや地球全体をとりまいて管理しようとする平滑空間を再形成しているのだ。総力戦自体が乗り越えられてもっと恐ろしい平和の一形態が出現したのである……まさにここにおいてクラウゼヴィッツのあの定式は実際に転倒してしまうのだ」(72)。

「戦争機械は、それに作用するあたらしい対立の結果、もはや戦争を唯一の対象とせず、平和、政治、世界秩序をも担い、これらを対象とするにいたる。つまり目的であったものをもひとつの対象とするにいたるのである。ここにおいてクラウゼヴィッツの定式は転倒される。政治はただ戦争を継続させるものとなり、平和が無限の物質的プロセスを全面戦争から技術的に解放するのである。戦争が戦争機械を物質化するのではなく、戦争機械そのものが物質化された戦争になるのである」。(73)

きわめて表面的に、フーコーの述べる「クラウゼヴィッツの定式の転倒」との差異をとりだしておこう。もちろんそこには深い類似性がみてとれる。フーコー（ハイデガー）において、近代国家の終局点であり、それの究極の姿は（フーコーでは生政治的なもののひとつの現れである）ファシズムであった。それゆえ、クラウゼヴィッツの定式の転倒は、まさにファシズムが汎通化された世界において、そこでの生の徹底した管理において語りうるものにほかならなかった。だが、こうした思考図式をもつかぎり（ハイデガーもフーコーも）、基本的にはファシズム国家をほぼ唯一の国家モデルとしてしまい（なおかつそれは近代国家の完成形である）、テクネーにおいて問われるのは、この国家が所有するかぎりのそれとなってしまう。

もちろん、ハイデガーのきわめてシンプルで通俗的ともいえる技術批判とは異なり、フーコーの議論では、生命という水準での技術と社会とそのマテリアリテが視界にいれられていた。だがフーコー自身が、ファシズム国家であれ何であれ、一九世紀以降の社会体制をまとまった「直接的な」分析対象とすることはない。その自己のテクネー論は、一気にギリシア・ローマ社会に向かってしまうのである。その意味でフーコーの議論だけでは、やはりファシズム的危険の全般化という事態を描くだけのものにみえなくもない。

ドゥルーズ＝ガタリが鮮明にしたのは、ここでファシズム国家の位相を、前兆としてしかとらえないということ、より本質的なことは資本主義がもっている公理系という原理であること、そして資本主義はファシズム国家も含まれる国家という体制そのものに対抗する力でもあり、国家に抗するような戦争機械を内にそなえているということではないか。つまり、クラウゼヴィッツの定式の転倒において述べられていることは、むしろ国家の無効化（先の表現でいえば、まさに国家や法という装置の弱体化）が資本の運動の一面でもありうることの表明でもあり、平和という恐怖はいってみればそれへのペニュルティエームなのではないか。

これは非常におおきな問題を提起する。

まず、ハイデガーや規律権力のフーコーでは、近代的な国家像のみがモデルにされた結果、そこでのテクネーを国家的巨大装置としてしかとりだしえないという問題点があった。[74] そこでは、資本主義や資本の実在が主題化されることはほとんどなかった（フーコーが『性の歴史』において資本主義を扱うのは、精神分析との連関においてのみである。その後の講義録でも、リベラリズムについての議論はなされるが、資本主義そのものは主題化されていない）。

ところがドゥルーズ＝ガタリにおいて、まさに資本の公理系と、そこでのテクネーが問題になっていることは明らかである。それはまずはファシズムの暴力を、たんに国家暴力の極限と規定することから切り離し、むしろ脱国家的な「平和」の暴力の兆しとしてとらえなおしている。同時にそれは、さまざまな近代以降の国家そのものにまで通底する、資本主義的な公理が発動される同型性を暴きだすものでもあるのである。

だがさらに踏まえるべきは、まさにテクネーの主体と戦争、そして国家を思考するときに、資本主義がそなえる「外部への指向」および「内在的な公理性」のあり方と、まったき外部である大地の脱コード性とが、どのようにつながっているのかということだろう。前者の果たす、すべてを抽象量化し、さまざまな領域を公理でむすぶことと、後者のすべてを横断する平滑空間の流体性とは、どう連関しているのか。そもそも資本と生命とが、ある種の内的な関連をそなえているならば、資本の抽象性と流体のテクネーとの関係はどうなっているのか。もしも革命を論じ、資本主義そのものへの対抗への方途を示すならば、まさに資本が内部に公理化する平滑性と、そこに関与しつつも「平和の恐怖」には把捉されない徒党集団の外部性とのつながりを問うことは、どうあっても必要になるだろう。

もちろん『アンチ・オイディプス』においては、精神分析から分裂分析へという（きわめてガタリ的な）記述が、そのひとつの答えを指し示しているのだろう。だが『アンチ・オイディプス』の議論はどこかいき詰まりにも似た暗さをもっている。この方向では、精神分析批判や資本主義批判の色あいの強い『アンチ・オイディプス』よりも、むしろ『千のプラトー』が依拠する生態学的な知見の方に、そしてそこに介在するテクネーの方に、何らかの希望をみいだすことはできないだろうか。(75) そこで述べられるべきは、資本が公理化するものと異なった方向にひきのばされる、生命のマテリアリテに関わるテクネーのはずである。

本章において提示されていたことは、ドゥルーズ＝ガタリ的な議論においてきわだたせられる、流動的な主体と流動的なテクネーのあり方である。それはノマド的な冶金師たちによって、その微分的な知や技術において、そして彼らが形成する特殊な群れである徒党集団のなかで明確化されていたものであった。彼らは「国家」という装置を逃れる具体的な主体である。したがって彼らのテクネーは、ハイデガー的な技術論が前提とし、そして一面ではフーコーもそれを共有している、巨大国家を前提とした技術論とは異なった事態を提示するのである。あらゆる歴史的な段階においても、すなわち現在においても、こうした流体の知や徒党集団は、国家とは別の位相にすくいつづけている。それをひきたてることが、国家のあとの未来のヴィジョンと、そこでのテクネーのあり方に、光を与えるものになるのである。

ドゥルーズはこうした公理系を逃れる運動をマイノリティと規定する（「われわれの時代はマイノリティの時代となった」(76)）。マイノリティは数が少ないということを意味するものではない（世界には、非白人の方が数的に圧倒的に多い）。マジョリティとマイノリティは違った仕方で数に関わるというのである。

「……マジョリティの場合、数との内的関係は、無限であれ有限であれ、数えられる集合をなすのに対し、マイノリティの場合は、その要素の数にかかわらず、数えられない集合として定義される。そして数えられないものを特徴づけるのは、集合でも要素でもなく、むしろ連結、つまり「と」であり、要素と要素とのあいだ、集合と集合とのあいだに発生し……逃走線を形成するものなのだ(77)」。

公理化された数えられるものを逃れるためには、数えられず公理化できない何かをそれに対抗させなければならない。ここでドゥルーズ＝ガタリの議論は、いわば同語反復的にマイナーテクノロジーの召還に戻っていくようにもおもわれる。資本主義が、その集合論的な無限の拡張によって抽象的に遠望していた「外部」が、再びマイナーテクノロジーを介してその内部にはいってくること。そこで公理系的な拡張がもつ脱コード化とは違った平滑性をひきたてること。

資本主義はいかに国家的なシステムに荷担しようとも、一面ではこうしたマイナーテクノロジーのミニマムな含意を前提とせざるをえない。だからそれは、巨大国家装置ではなく、むしろミニマムな無限化を多重反復的におこなうテクネーであるのだし、そこから逃れる何かを生みだしてしまっている。マイナーな主体、マイナーな技術は、公理系の抽象性に回収されない平滑空間を、資本のただなかでみいだしてくるものでなければならないはずである。

終章

ヴィータ・テクニカ問題集

1　物質としての生命

ヴィータ・テクニカをテーマとしてつづけられてきた議論を、ここでひとまずとりまとめることとしたい。第一章での、ヴィータ・テクニカという発想についての総論的な提示をうけ、第二章では「生態学的転回」というキーワードをきわだたせることで、言語論的展開によって特徴づけられる二〇世紀哲学に別の方向から風穴をあけ、自然的身体としての自己とそのテクネーにおける能動性の可能性がとりだされうることが示唆された。第三章では、生命における主体を、哲学的・生命論的・生命科学的な視点から探求することにより、生態系的な解体をうけたあとでの生ける個体のあり方を、大域の俯瞰と局所的な視点の絡みあいにおいて提示した。第四章ではフーコーの生政治学を、主体の生命論的確率性への解体の議論として描きだし、さらに第五章では同様にフーコーの「自己のテクネー」をとりあげることにより、そのように生態性に解体される「主体」が、あらためて自己というテクネーにおいて個体となっていく事態について考察した。第六章では、ハイデガーのゲシュテル論とフーコーのパノプティコン論とのむすびつきを、デリダの議論などを媒介としながら検討し、ハイデガー的な技術論が背景にそなえている、一九世紀的国家と技術の連関を、一面ではフーコーも共有している視角としてとりだすと同時に、その視角が限界をもつものであることを示した。そして第七章では、ドゥルーズ＝ガタリがとりあげるノマド的な技術知と技術集団の姿を描くことにより、必ずしも国家という枠組みには収まらない技術のあり方と技術の主体について分析し、未来の技術論の可能性をかいまみた。こうして、ヴィータ・テクニカの議論が向かう主体の自然性への解体と、そこからのテクネーとしての自己化の過程を、一面では自然的生命的な環境性、他面では国家的な人為的構築物との関連において、一巡りするように描くことができたと考える。

では、こうしたヴィータ・テクニカの議論は、どのような展望を示しうるのか。それらをここで、課題というかたちでまとめておきたい。

物質と生命

ヴィータ・テクニカの思考は、生命から生気論的前提を一切奪い去ることを目論んでもいる。だからそれは、生命がはじめから何らかの実体性をそなえていると想定したり、そこで主体として示される何かを前提としたりすることを極力退ける。この思考は、生命科学が提示する、生命の物質的な基盤への解体をそのままに肯定する。技術をもつ生命を、技術としての生命的な主体を思考するために、このことは大前提となる。

この議論は、ただしく生命の唯物論性を明らかにするものといえるだろう。だがそれは、生命の位相を要素分解的な物質観においてとらえようとするものではない。そもそも物質主義が要素分解的に想定されるのは、物理学中心主義的に物質の定義がなされてきた時代の名残にすぎない。科学がその重点を生命科学に移すならば、そうした物理学中心的な発想がとりつづけられるはずもない。唯物論性の規定そのものが、みなおされる必要がある。

もちろん、生命科学が分子生物学的な遺伝子・免疫・脳の議論をベースにしたものであるかぎり、そこでの物理的な物質=質料性が、そのひとつの位相であることはいうまでもない。またテクネーと生命を思考するときに、この位相の議論がきわだつのもやむをえない。だが生命を構成している物質=質料性は、それ自身の関係性やシステム性のなかにある。そして物質が物質として、関係性やシステム性をそなえていることが、この時代に生命を語るときの核心になるのではないか。

さて、こうした関係性やシステム性は、八〇年代以降の現代思想において語り尽くされてきた主題であるといえる。要素に対する関係性の優越、システム的な働きの先行性等々。それらの議論は誤りではない。だが生命を唯物論性としてとらえる発想が必要とするのは、こうした関係性やシステム性そのものを語ることではない。それでは、生気論の物質ヴァージョンというあり方から逃れることができなくなってしまうからだ。それだけでは、一元論的にべったりと関係性やシステム性の拡がりを想定し、その想定の意義を問わない議論に陥りがちになってしまうのである。平板なシステム論やその環境論的展開の議論が、こうした陥穽をそなえていることは容易にみてとれる。

では何が必要なのか。唯物論的なかぎりでの生命を扱う議論において、そこでの固有な物質のあり方をとりだすために不可欠なものは何であるのか。

これについて、本書での議論が一貫してこだわってきたことが二つある。

ひとつは、関係性やシステム性としての拡がりは、どう考えても、それ自身「無限」という事態に関わっているということである。それゆえこの議論の展開において、物質＝質料性やその要素が、無限と連関しているという事情を問い詰める必要がある。潜在性を、物質＝質料性の存在様態として押さえることはここから意味をもってくる。逆にいえば、無限とむすびついた潜在性の存在様態を無視すれば、物質としての生命の議論をたてるのはきわめて曖昧なものにならざるをえないはずだ。

そしてもうひとつは、そこでの「個体」の位置である。

無限に拡がる潜在性は、そのなかで階層構造を形成するかもしれないが、それらをただちに生命と言明することはできない。生命には、生命であるかぎりの主体性があり、それなくして生命を論じることはできないからである。

そこで生命に想定されるべき主体性とはどのようなものだろうか。あくまでも無限に拡がる関係性やシステム性を想定したかぎりでの主体性とは何だろうか。

それは主体というよりは個体としてみいだされるべきものだろう。個体とは、それが中心であるとはかぎらない視点として構成されるもののことである。

視点には、自らの領域を限定するという意味がある。それは無限に拡がる物質＝質料性を、一面ではそのままに視界にいれなければならない。つまり無限を俯瞰することが必要になる。だがそこではある視点から、局所として限定することを自らなすのでなければならない。視点であることには、この両者の錯綜が含まれている。

オートポイエーシス的にいえば、この世界に存在するものは、天体も地層も空気も雲も、一定した秩序をある範囲内でとり、無限なる世界とむすびついているかぎり、すべてが個体であるだろう。生命の個体としての挙動が、ある種の特定性をもつとしても——とりわけ重要なのは、ある段階での進化した生命個体が、生殖をなし、自己としては死ぬということである——そうした挙動も極限的にいえば、世界におけるさまざまな組織の遷移とさして異なっているわけではない。タイムスケールを宇宙大に想定すれば、天体も地層も空気も雲も、きわめて生物と類似した挙動をなし、個体として死に、あらたな個体を生成させるプロセスのなかにあることも明らかである。だがこれらの個体には、自己の範囲を自ら限定するというシステムが欠けている、あるいは弱いといえるのではないか。[1]

視点としての主体は、こうした意味で、物質＝質料性の無限の連関性を「俯瞰」としておりこんだうえで、そこでの自己の領域の「局所」的な限定をなすものとしてとりだされる。どこかに主体なるものの本質があるのではない。それはいわば何かの偶然に与えられたものでしかない。人間の自己の成立には、あるときに精子と卵子がむすびついて、ある環境的な場において個体が形成されることで視点が獲得された、その結果でしかないという側面が必ずある。そこである形態をとる自己とは、まさに無限を俯瞰し、そのなかで局所化した視点である。生の議論が徹底して唯物論化されるべきなのは、こうした意味においてである。

つまり生命は、まったき機械的な分子機能に解体されるがゆえに唯物論的であるというわけではないのである。そのような物質に対する発想そのものがすでに更新された地点に、生命の唯物論はたたなければならない。中心となる主体性などどこにもなく、それ自身が生まれて死んでいく機械であり、それ以上でも以下でもない。われわれは一面では海の波のようなものであり、空を流れる雲のようなものであり、長い時間をかけて形成される地層のようなものである。ただ、われわれにおいて固有な挙動はある。それが何に依存するのかを考える必要があるだろう。だがそれも、われわれが唯物論的に無限と局所をつなぐ視点であることから考察されるべきである。

　自己のテクネーを語ることができるのは、無限を局所におりこむ自己の生の制作としてではないか。フーコーの語る自己のテクネーとは、まさにこうした唯物論性と視点の関連から理解されるべきである。それは、無限の物質＝質料性たる世界に対して、生命機械としての自己を構成することである。すべては流体的な質料であり、大地であり、その上で生じる出来事である。だが、そこで発生する自己の自己への関わりにおいて、自己の能動化を想定することも可能になる。テクネーという術語がもっている第一の意義は、ここにあると考えられるべきである。われわれはまず物質のなかでのテクネーの主体として、自己があることをとらえなければならない。

潜在的な自然へ

　さて、このように物質と生命、物質と主体とを、無限と局所、自己のテクネーという観点からとらえることで、自然に対する別種の思考が現れてくることにもなるだろう。

　自然は機械である。生ける自然は分子生物学的に分解可能なものであり、分子生物学的に統御可能なものでもあり、分子生物学的に構成可能なものでさえある。従来のさまざまな議論が、生命のこうした分子生物学的解体を、そこでのハイパーテクノロジーを、人間性に対する危機として押さえてきたことは驚くべきである。いうまでもなく、そこで想定される人間とは、特定の世紀のなかで規定されるひとつの概念でしかないからだ。だがそのような発想が刷新されるべきであるならば、人間やその能動性も、すでにこうした生物科学的な物質＝質料性に対するテクノロジーを通過させずには描けないはずである。そこでは近代科学のテクノロジーをとりわけ特権視する必要もない。人間という生命機械が出現して以来、その存在はいつでもテクネー的であったともいえる。そしてこのようなテクネーは、すでに述べたように自己を自然のなかで制作するというテクネーなのである。

あらかじめ確立された人間と自然との関係を前提にして、そこでの人間の行為にリスク性を計算し、あるべき行動とそうではない行動を道徳的・倫理的に区分するのはきわめて保守主義的な思考である。リスク計算とは、何をどう考えたところで、ある範囲内での人間集団に対するリスクをしか計算にいれていない。自然そのものへのリスク、次世代の他者、別の生命そのものへのリスク、それがこうした計算においてどこまでひきうけられるというのか。それははっきりと不可能なことである。そこに無限としての自然と、そこでの限定としての視点＝主体という発想が、ただしくおりこまれることなどありうるわけもない。

リスク計算をする保守主義（現実には体制左翼のほとんどもそこに包括される）は、自然がそもそも潜在的な無限であることを何もみようとしない。そして自己が潜在的な無限の産物であることを何もみようとしない。さらに明確にいえば、人間という存在者が潜在的な自然のなかで何ら特殊なものではなく、そんなものが生じようが消えようがそもそも自然にとって何でもないという事実をみようとしない。自然とはいたずらに豊穣なだけのものではない。自然は、一面ではきわめて粗暴だともいえる。だがそれが、人間のテクネー的な能動性の底部をもなしているということを看過し、自然との連続性をみうしなう議論は、生命の唯物論にとってはほぼ何の意味もない。

自然は平滑空間であるし、流動するものである。人間はそこで言語をつくり国家をつくり家族をつくり法をつくる。もちろん人間自身がそれらを作成したり解体したりもするが、考えるべきことは、それもすべては人間的自然だということである。それが一面では生態学的な進化をひきうけるものであるかぎり、そこには自然との連続性と切断との双方をみていかなければならない。連続性において考えれば、いかなる人間的な秩序であれ、生態系的なものに寄りそい、それを繰り拡げただけのものだという側面が強調される。進化論的な古層に遡る必要がある言語・国家・家族・法と、近代科学の産物であるテクノロジーの現在形とは、はなしが異なるだろうといわれるかもしれない。確かにそういう部分はある。[2]だがそうではあれ、人間のなすことはいかなるものであれ、生命的な機械としての人間的自然の形成物である。このような視点にたち返る必要性が今一度ある。

言語も法も国家も自然である。その成立も廃棄も自然的な力に関与する。人間にとって、自らの彼方を語ることは「神話」的にしか提示しえないかもしれない。あるいは神という実体性を措定することによってしか説明不能であるのかもしれない。起源と解体について、その内部にいるものは語りがたい。だがそうであれ、それらは自然を素材としたテクネーであり、そこに何かのかたちで根ざしながら、それを人間という視角から変形させたものでしかない。

自然の潜在性は、それ自身がそなえている無限性ゆえに、それを計算にいれるときには、もちろん人間に対して提示される側面を切りだして押さえなければならない。環境性とは、つぎに述べるように、そうした視角の限定に関与する媒介性のことであるだろう。だが、そうした環境性として設定されるものが、もとより無限なもの、そのかぎりでリスク計算を逃れていくもの、考慮しきることの不可能な存在の側面を含んでいる物質＝質料性であることはみのがしえない。

ここからとりだされるべきは、ヴィータ・テクニカの思考が、あらたな自然哲学、あらたな環境哲学、あらたな生態系思考を構想するものだということである。

そこで鍵となる潜在性という発想は、もちろんベルクソン－ドゥルーズという思考のラインから切り離すことはできない。そして生命的な唯物論性、流体的な自然、平滑的な大地という思考は、バタイユ、レヴィ＝ストロース、後期フーコーを経由するものである。そしてその背景に、タルド、パース、微分的モナド的哲学者としてのドイツ諸思想（コーエンあるいはベンヤミン）が、さらには西田や九鬼という日本的思考もまた控えている。ドゥルーズは、意識の哲学、精神分析、記号論という二〇世紀のメインストリームに回収されなかった、こうした生ける自然についての唯物論的思考の最終的な結束点としての役割を担っているともいえる。これを哲学史的に整理することも必要である(3)。

だが、潜在性にまつわるこれらの思考が、生成あるいは生成の無垢という言葉だけにとらわれてしまうことは避けるべきである。生気論的な神秘主義と、システムがそなえる無限性の議論とは、きちんと腑わけされなければならない。ここで問題になっている無限性とは、数学的な議論に徹するか、あるいはそれが人間的経験に介在するとき現れてくる宗教性や神秘性の力能を利用しなければ、もとより表現不可能であることは事実だろう。だが、無限な唯物論性と、そこでの視点としての個体をとりまく環境性の議論を生産的につなげるためには、いくつもの装置を想定することは必要である。

現状として、それは何によって可能になるのか。システムの多層性や段階性、それらの齟齬関係や矛盾、それがゆえに発生する力動性を追うことは有効な手段のひとつではある。それに関しては多くのシステム論と連関させること、とくにヴァレラとマトゥラーナのオートポイエーシスや、社会システム論を縦横無尽に描くルーマンの思考、あるいはさまざまな情報システム論とドゥルーズの思考との連関が、ドゥルーズ的な生命の唯物論の視角から問い詰められるべきである。とはいえ、ヴィータ・テクニカの視角からすれば、一番に考えなければならないことは、そこでの生態的な環境性の位相をどうとらえるかについてである。

生態的な環境性

これが重要な主題でありうることは、環境のもつ意義から考えても明らかだろう。そもそも唯物論的な生命がそなえている関係性としての無限を、行為する身体である個体につなげるためには、環境という媒介を考えることは不可欠であるからだ。生態系に関する議論は、自然哲学を二一世紀的な方向において推し進めていくときに、鍵であるともいえる。

とはいえ、唯物論的科学としての生態系の議論は、さまざまな隘路を抱えているようにおもわれる。たとえばアフォーダンスの議論などからかいまみえるのはその隘路にほかならない。

ギブソンをひとつの祖とするアフォーダンスの議論は、まさに身体論、視覚論、生命科学などとの関連を考えても、あるいは進化生物学とのつながりからみても、きわめて興味深いことは確かである。そこで目論まれている生態系的な存在論はたいへんに刺激的である。

だがこの問題を問い詰めるためには、アフォーダンスの視点を越えて、環境が、自然の唯物論的無限性への俯瞰と、視点としてみいだされる個体との媒介であることが、厳密にとりだされるべきであるとおもわれる。そもそも心理学の（とりわけギブソンにおける視覚心理学の）展開という傾向性が強いアフォーダンスの議論だけでは、環境一元論に陥ってしまうのではないか。それは確かに、秘私的な自己、内在主義的な心という主張に対抗した、外在する自己、環境の内部に分散する心というテーゼを提示するときにはきわめて有効な主張を形成するだろう。さらにいえば、それが身体の行為という論点に独自の光を当て、その動きに基づいた精緻な展開を果たすときにも、多くの知見を与えてくれる。だがそれでも、そこで環境なるものがどこか万能なあり方をもって示されることには、ある種の疑念を感じざるをえない。

環境とは、どうあっても媒介性にほかならないのではないか。それは視点としての個体と、無限である物質的自然との中間にあり、それを通じて俯瞰と局所が交錯するポイントに設定されるべきではないか。それがゆえに、身体の行為の位相を鋭く切りだすことが、アフォーダンスにとっても可能になっているのではないか。(4)

だがその際に、みいだされるべき環境とは、あくまでも自然の無限そのものではない。そうであれば、アフォーダンスの提示してきたさまざまな実験的、実証的な意義が水に流されてしまう危うさがある。無限そのものは実証的な対象ではありえない。

であるならば、まずなされるべきことは何か。それはまさに環境という媒介性の位相を存在論的に規定することではないか。

ここで少し視点を変えてみたい。これまでの思想の歴史のなかで、媒介性として想定されてきたものとは果たして何であったのか。

たとえば、個体と無限の媒介性を想定するときに、一九－二〇世紀的な思考では、国家という媒介性が重要であったはずだ（それ以前は、神との媒介性としての神的能力＝理性を想定すべきであっただろう）。こうした議論は、人間と自然（そして神）との問題を、人為の方向から設定し、超越によって根拠化される秩序を規定するために必要であったといえる。だが、国家とはとりわけ一九世紀に巨大化した時代的な産物にほかならないことも確かである。そのような超越からの統制という事態は、脱国家的な現状において、そしてそこでもちいられるさまざまなテクノロジーにおいて解体されるようになり、自然という無限が、そのなかにさまざまなかたちをとってはいりこんできている。神的な根拠化をうける国家も国家理性もそれ自身として役にたたなくなる。むしろ、分子生物学的な対象でもあり、宇宙大的なコスモロジーでもある自然が、個別の行為に媒介されてることが、より重要になってくるのではないか。そこで媒介性の役をなすのは、環境にほかならないのではないか。

そうであるにもかかわらず、われわれの思考はいまだ、この環境という媒介性の存在論的位相を巧く押えられていない。この位相は、アフォーダンスのとらえるような環境一元論的な方向ではなく、そこで無限の示す予測不可能的な事態を、個体の自由へとつなげていく仕方でみいだされるべきものではないか。

このことはすぐれて実践的な意味をもってもいる。

たとえば先に挙げたリスクに関する議論が、人間と人間とのあいだの紛争の問題だけでなく(あるいはそれも包括するかたちで)、自然とその内部にいる人間という問題を扱うべき局面に、われわれがたたされていることを想像するだけでもよい。

地球温暖化であれ、大地震や津波の予測であれ、鳥インフルエンザであれ、[5] あるいは生命倫理的な議論が提起する遺伝子などへの分子生物学的な介入のもつ危険性であれ、二一世紀的状況において中心主題になる事例は、かつてのように、国家という統治的媒介性や、政府の施策という論点を思考するだけでは、到底解決しえないものである。

以前には自然災害は、人間にとってまったくの偶然的事態であったのかもしれない。それは放置すべき事態でしかなく、何かが生じたとしても黙って被り耐え抜くべき災禍でしかなかったかもしれない。ところが現在の自然に関する問題は、そもそも無限で予測不可能な自然とは何か、それが人間に与える意義とは何か、そこでの環境に対して人間が果たすべきことは何かを思考しなければ、そもそもどうとらえてよいかもわからないものになっている。「持続可能性」という標語を掲げたとしても、何を持続させるべきなのか、その根拠は何かを想定することなくリスク計算が進められるだけでは、何を論じたことにもならない。

環境と主体という主題をたてるときには、主体そのものが環境のなかに組みこまれていることと、主体が環境へ能動的に働きかけることとの相互連関性を問い詰めることが必要である。環境とは、存在論的にいえばあくまでも媒介性なのである。それは、人間存在にとって第三項的な事例が、自然を相手にする位相において、その無限性を担いつつ現れてくる局面である。

これが国家に代わる媒介性たることの意味は、つぎの事例からも想像できるのではないか。たとえば地震であれ災害であれ温暖化であれ、リスク計算の足りなかった国家的為政者は責められることになる。そこでの意志決定の民主主義的プロセス（コンセンサスなるもの）の手順が検討されることになる。それはそれで構わない。だが、これらをどれほどなしたところで、さまざまな事例が根源において、自然を相手にしていることをとらえなければ、そもそも何をやっているのかさえ不明になる。地球温暖化への人間の関与があるとしても、温暖化が太陽黒点の周期的増減というコントロール不可能なものに依存しているのも事実であるし、地震や津波は定期的に発生するにきまっている。その先をみとおすことなどできない自然という無限があり、その媒質としての環境と身体というテーマがある。

テクネーとは、環境という媒介性に対応する身体の位相である。媒体としての環境は、そこでの人間的な個体の意義に即してみいだされるべきものである。だから環境は、けっして無限そのものではない。環境は、われわれの能力としての能動性をひきだし、そのテクネーにおいて自己が自己を制作しつつ環境に関わることを「ある範囲内」で可能にする。だからそれは、その相関性においてそもそも能動性の多寡を決定してしまうだろう。自然の無限がコントロールできないことは当然であるし、このことは人間の倫理として充分におりこまれるべきである。

第二章でも規定しておいた「生態学的転回」が意味していることのひとつは、媒介性として押さえられるべきものが、国家から環境に変更されたこと、コンセンサスから生態系に代わること、これにあったのかもしれない。そこでは、かつて語られていた「言語論的転回」に対し、ある種の身体的質料性の掘り起こしが唯物論的に遂行されるべきである。いいかえれば、「言語論的転回」において、自然に対してある種の有意を誇っていた媒介性たち、つまり言語や法も、国家や家族も、強く環境の方向にひきつけとらえなおされるべきである。それらもまた、自然に対するテクネーの諸形態ではないのだろうか。環境を媒介性とみなすことで、きわめて強く提示されることになるテクネーを、今度は「主体」の側からとりあげることにしよう。そこでは、本書の後半で主題化しておいた「動物」性がひとつのトピックとしてきわだたせられるだろう。というのも、生命としての自己を考えるときに、つまり環境のなかにありつつテクネーを身につけたものとして生命である自己をとらえるときに、自己の動物性を、そしてそれとの連関性と断絶性の絡みあいを念頭に置かないわけにはいかないからだ。

動物と人間

環境性を媒体として存在論的に規定し、その相関項としてのテクネーにおいて、視点として確立される自己とその能動性をみいだすこと。そこでひとつの重要なポイントになるのは、動物性という身体の質料性ではないか。というのも、主体という存在者をテクネー的な行為性に解消し、そこで環境的な媒介の対応性をとりだすならば、そこから議論されるべきは、「テクネーをもった動物」であることそのものにあると考えられるからである。

動物性については、現代思想においてさまざまな文脈における着目がある。コジェーヴに端を発する、いわゆる文明史的な動物化の議論をここでは含めないとしても、動物の身体というテーマは、そもそも自然哲学が進化生物学的な視点から自己性の議論を遂行するかぎり不可欠であるはずだ。ドゥルーズやデリダの動物関係の議論も、そうした生態系的思考の媒介性という観点から検討されるべきではないか。

質料として、行為するものとして、そして媒介性である環境の相関物として、テクネーの自己を規定するならば、そこでみいだされるべきはさしあたり自然的な身体である。そして、どう理解しようとも、われわれの主体のひとつの位相は動物的身体である。社会性は群れとしての身体の議論を抜きにして論じることなどできない。さらにいえば身体としての主体がそなえる動物性の最大の領域は、ジェンダーやセクシュアリティの議論に回収されきることのない「生殖」の問題であるとおもわれる。

自己を動物性と規定することで、デリダ－スティグレール的な「代補」としてのテクノロジーの意義を今一度とらえなおすこともできるのではないか[6]。確かに人間の身体は、すべて生態的なものが何らかの仕方で代補されたものにほかならない。だがここに考えるべき点がある。代補そのものは本当に自然ではないのだろうか。デリダの議論が、あらゆる自然の無垢性を否定し、それに対する代補の先行性を述べるのはそれとして理解できないわけではない。そして彼が主張するように、それが政治的なレヴェルでの自然性の利用に対する警告として働いていることも了解できるとしよう。だがそれでも、代補と描かれる事態が、自然に最初から含まれていることを否定するのは難しい。それどころか動物の生態的な進化とは、環境的媒質との連関における代補の創出の歴史であり、テクネーの歴史であり、そこに自然的生態系のハイブリディティをみてとるべき局面そのものではないか。

テクネーを、自然に対する人為の側に安易にわりふることの危うさは、テクネーがそもそも人間の身体的自然を軸とし前提とするものなのに、そこに恣意的な分断線をもうけてしまうことにある。われわれの身体は、どこまでいっても動物のそれであるかぎり、端的な分断はそもそも無意味である。実際に分断線はあるのかもしれない。本書のなかでデリダを利用しながら論究した、手や耳や口という、自然的な身体がそなえるテクネーにおいて、確かに自然からの切断は問題になる。だがその分割線は、けっしてひとつだけひかれるものでも、明確に指示しうるものでもない。それはまさに複合的であるはずだ。ドゥルーズがリトルネロに関して論じているように、鳥がさえずったり、木の葉を裏返しに落としたりすることの領土性や政治性が、純粋に自然的だといえるのだろうか。それはわれわれの身体的な行為の人為性にどこまでもつながっているのではないか。

道具や言語、領土や国家、法や貨幣はテクネーである。それらは確かに、動物性のなかで明確な位置をもつものではない。そこでそれらをとらえるかぎりでは、テクネーの人為性だけを強調したくもなる。だがそれは正当とはおもえない。身体がもつテクネーを可能にするのは、自然身体が環境的媒質とつながって、ある種の無限や無根拠性へと触れているからではないか。(7) テクネーが自然とどのように連続し、どう切断されるのか。それはまったく明確なことではないし、テクネーと身体のあり方の錯綜からも、同時に突き詰められるべきものであるはずだ。

デリダが、自然身体の道具性について議論するのが『ゲシュレヒト』と名指された連作においてであることは、ここで着目しなおされるべきだろう。

ゲシュレヒトには人種や種族、類などの含意がある。だがデリダも第一にとりあげているように、それが意味するものは何よりも「性差」である。ジェンダーの問題である。これはきわめて貴重な問いかけである。

あらゆるフェニミスト、あらゆるジェンダー論者、いやあらゆる社会構築主義者は、自然が「神話」

だなどと述べる以前に、そもそも自然がきわめて奇妙で多彩なジェンダーシステムを包含している事実に留意すべきである。そして自然的な身体が、環境という媒体との連関で、さまざまな変更を遂げてきたことを軸として、ジェンダーの多様性に関する議論をとらえなおすべきである。確かに近代社会と近代国家におけるジェンダー的な強制の問題は重要な政治的課題だろう。だがそれは、むしろ生物学的な淵源を切断したがゆえに現れた「人間」の問題にすぎないのではないか。人間が生きてきた自然史はそこに回収されきるはずなどない。そして人間が生きていく未来が、そうした近代的なジェンダー批判だけから紡がれることもありえないだろう[8]。

　ジェンダーの問題は、その多様性の問いに加え、別の棘のような部分を含んでいる。それは妊娠や次世代生産という性の核心に関わるテーマである。それらが、文化的な規定や価値観を受けて形成された行為であることは確かである。だが、人間が再生産されるがゆえにこの社会はあり、この世界はある。それそのものは身体の動物的力能に関わり、生命の力に依存することである。いかに妊娠するか、どのように出産するかは文化的であっても、妊娠は動物的であり、出産は動物的である。これは、食べること（食べるために生き物を殺すこと）や、住居に住まうこと（それは環境性との相克の歴史である）が、動物的な身体とむすびつきながら、テクネーの原像を浮き彫りにしていくことと同程度に、決定的に動物的なことである。さらにそこでみいだされる愛や情動も、もともとは動物的である。われわれの愛は動物の愛と、何がどこまで違っているといえるのだろうか。

　もちろんさらに生物学的な問題もある。たとえば細胞そのもののレヴェルまで分子生物学的な探求がなされ、細胞の増殖としての個体の発生にテクネーの現在的な問題が絡むことは、ジェンダーと生命をテクネーから思考していくときの決定的なポイントである。そこに性行為の仕方、性行為を許容する法・道徳・家族の体制、医学的介入、科学的操作がたたみこまれることにおいて、自然と絡んだテクネーは独立していくだろう。だが、そうであっても本質的に生殖そのものが「いのち」の産出であることは、こうしたテクネーにとっていわば「超越論的」な基底に触れていることではないか。われわれが動物的な生であり、環境的に規定されるこの身体であり、そしてそこでのテクネーにおいて自己を規定する存在であるかぎり、それはむしろ絶対的な前提をなすものではないか。

2　映像のテクネーと身体

テクネー身体論

前節でとりあげた動物としての身体の議論をつづける。人間は動物である。動物であるかぎり、それは環境規定的な生を送っている。それ以外のことはありえない。ところが人間の生は動物的であるだけではない。この二つの生を分離するものは何か。そしてこれを分離しすぎないためには何に留意すべきなのか。

常識的に想定されるのは、テクネーの身体への導入そのものである。道具性と、それをもって世界を作為的にとり扱いうること、これが人間の身体を固有の自発性をもったものとして改変する。それが一般的な回答であるだろう。

このことはテクネー全般にもあてはまる。この議論をつづけていくならば、もちろん道具の成立から（もっとも高度で抽象的な道具としての）言語の発生にいたるような、自然史的な進化段階を包括する身体のテクネーの変遷を辿ることが必要になるだろう。それは原初的な段階における、身体の動物性からの離脱を描くものになる。

しかしここでは、こうした人類学的な視角をさらに突き抜けるような、テクネーの別の場面に着目したい。それは一九世紀の終わりから、おもに視覚芸術の分野で論じられるようになった、テクネーの形成を巡るものである。

これを論じるときに、ベンヤミンの『複製技術時代における芸術作品』(以下『複製芸術論』)とドゥルーズの『シネマ』の二つの著作を検討することがきわめて重要になってくる。何故であろうか。それはこれらが、人間の映像のテクネーを、「時間」そのものを扱うものとしてとりだしてきているからである。

このことが含む意義について、さしあたりまとめてみよう。

身体のテクネーをとらえるためには、もちろん身体が空間に含まれ、そのなかでそれ自身の働きを組みかえる側面をクローズアップすることは大切である。たとえばメルロ゠ポンティが、『行動の構造』で論じている道具の議論は、身体と環境世界との関連における脱文脈化という、テクネーの発生にまつわるひとつの位相を巡るものであるだろう。それは、たとえば環境世界に埋めこまれた木の枝を、武器として、あるいはほかの用途をもった道具としてみなすこと、こうしたあり方に焦点をあてている。このことは、空間をメタ的に俯瞰しつつ、環境世界から離れた「世界そのもの」を、身体の作動のなかに組みこんでいくという、屈曲的で複合的なあり方を担ったものとみなしうる。(9)

だがここでの「メタ」という設定が、あくまでも空間的な俯瞰(それによって可能になる二重化)という事情を押さえるだけのものであることに注意しよう。それは身体が実在する位相を、そのまま二重化的な視線によって分割し、自己に定位する視線と、自己を包括する世界総体への視線との両方を含意しながら、世界をみることを可能にするものである。だからメルロ＝ポンティが述べるように、木の枝はひとつの文脈においてではなく複数の文脈において把握できるし、こうして脱文脈化されたさまざまな姿それぞれが正当であることが可能になるというのである。

さまざまに指摘されていることだが、これは絵画を描く能力、つまり自分が含まれている世界を、自分をも含みつつ描くという力能に、きわめて類似したものがある[10]。

だが俯瞰には、これとは異なったもうひとつの側面がある。それは時間的な俯瞰というものである。時間を俯瞰すること、つまり過去と未来を同時的に扱うということは、今を生きる生物が単純になしとげうるものではない。それを果たすためには、過去を残存させるテクノロジーが不可欠なはずである。もちろん、言語によって物語を紡ぐこと、そこで自己が生きてきた歴史を形式化することは、古来より存在するテクネーである。だが、一九世紀から二〇世紀への転換点において、これまでとはまったく異質な事態が発生したことにも着目せざるをえない。それは写真や映画という、視覚芸術の成立である。これは、身体のテクネー論にとって、きわめて示唆的なものといえる。それによってこそ、生きた身体性の現在性から、身体の今の位相を保ちつつ、ある種の離脱と俯瞰を果たすことが可能になるのだから。

ヴィータ・テクニカの観点からも、こうした事態のそなえている意義はおおきいといわざるをえない。テクネーがはいりこむことで成立する生にとって、まさに時間の係数をテクネーそのものにとりいれ、時間の俯瞰が可能になることは、生命の現実の姿によく適合したものといえるからである。

生物の生態的な機能は、もちろんきわめて空間的である。生態的なものは、さしあたり空間性の係数においてしか描くことができない。そしてそこでは、空間性のメタ的な俯瞰としての、その二重化と道具性の成立を語ることができる。だが同時に、生命が空間を生きるのは、時間的なあり方においてでもある。そこで生きることとは、時間のリズムを生きることでもある。

いかなる生物であれ、現在において生きている。このことに間違いはない。しかし生命は現在を生きるだけでなく、つねに過去を生き、そして未来に向けて自己の身体を統御してもいる。そこでは生命それぞれに固有の持続のリズムがあり、いかなる程度であれ記憶を含みながら、現在を未来へと移行させている。

この時間を生きる持続のリズムの固有性が、環境世界と同じような限界性をもっていることは事実だろう。どのような生物もそれ自身の記憶をもっている。だがその記憶は、それぞれの生命の身体活動そのものに即応するかたちで、その使われ方が限定されているものでしかない。

ところが人間は一九世紀以降、一種革命的ともいえる仕方で、時間のリズムそのものを全体的に俯瞰し統括する仕組みを発生させている。環境世界に対する「世界そのもの」ともいえるものの時間ヴァージョンが、さまざまな映像のテクネーによって実現されていったのである。そこで、現在という係留点が維持されないことはありえない。だが映像装置の根本性は、それによって時間のリズムそのものがひきのばされたり圧縮されたりして、その「全体」を擬似的にでも俯瞰させてしまうことにある。時間の俯瞰が、時間を生きる身体を根本的に変容させてしまう。それが身体のテクネーにとって、どれほど重要か計り知れない。

テクネーをもった生命を解明するヴィータ・テクニカの議論にとって、こうした時間リズムそのものへの介入や操作を検討することは不可欠である。

自然的な知覚に抗して　1

ところが、テクネーの議論に対して、反技術論としての自然への回帰がよく主張されるように、視覚的な映像技術というこれらの現代初期の代表的なテクネー——そしてそれは、ポストモダン的といわれるメディアや情報性のほとんどを包括しているものにほかならないが[11]——は、さまざまな仕方で「自然的な知覚」を解体するものとして批判にさらされてきた。それは道具的な技術と自然の対立、そして自然なあり方への回帰の称揚という、ハイデガーの技術論の軸をなす構図や、あるいはその真逆な姿勢としてのデリダ的な議論、すなわちテクネー的な人工性に「汚染」されていない無垢な自然はありえないという図式によって把握されがちなものであった。だがヴィータ・テクニカの議論は、つねにこれらの中間性を探っていくよりほかはない。それは、人間的な自然としてのテクネーをみいだし、それを自然と対立的ではない仕方で、その微細なあり方に即して検討されるべきであるからだ。

しかし、一九世紀的な映像技術を論じるときにも、それは「自然的な知覚」への背信であり、生ける自然に対するわれわれの身体のあり方を歪めるものだという主張がさまざまになされたことは無視しえない。二〇世紀以降の映像論の帰趨を決した書物であるベンヤミンの『複製芸術論』にしても、その大枠が、「複製芸術」の出現による「アウラ」なるものの消滅を「批判的」に論じたものと読めることに間違いはない。そしてまたドゥルーズが『シネマ』を論じるときに、その土台としているベルクソンが、そもそも映画を自身の持続の議論に逆らうものととらえていたことも事実である。それは「映画論的錯覚」という、古くからある偽の知覚（考えてみれば、この新しさと古さのむすびつきは奇妙なことでもあるが）を与えるものとされるのである。それに対してドゥルーズは、『シネマ1』の冒頭において、こうした映像技術が自然的知覚を毀損するという見解を、ある種の現象学批判として描きなおしてもいる。[12] だが一面で、ベルクソンが、このような語り口に近い姿勢をとっていたことも明らかなことである。

しかしながら、これらの議論はより深く検討されるべきである。ベンヤミンにしてもベルクソン－ドゥルーズにしても、そもそも彼らの考える内容そのものは、たんなる自然への回帰を唱える種類の主張とはまるで異なるものであるのだから。

ベンヤミンは確かに『複製芸術論』において、複製芸術の出現を「アウラ」の消失という論脈から押さえている。そこでは、芸術作品がそなえている礼拝的価値が希薄化してしまい展示的（見世物）的価値が突出する。かくして芸術作品が本来はそなえている一回性が消え去ってしまうと述べられるのである。そしてさらにその結果、複製化された芸術に対して大衆がとるべき適切な「距離」が失われ、ある種の悪しき均質化が生じてしまうことになる。それはファシズム的な大衆動員を側面支援するものになるだろう（ここまでの議論のたて方は、まさにハイデガーの技術論とパラレルでもある）。

こうしたまとめ方は、表面的に正当ではある。とはいえ、ベンヤミン固有の論脈総体からみれば、さまざまな疑念がふされるものにほかならない。

第一に、複製芸術が可能になることによって消え去るとされる「アウラ」とは、そもそも何なのだろうか。第二に、それでもなおベンヤミンが、『写真小史』で典型的にみられるように、写真という複製芸術に意義をみいだし、それをシュルレアリズムの先駆としてとらえるのはどうしてだろうか。そして第三に、もっとも決定的なことであるが、ベンヤミン自身の歴史概念、ある種のモナド的な時間の凝集を軸とした、連続的時間の解体と蒐集、屑拾いとしての歴史の構成そのものが、あまりに映像芸術と類縁的なものとはいえないだろうか。

以上の主題については、別のところで仔細に論じたことがあるので[13]、ここでは簡潔に、それらが時間へのテクネーという視線からみてどのような意義をもつのかだけを指摘しておきたい。

第一にアウラとは、単純に事物の一回性をさしているものではない。ましてそれは、現象学的に述べられる「自然的」な知覚とも、ハイデガーが述べるような「自然」ともまったく異なったものである。『複製芸術論』でも『写真小史』でも同じように、アウラの定義は、透明な光のなかで遠くの山並みを眼で追うことに託された、無限の同時的俯瞰のように語られている。つまりそれは対象を眼で追いながらも、それとの「自然な」パースペクティヴが喪失されるかのように描かれるものなのである。それを「自分に近づけ」すぎ、自己我有化してしまうのが悪しき大衆化としての映像の機能である。映像のファシズム的利用はここからはじまる。だがベンヤミンは、こうしたアウラが、一面では映像芸術的な側面をそなえていることを、はっきり意識しているとおもわれる。そして『複製芸術論』の結論部分で、ファシズムがおこなう「政治の美学化」に対抗し、コミュニズムがなすべきものとしての「芸術の政治化」を課題にとりあげることは、複製芸術の新たな利用法、つまり映像のテクネーのあらたな身体的な活用の可能性を、アウラの方面からみいだしなおしていることではないか。

第二と第三の問題は、この延長線上で論じられるものだろう。写真とは明らかに複製芸術の代表であり、その本質を露呈させるものとおもわれるのだが、そこで述べられていることが、とりわけ過去のノスタルジーと関連した「写真のアウラ」であると考えることは、あながち間違いでないようにおもわれる。(14) 写真において露呈され、テクネー的に操作されるものは、まさにわれわれが生きた過去である。写真のノスタルジー的なあり方は、一九世紀芸術からシュルレアリスムにいたるまでの芸術を包括した、過去の価値の再考に関与するものである。

そして、そのような仕方での過去そのものの現前化的な提示が、ベンヤミンの遺作である「歴史の概念について」での論旨（それは『パサージュ論』にみられるような、ベンヤミン的な社会史的記述の根幹を形成してもいる）にむすびついていることも疑いえない。そこで歴史の概念を論じるベンヤミンは、現在時（Jetztzeit）からみた歴史の構築主義に類似した主張をなしている。だがそこでは実際には、時間のあらゆる瞬間の実在的な価値がひきたてられているのであり、それは現在時において、すべての過去をモナド的に凝集することを前提とするものである。(15) モナド的な時間とは、時間を縮約し現在時に閉じこめることにおいて、全歴史＝あらゆる時間を救いだすことの前提なのである。こうしたヴィジョンはメシア的な宗教性の色あいが濃いものではあるが、全歴史を収縮するこの時間とは、まさに映像技術が可能にした時間リズムのメタ的な変調を利用して、そのリアルな姿をかいまみせるものではないか。

こうしてとりだされる映像芸術のあるべき姿は、自然的な知覚とはほど遠い。何故ならば、人間という存在者にとって、このようなメシア的な世界全体の像をうることなど不可能であるにきまっているからだ。だが他面でベンヤミンは、人間の歴史的経験が包括しているこういった宗教性こそが、それぞれの過去の実在を呼び覚まし、現在時におけるその収拾作業を可能にするととらえている。それを踏まえるならば、ここで提示される歴史の概念を現実化するものこそが、まさに映像技術ではないだろうか。それは従来とは異なった過去に対する時間のテクネーとそこでの生を、明確なものにしてくれるのではないか。

自然的な知覚に抗して 2

さて、ついでベルクソンに移ろう。ベルクソンは『創造的進化』において、「映画論的錯覚」という術語を提示し、やはり映像装置の反自然性をひきたてているようにみえる。それはベルクソンの考える、持続としての実在に対する背信の一方途でしかないのである。映画は、そのコマ送りの仕組みからみても、まさに空間化された時間に、時間そのものをひき戻してしまう装置だととらえられることになる。

これに対し、ベルクソン的な概念をあえてもちい、またベルクソン的な持続の議論に忠実でありながらも、ドゥルーズはこうしたベルクソンの議論の方向を、別様に展開させていくという戦略をとる。ドゥルーズの『シネマ』には、ベルクソン読解に関するさまざまな仕掛けがなされていて、そのミニマムな読解も興味深いのであるが、何よりも考えるべきは、ドゥルーズ（－ベルクソン）が自然と生命においてみてとった内容を、そのまま映像の人工物のなかに改めてとらえなおしていることにほかならない。

ドゥルーズは、シネマの技術こそが、運動や時間そのものを発見させたと述べている。(16) 映像技術によってはじめてわれわれは、身体がもっている「この眼」という軛から解放され、もっと違う生き物の眼をうることができたと考えているのである。

たとえば自然的な知覚という言葉をそのままとらえてみよう。そのとき自然的な知覚とは、進化的な自然のなかでのたんなる一契機において、そこでたまたまに与えられた視覚器官に応じて現れる自然のことにほかならない。だが、それが「自然的な知覚」であるというのは、きわめて偶発的なことである。人間の眼は、進化の流れを考えれば、その一瞬でしかない自然の産物である。そして眼がいつであれ進化しつつあることも明らかである（ベルクソンにとっても、眼とは進化するプロセスの重要な例であった）[17]。いまここで人間がみている知覚とは、自然のひとつの断面にすぎない。この意味で、それは特定の進化の断片にすぎない光景なのである。

ベルクソンの議論にそうならば、自然とはまさに変化しゆくものにほかならない。だから「どの眼」でみるかによって、現れ方が違ったとしても、それぞれの眼はそれぞれが自然なものである。むしろ進化の一断面にすぎない「この眼」を特定して固定化し自然とみなすならば、それこそがベルクソン的な議論に逆らった反‐自然的な態度とみなされるべきである。視覚のシステムがつぎつぎと変更されることの方が、ベルクソンにとっての時間的な本性に密着しているはずである。

ドゥルーズにとって、映像装置による真の時間の発見が述べられるならば、それは人間の「この眼」がそなえている軛から解き放ち、視覚を進化の方向に推進してくれるからではないだろうか。この意味で、人為的な装置の方が、本来の生物的自然を、時間の変化しつづける実在性をかいまみせてくれることにもなる。もちろんそれは、ベンヤミンの場合と同様に、一種の宗教性をそなえた「見者」によってしか獲得できないものかもしれない。だが非宗教的なドゥルーズは、徹底的な唯物論というあり方をうちだしながら、世界に対する「信」という別の側面を維持しつづけてもいるのである[18]。

これはみえているものが「真理」であることを目指すという意味での「信」ではない。みえているものが何であれ、それは実在のひとつのあり方であるという意味での「信」なのである。そこでは、それぞれの生命体にとって特定の視覚を示す環境世界の「相対性」が問題になっているのではない。そうした環境世界はそれぞれがある種の正当性をもっている。たまたま現在のわれわれの視覚に与えられたそのみえ方が、誤謬であるわけでも錯誤であるわけでもない。ここで述べられている「信」とは、相対性の向こう側の「絶対性」を提示してくれるものである。

だがあまり先走ることなく、ドゥルーズの記述から検討してみよう。ドゥルーズの映像芸術を巡る主張は、複合的に絡みあいながら二つの段階にわかれている。

その第一段階は、まさに「運動イマージュ」である。それは対象相互の位置関係に関する映像の技術であり、映画の基本的な技法である「モンタージュ」が可能にしたものとされる。エイゼンシュテイン(あるいはグリフィス)によって発見されたこの技術によって、ベルクソンの主張に対抗するかたちで、映画こそが提示できる運動性が可能になる。

だが、この段階での映像の議論は、『シネマ1』の、とりわけ行動イマージュの枠組みでのものである。それは身体の感覚運動系と、それに応じた状況の開示という構図に収斂するものでしかない。この段階においても確かに、情動イマージュや欲動イマージュのように、たんなる行動-反応(作用-反作用)系を逃れるものや、行動イマージュそのものに内包されるさまざまな破綻(ヒッチコック)がみいだされもする。しかしそうであっても、これはあくまでも運動という、対象の移動を巡っての、限定された動きを論じただけのものである。

そしてその第二段階は、まさに時間イマージュという時間の「全体」を扱うものである。この水準での議論は、まさに「時間がある」という、その流れの「全体」を俯瞰するものであるといえる。運動イマージュとは、個々の対象の動きや、それをみる個別の者との連関を問題にしていたものであった。それに対して、ここでの議論は、そうした運動があるという、総合的な（超越論的な）外枠こそを記述するものなのである。

それゆえここでは、運動を包括するその「彼方」の時間が主題化されることになる。これについては、イタリアのネオレアリズモ、フランスのヌーヴェルヴァーグ、オーソン・ウェルズやアラン・レネの映像などが基本的なものとしてとりあげられる。それらにおいては、感覚運動系の弛緩や破綻（ネオレアリズモ）、運動と状況とのつなぎ違い（ゴダール）を経て、時間の結晶（ウェルズ）や層（レネ）という、自然史的な時間の広域性への展開が問題になる。こうした映像が、時間すべての凝集（結晶）と、その循環（層）を扱うものに集約されることはいうまでもない。そこではまさに見者（ヴィジオネール、ヴォワイヤン）が秘めた芸術の力能が示す、知覚ならざる知覚が明らかにされる。それは、自然的身体にとっては、狂気や宗教的法悦、あるいはボードレールやランボーなどにみられるような薬物による意識攪乱においてとらえられるものでしかないのである。

だがここでみいだされるものが、ベンヤミンの描きだす破断としての歴史のヴィジョンや、あるいはその根底に横たわる時間のモナド的な凝集にきわめて接近したものであることは確かだろう。さらにそれは、『物質と記憶』の第四章でベルクソンが論じている、持続の収縮（contraction）とも、本来は深く関わっているものではないだろうか。(19)

ここでとりだされるのは、時間があり、それを生きていることの根源に位置する事態である。だがこれは、自然的身体にとって、ある特定の進化の段階で与えられている身体の根底そのものでもある。それは、映像が運動を裏切るどころか、運動を明らかにしてくれるという、ドゥルーズの逆説的な主張の背景にあるものだろう。機械だけが明かしてくれる自然がある。自然的身体にはみることができない自然がある。そうしたコスモロジーを生きるのは、テクネーをもった身体だけである。

自然的身体の相対性の絶対性

こうしたドゥルーズの議論がその先にみせてくれるもの、つまりテクネーとしての身体の議論を押し広げていく視界の先にあるものとは何だろうか。それは、ドゥルーズが世界への「信」と述べたもの、つまりこの世界の現れの「相対性」の主張（いかなる現れも唯一の真理ではありえないという一種の生物学主義）を越えて、そこでの相対的なものすべてがある種の実在性をそなえているという「絶対性」を主張する戦略そのもののことではないか。テクネーは、まさにこうした「絶対的」な自然そのものに関わるのではないか。

これは、進化論主義をとるベルクソンの議論が、そもそもそなえている帰結のはずである。そしてメシア的な歴史の凝集を前提として、現在時における抑圧された歴史の構築を語るベンヤミンの議論の根底に流れているもののはずである。

自然的知覚は時間の持続のなかにある。そこではみている主観も、することを支える身体も、そしてそれをさらにとり巻く実在している環境もすべて持続しつつ実在している。だがそれらは、いうまでもなく時間的な進化の一断面にほかならない。それらは時間が全体に向かって開かれていることに関与せざるをえない。逆にいえば、それ以外のあり方はできない。

動きのなかにあるとは、ある相対的な定点においてしか、この世界をみることができないということである。だがそれが動きのなかにあるかぎり、定点そのものはつねに歪み、別のものに転変していく。生命体そのものも内部から変化するし、環境への適応もあるだろう。いずれにせよ生命体は易々とその形態を変容させ、自らにとっての自然を組み替えて生きていく。

そこに映像のテクネーが介在する。一九世紀から二〇世紀にかけて、芸術の力能にむすびついた映像に関するテクネーは、確かにきわだった位置を保つものであった。だが問題はそれだけにとどまりはしない。それが導入する相対性と絶対性のシステムは、身体性の補填ととらえられがちな道具のあり方すべてを覆うものとしてとらえなおされるのである。

ここでテクネーと身体との関係、テクネーと生との関係の徹底した再考察が要求されてくる。テクネーとは、身体の外部にあるものではない。テクネー自身が身体の自然なのである。それは身体が、時間的な生であることを物質的におりこみながら、それ自身を不可避的に組み替えつつ存在していることを示すからである。映像の技術が一九世紀後半に膨大な進歩を遂げ、人間と社会とのメディア的で政治的な事情を刷新したことはいうまでもない。だが同時に、時間を操作するテクネーの極限形態として出現したそれは、生命が時間を生きるかぎり、いつであれ待ち望まれていたものではないか。

進化論主義は一種のプラグマティズムであるといわれるし、プラグマティズムはある種の可謬主義を前提としているだろう。だが問題は、その可謬性をまったくネガティヴなものではなく、そこに、進化の機動力をみいだすことにある。そのためには、映像技術が可能にする時間の開かれた全体と、そこでの時間リズムの操作は、生命体にとって必須なものではないか。それが、生命の能動性のひとつの軸と語られるべきではないか。

時間を操作する技術をそなえることによって、時間のなかにあり、けっして固定点をもたず、浮遊した相対性においてしか存在しえないながらも、そうしてある世界を絶対性として把握する生命体を、人間は自己自身として確保することができる。つまり生物学的な相対性を、それ自身がもつ超越論的根拠に拡げることで、それ自身を肯定する能動性をもつことが可能になる。少なくとも一九世紀末の映像のテクネーと、それを巡る哲学的言説の数々は、時間という係数と、それがもつ相対性と絶対性とを提示してくれるという意味で、身体そのもののテクネーを決定的に変容させたといえるのではないか。

生態学的転回における時間の超越論性と進化

このように時間の係数がはいりこむことは、一連の議論にとってきわめて重要である。それは、従来語られていた生態や環境の意義を、おおきく変容させてしまう可能性をそなえているからだ。

アフォーダンスなどの、生命科学的で経験科学的な色彩の強い議論は、自然生態系への決定的な依拠を重んじ、そこから根拠なき内面の陰を消去していくという点で、ここでの議論と同じ方向性を辿ってはいる。そうであればこれらの学問は、こうした自然と時間との関係、自然と進化との関係「総体」を視野にいれるべきである。ベンヤミンが述べる宗教的なメシアニズムや世界の暴力的な解体、ドゥルーズが想定する「開かれた」全体としての時間、これを想定することなくして、自然そのものを把捉することなど不可能だからだ。だが、さまざまな生態系にまつわる議論は、実際のところ、時間の「全体」に対する視線が希薄すぎるのである。

もちろんそこでも進化的な動きは勘定にいれられている。だがそれは、ドゥルーズの論じる全体というよりも、もっとミニマムな個体発生（成長）という局面でしか検討されてないようにおもわれる。あらゆる視覚を溢れでて、過去が凝縮されて未来に展開されていく、生命そのものにおいてきわめて固有な位相は、そこでは厳密に規定されているとはいいがたい。

もちろんそれを一気に議論のなかにはいりこませることが、多くの問題をひきおこすことはいうまでもない。それは、経験科学性に依拠した主張にとって、一種の禁じ手に近いものであることは理解できなくない。だが、視覚の彼方の視覚を明示することは、まさに相対性における絶対性を、時間のなかにあるわれわれの自然を明確にするために必要なことではないか。

時間のなかにあり、その一断面を占めている生命体は、時間の流れにおいて相対的な視角をもつだけである。環境世界が、さまざまな生命体のあり方を相対的に限定しているように、時間的な生もまた特定の環境のなかで浮遊しているだけのものである。しかしこうした相対性こそが、われわれが時間を生きていることの本質であり、こうして浮遊するわれわれ自身のあり方を捕捉することが、生態的なものの実在を正面からとらえなおす条件である。

生態系的な議論は、それが包含する無限としての時間に直面するとき、空間的な色彩の強い環境性の議論をさらに時間的に押し開くかたちで考察を展開する必要があるのではないか。その際に、空間の限定はあくまでも空間的(空間俯瞰的)であるが、時間のそれは現在を生きる生命体にとってのものでしかありえないがゆえに、つねに時間を縮約する視覚装置を必要としているのではないか。自然的身体がもつ時間性をひきたてるこの装置によってこそ、人間的な自然の限定性と、その彼方の絶対性が提示されるのではないか。

一九世紀末に出現した時間変容装置としてのテクネーは、この意味で、まさに人間の歴史にとってというよりも、生命体としての歴史にとって革命的であったのかもしれない。それは、リアリティを喪失したヴァーチュアリティを顕揚するものでも、まして自然という根から生ける人間を切断する誤った方途でもなく、ヴァーチュアルであるとしか示せない無限な地盤＝何であるとも表現できない絶対性のうえで生きているわれわれの生を、宗教性や薬物による撹乱とは別種の仕方で扱うことを可能にするものである。そして残された課題はまさに、このようなテクネーが、何故こうした技術において可能になったのかを明らかにし、そこで示される自然の時間のなかでわれわれが生を送りつづけることや、テクネーとしての能動性の位相を踏まえなおすことだろう。

時間スケールの問題を根底において、現在におけるテクネーの議論を遂行することは、上記のような意義をもつだろう。そして、こうした時間スケールを考慮にいれてこそ、今という現在につなぎとめられた生の意義が、今に限定されない無限の視角の方向から明かされうるのではないか。

3　エコロジカルなものの存在論に向けて

はじめに

人間をいったん自然的な存在者に解消したい。物質＝質料性としての身体をもち、自然生態系のなかにあり、それ相応の進化的プロセスを経て、分岐してきた存在として人間をとらえ返してみたい。だが、それでも固有の人間的な本性＝人間的な自然をそなえたそのあり方をみきわめたい。これがヴィータ・テクニカという主題のもとではじめられた試みの目的であった。この背景には、生命科学が展開するなかで、おそらく人間の意志や自由、行動や感情が、生物学的で環境的な決定要因に解消されていくだろうし、それはやむをえないという事情がある。だが同時に、そこでみいだされる身体のあり方が、すべて自然的要素によって決定されてしまうと主張しうるとはおもえない。人間は、その「主体性」の定義そのままに、受動性と能動性のたわみのような二重性を生き、ある程度の水準で確かに自然を時間のなかで統括しながらありつづけていくものだからだ。そこでは、自らに与えられた自然の領分を、テクネーによっていくぶんかの範囲内であれ、動かすことが可能である。ヴィータに接続されるこうしたテクネーの位相を、一種の人間的自然として浮かびあがらせることがなされるべきではないか。

この議論におけるテクネーとは、極小の水準から極大のスケールにいたるまで、さまざまな領域におよんでいる。

従来のテクノロジーは、当然のことながら、身体の尺度性に適合的なものであったといえる。近代以降のテクノロジーが、ハイデガーの述べるゲシュテルという仕方で批判され、巨大国家とその権力という方向から論じられるにいたるのは、そこで身体という尺度性が消滅したからでもあるだろう。こうした巨大化においては、自己のテクネーという、まさに自己の身体性とのつながりにおいて示される（逆にいえば、どうしてもそこに収斂していく）テクネーが、主体にコントロール不能な場面に向かっていくことが問題になる。それゆえ、そこでは巨大な主体としての国家と、その非人称性（や不気味さ）を巡って議論の設定がなされることになる。

こうしたテクネーへの思考がありうることは事実である。だがドゥルーズ＝ガタリ的なテクネーのミクロロジーを考慮にいれるならば、巨大技術だけを想定する思考の限界も、その批判としての素朴さもまたあらわになる。それはある意味では時代の問題でもあるし、本質的な問題でもあるだろう。一面では、身体＝主体の尺度性が、ミクロな細胞性の方向に細分化されていくという時代性がある。生命技術とそれにともなうテクノロジーの焦点は、細胞や遺伝子という分子生物学的な場面での極小性に向かっていくのである。まさにライプニッツ的な微分性に親和的なこうした位相が、今度は技術のポイントとしてひきたてられる。生命体の詳細な分解のその向こう側に、さらにミクロなものとして介在するテクネーが、そこでの主体の問いを攪乱させていく。

だが、生命科学の時代に即しつつも、これとまったく対照的なテクネーと生との連関の方向性がありうるだろう。それは生態的な環境を問い詰めていく先に浮かびあがるものである。これはスケールの問題としては、確かに巨大化を志向する。だが生態系の議論と、ハイデガー的なゲシュテルとでは、スケーリングに関する方向性は同じであっても、その位相はまったく異なっている。生態系の思考は、ある種のグローバル性において、国家とその体制という領域を越え、そうした問題設定を無化さえするものであるのだから。グローバルで脱国家的な生態系的環境そのもの、これが問われるべきテーマとして出現してくるのである。

二〇世紀のさまざまなテクネーの負の側面は、地球温暖化にせよ、直近の放射能汚染にせよ、そもそも一国家やその権限によって何かができるものではないということにある。生態系とは、ゲシュテルというあり方をもはるかに越えたテクネーの位相なのだ。だが、極小の細胞にミニマムにはいりこんでいくテクノロジーと並行的に、これら極大の生態系的環境への注視が進行していることは事実である。これは、環境世界という語り方をとうに越えている何かである。

ところで、こうした環境世界を越えたグローバル性、あるいは（まさに一九世紀思想のファンタスムそのままに）宇宙環境にまで拡がっていく事態については、あまりに広域におよぶために、テクネーという側面を関わらせることはなかなか困難でもある。そこに人間の能動的な領域をみいだすためには、どうすればいいのだろうか。それは国家という枠組みがすでに無効になったあとで、ある意味でのマルチチュードとしての生態系の主体を描くことに応じた課題であるとはいえないだろうか。

和辻・梅棹・廣松

ヴィータ・テクニカの議論をこうした方向に拡げていくとき、現今のアフォーダンスや生物学的な生態系的議論の隆盛より前に、一種の生態系の思考が日本の思想の流れに——その淵源の多様さにもかかわらず——根づいていたことに留意しないわけにはいかない。日本における生態系的思考は、この流れの先にしか設定できないはずである。そこでとりあげられるべきは、和辻哲郎、梅棹忠夫（今西錦司）、廣松渉である。

彼らが一見するとまるで異なったバックボーンから——政治的に右派であれ左派であれ、倫理学者や哲学者であれ社会生物学的な生態系論者であれ——、生態的な位相についており重なるような思考を展開したことは着目に値する。彼らはいずれも、文化的・歴史的事象を検討する際に、そこでの主体が、どうしようもなく一種の生態系的自然に関与せざるをえないこと、いや逆に、生態系の方から、主体の受動性という側面に照らしつつ、事態をとらえなおすべきことについて、卓越した視界を与えているからである。[20]

和辻や梅棹については、ある意味で多くを語るまでもないかもしれない。また逆にいえば、彼らの思考の意義が鮮明になるのは、エコロジカルな視点から人間の存在をとらえなおす契機が、今後ますます増大することにともなってのことであるのかもしれない。

この両者についていえば、京都学派の代表的人物であった西田幾多郎の思考がこれらの生態系的な発想にいかなる影響を与えているかを検討することが、ひとつの論点になるとおもわれる。そして廣松についても、その最終的なヴィジョンにおいて、反発も刷新も含め「近代の超克」という、西田右派によって規定された事態の再検討が、ある種の生態系性やアジア性と重なりあいながらなされているかぎり、そのつながりは無視できるものではない。

だがあらかじめ述べてしまえば、彼らの思考そのものに、西田の「直接的」な影響があると述べるのは難しい。確かに、西田の思考を語るときのひとつのタームは「場所」である。また西田自身、後年さまざまに非難されるように、無の場所としての日本文化論やそこでの天皇制論という、場所論の文化的展開をおこなってもいる。とはいえ、西田の思考はあまりに「純粋哲学」的でありすぎる。「包むもの」としての場所の無限重畳性の主張や、それを構成する判断論や述語論理の思考、さらにその重畳性を突き抜ける絶対無という発想は、数学基礎論的なベースも明確である。それは倫理学的なものを基本とした和辻とは内容的には関連しないし、ましてや、生態系的観察から文明論的な視角を導いてくる今西‐梅棹ラインとは、もちろん広い意味でのつながりはあっても、具体的な関与をみるのは困難であるだろう。

とはいえ、西田の議論の決定的な意義のひとつが、当時のヨーロッパ的な現代思想が時間論に傾斜し、そのなかで時間的な意識（時間と主体）の思考へと集約されていくことに対し、そこに、空間的切断、空間的包摂、空間的無限のロジックをいれこんで、主体と自然の位相を把捉しなおした点にあることも事実である。和辻が『風土』において、ハイデガーの『存在と時間』での時間性の重視を批判し、そこから現存在のあり方を風土的環境性に解消させていくことは、西田がベルクソンの連続的持続としての生命を論難し、たんなる時間性を論じるだけでは個体や身体的実践の位相をとらえられず、非連続性の切断としての空間性が不可欠であると主張したこととパラレルなようにみえる。[21] そしてさまざまな意味で京都学派の発想が、こうした西田の場所論的思考という背景を、つまり時間主義や歴史主義に対する一種の対抗概念としての場所性や環境性の強調にいきついていることは確かであるとおもう。

もちろん、和辻の議論は、ある意味で当時の洋学者の感想文的なものの閾をでないとしても（梅棹のなしたフィールドワークには、もちろん比べるすべもない）[22]、彼が『風土』のなかで描いていた事態は、その内容面も原理面も含め、現今アフォーダンスの議論などで提示されていることをほぼひきうけている側面がある。確かに、彼の議論のなかで類型化されている「モンスーン的」「砂漠的」「牧場的」という区わけは、たんなる旅行者的観察のようにみえるが、その個々の記述を丁寧に辿れば、まさに環境－身体論的な知見が数多く含まれていること、そこでは生態的に環境規定される人間の姿が、住居や食物から情動や思考、そして法や宗教の形態にいたるまで、強く連関づけられていることは注目に値する（余談であるが、この書物にとって、人間の生態的機能のなかで、温度というよりもむしろ湿気に重点が置かれていることは相当の卓見であるとおもう。もちろん湿度は植生の問題につながるので、食や住居形態の問題にダイレクトに関わるからなのだが、それはまた生に関する観念も規定する何かになっている。とりわけインド的なものの記述――一種の永遠性や永劫回帰が構想される無歴史的土地性――等は、ただの感想的記述にとどまるとはおもえない）。

だがそれだけでもない。もちろん和辻においては、「あいだ」の議論に結実していく空間的＝主体性についての議論がはじめからはいりこんでもいる。和辻にとっては、むしろ西田的に空間性を垂直的に「包むもの」へと掘りさげていく議論よりも、その具体相における環境との関係性を探っていくことこそが、主体の議論として重要であったとおもわれる。その意味では和辻の思考も、日本という特殊な場所での倫理を「あいだ」の概念にこめただけではなく、「あいだ」を人格の普遍的な構造として規定し、その振幅においてさまざまな文化的主体性の成立要件を明確化しようと試みたものであることは明確である。これはアフォーダンスが論じているある種の主体の外在性の議論とおり重なる。

これに対して、梅棹の『文明の生態史観』では、カラコルムへのフィールドワークの成果、あるいは今西錦司との具体的な関係やその進化・生態論的な思考とのつながり、そして自然生態系の観察からみてとれる文明観が鮮明になっており、第一地域と第二地域として提示される分析や、それぞれの地域において独自に進行する歴史、さらにはそうした展開においてサクセッション（遷移）という、いわば植物相－動物相にも類似した生態系的過程が提示されているという意味で、和辻に比べて議論が高度化していることは事実である。梅棹の議論がもつ、生態系という空間概念に依拠しつつも、そこでの文化的配置や変異の問題を、一種の構造的無意識に近いものとして扱うような内容は、むしろ時代を考えても、レヴィ＝ストロース的な構造論的議論との関連すら強く感じさせるものがある。そこでは空間は垂直に重層化されるのではなく、むしろ無意識的な配置において設定されなおされるのである。

他方こうした議論が、今度は時間論への思想的対立というよりは、むしろより狭義のマルクス主義的な歴史政治概念に対するアンチテーゼとしてうけとられてきたことにも留意しないわけにはいかない。確かにそこではユーラシア大陸という、ひとつの地勢性／地政性しか問われてはいない。しかしそれは、ある種の資本主義的な国家発展が大陸の両端において突出し、先進資本主義国家で発生すると想定されていた共産革命が、予想とは逆にその中間域において出現してしまうことの不可思議さを、俗流マルクス主義の唱える歴史概念を批判しつつ見事に説明するものでもある。それは文化的政治的事象に関わる生態系的なファクターの関与を的確に示すものとなっている。

まとめてみよう。梅棹の生態系的－文明論的記述と、西田的な空間的主体の議論との重なりをみいだそうとしても、直接えられるものはあまりないかもしれない。また、和辻が東↓西という一方向に移動する観察者であったのに対して、梅棹は明らかにマルクス主義的な歴史意識に対抗し、空間的配置としての複合性のなかで議論を展開しているという点で異なってもいる。

とはいえ彼らの思考が（今西の生態学と京都学派の関わりもあわせて考えるべきであるが）、やはり西田が抽象的かつ思弁的にしか論じえなかった場所論やその垂直性を、具体的で生態系的なものとの関連においてとらえ、とりわけ水平的な意味での厚みをもたせたものであるということはできるだろう。西田が最終的には、無の場所（しかしその無とはもちろんたんなる空虚ではなく、むしろ内包力が溢れる豊穣性をもったものである）として描くものを、その内実においてとらえるためには、こうした空間－生態系的な検討は必要であったはずである。

ともあれ、梅棹に代表される生態学的史観が一種の反マルクス主義として把捉され、それがマルキシズムのもつ、革命の必然性に対抗するものであるかぎり、これに対し、マルクス主義陣営が何かの反応をせざるをえなかったことは確実であるだろう。今となってはこんな「論争」など、それこそ何のアクチュアリティもない神学論争の類にみえるかもしれない。だが廣松渉が、一種の鋭敏さをもって梅棹を批判したことは、生態系的な議論を位置づける方途としても、検討する価値があるとおもわれる。

他方でいえば廣松にもまた、独自の仕方で西田的な空間論や身体論をのり越える徹底した労働身体論を構築する必要があり、そうした展開を、生態系的な世界システムとしてとらえるべきだという課題があったのである。そこにははっきりと、「近代の超克」論をもう一度別のかたちで、まさにコミュニズムの観点から描きなおさなければならないという使命感も含まれていただろう。こうした自己の課題を、表面的に反マルクス主義的な生態史観を題材に検討することは必須であったはずだ。

廣松の生態系論は、こうした多様な文脈において考察されるべきではあるが、ここではそれが、和辻・梅棹を越え、構造主義や社会システム論をすでに視界にいれたうえで議論がなされている点で、そしてそこでもなお廣松が、ある種の革命のプログラムを切り捨てていないという点で、多くの主題を提供しているとおもわれる。これについて検討していこう。

廣松の生態史観批判

『生態史観と唯物史観』（ユニテ）にみられる廣松の梅棹への視角は、批判を前提とするとはいえ、かなり好意的なものである。それは彼が、原理的なマルクス主義者であり、『存在と意味』というきわめて純粋哲学的な著作を世に問うたことからすれば、異様にもみえるかもしれない。廣松が冒頭でこの書を、ある種の「緑」＝エコロジーの運動と、「赤」＝共産主義の運動との連帯かと勘ぐられないかと（一種冗談めかして）記述している部分などは、明らかに体制よりとうけとられうる梅棹の思考を、共産主義者廣松が重要な素材としてとり扱っていくことへの疑念に対する、あらかじめの牽制であるように読めなくもない。

その背景にみてとれるのは、廣松の、今西錦司に対する高い評価である。それは今西における独自の進化論的議論が、廣松が年来主張してきた、実体から関係性へというおおきなスローガンに、ダイレクトに共鳴する部分があるがゆえのことだろう。さらにいえばそこには、まさにマルクス主義者廣松として、生態系的な自然と人間との連関、サルから人間社会へという自然史的歴史性、これらの主題を自身の議論の背景に収めるべきだという強い意識がみうけられもする。そうした今西的な生態系的進化論が梅棹の文明論にうけつがれ、独自の展開をみせていることに、廣松は率直な関心を隠さない。

廣松は、丁寧に梅棹の文明の生態史観の業績を三つに区分する。すでに言及したことでもあるが、それはまずは「第一地域」と「第二地域」というユーラシア大陸における地域区分、ついでそこにおいて生じる「平行進化」という時間的展開、そして最後に「サクセッション（遷移）」として語られる生態系的な歴史性（たとえば森林相における樹木の環境的変遷とパラレルに語られる文明の生態性）、これらを明らかにしたことであるとされる。ここではっきりと、体制マルクス主義に対する批判、つまり歴史の一直線的な革命的変化への否定と、また「第一地域」に区分される資本主義国と、「第二地域」のなかに組みこまれる社会主義国家（当時のソ連と中共）が、別種の歴史的展開を辿っているのではという議論があらわにされている。これに対し廣松は、さまざまな論者による梅棹への評価や批判を整理しながら、とりわけそこに産業的な労働手段と人間性との関連、あるいは家族や国家システムなどの人間的な歴史形成物と生態学的進化のあり方の差異がみいだされていないことを批判的に指摘する。だがそこで、一見してマルクス主義批判ととられかねない内容をただちに退けたりもしない。むしろ廣松は、梅棹の主張を、マルクス・エンゲルスの初期の論考との近さから補強するかのような記述をおこなってさえいるのである。すなわち廣松は、梅棹がそなえている反マルクス主義的言説を否定するのではなく、それを、生態系のなかでの人間の活動を思考することから出発したマルクス・エンゲルスのあり方に、積極的につなげていこうとするのである。

この議論は生態系的な発想が、廣松的な独自のマルクス主義理解と重なりあうこととして示される。「われわれは、本稿第一章において、〈種内関係－種間関係〉の立体的把握＝構造の機能的分析という生態的視座に関して、――歴史がアクチュアルな一つの生態系であるという当然事の確認に止まることなく、生態論的な把握をモデルとして援用する意想を表明し、――つぎのように誌しておいた／「〈種内－種間〉の重層的立体構造のモデルは……動態的関係とか……間主体的関係とか……『内部－相互的』編成とか、歴史的・社会的編制態の各方面において適応可能であると思われる。それは、おそらくや、旧来の、有機的モデルと機械的モデルの双極的対立に伍して、社会的編制態の『競合的－共存的』な動態の重合的存在構造を形象化するうえで有効なモデルたりうる筈である」云々……／「種内関係－種間関係」の編制態を〝当体〟のモデルとして世界史の叙述を企てるとき、動態の描像は……総力戦型の陣地戦の俯瞰図に類するといえよう」[23]。

ここでは、廣松の議論における実体批判と、関係性によって形成される存在論的モデルを世界史に転用するとき、マルクス・エンゲルス的な議論と、生態史観がそなえている自然と文化をまたぎ越す構造性への視角が、積極的にむすびつけられうることが述べられているのである。

「われわれは、爰において、唯物史観ならびに生態史観が、旧来の実体＝主体主義的な構図のもとにおける「〇〇の歴史」とその〝複合〟としての世界史的叙述を卻けつつ、歴史の当体を生態論的な関係態の相で把え返したことのもつ歴史存在論上の射程を更めて想う所以となる」[24]。

廣松にとっては唯物史観といわれるものも、けっして単線的な歴史観を前提としたり、特定の出来事（国家主体や革命主体）の連鎖によって歴史をとらえたりするものではなく、それ自身が複数的で多層的なシステム性をそなえていることが全面的に提示されていく。そしてその段において、廣松の構想する唯物史観は、「相互的・内部的な編制の分節化された統体性をグローバルに押さえ、異質化と重層化の存立構造の究明を志向していること」(25)という点で、今西－梅棹的な歴史モデルに、相当程度に近いことが明らかにされるのである。

このことは、これにつぐ節が「先史的時代への配視」と題されていることからもうかがえる。そこで廣松は、唯物史観を完成させるときに必要な、サルから人類への進化、考古学や民族学の資料による社会形成史といった、いわゆる文字社会以前の自然史的な社会形成に関する議論にきわめて強い注意を払っている。そしてそれを、マルクス・エンゲルスの原点に戻りつつ、自己の議論に埋めこもうとするのである。

とはいえもちろん、資本主義的な財とその交換の位相とを問題とする唯物史観が、生態史観にすべており重なることはない。「歴史」に対する従来の実体的な語り方への批判がみいだせるとはいえ、それに対して、いわゆる「主体」の歴史そのものの提示がまったく不要になるわけではないからである。

だがこうした論点について、廣松はいささか慎重につぎのように述べている。

「……それ〔歴史の起動因〕は超越者ではなく歴史的世界に内在する契機の筈である。それは、しかし、〝純然たる〟自然的存在でもない。それはまさに〈対自然的－間人間的〉な関係態が物象化された相で映現するものを措いてはありえないであろう。そして、この物象化された映現態には……「表象的環境」も含まれるのであり……」[26]。

ここではまさに〈対自然的 - 間人間的〉な総体のひとつの物象化されたあり方として、ほかの理念的形象（「超越的な命令」「内奥の声」等）と並びながら「表象的環境」が記述されるのである。つまりそれは、逆に歴史の関係性の動態の方から相対化される、ひとつの位相として、一契機化されるというのである。「歴史の法則性を学理的に把握するためには、〈対自然環境的 - 間人間主体的〉な生態系を共時的な構造に即して分析し、それを通時的な動態に即して積分すること、これが方法論上の論理構制となる」[27]。

こうした共時的構造において重要なのは、廣松的な意味での役割行為論的な主体や、それが関係的に設定していく社会のことである。動態化はその「積分」＝統合においてみいだされる。こうした規定は、生態系的文明論によってはなしえないはずのものである。

ここにみてとられるのは、廣松にとっても、その関係論的視座を徹底していくときに、意志論の位相を文明的事象に即して明らかにすることの困難さなのではないか。もちろん、生態系的な思考が、その構造的なあり方から、ある種の歴史的な決定論に近づいていき、それ自身が反マルクス主義的な言説と共鳴することには廣松は真っ向から異を唱えるだろう。だがそれでも、先史時代からひき継がれる生態系的な自然と人間の連関が、歴史を語る根本的な位相であり、文化を語るモデルになりうることと、マルクス主義が単純に志向する、人間社会の動態的変革的なヴィジョンとのあいだには、一種の齟齬があるはずである。とりわけ、自然性とは別の要素を含む産業的 - 財貨的な社会の位相についてはどう語られるべきなのか。それは確かに、特定の主体や特定の行為者、あるいは特定の政党の「意志」によって変動するものでないとしても、自然史そのものとは明らかに時間リズムを異にしているはずである。そうした「革命」をどうとらえるべきなのだろうか。

静態性と動態性　自然とテクネーと主体

静態－動態的な関係性のモデルが生態的なものとパラレルに押さえられるとしても、そこでの動態性はどのように論じられうるのか。それを記述するときに、あくまでも環境的遷移に近いものがみてとれるとして、実体的な歴史観を捨て去ったとしても、動態性のさまざまな位相における「意志」はどうなるのか。これは革命論者廣松にとって緊急の問いであったはずである。だがもちろん、これに対して単純な答えが期待できるはずはない。意志の位相そのものに関与するファクターの多重性に、構造の議論はたちすくむ以外にないからだ。

「革命」とは、近代以降において、一番みるにたやすい人間的な「意志」の現れであるかもしれない。それはある種の能動性や自発性によって培われ、ある臨界を越えたときに集団的な発意として顕現する運動である。だが、廣松自身、一方では生態的な共時性を重視し、これを基盤とした非実体性から動態的なあり方を想定している。そうであるかぎり「革命」も、特定の個人や集団の「意志」や「個性」によって生じるものではありえない。それは生態－構造的なものであるはずだからだ。

梅棹も廣松も（そしてもちろん和辻も）こうした表現を重要視しないが、考えられるべきは生態的な「構造的無意識」の動態性ではないだろうか。本書のなかで、生態学的転回＝エコロジカルターンとして提示しておいた事情が、歴史性に接近するこの場面で強く試されているのではないだろうか。自然と文化にまたがる構造性の一分岐としてではあれ、個人や集団の「意志」はどう形象化されるのか、それが問われることになるのではないか。(28)

廣松はここでは強調してはいないが、梅棹が（あるいは今西が）ほとんど視界にいれておらず、しかしこうした文化事象的な動態性を論じる際にポイントになるべきなのは、まさに「資本」の生態的な分析そのものであるはずだ。「資本」として特定される財貨的・価値的な形態が、自然的環境性から分離しながらも、それがやはり「個人の意志」や「集団の決定」とは別の仕方で存立するその独自性を問うべきではないか。そのあり方や移動、増殖や減衰は、むしろ制度や国家という事態そのものを左右する無意識的なエネルギーに近いものではあるが、さりとて自然環境なのではない。(29) その差異を明確にすることがまずは必要ではないか。

もちろんここでの廣松に、広域的な意味での生態系的歴史性と、資本についての議論とを絡みあわせる発想がなかったとはおもえない。だが、さりとて廣松以降、エコロジカルな発想にここまで挑発的な仕方で迫るマルクス主義論者は想定できるだろうか（言葉をかえれば、マルチチュードの生態性を、どこまでネグリ派は問い詰めうるのだろうか）。(30)

ここでは、ドゥルーズ＝ガタリが『千のプラトー』で描きだしていた、資本の実在に関する土地性や環境性との関連（と離脱）という主張が、より詳細に、しかも廣松的な議論とつきあわされながら検討されるべきではないか（精神分析への批判という色彩が濃い『アンチ・オイディプス』よりも、『千のプラトー』の方が、むしろ生態系的にポジティヴな発想を多く含んでいる点で、視界を開くのに適切ではないか）。そしてさらに、廣松がマルクス・エンゲルスに依拠して語る道具性－テクネーと人間の進化の議論を、そのまま産業や現代社会における各場面にみることで、「革命」につながる「動態」の、個々の場面、個々の位相、個々の人格における形象化（たとえその「意志」が「物象化的錯視」によってもたらされるだけのものであれ）を企てるべきではないか。

環境に議論の枠組みを拡げ、先史時代的なものに時代の連関を拡げ、構造的無意識に動態性の原理を拡げていくかぎり、そこでの物質＝質料的で環境的生命的な受動性は必ず身体のエコロジカルな基盤となる。だが、それにもかかわらず、人間は環境的な受動性に対してテクネー的な介入を総体的になしえ、そこにおいてのみ発揮しうる動態性がある。主体はその物象化的射影にすぎないかもしれない。だがそこでは、道具にせよ、言語にせよ、はっきりと自然進化によって生みだされながらも、独自のものとして切り離され、そうしたテクネー的能動性の原初性として機能するものである。テクネーとそのシステムのなかで、つまり廣松がマルクス・エンゲルスの原理性において論じていたような、自然－人間のヴィジョンにおいて、たんなる環境決定論ではない歴史性を、テクネーの位相を介在させながらとりだしていくこと。それはテクネーとしての主体を論じることの最終目的であるともいえる。

考察の手だてはたくさんある。本章で示したように、身体そのものへのテクネー的介在が、ジェンダーや家族制度（まさに現代のマルクス主義が標的にする家父長制システム）そのものを変更し、社会的に別のあり方を生みだしていく可能性を探ること。人間と動物のあいだにひかれた境界線を単一なままに放置せず、環境内生物としての人間に微細な差異をいれこむテクネーをすくいだしていくこと。そして、テクネーの議論をただたんに巨大技術による非人間性という分断的な理解に押しこめず、そもそもテクネーの主体でしかありえない主体化の議論に（受動性と能動性とのたわみにある主体の自己言及的なあり方をとりだす議論に）つなげていくこと。

さらにドゥルーズやベンヤミンの思考にみられるように、視覚技術の展開が、人間の身体と時間、時間の枠組み、自然史の時間そのものをかいまみさせることで、生物性としての自己、生命性としての社会が明確化されることの意義を探ること。映像テクノロジーの身体への介入は、宗教が担ってきた他界（無限世界）ヴィジョン、つまり自然史的な時間的空間的無限性をリアルに可視化する根源的なテクネーにほかならない。おそらくは宗教や革命の意義を組み替えてしまう時空の縮減を、いっそう現代的なネットワーク論にもつなげていくこと。だがそれもまた、あくまでも一九世紀的なテクネーの革命の余波として包摂されるべきものであること、等々。ネットワーク社会における時空の縮減はもともと一九世紀的思考が明示化していた事態の展開にほかならないのではないか。

そして環境性に関する議論を、今度は文化や資本、財や制度の存立につなげる方向から、その動態性を視野にいれて描きなおすこと。

そこで踏みこむべきテーマはたくさんある。和辻の風土的な生態系の議論が、そもそも現今のアフォーダンスの理論水準とさほど異なったものではなく、むしろ間人格的議論においてそれを越える方向性をそなえていること。また今西－梅棹的な日本固有の生態系的議論が、ある種のエコロジカルな議論や生命社会論のなかでどのような位置をもつのかを規定し、むしろそこでの生態系的無意識や、その動態性の議論を問い詰めること（ここでは、レヴィ＝ストロースが、「神話」という事象に即して描きだしてきたような宇宙論的な拡がりが、言語というテクネーを触媒としつつ、梅棹的事態に重なってくるのではないか）。そして後期の廣松が、マルクス・エンゲルスの原理にたち戻りながら、生態系的システムの議論を進め、革命を再考していたという事実を、生態系的な資本とその価値をひきたてるドゥルーズ＝ガタリの議論と接合させてみること。

和辻とアフォーダンス、梅棹とレヴィ＝ストロース、廣松とドゥルーズ＝ガタリ。一方で日本哲学のなかで切り開かれた空間性や生態性の議論と、他方では身体の無意識や心的内容の環境性や資本そのものの生態系性をとらえていくさまざまな発想、これらをつきあわせてみることで、ヴィータ・テクニカの主題を、先史時代から資本主義後期までつながっていく生とテクネーの問題としてさらに切り開くことはできないだろうか。

多様なルートはあるだろう。だが問題なのは、いつも物質＝質料的なかぎりでのわれわれの生であり、物質＝質料的なかぎりでの受動性に応じた能動性のテクネー的でシステム的な働きであり、同時にそこで、まさに自己のテクネーとして生産される「主体」である。それらを、この時代の知の水準に即して吟味すること、これが必要ではないだろうか。

註

第一章　ヴィータ・テクニカの哲学へ

（1）　心理学が生物学の人間科学であった、ということは、その医学生理学的な起源を考えれば自明のことかもしれないが、言語と他者という主題にまみれた二〇世紀的状況を踏まえれば、考慮されなおされるべきことでもある。M. Foucault, *Les mots et les choses*, Galliard. p.367.

（2）　同様のことは、西田幾多郎後期の「絶対矛盾的自己同一」や、シモンドンの生命－技術論的展開についても該当する。もちろん西田は絶対無の場所という超越的な契機を手放さず、シモンドンは個体化的生成という位相に固執しつづけるのだが、両者は良かれ悪しかれオートポイエーシス的な、輪切り重層構造的な思考の典型例である。

（3）　ここではもちろん西田の場所論や和辻の風土論、さらには今西・梅棹ラインの生態系的思考が念頭に置かれている。西田・和辻はともあれ、近年においてほぼ忘却にさらされている後者のラインの意義を再検討しみさだめることは、日本における生態系的思考をさらに展開するために不可避である（この点は本書の終章第三節で論じる）。

第二章　生態学的転回《エコロジカル・ターン》について

（1）　この議論については、拙論「細胞の自己　細胞の他者」『現代思想』二〇〇八年七月号所収を参照のこと。

（2）　余談であるが、デリダのこうした姿勢を、むしろ生態学的な方法から逆にとらえなおそうとすれば、たとえばデリダ自身が（とりわけ中期以降に）「割礼」や、あるいは「自伝＝オートバイオグラフィー」という形式をとって描きだした、自己の生命に刻まれる記号について考察すべきではないか（それはドゥルーズ＝ガタリが『アンチ・オイディプス』第三章で扱っていたテーマのひとつでもある）。デリダが語りえないと述べていた生命的な領域が、逆にデリダの言説にはいりこんでしまう位相を抜きだせないか。デリダ的な脱構築的読解を、デリダ本人に向けて発動すること。

（3） たとえジェンダーの境界線が言語の効果として流動化することを明確にしても、それが歴史的に可変的である「べき」だという議論にはすぐにはつながらない。同時にこうした「攪乱」があくまでも言語の領域にとどまるのであれば、やはり全体的な構図は認識論的なものに限定されてしまう（ただし、こうした攪乱のあり方が、バトラーが差別語や罵倒語をテーマ化し、その逆手にとった利用を想定していることは――クィアなどはまさにそうした戦略に合致する言葉であるだろう――、重要なテーマになる）。

（4） この点については、J. Butler, *Bodies that matter*, Routledge の第一部の記述、*The psychic life of power*, Stanford University Press. の序文などを参照のこと。なお彼女は *Undoing gender*, Routledge, p. 198 において、ドゥルーズに言及し、その思考における否定性の欠如を批判するとともに、しかしそこで身体が言語に回収されるわけではない点に関して、にもかかわらず彼女の記述がつねに言語に戻りつづけてしまうことについて、かなり率直に語っている。

（5） 日本では従来は今村仁司の試みしか存在しなかったといえる。岡田温司等を中心に、イタリア系の現代思想の紹介が進展していることは、この点できわめて大きな意義をもつだろう。しかし同時に、何故イタリア思想においてこうした企てが可能になったのか、どうして日本の八〇年代の現代思想はそこにいたりえなかったのかを検証する必要があるようにもおもえる。

（6） アガンベンがゾーエを強調する際に、そこには明らかに生物学的な事態が含意されているにもかかわらず、むしろ前期のフーコーと類似した仕方で、うち捨てられた生や排除された身体が描かれがちであることは確かである。だが廃墟はそれ自身も何かを生むものではないのか。廃墟からも何かが生みだされつづけることは、戦争文学のひとつの大きな主題ではないのか。

たとえば最近の漫画であるが、こうの史代『この世界の片隅に』（上・中・下、双葉社）を参照のこと。こうの史代が、原爆のあとの広島の景色を描きながら、そこで露呈される「場所のなさ」を世界の原事実のように認め、しかし廃墟でさえ何かを生みだすという強靱なメッセージを発していることは注目される。それは、『この世界の片隅に』より、さらに救いのない原爆後遺症を描いている『夕凪の街　桜の国』（双葉社）でも同様である。こうの史代の作品は、それ以前に描かれた、性行為が基本的にはじめからまったくないカップルの話である『長い道』（双葉社）も含め、主体の生きる「場所のなさ」と、にもかかわらずそこで世界を肯定すること／自分の生を肯定することがいかに可能か、という主題をきわだたせている点が注目される。原爆やヒロシマを描く最近の作品も、奇妙なカップルの話として読めるそれ以前の作品も、根源的な暴力性をテーマにするか、「生／性」と「愛」を中心に置くかの違いはあれ、終始一貫して「生きていることには場所がない」という事態を提示しつづけている。そこではゾーエという無意味な身体に、主体が向きあうことの不気味さと希望が、見事に描かれているように読める。

（7）神的暴力を巡るベンヤミンの議論は、もちろんユダヤ神秘主義や宗教の根源性という観点からや、議会制民主主義などに関する当時の社会史・政治史的文脈からも検討されるべきではあるが（従来のドイツ圏の読解や、市野川容孝が行っている社会学的な読解など）、それがそなえる政治哲学的な衝撃力そのものは、いまだくみ尽くされていないようにおもえる。たとえば、ベルクソンの生命哲学に多大な影響を受けたソレルの『暴力論』（これも今村・塚原訳、岩波文庫）が、プロレタリアートの純粋暴力（フォルスではないヴィオランス）について「純粋かつ単純に、戦争行為」であると論じることは、生命と暴力という主題を巡って、ベルクソン－ソレル－ベンヤミンというラインを想定しうる点からも再検討されるべきではないか。なおかつそこには、ドゥルーズ＝ガタリ的な「戦争機械」論へのつながりもみてとれるのではないか。二〇世紀初期の政治思想そのものが、まだ充分に乗り越えられていない事実を、フーコーやドゥルーズを経由したあとで思考することは必須である。

（8）「自己触発」と「主体」というテーマ系は、カントから現象学にいたるメジャーな哲学のライン（とりわけミシェル・アンリの議論や、あるいは逆説的にレヴィナス的な異他触発——さらに村上靖彦『自閉症の現象学』（勁草書房）の言葉を借りれば「視線触発」——の主張など）と、ドゥルーズ－フーコーにおいて示されるマイナー的思考（『シネマ』での「自己触発」論や、フーコー後期での自己の自己への関わりとしての「自己への配慮」の議論）との交錯において、先鋭的な論点がいくつもとりだせる内容をもつものである。アガンベンの「恥ずかしさ」の主題化は、何よりも、情動的な自己開示と自然性との境界の議論として、「自己触発」論総体に一石を投じている点が重要である。

（9）『主体の解釈学』（筑摩書房）、とりわけ一九八二年三月二四日講義において、自身の「自己への配慮」が、デカルトからフッサールへと展開される自己認識の「根源性」の省察とも、フロイトにつながる「経験的拡張」とも異なったものであると述べている部分を参照のこと。

（10） この点については、丹生谷貴志『ドゥルーズ・映画・フーコー』（青土社）所収の「よく食べること ニーチェとダイエット」を参照されたい（西田幾多郎の扱いについては丹生谷には同意しない）。

（11） 『安全・領土・人口』（筑摩書房）、一九七八年一月二五日の講義などで、「統治」という問題が統計を利用した人口に焦点化されること、そしてそれが、環境と経済とをむすびつける接点のような役割を果たしていることを論じた箇所などが着目される。

（12） フーコーは『監視と処罰』で、一八世紀的な論脈においてみいだされる解剖－政治学＝アナトモ－ポリティックと、そこでの身体の幾何学的機械化によって、「近代」に特有な権力の「装置」が形成されたことを、時代性そのものを画する設定として描いているが、ヴィータ・テクニカが問題とするべきは、こうした配置を越えた「生」において、労働空間が親密性や情報性のなかで時空を突き抜けて伸び広がる事態である。細胞生殖の機械、無限速度で移動する情報機械、時空の非幾何学的なおりたたみとしての生物機械が、そこで「権力」そのもののテーマになる。

（13） この点については古典的な論考である『エクリチュールと差異』（法政大学出版局）所収のバタイユ論「限定経済から普遍経済へ」が参考になる。しかしそこでのデリダの議論が、「至高性」を目指す超越の方向を、「意味の意味」である「無意味」として、あくまでも言語的な事象として描きつづけることには留意しなければならない。バタイユがもつ、もう一方の唯物論性については、『異質学の試み バタイユ・マテリアリストⅠ』『物質の政治学 バタイユ・マテリアリストⅡ』（書肆山田、吉田裕訳編）所収のバタイユの諸論考および吉田論文を参照。

（14） バタイユの議論とヴィータ・テクニカの問いの連関については、やはりアガンベン的な（ホモサケルを思考するような）迂回路を考えるべきである。唯物論者としてのバタイユの一面にも関わるが、徹底した低劣な唯物性のなかで、超越への志向を交錯させていくそのダイナミズムは、ドゥルーズやフーコーがヘーゲル主義の残滓として端的に排除したものであるが、ヴィータ・テクニカの問いをたてていくときには、むしろ彼らがこだわった平面性からの脱出路を探るものとなりうる。

(15) 環境について思考することが、環境のカタストロフ的な言説と同一になって現出してくることに注意するべきだろう。環境は何故「保護」されなければならないのか。その場合の環境とは、真の意味の環境ではなく、自己（人間）にとっての環境にほかならないことはいうまでもない。だが、どう考えたところで環境論が本来扱うべき自然とは、それ自身「底が抜けて」おり、純粋な贈与であり、人間の生存の事情など斟酌するわけがない。それは人間にとってはじめからカタストロフとして表象されるにきまっている。この事実を、あらゆる環境倫理的な言説に内化させること。

(16) 栗本慎一郎『幻想としての経済』（青土社）、とりわけⅢ「貨幣のエロティシズム」など参照。

(17) 貨幣について論じるときに、とりわけその「生の哲学」との関わりも含めて着目するべきは、ジンメルの貨幣論であるようにおもわれる。『貨幣の哲学』（白水社）参照。その議論のひとつの軸が、売春や殺人の賠償の考察にあり、そこで「交換できないものの交換」というテーマが顕在化していくことは注目に値する。しかしながら、ジンメルの議論の仕方は「売春」を巡ってたぶんに「道徳主義的」であるようにみえる（『ジンメル・コレクション』（ちくま学芸文庫）所収の売春論などを参照）。北川東子は『ジンメル　生の形式』（講談社）において、『貨幣論』に直接つながる論考「男女関係における貨幣の役割」での（たんなる道徳批判ではない時代の論理をとりだすものとしての）ジンメルの姿勢の変化を指摘しているが（同書一四二頁）、この点は、生における貨幣的なるものの不可避性や、身体性との広域的な関わりにおいて、原則的に深められるべきである。売春を搾取言説で語るべきではないし、また近代的な「清潔さ」の言説と連関させるべきでもない。それは解剖政治学的な段階でしかない。

(18) 現在的にこの問題を考えるには、ジンメル的な議論も、あるいはゴダールが述べる、すべての身体の時間労働は「売春」であるというスキャンダラスな開きなおり（ゴダールが考えるのはやはり工場労働モデルである）とも異なったかたちで、自己自身がバイオ・キャピタルであることを能動的かつ肯定的に描くことが必要ではないか。それは悪ではない。それ自身のポジティヴさをひきだす方向が、資本主義以降、家族制度・家父長制解体以降、すべての歴史が終わった以降、生態系的な身体でしかないものとして残存する、われわれの剥きだしの身体の論理として必要である。

(19) バイオ・キャピタルの問題でいえば、ここで問われるのは、もちろん臓器移植や、生殖のための細胞の贈与に関するテーマであるだろう。フーコー的な生政治学がこの方向で突出して利用されていることはよく理解できる。

(20) 元初女性は太陽であったという言葉にいわば反し、細胞をもてるものすべてが、ある種の太陽として機能していることを考えるべきである。生態系的な身体を論じる際には、細胞増殖的な性をもつわれわれを、すべてエコ－フェミナルな概念に、女性的なものを神秘化させない仕方で解放し解体することが必要である。

第三章　生命における主体／生態における視点

(1) ヴィータ・テクニカの問いとしては、こうした自己俯瞰的視線の獲得には、そして自己俯瞰的な視線と自己との交錯には、視覚的なテクノロジーの配備が、歴史的に重要な役割を演じてきたことをおりこむ必要がある。絵画の発生（バタイユ）や視覚テクノロジーの発見（ベンヤミン）にまつわり展開されるべきこうしたテクニカの側面については、技術－資本の歴史性に関する議論が必要とされるだろう。この点は本書後半で論じる。

(2) 西田幾多郎とビランとの関連については、『無の自覚的限定』（岩波書店版全集第五巻所収）において「行為的」な主体を考案する際に、ビランがよく引用されるくだりなどから、ビランの影響が、行為的直観概念の形成にとっておおきな意義をもっていたことが伺える。

(3) ミシェル・アンリ『身体の哲学と現象学』（法政大学出版局）を参照のこと。

(4) 抵抗や努力の概念と実在性の概念とのつながりについては、パースなどにも同様の論点がみえ（潜在性である「第一性」に対して、現実的である「第二性」が成立する際に、抵抗という概念が大きな意味をもつ）、身体を含む行為的なプラグマティズムにおいて現実をとらえるときに、基本的なラインになることがみてとれる。

(5) アンリのマルクスについては、邦訳としてミシェル・アンリ『マルクス』（法政大学出版局）があるが、これに関する議論としては、松永澄夫『哲学史を読むII』（東信堂）、今村仁司『労働のオントロギー』（勁草書房）に重要な論考が含まれている。内在の哲学と身体労働という主題については、いつか踏みこんでみたい主題であり、たんなる人間的マルクスという標語を越えたさまざまな問題圏がアンリにはみいだせるとおもうのだが（さらにその評価は、今村や廣松とのラインとも関連するのだが）ここでは措かざるをえない。

(6) ミシェル・アンリ『現出の本質』（上・下、法政大学出版局）の存在論的一元論批判を参照のこと。メルロ＝ポンティへの直截的な批判は『身体の哲学と現象学』の訳出されていない第二版序文にもみうけられる（M. Henry, *Philosophie et phénoménologie du corps*, puf（1997）冒頭部分参照）。

（7）アンリ自身は、こうした情動性によって形成される現象学を、マテリアルな現象学であると呼んでいる（cf ミシェル・アンリ『実質的現象学』法政大学出版局）。もちろんそこには、フッサールのヒューレーの現象学のひきうけと差別化という意味あいが強いのだが、しかしこうしたマテリアルと生命＝身体概念との関連についてアンリ以上のことを述べる必要があるとおもう。なぜ生物は生なのかがそこで問われるべきである。これは情動的共同性の問いもしくは――すでに述べたアンリのマルクスへの問いと絡ませて――それが最終的に指向してしまう神学的コンパッション性と、あくまでも唯物論的装置において生態系的展開を企てる方向との対比において、さまざまなことが述べられる問題であるとおもう。アンリがマルクスと共産主義について言及するだけに（『共産主義から資本主義へ』法政大学出版局）この問いはさらに先鋭化可能なものにもみえる。

（8）廣松の主著『存在と意味』における、例の「四肢的」存在構造を指し示すために、こうした「即」の論理を、現象学的な意識の思考に対置させて提示することが必要であったのだろう。現在からみれば、当時の身体論や記号論に相当に寄りそった思考を展開している廣松の議論が、知覚的な現象性と意味の成立から記述を開始していることは、メルロ＝ポンティとの対抗を不可避にしていたとおもわれる。

（9）西田後期の「絶対矛盾的自己同一」の文脈で、こうした「即」という発想は多用される。岩波版全集第八巻あたりに顕著である。

（10）もちろん廣松が社会を考えるときに、そこではヘーゲリアンとしての語彙や振る舞いが顕著なのだが、同時に、そこで身体的な自己と他者の問題系を軸とした役割性にこだわるなど、社会体を考える廣松自身には当時の現象学の影響が相当に濃い。それゆえ、社会論であるにもかかわらず、もちろんそれは個体的なものの集合として示されるものでもなければ、最初から社会の実在を想定した統計性において把握されるものでもない。あくまでも身体の共軛性において社会そのものが設定されている。こうした視角は考えてみればかなり独特でもあり、もちろんシュッツなどとの関連もあるだろうが、あえていえば、やはり西田や和辻など現象学の独自的変容系である日本哲学（そこでの自他論や間＝あいだ論）の影響もおおきいのではないか。

（11）廣松渉『生態史観と唯物史観』（ユニテ）。梅棹の議論は、マルクス陣営であった廣松にとってみのがされえない体制派の論理であったのだろうが、同時に廣松独特の生態系論／エコロジー的自然史性への展開は、マルクス主義的社会論がこうした生態系的議論をおりこむことの必然性を示唆しているようでもある。

(12)『存在と意味』ののちに、オートポイエーシス的システム論への強い関心をもって、かなり踏みこんだ論究がなされていることなども注目される。「構造変動論の論域と射程」『エピステーメーⅡ－1　構造変動』（朝日出版社）、「超個体の形成と組織分化」『エピステーメーⅡ－2　自己組織化』（朝日出版社）。これは（すでに述べたように『存在と意味』での、記号論的・認知論的なバイアスが強くかかっていた段階を越えて）、廣松以後において可能な生態社会論を企てるためのひとつの指標になりうる。

(13) この点は『知覚の現象学』最終章の時間論を参照のこと。フッサール時間論による総体の基礎づけという問題は、後期メルロ＝ポンティにおいても自己批判のなかで維持されつづけている論点であるとおもうが、これに対抗するためには、身体にとって独自の空間性の、その生命的強度についての対置が不可欠なのではないか。

(14) こうした情動性の空間は、ドゥルーズがアンリ的な論脈とはまったく異なったかたちで『シネマ』のなかで展開するものである。そこで情動性の焦点はクローズアップされた顔であり、しかもそれは、一切の文脈から切り離された情動空間そのものとして描かれている（「任意空間」espace quelconque など）。これは逆に身体論にとって、「顔」というさまざまに述べられてきた議論をさらに展開させる鍵になるとおもう（あるいはドゥルーズはクローズアップされたものはすべて「顔」であるとも述べている）。『シネマ1』（法政大学出版局）を参照のこと。

(15) J・ホフマイヤー『生命記号論』（松野孝一郎他訳、青土社）を参照。この方向での優れた著作として、川出由己『生命記号論』（京都大学学術出版会）なども参照されたい。生命記号論は、決して記号解釈問題に思考を落としこむものではなく、生命現象そのものを記号過程として把捉し、他面ではパース的な記号論の伝統にむすびつけつつ、生態学的な情報性の議論を展開するものであり、生命系の議論にとって個別に検討されるべきものと考える。

(16) 郡司ペギオ－幸夫、松野孝一郎、O・E・レスラー『内部観測』（青土社）所収。ここでの松野の文脈では、経済学者の分析が経済に及ぼす影響という自己言及性が例にとられているが、事柄はそうした自己言及性の議論にとどまるものではない。

（17）『西田幾多郎全集』第二巻（岩波書店）、一四頁――「ロイスの云う様に、自己の中に自己を写すという一つの企図から、無限の系列を発展させねばならぬのである。例えば英国に居て完全なる英国の地図を写すことを企図すると考えて見よ。或一枚の地図を写し得たといふことが、既に更に完全なる地図を写すべき新たなる企図を生じて来る、斯くして無限に進み行かねばならぬことは尚両明鏡の間にある物影が無限に其影を映して行くのと一般である」。

（18）郡司ペギオ‐幸夫『生命理論』（哲学書房）、一八頁――「弱い全体性は、超越的で世界を肯定するもの（第一の全体）でも、論理的矛盾を含意し世界を否定するもの（第二の全体）でもない。肯定的意味を担うことで否定を可能とする、そういった操作を含意する全体性である」。こうした姿勢は郡司において一貫しており、その一貫性が内部観測論を強靭なものとしている。

（19）前掲書、八六‐八七頁。

（20）前掲書、一〇四頁。

（21）前掲書、一〇三頁。

（22）郡司においても松野においても、こうした「跳躍」の議論がそのまま貨幣と交換という論脈につながっていくことは特徴的である。それは複雑系を利用した議論が、貨幣論と近親性をもつということを示しているのだろうが、貨幣はヴィータ・テクニカの問題にとって、たんに言語的なコミュニケーションとパラレルの問題ではなく、そもそも生命においてしか語りえない質料的な増殖という問題系にむすびついていく点において重要性をもつと考えられる。「跳躍」とはそこで、他者と自己との認識論的跳躍ではなく、自己と自然の乖離の跳躍としても読まれるべきである。

（23）ＥＳＳについては、メイナード＝スミス『進化とゲーム理論』（産業図書）等参照のこと。ドーキンスの議論は基本的には、この書などにみられる議論にならっている。メイナード＝スミスは、数学や経済学的なゲーム理論を視界にいれながら、それを生物学そのものの原理にもちこんでいる。こうした計算は、より高度にシミュレーション化された。遺伝的アルゴリズム（ＧＡ）へと展開されるのだろうが、そこで問われている対象が何か、事態がコンピューター・シミュレーションやロボティクスの問題になったときに何が本質的に変化するのかについては、再度問い詰められるべきである。

（24）もちろんそれは、科学的であろうとする姿勢と、生命を扱うときに純粋に科学的な立場を維持しうるのかという問いとの双方に関わるだろう。ドーキンスの事例があくまでも「後追い」の説明であることは、科学的にみれば正当なことだろうが、しかしそれと「進化そのもの」を語ることとの乖離は問題にせざるをえない。
（25）『利己的な遺伝子』（増補新装版、紀伊國屋書店）iii頁。
（26）前掲書、iv頁。
（27）前掲書、一一頁。
（28）前掲書、四七頁。
（29）前掲書、四九－五〇頁。
（30）前掲書、五一頁。
（31）この問いはもちろんネオ・ダーウィニズム一般に対する問いでもある。そもそもネオ・ダーウィニズムが大進化を説明しえないのではないかという疑念は数多く提示されている。グールドの進化の断続並行説もそれに該当する。この点については、たとえばキム・ステルレルニー『ドーキンスVSグールド』（ちくま学芸文庫）など参照のこと。ネオ・ダーウィニズムが、遺伝子エラーの不可避性と進化という力動性や、それが含意するはずの時間と生という問いをあまりに単純に処理しすぎていること、またそこで時間の流れを（遺伝子のコピーエラーを念頭に置くかぎり）きわめて均質的なモデルでしかとらえていないことは明らかであり、ある意味でグールドの対応は、時間と生命についてのまったく別の視界を開いてもいる。
（32）前掲書、一〇〇頁。
（33）前掲書、一〇一頁。
（34）ドーキンスがいうように、この数字はまったくのモデル計算のためであり、その意味で恣意的である。しかし、逆にいえば、こうした恣意的な数字がどうしてドーキンスにとって例示されえたのかを考えることも必要なのではないか。あるいは現実にＥＳＳの計算がおこなわれているとすれば、どこかでこうした数字がきまっているので、ドーキンスの述べるような事態が現出している「はず」である。もちろん確率計算される数字は「みえない」。だが、それが「きまっているはず」ということは何を意味しているのか。潜在的に数字を決定する、環境－群－個体が連関した位相を考えるべきではないのか。

（35）前掲書、一〇三頁。
（36）前掲書、一〇五頁。
（37）前掲書、一〇五頁。
（38）前掲書、一〇七頁。
（39）前掲書、一二三頁。
（40）前掲書、一〇七－一〇八頁。
（41）前掲書、二三二頁。
（42）もちろんドーキンスが、こうした潜在的な審級を「主体」と名指すことはないし、またこのような生物学的（さらには環境的）な「無意識」に「主体」という言葉を当てはめるべきかどうか、考える必要はある。しかし、たとえば地層の変容を早回しカメラでみれば生物のようにみえるのと、ほとんど意識はないと考えられる生物の行動とは何が異なるのか（ともに同じように「主体的」にみえる）、さらにオートポイエーシス的な事象でいえば、宇宙のさまざまな階層での秩序的生成は、天文学的な時間枠でいえばまさに生物に似た進化と秩序形成を遂げており、またそれはある種の「個体化」をおこなってさえいるはずであり、これについてどう考えるべきかなど、「無意識的」な主体に連関した問いはさまざまに（こうした自然史的水準にも）拡がりうる。時間の流れの「収縮」によっては、意識をもつ（とおもわれる）人間的生物的存在だけが主体にみえるわけではないし、人間的生物的主体の無意識も、自然史的時間枠においては地層に対比できることも考慮にいれるべきである。
（43）ＥＳＳがゲーム理論に強く関わり、それが経済学的な囚人のジレンマの問いなどにも連関するように、こうした議論そのものは、経済的なリベラリズムや、無意識の市場形成などにおける「主体」についての問いとも関連可能である。後期のフーコーは後に本書でも検討する講義録で、まさにそのようなことを問題としていた。

第四章　確率・環境・自己

（1）たとえば講義録『主体の解釈学』のつぎの文章を参照のこと。（*L'Herméneutique du sujet*, Seuil/Gallimard, p. 466.）
（2）統治性は、もともと生命の社会的コントロールを論じる主題でありながら、講義録をみるかぎり、経済の統治、国家の統治、そして他者と自己の統治へと、さまざまな事態に横滑りしていく多義性をはらんでいる。自己への配慮とは、統治という視角から生権力論を拡張させたフーコーが、自己自身を統治するという論脈を――それは講義録『安全・領土・人口』では、すでにマキャベリ的な君主の自己統治として描かれている――とりだしたことの、ひとつの帰結でもあるだろう。

（3）「性」の歴史の主題にむすびつけるならば、フーコーがギリシアを論じる際に、徹底して男性中心主義的で、まさにホモセクシュアルな性を、それを支える共同体や道徳とともに積極的に論じていることは、フーコーのフェミニズム受容にも絡んで多くの問題を提起するだろう。ジェンダー論とも連関するこの主題は簡単には扱えないが、フーコーにとって「生命の主体」というテーマそのものが、最終的に男性的な主体性と切り離しえない仕方で語られていたことは、その限界も含め慎重に検討する必要がある。

（4）ハイデガーの「配慮」や場所性を強調する現存在の議論は、それ自身生命論的論脈からとらえなおすことも可能ではないかと考えるが、同時に興味深いのは、ハイデガーがつねに「技術」という主題に注意を払っていたことである。これは、主体を意識から場所という質料性へと解放するかぎり、必然的な主題であるはずである。テクノロジーと自己という論点は、ハイデガーとフーコーの交錯と差異を明確にきわだたせるものでありうるだろう。

（5）M. Foucault, *Surveiller et punir*, Gallimard, p. 203.

（6）Ibid., p. 202.

（7）たとえば、生権力論の展開を巡って、英語圏で積極的に活躍しているニコラス・ローズは、八〇－九〇年代の著述（*Governing the Soul*, Routledge や *Inventing Our Selves*, Cambridge University Press など）においては、身体的な「規律」が形成する精神的な内面性をおもに論じるが、近年の著作（たとえば *The Politics of Life Itself*, Princeton University Press やミラーとの共著 *Governing the Present*, Polity）においては、むしろそれを包括する生命的テクノロジーや経済という側面に関心が移行している。それ自身、フーコーがどのような方向から受容されてきたのかを、的確に示している事例であるようにおもわれる。

（8）cf. M. Foucault, *Surveiller et punir*, Gallimard, p. 276.

（9）「グレーゾーン」という言葉は、アガンベンの『アウシュヴィッツの残りのもの』できわだたせられているが、フーコーの非行者の記述はまさに権力者と被権力者とのいずれとも決定できないグレーゾーンそのものである。

（10）これらの事例をまとめて論じている部分については、M. Foucault, *Histoire de la sexualité, I, La volonté de savoir*, Gallimard, p. 136 を参照のこと。

（11）cf. ibid., p. 183.

（12）この点に関しては本章の註（10）で指示している箇所も参照のこと。家族は「法」的なシステム（それはまさに人間的なものである）を、人間の意識では扱いえない「生命」につなぐ拠点という、矛盾せるものの統合を果たす装置である。

（13）cf. M. Foucault, *Sécurité, territoire, population*. Seuil/Gallimard.

（14）M. Foucault, *Histoire de la sexualité I*, Gallimard, pp. 186–187.

（15）テクネーとしての自己の議論を突き詰め、自己の認識システムとテクネーであるかぎりの自己との関連を明らかにすることによって、時代性と自己という問いに、ある種の解明を与えうるのではないかとおもわれる。

（16）ibid., p. 189.

（17）フランス現代哲学の精神史が書かれるならば、その中心主題にもなるとおもうが、精神分析への強力な誘因（六〇年代）と、それへの感情的ともいえる逆反応（七〇年代）は、フーコーのみではなくドゥルーズにおいても顕著にみうけられる。このことには、さまざまな要因（ラカン主義と規定される構造主義に対する反発、精神分析が形而上学を延命させる装置でしかないことの明確化、ガタリなどの反精神分析運動の蔓延）が想定しうるが、この時代における反精神分析的な主張の突出（そこではフーコーにせよドゥルーズにせよ、他人ごとではなく、自分自身の路線変更が迫られている）は、その現在的な帰結も含め、検証されなおされるべきである。

（18）ibid., p. 140.

（19）ibid., p. 140.

（20）ibid., p. 141.

（21）ibid., p. 142.

（22）ibid., p. 143.

（23）ibid., p. 144.

（24） ibid., p. 144.

（25） 精神分析に対して距離をとることと、生政治学的な議論との関連は、むしろフーコー以降のアガンベンやバトラーへの継承を描くときにも焦点になりうる。アガンベンは、精神分析的な議論をほとんど導入することなく、近代的なテクネーの歴史が中心であったフーコー的議論を、剥きだしの生の汎時代的原理として徹底化させる。対してバトラーはフーコーの生権力論を経たのちで、なおラカン的な精神分析的図式や言語を軸とした思考に、むしろフーコーへの批判もこめてこだわりつづける。そこからみいだせるものを整理し、現在的な状況への対応を考えるのが、生政治学の課題であるだろう。

（26） こうしたフロイト批判と並行的に、『性の歴史Ｉ』には、ハイデガーに対する底意地の悪いあてこすりが散りばめられている。「覆い隠されたもの」をはぎとりみいだされる「真理」を（まさにアレーテイアとしての真理を）、フロイト的性の抑圧の一言説に押しこめるかのように描き、至高の人種主義への徹底的な嘲笑で書物を終えるその行程は、もちろんニーチェ主義者的な振る舞いであるとともに、ハイデガーへの明らかな批判としても読める。しかしこの両者の論点がもっとも先鋭化するのは、ハイデガー自身の重要なテーマでもあった「技術＝テクネー」を巡ってである。ハイデガーの技術論（ゲシュテルの問題など）に関する、近年のメディア性にも連関した喧しい議論と、フーコーのテクネー論との関連は、後に丁寧に論じる。

（27） ibid., p. 162.

（28） ibid., pp. 162–163.

（29） ibid., p. 164.

（30） ibid., pp. 164–165.

（31） ibid., p. 103.

（32） M. Foucault, *Sécurité, territoire, population*, Gallimard/Seuil, p. 22.

（33） ibid., p. 22.

（34） ibid., p. 23.

（35） ibid., p. 24.

（36） ibid., p. 44.

（37）ibid., pp. 48–49.
（38）ibid., p. 107.
（39）人口との連関において、フーコーがアベイユをもちだし、「人民」（peuple）を「人口」に逆らうものと規定すること（つまり「人民」をいわば人口の統治から逃れる何かと記述すること）、そして人口／人民の対立が、「規律権力」における服従する主体／非行者との関係とは異なると強調することは（cf. ibid., p. 46）たいへんに関心をひくが、ここではこれ以上論及できない。しかし人口から逃れる存在への注視（それはそもそも生が生権力から逃れる何かであるという主題の具体化でありうる）や、それを「非行者」というテーマに絡ませて差異化をなすことは、多くの議論を喚起するテーマである。
（40）cf. ibid., p. 72.
（41）ibid., p. 77.
（42）ibid., pp. 77–78.
（43）もちろんここでは「告白」に関する位置づけが問題視されるだろう。『性の歴史Ｉ』で論じられるキリスト教的な「告白」という制度は、精神分析的な文化、つまり自己の内面に真理を探る文化の基本的な形式を提示するがゆえに、それは精神分析の系譜学の探求という圏域のなかにある。しかしその後の分析で、この主題がいわゆる「牧人司祭権力」というかたちで独立してくるのであれば、それはたんに精神分析の起源なのではなく、むしろ精神分析がそのなかに位置づけられる自己の技法の考察になっていくのではないか。この意味で「告白」に関する問題系は、つねにその両義性を免れない。
（44）M. Foucault, *Les mots et les choses*, Gallimard, p.329.
（45）ibid., p.352.
（46）規律権力が、自己的な規律道徳の「内面化」の議論につながっていることは間違いがない。それゆえ規律権力は、建築物などによる環境的な権力として示されるとはいえ、西洋近代的主体の形成のような内面化の方式としても論じられうる（『監視と処罰』での試験制度の分析などまさにそうした記述あるだろう）。この内面化が、本章の註（43）でとりあげた「告白」の制度と関わっていることはいうまでもないが、しかしそこでの議論と同じく、それのもつ意味はやはり両義的である。ニコラス・ローズの九〇年代の議論のように、こうした心理的自己の系譜の問いにある程度の意味があることは認めるが、フーコーの議論総体にとっては、やはり結局は傍流的な位置づけしかなされえないのではないか。フーコーにとって精神より生命がはるかに重要なテーマになってくる点を踏まえるべきである。

（47） M. Foucault, *Sécurité, territoire, population*, Gallimard/Seuil, pp.78-80.

（48） ibid., p.81.　いわばこれは、『言葉と物』の最大のテーマである「人間」の成立と解体とを、生権力論のなかに埋めこむ自覚的な宣言としても読める。

（49） 「倫理の系譜学について　進行中の作業の概要」等参照。M. Foucault, *Dits et écrits IV*, Gallimard, p.609.

（50） 上田閑照の『場所　二重世界内存在』（弘文堂）などを参照のこと。場所の議論が、そもそも西田以来、それ自身の空虚な超越論性と、そこにおける経験的な地平性との二重性をひきうける主題であることは、この問題をとらえるときに重要である。

（51） 生政治学的なテーマとして、グローバルな現状での貧困地域における多産性と、先進国における少子化という人口「数」の問題は、決して二次的なものではない。最低限文明論的に考えるときに、それは単純な経済合理性のテーマとしてだけとらえられるはずはない。少子化の問題は、一面では広域的で非人称的な自殺に近いペシミズムに関わってもいるのではないか。

（52） 性の歴史というプロジェクトの迂回に関する弁明はいくつか存在するが（たとえば、『性の歴史』の続刊の序文としても、「『性の歴史』への序文」M. Foucault, *Dits et écrits IV*, Gallimard, p.578–、「快楽の用法と自己の技法」ibid., p.539– などがあるが、後者がおおよそ書物に採用されたものである）、結局それを一番形式的に提示しているのはこの文章であるだろう。

（53） M. Foucault, *Histoire de la sexualité II*, Gallimard, p.10.

（54） ibid., p.11.

（55） ibid., p.11.

（56） ibid., p.12.

（57） ibid., p.13.

（58） ibid., p.18.

(59) この能動性を、ニーチェ的なそれや、賽の一振りという原初的な受動性の主題とむすびつけることが、根本的にフーコーとドゥルーズの思考の交錯を切り開くことにつながるだろう。

(60) 人口としての生命の主体とそこでの超越論性の問題については、タルドが構想したようなモナドロジーとしての社会学の議論にもむすびつくはずである。形式性を論じるフーコーにおいて、タルド的な分子－細胞－社会を重層させていく、明らかにドゥルーズともおり重なるようなコスモロジー的要素はみいだせないが、たとえばブルーノ・ラトゥールがアクターネットワークセオリーの源泉のひとつとしてタルドを援用することなどからも、タルドを生かす方途はかいまみられる。それは、生政治学的の主題である、生命の統計的把握と個体の偶発性というテーマともかなり接近しているようにおもわれる。

第五章　テクネーとしての自己

(1) この点についてのフーコーの記述は、ウェーバーの議論と対比可能であるようにおもわれる。そもそも『性の歴史I』を近代化の議論として読むこともできるが、その際に、フーコーが資本主義についての議論を慎重に退けていること（これは統治性の議論においても一貫している）、にもかかわらず同時に、明確に宗教性の関与を指摘し、「反－操行」という主題においてもプロテスタンティズムとの連関を示していることなど、積極的な論点は数多い。

(2) この論点はやはり、ハイデガーの議論との突きあわせをおこなうべきものであるだろう。フーコー的な視角からは、ハイデガーこそが（精神分析の真理論と重なりあうようにして）近代主義者であるということになってしまうだろう。その一方でハイデガーでは起源としてみいだされるギリシアを、ハイデガーに対抗するかたちで、むしろ主体の非起源の外部として提示することが試みられているようにも読める。

(3) 「汝自身を知れ」という文言の解釈は、講義録『自己の解釈学』の主要な論点でもある。cf. M. Foucault, *L'Hermeneutique du sujet*, Gallimard/Seuil, pp. 442–443.

(4) M. Foucault, *Histoire de la sexualité I*, Gallimard, pp. 76–77.

(5) ibid., p. 78.

(6) ただ、この区分の冒頭部分で、西洋文化が性愛の術を所有していないことについて「少なくとも一見したところでは」（en première approche au moins）のことであると記されてはいる。cf. ibid., p. 77.

（7） ibid., p. 94.

（8） ibid., p. 95.

（9） ibid., p. 95.

（10） ibid., p. 78.

（11） ibid., pp. 78–79.

（12） ibid., p. 81.

（13） ibid., pp. 82–83.

（14） M. Foucault, *Dits et écrits III*, Gallimard, p. 560.

（15） ibid., p. 564.

（16） ibid., p. 566.

（17） M. Foucault, *Sécurité, territoire, population*, Gallimard/Seuil, pp. 127–128.

（18） ibid., p. 129.

（19） ibid., p. 130.

（20） ibid., p. 131.

（21） ibid., p. 132.

（22） ibid., p. 168.

（23） ibid., p. 169.

（24） 生権力論とオイコノミアについては、アガンベン『王国と栄光』（高桑和巳訳、青土社）に詳細な記述がある。フーコーの生政治学の応用可能性も含めたこのアガンベンの議論については、金森修『〈生政治〉の哲学』（ミネルヴァ書房）でも、踏みこんだ検討がなされている。

（25） 『性の歴史Ⅰ』第四章において、ネットワーク的に作動する権力は、必ずそれ自身への抵抗を含むという記述があり、その部分では、抵抗は中心の一点から生じるのではなく、あらゆるところから発生するという事態が議論の中心になっているが、これは「反‐操行」そのもののイメージにもおり重なる。もちろんこの概念が、すでに論じた『監視と処罰』での「非行者」や、『安全・領土・人口』での「人民」といった、そもそも「反‐操行」に類似した概念とどのような関連をもつのかを検討することも必要である。

(26) ibid., pp. 196–197.

(27) ibid., p. 198.

(28) こうした事例は、ドゥルーズ＝ガタリが『千のプラトー』で論じる徒党集団の例（第一二プラトーなど）を想起させる。歴史的な位相が異なるとはいえ、国家的なポリスに権力が集中すると同時に、国家には回収されない徒党的集団が必然的に生みだされ、一定の役割を演じることがそこで描かれるからである。ドゥルーズ＝ガタリにおいては、もちろんノマド性と関わるこうした集団を、公的な政党や宗教団体などと違った、もっと（本質的に）いかがわしいかたちで提示することが、実践的に重要な課題になっている。それが操行の補完物であるということには、本文中で書いているように、いかなる皮肉も含まれない。この論点は本書第七章で論じる。

(29) ibid., p. 205.

(30) ibid., p. 363.

(31) ibid., pp. 364–365.

(32) むしろ、国民的な義務のひきうけ（この前の例では、自発的な倫理にしたがって戦争に参加することなど）として、自己の内面にしたがった良心の行動を促す「反‐操行」は、近代的な個人化を補完するどころか、近代的な個人化の形成そのものではないかとさえおもわれる。「反‐操行」と個体論というのは、本章の註（28）であげた徒党集団の例と真逆の事態を示しているようにみえるが、このような事態も、徹底した内面への「逃走」でありうることの意味も考える必要があるだろう。

(33) ibid., p. 150.

(34) ibid., p. 151.

(35) すでにあげた金森修『〈生政治〉の哲学』では、フーコーの議論とその継承について、アガンベンやネグリはもとより、アレントや現代の生命倫理に関連して、相当に踏みこんだ考察がなされているが、そこで金森が牧人司祭権力の役割について、懐疑的な言及をおこなっているのが逆に目をひく（前掲書一七三頁参照）。私も牧人司祭権力は、フーコーにとってきわめて危うい過渡的な概念設定であると考えるが、フーコーに即して知から実践へというあり方を辿るならば、その概念としての危うさそのものが検討する価値をそなえているようにおもわれる。

(36) M. Foucault, *Qu'est-ce que les Lumières ?*, in *Dits et écrits IV*, Gallimard, p. 562–.

(37) 歴史の議論におけるこのフーコーの論考については拙書『瞬間と永遠　ジル・ドゥルーズの時間論』(岩波書店) 第五章において、とくにドゥルーズ的な歴史の俯瞰という方向から論じておいた。俯瞰と啓蒙と自由という主題は、その章の最後の箇所とも強く連関する。

(38) いうまでもなく相対化は単純な批判ではない。フーコーの博士論文副論文であるカントの『人間学』の翻訳と注釈をあげるまでもなく、近代という時代の特殊性をひきたてることでしか、近代の外部への戦略はとれないということも、そもそも自明のことではないか。ギリシアへの転回とされる文脈で再びカントが俎上にのせられていることは、それ自身としても興味深い。

(39) 本書第四章三節を参照のこと。

(40) たとえば八二年三月三日の講義や、三月二四日の講義冒頭など。省察も当然のことながら自己の訓練としてのテクネーにほかならない。

(41) M. Foucault, *L'Herméneutique du sujet*, Gallimard/Seuil, pp. 442–443.

(42) ibid., p. 443.

(43) この二重性は『言葉と物』での人間の二重性であり、その二重性そのものの底部の隠蔽 (人間学的眠り) につながるものである。

(44) ibid., p. 406.

(45) ibid., p. 466.

(46) ibid., p. 466.

(47) ibid., p. 466.

(48) ibid., p. 467.

(49) この記述は本書第四章三節で検討した『性の歴史Ⅱ』の冒頭に、忠実に対応している。そこでは人口の生政治学と統治性の議論が、生の底部としての自己の形式性の議論に、同じようにすりかわってしまうのである。

(50) M. Foucault, *Le gouvernement de soi et des autres*, Gallimard/Seuil, p. 42.
(51) ibid., pp. 44–45.
(52) 本書第五章一節を参照のこと。
(53) M. Foucault, *L'Herméneutique du sujet*, Gallimard/Seuil, p. 345.
(54) ibid., p. 346.
(55) ibid., p. 347.
(56) ibid., p. 347.
(57) ibid., p. 348.
(58) ibid., p. 391.
(59) この折り目の二重化と、『言葉と物』での近代の二重化、そしてそれを越えた超-折り目とでもいえるものとのトポロジックな関係は、ドゥルーズが『フーコー』の付記で示していることであるが、さらに考え抜かれる必要がある。
(60) ibid., p. 356.
(61) ibid., p. 362.
(62) ibid., p. 368. 牧人司祭的な言説は、いいかえればこうしたレトリック的な議論の純粋化された形態であるともいえるだろう。
(63) ibid., p. 362.
(64) M. Foucault, *Surveiller et punir*, Gallimard, pp. 181–182.
(65) ibid., p. 251.
(66) 「告白」という言語行為がそなえている、「知」としての側面と「実践」としての側面との両義性については、本書第五章一節で論じておいた。
(67) D・エリボンの『ミシェル・フーコー伝』(新潮社)でも言及されている、きわめて有名なこの挿話は、「道徳への回帰」というインタビューでのフーコーの発言を典拠としている。cf. M. Foucault, *Dits et Écrits IV*, Gallimard, p. 703.

(68) フロイトを介在させたハイデガー批判が、後期フーコー総体にほのみえることについては――それはもちろんニーチェとの関連の裏返しでもあろうが――、本書第四章二節で論じておいた。

(69) M. Heidegger, *Sein und Zeit*, Max Niemeyer (1984), S192.

(70) ハイデガーの訳語については、中公バックス世界の名著『ハイデガー』(中央公論社)の、原佑・渡辺二郎訳にしたがった。本章の註(69)の翻訳も原則としてこの訳書を参照し、手を加えたものである。

(71) フランクフルト学派側の反応としては、ハーバーマスの『哲学の近代的ディスクルス』(岩波書店)という、早い時期でのフーコー批判があったが、それは、フーコーの思考の内在的な核心をとらえてのものではなく、きわめて表面的な論点整理にしかみえない。それを越えて、近代というプロジェクトそのものの内実において、両者の議論がクロスし、あるいは相反する地点を探るべきではないか。

(72) 歴史という観点から、ドゥルーズとベンヤミンの記述が重なりあうさまざまな論点については、以下の論考で述べた。そこでは初期の「認識批判的序章」から、最後期の「歴史の概念について」にいたるまで、ベンヤミンがモナド的なものとその凝集としての結晶性に言及することが、とりわけ時間、中断、断片、俯瞰などの諸テーマを巡って、ドゥルーズの思考と共振することを指摘しておいた。こうした試みは、非二〇世紀的な、バロック的思考の可能性をかいまみさせるものでもある。cf. 拙書『瞬間と永遠』第五章。

(73) もちろんこうした脱時代的な視線が、近代という特定の時代のテクノロジーによって可能になるという逆説を、フーコーははっきりと露呈させるのである。

(74) cf. M. Foucault, Dits et Écrits IV, Gallimard, p. 568.

(75) cf. ibid., p. 569.

(76) アウラの定義が、芸術作品の一回性ととらえられるような単純なものではなく、それ自身が一種の遠近法の破壊や、永遠性と現在性の重なりとむすびついていることは、『複製芸術論』『写真小史』にみられる(細部を除いてほとんど同一な)その定義を読めば明白なことでもある。アウラ概念の多義性については、三島憲一『ベンヤミン　破壊・収集・記憶』(講談社学術文庫)の第八章、とりわけそこでの〈アクチュアリティーのアウラ〉の議論がきわめて参考になる。この主題は、テクノロジーと近代や、近代に固有な芸術性の議論を、根源的な歴史性の主題そのものにひき寄せるものであり、多くの論点を含んでいる。

（77）本書第四章二節を参照のこと。なおこの点については、ドゥルーズのイマージュ論の前提をなすベルクソンの主張と、ベンヤミンの思考との関連について、やはり以下の論考で考察を試みた。cf.「記憶の実在　ベルクソンとベンヤミン」『思想』（岩波書店）二〇〇九年一二月号。

そこでも詳しく論じたが、ベルクソンが『道徳と宗教の二源泉』の結論部で、機械説と神秘説を接合するという大胆な考察を展開していることは、科学に対する決定的なオプティミズムという方向からドゥルーズの主張を導くものであるし、また機械による知覚の変容を、ある種の肯定性において描く同時代的なベンヤミンとの関わりを想定させるものでもある。

（78）これに加え、もちろん当時の日本独自の技術論、とりわけ三木清の構想力論に含まれる技術の考察や、美学的領域においてもオリジナルな議論を展開した中井正一の映像テクノロジー論は重要である。日本の京都学派が、ヨーロッパの二〇世紀思想の配置に対して、相当に個性的かつ先端的な考察をなしていたという事実は、けっして看過されるべきではない。

第六章　ゲシュテルとパノプティコン

（1）cf. M. Foucault, *Surveiller et punir*, Gallimard, p. 197. パノプティコン・システムが、戦争状態と重ねあわされ、生権力が一種の戦時体制と連関するという主張は、この時期（講義録では『社会は防衛しなければならない』などの時期）のフーコーの特徴でもある。リスクとセキュリティーを述べ、自然のなかでの環境性を強調するこれよりあとの議論になると、戦争という発想は退いていく。だが、この時期では、非行性の概念なども含めて、社会そのものが戦時的な戦略につらぬかれてこそ成立するという主張が強く示されている。

（2）加藤編著に所収されている轟論文などをついで検討していきたい。しかしハイデガーと国家論という議論は、その設定自身、国家を越えたグローバル性が問題になる現在、ハイデガーの議論の限界をそもそも明示しているものではないか。

（3）M. Heidegger, *Gesamtausgabe, Band79, Bremer und Freiburger Vorträge*, Vittorio Klostermann, S33.

（4）M. Heidegger, *Die Technik und die Kehre*, Neske, S23.

（5）ibid., S12.

（6）ibid., S14.

（7）ibid., S14.

（8）バタイユの普遍経済的な贈与論は、ある種のハイデガー的アレーテイアの過剰化、過激化ヴァージョンであるともいえる。だがバタイユを例にあげるまでもなく、農業のシステムそのものが、生命環境論にとって、人間による自然搾取の第一段階であって、まさにゲシュテルの先駆けであることは疑いえない。そもそも農業は、はじめから時間計測的な計画性をもち、エネルギーの「不自然」な蓄積を前提とするものである。バタイユ的な贈与と、この計画性の問題は、技術論の根幹であるとおもうが、ハイデガーの農夫や風車の記述からは、当時にも自明であったこうした人類学的、人類経済学的発想は排除されている。

（9）加藤尚武編『ハイデガーの技術論』（理想社）、一八頁。

（10）M. Heidegger, *Die Technik und die Kehre*, Neske, S19.

（11）加藤前掲書、一九－二〇頁。

（12）加藤前掲書、二四頁。

（13）加藤前掲書、二五頁。

（14）カフカの文学機械に関するドゥルーズ＝ガタリの記述は、その官僚機械的色彩と、『アンチ・オイディプス』の欲望機械などとのつながりを踏まえれば、きわめて重要なものである。他方、カフカに特徴的な「オドラデク」のような機械＝生物は、ハイデガーの巨大機械の対極にあるようにみえるが（むしろそれが微分化・細分化された姿のようでもあるが）、しかしその機能の不気味さは、ゲシュテルという響きに確かにつながっている。

（15）理屈上述べれば「忘却の忘却」を論じた時点で、「忘却の忘却の忘却の……」という、無限重層性が現れるので、その位相差と最終的な到達地点が問題になるべきである。ハイデガーは、そのことをいっさい考えていないが、西田幾多郎が「場所」の議論で「絶対無」にいたったのは、むしろこうした重層性の先を直接的にみてしまったからである。健全なハイデガーには、こうした「見者」の能力が欠けている。

（16）加藤前掲書、二八頁。

（17）加藤前掲書、二九頁。

（18）加藤前掲書、二七頁。

(19) 加藤前掲書、四九頁。
(20) 加藤前掲書、五一頁。
(21) 加藤前掲書、五一頁。
(22) 加藤前掲書、五二–五三頁。
(23) 加藤前掲書、五四頁。
(24) 加藤前掲書、五三頁。
(25) ベンヤミンは、近代的技術と、終末論的なメシア主義を、いわばたたみこむようにモナド化することで、ハイデガーと同様の主題を扱いながらも、加藤がなしているような批判をすりぬける主張を展開しているとおもわれる。それは、永続革命を徹底的にあらゆる場面にみいだし肯定することで、その非歴史性を現実化させる仕組みを提示するものである。技術が世界を終わらせうることは、ベンヤミン的な世界観にとっては、救済の可能性にほかならないだろうし、それは彼の暴力論や歴史論の主張にも一貫してむすびついているはずである。
(26) ハイデガーとフロイトと重ねあわせることからとりだされる自己という装置を、フーコーは、このあとの自己モデルから一切退けようとするのである。それは逆説的であるが、そもそもフーコーがハイデガーやフロイトのモデルにきわめて近いところにいた(『性の歴史Ⅰ』においてなお、生権力の敵であるフロイトモデルと、生権力論を接合させようとしている)ことを証しているのではないか。
(27) 加藤尚武編『ハイデガーの技術論』(理想社)、六〇頁。
(28) 前掲書、六七頁。
(29) 前掲書、六九–七〇頁。
(30) 前掲書、七二頁。
(31) 前掲書、七五頁。
(32) 前掲書、七五頁。
(33) ユンガー的保守主義の政治的な複雑性については、ベンヤミンに関わる論脈で、三島憲一がつぎのように指摘している。「……ユンガーも、右・左という単純な図式を越えた政治的セマンティクスを追求し、その際に言語の力を重視した点では、ベンヤミンと共通しているからである。ただし、それを、神話と戦争美学、古代ゲルマンや聖なるドイツの強調によって行ったところが異なる」(三島憲一『ベンヤミン　破壊・収集・記憶』講談社学術文庫、三九〇頁)。

右翼的な主張と左翼的な議論の、技術や制度を介した交錯の曖昧さは、カール・シュミットとベンヤミンあるいはアガンベンとの関係などをただちに想定させる。保守派が技術とナショナリズムを連関させがちであることと、左翼陣営が理性主義的観点にたって技術を思考することとは、到底明快に区分けしうる事象ではない。その混交は、生命倫理を巡るさまざまな論点にもかいまみることができる。

(34) 村田純一『技術の哲学』(岩波書店)を参照のこと。村田が視野にいれている、アフォーダンスやデザインという主題そのものは、まさに自然と人為性の根幹的関係性に触れるいくつものテーマを与えてくれるものであり、技術論にとってきわめて重要である。

(35) 加藤尚武編『ハイデガーの技術論』八六－八七頁。

(36) 前掲書、九六頁。

(37) アウラ概念の多義性については、やはり三島憲一の前掲書、その第八章における「アクチュアリティーのアウラ」の議論を参照されたい。「歴史の概念について」の方向からアウラ概念を読み返すこの主張は、おおきな拡がりをもった読解の可能性を開くと考える。

(38)『複製芸術論』(ヴァージョンは多数存在する)末尾の有名なフレーズである。cf. W. Benjamin, *Gesammelte Schriften, Band 1–2*, Suhrkamp, S 469, S 508.

(39) まずは『千のプラトー』第一二プラトー・一三プラトーなど参照のこと。マイナー科学や徒党集団など国家から逃れるものと技術との関係、さらにはそれと国家との再度の関係設定を問うことは、こうした技術とその主体の重層性の議論にとって本質的である。

(40) すべてを破壊する技術の極限は、核兵器としての戦争兵器であるはずである。生命が全生命を殺戮しうる状況をつくりあげるというパラドックスは、その宗教的ヴィジョン性とともに、それがもつ武器としての無意味さを改めて考察させるだろう。だが、地球そのものがなくなっても実は生命はなくならないのではないかという別様の発想も、生の記憶の極限のように維持しつづける必要がある。

(41)「ゲシュレヒトⅣ」は「ハイデガーの耳」として、『友愛のポリティックス』(みすず書房)に所収されている。

(42) J. Derrida, *Psyché*, Galilée, p. 399. Psyché の新版ではIIに所収されている。『存在と時間』と同時期のマールブルク講義とは、全集二六巻の『論理学の形而上学的な始原諸根拠――ライプニッツから出発して』である。

(43) デリダはハイデガーの Zer- という前辞を手引きに、こうした差異化的な分裂のありようを描いていくのだが、観点を変えれば、これは和辻哲郎がハイデガーを内在的に批判し、『風土』を著した過程にきわめて近い。風土の根本的な論点は、やはりハイデガーの現存在分析における空間的な契機の欠落にあり、『風土』や和辻自身の『倫理学』にもみられるように、それを問うことは、まさにデリダがゲシュレヒトとして示している、男女性、民族性、血統性、地域的な生へと記述を差し向けないわけにはいかないからだ。

(44) J. Derrida, *Psyché*, p. 411.

(45) このことは、生命的触発の議論をあれほど批判していた、『触覚、ジャン゠リュック・ナンシーに触れる』との関連を改めて考えさせるものであるが、ハイデガーを巡る評価の両義性と同様に、哲学にとっての生命の問題が、一概に退けることのできない位相にあるという事情が、まさに露呈されているともいえるだろう。

(46) デリダにとって性的差異の問題が、差異を考えるうえで重要性を帯びていたことは、『エクリチュールと差異』所収の「暴力と形而上学」の註における、レヴィナスへの批判からもみてとれる (J. Derrida, *L'écriture et la différence*, Seuil, p. 228)。デリダはレヴィナス的な他者性を差異の思考の観点から評価するが、他方その繁殖論におけるジェンダー的な偏りについて、きわめて鋭敏な反応をしてもいる。これはジェンダーの差異が、差異に関する議論のなかで問い詰められるべきであるという方向性そのものを予示しているようにおもえる。

(47) J. Derrida, *Psyché*, Galilée, pp. 405–406.

「性的差異と存在論的差異」については『理想』八五〇七号と八五一〇号における高橋允昭訳が、「ハイデガーの手」については『現代思想』一九九九年五月臨時増刊号(特集:ハイデガーの思想)の藤本一勇訳があり、参照した。

(48) ibid., p. 411.

(49) Leiblichkeit については、やはり Leib の語源に遡りつつ、ニーチェにおけるその用法をたどった渡邊二郎の以下の指摘を参照のこと。「ニーチェの身体論」『渡邊二郎著作集第六巻』(筑摩書房)。たとえば以下の記述など。

「Leib という言葉の中には、語源的にも、また古来の使用法からしても、右の三義が、響いているようである。つまり、生命、私の人格、下腹部（胃・腹部・生殖器）が、それである」（二四七頁）。現象学的－ハイデガー的な身体に、とりわけニーチェな色彩が強いその三番目の意義、つまり栄養摂取や生殖に関わる自然的身体がどのように滑りこんでいるのか、これは、生命科学が類例のないほど進展している現在における身体論のひとつの課題としてとらえなおすべき問題ではないか。

（50）ibid., p. 416.

（51）デリダと動物性というテーマは、晩年デリダが動物に数多く言及すること（著作 *L'animal que donc je suis* も含めて）からも、デリダが一面では生命論的なあり方における差異に目配りを怠っていなかったことを指摘しうる材料でもある。またデリダの講演「人間における超越論的「愚かさ」と動物への生成変化」（『現代思想』二〇〇九年七月号）は、動物というテーマを媒介として、デリダとドゥルーズの交錯を思考することを可能にしてくれるテクストである。

（52）ibid., pp. 423–424.

（53）ibid., p. 424.

（54）ibid., p. 427.

（55）『技術と時間』の連作にみられるこれらのスティグレールの議論は、シモンドン哲学をひとつの媒介としながら、現象学、デリダ、ドゥルーズの技術思考を展開する重要な題材であると考えるが、その検討は他日を期さざるをえない。しかし、技術の人類学的思考を展開するブルノ・ラトゥールや、情報論を提示するレジス・ドゥブレ、あるいは脳というテーマを強くだすカトリーヌ・マラブーなども含んだ議論の、技術哲学としての水準のみきわめは、哲学の側にとって急務であるとおもわれる。

（56）ドゥルーズ＝ガタリの戦争機械論の試みは、戦争という事態そのものを国家に従属したモデルから解放する動的なあり方において押さえるとともに、同時にそこで、国家に従属するのではない職能集団、たとえば冶金術や、金属工芸や武器の生産などをモデルにしたノマド性について論じるものでもある。それらは、ルロワ＝グーランなどの利用の仕方も含めて、テクネー論のひとつの方向性を設定していると考えることもできる。戦争とテクネーは根源的にむすびついているのだが、そこで戦争もテクネーも国家に従属するのではなく、その外部への思考を（もちろんそれらの相互依存的な複雑さをそなえつつ）開く役割を果たしているとされるのである。金属と技術を巡るつぎのような主張は、この文脈においてきわめて根本的なものであるだろう。「金属と冶金術によって明らかになるのは、物質に特有の生命であり、物質そのものの生命的状態であって、おそらくいたるところに存在しているにしても、普通は質料形相モデルによって分離され、隠されるか覆われるかして認めがたいものになっている物質的＝質料的生命性なのである」（G. Deleuze, F. Guattari, *Mille plateaux*, minuit, p. 512.）。

冶金術に特有の「非有機的生命」という概念は、デリダの生命でしかない生命という概念をさらに越えた、質料的な生とそれへの働きかけとしてのテクネーの位相を明らかにし、それに特有の政治性を明確にするものでありうる。

第七章　マイナーテクノロジーとメタリック生命体

（1）歴史に逆らう歴史という概念について、拙著『瞬間と永遠』（岩波書店）第四章および第五章を参照されたい。後期になるにしたがって、民族史的、国家史的なもの、あるいは映画史的なものを一見すると素朴に叙述していくドゥルーズ＝ガタリの戦略と、フーコーやベンヤミンなどの歴史性を解体する歴史性の思考との関連は、歴史の叙述に関する従来の議論の彼方を模索するために必要なことであるだろう。

（2）フーコーの古典回帰が、ハイデガー的なそれと異なり、むしろその身体の生物性や技術性に着目してなされている点についてはすでに論じた。ハイデガーの古典回帰は、それ自身ロマン主義的なイデオロギーの二〇世紀的末裔ではないのか。

（3）G. Deleuze, F. Guattari, *Mille Plateaux*, minuit, p. 450.

（4）ibid., p. 499.

（5）ibid., p. 499.

（6）ibid., p. 460–

（7）ibid., p. 461.

（8）ibid., p. 505.

（9） ibid., p. 507.

（10） フッサール的な思考を重視し、それがある種の図式論の構図に重なることをみいだしながらも、それを越えた「行為的直観」という事態をもちだしてくるドゥルーズ＝ガタリの思考は、同様に図式論をみやりつつ、独自の行為的直観概念において、ポイエシス＝生成の議論を考えた西田幾多郎との連携性においてとらえることができる。フッサールとシモンドンを、三木と西田の対比においてみること。王道科学についた田邊や三木や和辻に対し、西田の異様な強度をきわだたせること。

（11） ibid., p. 509.

（12） ibid., pp. 510–511.

（13） ibid., p. 511.

（14） ibid., p. 511.

（15） ibid., p. 511.

（16） ibid., p. 512.

（17） ストックや商品と貨幣との関連について、『アンチ・オイディプス』における資本の議論の該当箇所をあわせて検討する必要がある。土地の問題とそこからの離脱にこだわっていた『アンチ・オイディプス』の議論が、『千のプラトー』での金属論において重ね書きされている可能性を探ることもできる。

（18） 鍛冶屋のたてる金属の音は、音楽の起源であるとも語られる。これらの点について、『千のプラトー』のリトゥルネロとの関連づけを考えるべきである。

（19） ibid., p. 512.

（20） 最後でも述べたが、近代の建築設計や都市の計画において重要な装置は、鉄であるとともにガラスであり、それらはベンヤミンの強調することでもある。鉱物性は近代国家の成立とともに、その資本主義的な解体にも本質的に関わっている。現代の冶金術師が革命家になる可能性を考えるべきである。

（21） 網野善彦の論じる漂泊民や、日本における山岳居住民や鍛冶師たちの固有の存在を、日本そのものの文脈でとらえることも必要だろう。

（22） ibid., p. 513.

(23) ibid., p. 513.

(24) ibid., p. 514.

(25) ドゥルーズもまた極端に脳の存在に着目し、その可塑性にひとかたならない注目を払ったが、ドゥルーズ＝ガタリ的にいえば、マラブー的な脳の可塑性＝脳科学の可能性に対し、金属大地の、あるいは金属宇宙のコスモロジー的可塑性こそが重視されるべきである。

(26) ドゥルーズは北欧のルーン文字を参照する。cf. G. Deleuze, F. Guattari, *Mille Plateaux*, minuit, p. 500.

(27) cf. G. Deleuze, *Logique du sens*, minuit, p. 76.

(28) G. Deleuze, F. Guattari, *Mille Plateaux*, minuit, p. 437.

(29) ibid., p. 439.

(30) ibid., p. 443.

(31) ibid., p. 446.

(32) ibid., p. 442.

(33) ibid., pp. 448–449.

(34) ibid., p. 453.

(35) ibid., p. 454.

(36) ibid., p. 456.

(37) ibid., pp. 512–513.

(38) ibid., pp. 514–515.

(39) ibid., p. 517.

(40) ibid., p. 518.

(41) フーコーが『監視と処罰』でとりあげていた非行者の概念は、こうした徒党集団と内容的にきわめて強く重なるが、フーコーの議論のヴェクトルは、結局はそれが権力概念に集約されることに向いてしまう。もちろんそこで権力概念が、生権力的なものにおり重なるかぎり、その重なりあいそのものは本質的なことではある。

(42) ibid., p. 524.

(43) 本書第四章二節で論じたように、フーコーにおいては「資本主義」はあくまでもブルジョワジー的な精神分析を主軸とした事態においてしか論じられていない部分がある。
(44) ibid., p. 535. これにつづいて、言語はまさに翻訳のために存在したというきわめて興味深い議論が展開されるが、これもまたベンヤミン的な言語論との連関をいくらでもとりだしうる主題であるだろう。
(45) ibid., p. 536.
(46) 拙著『瞬間と永遠』(岩波書店) 第五章参照。ペニュルティエームの議論については、『アンチ・オイディプス』の議論ときちんとつきあわせる必要がある。
(47) ドゥルーズ＝ガタリ的にいえば、あるいはそこで採用される独特の生態系的思考を想定するならば、コードも言語も国家も法もすべてが一挙に(新石器時代より以前の革命として?)生じたはずである。それを確認できるのは考古学や、あるいは脳科学によってであるかもしれないが、同時にそれが反コード、反言語、反国家、反法をも「同時」に生みだすものであることは必然的なことである。
(48) G. Deleuze, F. Guattari, *L'Anti-Œdipe*, minuit, p. 257.
(49) G. Deleuze, F. Guattari, *Mille plateaux*, minuit, p. 533.
(50) ibid., p. 534.
(51) ibid., p. 536.
(52) ibid., p. 537.
(53) ibid., p. 535.
(54) ibid., p. 535.
(55) ibid., p. 535.
(56) ここでドゥルーズ＝ガタリが言語コミュニケーションについて、「ランガージュがあるとすれば、それは同じ言葉(ラング)を話さない者のあいだでのことである」(ibid., p. 536.) と述べ、ランガージュそのものは「翻訳」のためにあるのであり、同質集団での「コミュニケーション」のためにあるのではないと主張していることは重要である。それはコードを軸とするのではない言語学をドゥルーズ＝ガタリからみいだすための、きわめて貴重な指摘であるとおもうし、同時にそれは、ベンヤミンやウィトゲンシュタイン＝クリプキなど、多くの言語論との関連においても検討可能なものであるとおもわれる。

（57）『アンチ・オイディプス』においては、前期のドゥルーズといささか配置を組み替えながらも、三つの総合が図式的に論じられていたが、『千のプラトー』では、それも消え去ってしまう。配置と分配だけが、その平面的な力において突出してくるともいえる。

（58）拙論「ドゥルーズ哲学における「転回」について」『永遠と瞬間』所収で、七〇年代までのドゥルーズがパラドックスのあり方にこだわっていたのに対し、ガタリとの共著以降の作品において、こうした動性の原理に関するあり方が一面では消えていくことを論じたが、それに変わるシステムとして、水平的なダイナミズムを描く鍵が、この概念にみいだされるかもしれない。

（59）ibid., p. 545.

（60）ibid., p. 546.

（61）ibid., p. 540.

（62）ibid., p. 548.

（63）G. Deleuze, F. Guattari, *L'Anti-Œdipe*, minuit, p. 292.

（64）ibid., p. 297.

（65）G. Deleuze, F. Guattari, *Mille plateaux*, minuit, p. 545.

（66）もちろん脳の組成、身体の組成、知覚の組成が変わることで体制全体が変更されることはありうる。生命に関するテクネーが関与してくるのはこの領域であるし、それは狭義の政治や正義などによって操作可能な分野ではありえない。

（67）ibid., p. 565.

（68）ibid., p. 566.

（69）ibid., p. 567.

（70）G. Deleuze, F. Guattari, *L'Anti-Œdipe*, minuit, p. 292.

（71）ibid., p. 298.

（72）G. Deleuze, F. Guattari, *Mille plateaux*, minuit, p. 525.

(73) ibid., p. 583.
(74) すでに何度も指摘していることだが、フーコーが『監視と処罰』で述べている「非行者」という群衆性と、こうした徒党集団との重なりとズレ（フーコーとドゥルーズ＝ガタリは同じ事象を異なった方向からみているようにもおもわれる）は重要な検討材料なのだが、そこではタルドそのほかの、最近のネットワーク論にもつながる主題との連接が不可欠であるとおもわれる。
(75) もちろんこの方向性をフーコーが思考していなかったはずはないのだが、そこでフーコーが、現実社会分析や未来社会分析にではなく、古代の記述に向かったことには、やはり問題の困難さをみるべきなのだろうか。
(76) ibid., p. 586.
(77) ibid., p. 587.

終章　ヴィータ・テクニカ問題集

(1) 自然物の個体性が、映像テクノロジーの進化によって、ある種の時間の縮約において明確にみてとりうることは、テクノロジーと生という主題にとって無視できないことである。われわれが生きている時間リズムを絶対的なものとする根拠などなく、タイムスケールを変容させれば、自然物の個体性について別の観点がえられる可能性はいくらでもある。
(2) 近代科学の特殊性は無限の扱い方にあるという周知の論点をどこまでうけいれるかがポイントになるだろう。だが、テクネーの歴史のなかで、近代的テクネーのみを特権視することが、その自然的規定を看過する危険を含んでしまうのは確かである。いつであれ無限は、何らかの仕方で扱われているのだから。
(3) バロック哲学としてのドゥルーズの位置づけについては、拙著『瞬間と永遠』の「序章」を参照のこと。バロック哲学としての一九世紀哲学史の記述は、ここでの試みを補完するためにも必須になる。
(4) アフォーダンスの側からの問題提起については、檜沼範久の諸論考を参照のこと。「問題の真偽と実在の区分」『思想』一〇二八号（岩波書店）所収、「ダーウィン、フロイト　剥き出しの性／生、そして差異の問題」岩波講座『哲学12　性／愛の哲学』（岩波書店）所収、等。
(5) こうした議論については、拙論「自然は暴力的であるにきまっている」『思想としての3・11』（河出書房新社）所収参照のこと。鳥インフルエンザに関しては、フレデリック・ケックの諸議論を参照のこと。邦訳は「レヴィ＝ストロースと鳥インフルエンザ」『現代思想』三八巻一号所収、「レヴィ＝ストロースにおける主体の解釈と生態的カタストロフィー」『思想』二〇一六号（岩波書店）所収等があるが、ケックが提示する、自然ウイルスと構造的無意識との類縁性を探っていく議論は、深く生態的なものと関わりをもつ。

（6）ベルナール・スティグレール『技術と時間』（法政大学出版局）についての諸議論を参照のこと。スティグレールの議論は、とりわけその第一巻でのシモンドン哲学の応用や、ルロワ＝グーランの考察など、道具性の身体における発生という意味で多くのテーマを提示しており、現象学・テクノロジー・メディア論の混成体でもあるので、その議論の射程はどこかで検討する必要があると考えている。

（7）人間的自由が、そもそも自然の創発性に由来するのではないかという発想は、今後の生態論的転回と主体の議論において鍵になると考えられる。自然的無意識が自己性の創造的力能の核心にあるという議論は、自然哲学の展開においてこそ描かれるべきである。

（8）エリザベス・グロスなど、ドゥルーズとも関連のあるフェミニズムの議論の可能性をみいだしていくことも必要だろう。たとえばグロスが試みているような、生態系的な議論とフェミニズムとの、対立ではない接合は、重要な成果をあげうるものとおもわれる。cf. E. Grosz, *Time Travels, Feminism, Nature, Power*, Duke University Press. とりわけそのなかでのダーウィニズムとフェミニズムを扱った議論、あるいは *Chaos, Territory, Art, Deleuze and the framing of the earth*, Columbia University Press. の建築や生態系、動物性を扱った議論等を参照のこと。

（9）「環境世界」と「世界」については、メルロ＝ポンティもハイデガーも重視する区分線であるが、ここで「世界」が形成されるためにはある種の「道具性」の極限のテクネーに、それぞれが言及せざるをえないことはみのがされるべきではない（全体やメタという位相をとりだすことは不可欠なのである）。またドゥルーズも『意味の論理学』の静的発生を論じた場面（第一六セリーなど）で「環境世界」から「世界」という、いわば可能世界をつらぬく「同一性」の位相を抽出するが、それは言語の機能と連関している。

（10）脳科学が進展すると、こうした身体の二重化、つまり自己がみる世界と、自己がみている世界をみるということが何故同時に可能であるのかが解明されるかもしれない。それが一面では身体の動物性との断絶の場面であることも確かだろう。

（11）ベンヤミンの映像芸術論、とりわけその宗教的・メシア的な視点は、テレビやインターネットを踏まえて、時間空間がますます圧縮される現代的なメディアにも、そのまま通用するもののようにおもわれる。ひととひととのあいだのダイレクトな近さや距離の攪乱が、ベンヤミンがみている大衆化の危険と革命の萌芽との両面をはらんでいることは、さまざまな事例にみうけられることである。
（12）G. Deleuze, *Cinéma1*, minuit. p. 10–
（13）拙著『瞬間と永遠』、とくに序章と第五章。拙論「記憶の実在——ベンヤミンとベルクソン」『思想』二〇〇九年一二月号所収を参照されたい。
（14）『写真小史』におけるベンヤミンの分析は、もちろんのちのロラン・バルト的な写真分析との連関や対比も含めてさまざまに検討されるべきものである。とりわけそこで描かれる過去そのものの露呈による映像論的無意識ともいえるものは、非精神分析的な無意識の主題化として価値をもつようにおもわれる。この点では、表面的にはロラン・バルトが『明るい部屋』で一種の精神分析的な——しかしそれも一筋縄ではいかない——母の死という主題を論の中心においていたこと、フロイト初期の議論もまさに生命映像論的であること、ドゥルーズの『シネマ』のとりわけ第二巻冒頭のパース記号論を利用した箇所などで、非シニフィアン的・非精神分析的叙述が試みられているようにおもわれることなど、さまざまな問題と関連づけることが必要になる。
（15）ここでのベンヤミンの議論は、抑圧されたものの歴史、被抑圧者の視線の歴史という、過去の解釈の文脈による多様性（相対性）に似た議論を提示しているようにみえることは確かだが、単純にそう解釈することはまったくの誤りである。ベンヤミンは、モナド的な時間の凝集を語ることにおいて、過去のすべての実在を徹底的に肯定しているとおもわれる。救いだされるべき過去は、そのすべてがモナドの襞に閉じこめられていた過去なのであり、常識的に想定される過去の「構築」とはまったく意味を異にする。
（16）G. Deleuze, *Cinéma1*, minuit. p. 12 有名なこの箇所は運動イマージュの発見とシネマとの連関を記述するものであるが、第一巻ではまだ目論みにとどまっている時間イマージュの記述（多くは第二巻で展開される）にこそ、ベルクソニスムの根本をえぐる部分がある。むしろここでのドゥルーズによる『物質と記憶』第一章の（時間なき現在の平面の）過大ともいえる評価が、一体どこに由来するのかを考えてみる必要もあるだろう。
（17）『創造的進化』におけるエラン・ヴィタルを説明する主要な例示が、眼の進化形成であることは、光とその解釈にこだわりつづけていたベルクソンにとって、偶然のこととはおもえない。そしてそこでは来るべき未来の眼が、進化のもっている時間の凝集性とともに描かれるべきようにおもえてならない。

(18) ドゥルーズが述べている世界への「信」は『シネマ』での中心主題であるが、一種の生態系の思考を展開しているとおもわれるこの書物での信は、まさに自然への信、生態系への信、その一部である自己の身体への信としてとらえるべきではないか。

(19) 本章の註(13)でとりあげた『思想』論文で、ベルクソンの「収縮」の議論について、それが『物質と記憶』の段階でのみ問題になっているが、本来はそれ自身がエラン・ヴィタル的な未来への跳躍において組みこまれるべきではないかという疑念を提示しておいた。

(20) 確かに廣松については、その生態系的、あるいは生命システム論的な思考への接近は後期において顕著になったといえるかもしれない。最晩年のアジア的思考については、まさに生態系的な議論そのものとしてとりあげなおす必要もあるだろう。だが本文中で参照した梅棹批判の書にみられるように(そこでの論文の初出は七八年とそれほど後期のものではない)、廣松の自然史への関心は、原理的マルクス主義者として当然のことでもあり、それが、『存在と意味』第二巻以降の文化価値論的な主題を展開する位相で突出することにも着目すべきである。

(21) 西田では、『無の自覚的限定』においてみうけられるこうした議論は、和辻の『風土』と年代的にも重なっている。この時期の西田の思考は、田邊の絶対無への批判もあり、もっとも激しく動いているのだが、九鬼も含めて多くの日本思想のオリジナルな作品を輩出したこの時代に特有の方向性をここにみいだすことはできないであろうか。

(22) 梅棹の『文明の生態史観』は直接的にはトインビーの歴史観を問題としているが、中洋という東と西の中間地帯に関する記述が多くを占めるこの論考において、和辻に対抗する意識がないとはとてもいえないとおもう。梅棹は『文明の生態史観はいま』(中公叢書)に所収された対談などではっきり和辻批判をおこなっているが、それは和辻の記述の構造的把握の脆弱さを指摘するものである。同書四四頁参照。

一般的に和辻は、きわめて批判をうけやすい哲学者である。『桂離宮』を巡る論争(太田博太郎による批判など)にせよ、また『日本精神史研究』の諸論考にせよ、ある種の実証性をひきうけているようにみえて、相当に強い類型化・パターン化をおこなっているがゆえに、そこでの記述は、当該領域の「専門家・実証家」たちから印象的すぎるという批判を被ることになるのだろう。だがまた、哲学が歴史や文化に対して接近するときに、こうした強引ともいえる類型化というのはある意味で不可避的な事態でもあるのではないか（印象の背後にある構造こそが主題なのだから）。この点は文化を扱う哲学全般に関わる普遍的な問題であるようにもおもえる。

(23) 廣松渉『生態史観と唯物史観』（ユニテ）、一二一－一二二頁。

(24) 前掲書、一二四頁。

(25) 前掲書、一二四頁。

(26) 前掲書、一六八頁。

(27) 前掲書、一六九頁。

(28) 和辻の「あいだ」に関する議論は、もちろん木村敏の精神病理学的展開があるとはいえ、同時に、個人の内面やその道徳性、あるいは精神分析的な関連とは別様の、生態系的な空間性の称揚として発展させることも可能であるとおもわれる。

(29) 資本とその空間的環境性の議論は、現状では複雑系を応用した貨幣論などにみうけられるだけではないかとおもうが、そうしたシステム論的な視点からの経済貨幣論的記述は、廣松の価値論をひきついでいく際のポイントになるだろう。

(30) ネグリ自身は、生態系的比喩は多用しはするものの、生物学－生態学への関心はさほど高いようにはみえない。このラインにおいてもマルチチュードの労働論を、生態論的なものと真正面からつなぐような展開が求められるはずである（あるいはイタリアのネグリ関係の論者が述べる情報や情動のネットワーク性を、今一度生態系に還元してみることは必要ではないか）。

ヴィータ・テクニカへのあとがき

連載より以前に書かせてもらった『現代思想』の論文「細胞の自己　細胞の他者——ヴィータ・テクニカの哲学序説」(『現代思想』(青土社)二〇〇八年七月号所収)が、本書の原型となった論考である。そこの註でも記させていただいたが、ヴィータ・テクニカという呼称は、その論文とも本書とも関係のないある研究会の席上で、慶応大学教授の山内志朗さんに命名していただいたものである。そしてこの原稿や、またそれを展開するかたちでの連載は、青土社の押川淳さんのご依頼をうけてものである。この書物はともあれ、山内さんの絶妙なネーミングと、押川さんの、生命科学の時代における哲学の可能性を存分にお書きくださいというありがたいお言葉の賜物である。

振り返ってみれば、二二回も連載をつづけてしまい、ずいぶん好き勝手なことをやったようにおもえる。個人的な感慨としていえば、単著はそれなりに世に問うてはいるものの、どちらかというと「薄い」類の本ばかりであることにいささかのコンプレックスを抱えていた自分にとって、もうこれを越える本を書くのは難しいかなとおもえるほどの「厚い」著作が仕上がった。これも連載形式で書かせていただいた結果である。書きおろしでこれを著すのはとても難しかっただろう。だが、丸二年におよぶ連載をつうじて、これまで自分がベルクソンやメルロ＝ポンティ、フーコーやドゥルーズ、西田やベンヤミンを、まがりなりにも咀嚼しつつ考察してきたことが、改めてきちんと整理できたことは、とてもおおきな意味をもつことであった。

ヴィータ・テクニカの議論が巡っているもの、それは生命と技術というテーマが示しうる、自然と人間との関わりの解明である。ヒューマニズムが一面では近代の理念であるならば、エコロジーこそが現代の理念であるのかもしれない。だがそのとき、ヒューマニズムとエコロジーとは、必ずどこかで対決せざるをえない。何故ならば、人間が把捉しうる環境的自然とはきわめて広大で（これは一七世紀以降の科学の成果であるだろう）、それと同時にきわめてミクロなものでもあるからだ（これこそが二〇世紀以降の科学の成果である）。それは、マクロとミクロの両方向から、ヒューマニズムが基盤とする人間や「私」を、その中間領域にひき裂き漂わせてしまう。中間領域というのは足場がないものだ。パスカルが「広大な宇宙の無限」のなかにいる自己に不安をいだいたのとパラレルに、現代のわれわれは、むしろ無限小で微細な空間のなかで、何処までも分散されてしまう。パスカルとは逆方向の無限の前で、またもやたちすくまなければならなくなる。

これは現在的な科学が明らかにする、自然としての人間の所与である。人間は自然的存在者であるかぎり、この無際限の不安定さから抜けだすことはできない。そこで神や絶対者を設定する発想は、まさに死滅していく近代的理念でしかない。ドゥルーズ＝ガタリが述べるように、われわれは、どこまでいっても「平滑空間」であるすべすべの（意味づけなどない）大地のうえにいるのであり、そこでのスポンジのような多孔性（それをつうじてどこにでもすり抜けうる）から逃れることはできないのである。それが自然である。そして身体とはそもそも自然である。精神も言語も社会も自然である。

とはいえ人間はたんなる自然的な存在者であるだけではない。ここにテクニカの位相が、つまりどうしても自然的な受動性を逃れられないのに対し、まさに何かをつくりあげる能動性の位相が、人間において出現する可能性がある。

さまざまに論じたのでその内容については繰り返さない。ここでテクネー、あるいはテクノロジーというかたちで示されているものは、一面ではもちろん現代技術のことでもある。だがどれほど現代技術が質的に異様で強力なものになったとしても、技術とはもとより、進化の途上において、人間の身体が道具性を獲得したことの延長にしかありえない。近代技術の反自然性、自然に対する暴力性がどれほど述べたてられたとしても、本書のなかでハイデガーに関連させて論じたように、原初的で徹底的な暴力性が、農耕や、羊飼いのテクネーに含まれていたことは明らかである。そして様々な意味での「世界の終末」の（核兵器による地球の壊滅にも似た）ヴィジョンは、原初の宗教性がそなえていたものでもあるし、それはこうした人間のテクネーと確実に関わっている。もちろん現代技術に問題がないと主張したいのではない。ただ技術そのものは、いかなるノスタルジー的な想定をなそうともそもそも反自然的なものでもあり、同時にそれは人間的な自然、人間的な身体の本質をなすのである。しかもそれは、圧倒的に非対称だ。このことをおりこまなくては、技術について思考することなどそもそも無理なのではないか。

もちろん技術そのものを具体的に論じる方々からは、何を暢気なという批判をうけるであろうことは承知している。こうした議論は、生殖医療技術の当否、組み替えDNAがひきおこす環境の攪乱、放射能の汚染などへの応答としては、とりたてて何の役にもたたないからだ。そしてさらにいえば、「人間はその進化的形成当時から技術的存在である以外しかない」という語り方は、こうした諸問題を覆い隠してしまう主張にみえかねないことも確かだからだ。それは理解している。だが、ここで描こうと試みられているのはやはり哲学なのである。確かに哲学は、応用倫理のように、実験科学の成果にもとづいた詳細な議論をなすことはできないだろう。だがそれが必要な位相はある。それがないと、どうしても近視眼的な主張にならざるをえない個々の議論が、何を示しているのかが述べられないからだ。

もちろん、形而上学の失墜したこの時代に、こうした哲学の言葉が、他の言葉に比べて一段上だとか、特権性をもっているとか、そのようなことが主張できるはずもない。状況を鑑みればむしろ逆であり、ほとんど誰もが、この時代の技術に即応した明確な哲学をうちだせていない。むしろ哲学側がそれを放棄しているというのが実体ではないだろうか。だがそれは、いささか情けないことではないか。

ここで提示している議論が、こうしたテーマをすべてカヴァーしているとは到底いえない。参照されている文献は、現代的な生命論的な議論（アフォーダンス・内部観測・生物思想）は含まれるものの、おもにフーコー、ハイデガー、ベンヤミン、デリダ、ドゥルーズ＝ガタリ、あるいは西田、廣松、梅棹などであり、おきまりの現代思想史だね、といわれかねないものでもある。自分の素養の問題もあり扱えなかったが、倫理の問題については、英米系の主張を議論にいれこむ必要もある。だが、いわゆる二〇世紀大陸哲学が、「最後の形而上学」の足掻きを提示していることも確かではないか。わたしたちはここから何らかのメッセージをうけとることでしか、二一世紀の思想を築きえないのでいか。

この問題は、哲学にとって「応用編」などではない。西田以降の京都学派のなかで、技術と自然の問題が、それこそ日本独自の仕方で考察されたことからうかがえるように、そして廣松が、まさに存在論的議論を展開しつつも、生命システム論・生態系論、そしてそこでの技術の位相に目を配ったように、それは日本語で哲学をなすことのひとつの軸でさえありえた。さらにフーコーがテクネーということで述べたかったことは、まさに「自己の」テクネーなのである。ここでの自己のテクネーにおける「の」とは、等価記号でしかありえない。自己とはテクネーなのである。近代的主体に対する系譜学的解体を仕掛けたフーコーが、ある段階で自己をテクネーであるととらえていた意義を真正面から考えなおすべきである。それは生態系のなかで、技術として、自然でありつつ自然から逸脱した身体をもって生き、いかほどかの組織体を形成するわれわれの、生存条件の提示であるようにもみえるのである。

この書物で描きえたことは、この厚さをもってしても至極わずかなものかもしれない。連載を無限につづけるわけにはいかないので、ここでいったん打ちきって書籍にさせていただいたという経緯もある。ここから先は、筆者自身の思想的課題として、さまざまな場で、別の試みを継続させていく必要があるのだろう。エコロジーのヴィータ・テクニカ（ヴィータ・テクニカ・エコロジカ）、エコノミーのヴィータ・テクニカ（ヴィータ・テクニカ・エコノミカ）、エシックスのヴィータ・テクニカ（ヴィータ・テクニカ・エチカ）、美学のヴィータ・テクニカ（ヴィータ・テクニカ・エステティカ）さらにはフェミニズム（クィア）のヴィータ・テクニカ（ヴィータ・テクニカ・フェミニカ）、記号のヴィータ・テクニカ（ヴィータ・テクニカ・セルモニカリス）等々。またもやシステム論哲学の別ヴァージョンかとあきれられるかもしれないが、身体と生命という視角から原理的な思想を多方面に展開していくことは、もはや若い書き手でもなくなってしまった自分にとって、残りの人生の課題とすべきものであると考えている。それに何の意味があるかはわからない。所詮は無意味なあがきであるのかもしれない。しかし哲学的人生とは無意味なあがきかもしれないことを試みつづけることでしかないこと、それもまた自明ではないか。

繰り返しになるが本書は、青土社『現代思想』編集者の押川淳さんの強いおひきたてがあって、『現代思想』に掲載させていただいた連載からなるものである。連載が二年におよんだので、表記のずれや語調の変化はあり、ある程度の修正は施し、また一部加筆もおこなったが、主要な内容のほとんどは変更されていない。また書籍にするにあたって、青土社編集部の菱沼達也さんには、面倒な語句修正や索引も含め、たいへんお世話になった。本書（連載全部）を最初からまとめて一気に読破された（おそらく最初の人物である菱沼さんの、これはずいぶんまとまった連載で、このままでたいへん読みやすいですよとのお言葉に、ずいぶん気持ちが楽にさせられたことを告白せざるをえない（自分の過去の文章を読み返すことほど、書き手にとって恐ろしく、また苦痛であることなどない……）。ともあれ、書物のネーミングを考案いただいた山内志朗さんと、青土社の押川さん、菱沼さんに多大なる感謝の念を捧げざるをえません。ありがとうございました。

二〇一一年一二月

檜垣立哉

索　引

ア

カ

サ

タ

ナ

ハ

マ

ヤ・ラ・ワ・アルファベット

ヴィータ・テクニカ
生命と技術の哲学

2012年3月15日　第1刷印刷
2012年3月30日　第1刷発行

著者——檜垣立哉

発行人——清水一人
発行所——青土社
〒101-0051　東京都千代田区神田神保町1-29　市瀬ビル
［電話］03-3291-9831（編集）　03-3294-7829（営業）
［振替］00190-7-192955

印刷所——双文社印刷（本文）
方英社（カバー・扉・表紙）
製本所——小泉製本

装幀——鈴木一誌

ISBN978-4-7917-6647-5 C0010